# 企业文化

（第三版）


主　编　赖文燕　周红兵

副主编　杨　晶　蔡影妮

参　编　钟　颖　丁婉怡

黄爱兰　杨富云


扫码申请资源

南京大学出版社

## 内容提要

本书从适应远程开放教育及高职教材改革的需要出发，以全面反映当代企业文化理论研究和实践最新成果，用实际案例解决理论问题为主要特色，是一本“讲、读、研、用、练”一体化的教材，以尽可能适应精讲多练、强调能力和能动性的新型教学方式的需要。教材内容分成十个任务：认知企业文化、企业理念体系建设、企业的制度文化设计、企业的行为文化塑造、企业的物质文化设计、企业文化传播、企业文化建设、企业文化变革、企业识别系统、企业文化比较。

本书内容新颖，通俗易懂，案例贴近生活，生动有趣，注重理论联系实际，各任务附有增值阅读、能力自测、案例分析、实践与操作、视频资源。以相关链接和案例研究的方式穿插与所介绍原理相关的案例和故事，以便扩展视野，增强学生的学习兴趣，加深对理论知识的理解。

本书主要作为开放大学、高等院校、高职高专院校财经类、管理类专业专科学生学习企业文化课程的教学用书，也可作为本科院校财经类专业学生普及企业文化的选修教材，以及作为从事经济管理的企事业工作人员和广大社会读者的参考资料。

**图书在版编目(CIP)数据**

企业文化 / 赖文燕，周红兵主编. —3 版. —南京：南京大学出版社，2023.8

ISBN 978-7-305-27218-9

Ⅰ. ①企… Ⅱ. ①赖… ②周… Ⅲ. ①企业文化—高等职业教育—教材 Ⅳ. ①F272-05

中国国家版本馆 CIP 数据核字(2023)第 143040 号

出版发行 南京大学出版社
社　　址 南京市汉口路 22 号　　邮　　编 210093
出 版 人 王文军

**书　　名 企业文化**
主　　编 赖文燕　周红兵
责任编辑 武　坦　　编辑热线 025-83592315

照　　排 南京开卷文化有限公司
印　　刷 南京鸿图印务有限公司
开　　本 787 mm×1092 mm　1/16　印张 20.25　字数 518 千
版　　次 2023 年 8 月第 3 版　2023 年 8 月第 1 次印刷
ISBN 978-7-305-27218-9
定　　价 53.00 元

网　　址：http://www.njupco.com
官方微博：http://weibo.com/njupco
官方微信号：njuyuexue
销售咨询热线：(025)83594756

# 前言

目前国内外企业竞争与发展已经进入文化战略制胜的新时期，企业文化建设是企业管理的重要内容，卓有成效的企业文化能够在无形中为企业赢得竞争优势。目前众多的企业文化教材多采用传统的学式论述方法，既枯燥乏味，又远离多彩的社会实践，大大影响了读者的学习兴趣和学习效果。一本可以帮助教师在教学中得心应手、学生在学习时能学到提高组织运行效率技能并能学以致用的企业文化教材是目前迫切需要的。为适应学生的学习需要，培养学生应用企业文化知识分析解决实际管理问题的能力，根据远程开放教育和高职教育特点和人才培养模式要求，结合编者多年的教学经验编写了本书。

本书从适应开放教育和高职教学改革需要出发，坚持立德树人目标，将思政元素融入教材编写全过程，激发学生的担当意识、爱国情怀及创新精神，提升学生的职业素养和政治素养，以全面反映当代企业文化理论研究和实践最新成果及用实际案例解决理论问题为主要特色，努力从方法和形式上有所突破和创新，力求探索一种“讲、读、研、用、练”一体化的教材模式，以尽可能适应精讲多练、强调能力和能动性的新型教学方式的需要。与同类型的其他教科书相比较，本书力求突出以下几个特点：

（1）定位明确。本书是根据开放教育和高职教育的特点，以理论必需、够用为原则，以培养学生应用能力为目的，在学生掌握最基本的企业文化理论的基础上，着力培养学生应用企业文化的基本知识和基本原理去分析解决实际问题的能力，以满足社会经济发展和经济运行对应用型人才的需求。

（2）通俗实用。我们从企业管理实际出发探讨企业文化理论，并互相印证。本书在讲解理论的同时，穿插许多经典案例。所选案例都具有鲜明的中国特色，内容求是、务实，可操作性强。理论与案例的相互印证避免了理论讲述的空洞性和模糊感，使无形的企业文化管理与建设有章可循。书中以相关链接的方式穿插了大量的小常识和小故事，引入基本概念和基本原理，使读者于不知不觉之中，迅速深入理论的核心部分，从而激发学生对企业文化的浓厚兴趣。

（3）内容新颖。采用新颖的教材编写体例，设计若干工具性栏目，如趣味阅读、相关链接、案例研究、增值阅读、任务小结、能力自测、案例分析、实践与操作等，充分体现本教材的特色：将需要掌握的知识点进行最大限度的精炼，利用各种工具性栏目加强学生理论精髓的理解和把握。在教材内容上，力图反映当代企业文化的最新进展，吸收和反映本学科新的研究成果，力求做到内容新颖，重点突出，概念准确，简明扼要。

(4) 结构合理。为了培养学生的实际应用能力,全书各任务均从案例分析入手,导出相关理论知识,并注重案例与相关理论知识的有机结合。每个任务结尾均附有能力自测和实践与操作题,便于学生进行自我测评,提高学生应用相关知识解决实际问题的能力。本书全面系统地介绍了企业文化的理念体系、制度文化、行为文化、物质文化,以及企业文化传播、建设、变革、识别系统、比较等内容,体现了企业文化体系的完整结构。

本书由赖文燕、周红兵担任主编,杨晶、蔡影妮担任副主编,全书由赖文燕设计框架、拟定编写提纲、统稿、审核、修改和定稿;周红兵、杨晶、蔡影妮参与统稿、审核、修改和编写;钟颖、丁婉怡、黄爱兰和杨富云参与编写。本书是集纸质教材、视频资源(请扫描每个任务前面的二维码)、电子书为一体的融媒体教材,为了方便教学,配套有 PPT 电子课件和参考答案。

本书融入了编者多年的教学经验和成果,并参阅了众多学者们的专著、教材等,特附参考文献于后,谨对作者表示感谢!由于编者水平有限,加上时间仓促,不妥乃至错误之处在所难免,敬请读者批评斧正。

编　者

**2023 年 5 月**

# 目　录


**任务 1　认知企业文化** ………………………………………… 1
1.1　企业文化理论的兴起与演进 ………………………………… 2
1.1.1　企业文化理论的兴起 ………………………………… 2
1.1.2　企业文化理论的演进 ………………………………… 3
1.1.3　企业文化理论在中国的运用与发展 ………………… 4
1.1.4　企业文化实践的发展趋势 …………………………… 5
1.2　企业文化的内涵与结构 ……………………………………… 7
1.2.1　企业文化的含义与特征 ……………………………… 7
1.2.2　企业文化的要素与结构 ……………………………… 9
1.3　企业文化的功能与类型 ……………………………………… 15
1.3.1　企业文化的功能 ……………………………………… 15
1.3.2　企业文化的类型 ……………………………………… 18
增值阅读 ……………………………………………………………… 21
任务小结 ……………………………………………………………… 22
能力自测 ……………………………………………………………… 23
案例分析 ……………………………………………………………… 26
实践与操作 …………………………………………………………… 28

**任务 2　企业理念体系建设** ……………………………………… 29
2.1　企业理念体系的构成 ………………………………………… 30
2.1.1　企业理念体系的含义 ………………………………… 30
2.1.2　企业理念体系的构成 ………………………………… 30
2.2　企业哲学与企业价值观 ……………………………………… 31
2.2.1　企业哲学 ……………………………………………… 31
2.2.2　企业价值观 …………………………………………… 32
2.3　企业伦理与社会责任 ………………………………………… 37
2.3.1　企业伦理 ……………………………………………… 37
2.3.2　企业社会责任 ………………………………………… 42
2.4　企业家精神与企业员工风貌 ………………………………… 45
2.4.1　企业家精神 …………………………………………… 45

2.4.2 企业员工风貌 …… 47
2.5 企业精神培育 …… 50
2.5.1 企业精神的概念 …… 50
2.5.2 企业精神的产生与内容 …… 51
2.5.3 企业精神的培育 …… 53
增值阅读 …… 54
任务小结 …… 55
能力自测 …… 55
案例分析 …… 57
实践与操作 …… 61

**任务 3 企业的制度文化设计** …… 63
3.1 企业制度文化内涵 …… 64
3.1.1 企业制度文化的含义 …… 64
3.1.2 企业制度与企业制度文化的关系 …… 64
3.1.3 企业制度文化建设的内容与意义 …… 64
3.2 企业领导体制 …… 65
3.2.1 企业领导体制的概念和内容 …… 66
3.2.2 企业领导体制的类型 …… 67
3.2.3 企业领导体制的特征 …… 70
3.2.4 企业领导体制的作用 …… 70
3.3 企业组织结构 …… 71
3.3.1 企业组织结构的概念和内容 …… 71
3.3.2 企业组织结构的类型 …… 72
3.3.3 企业组织结构影响因素和设计方法 …… 73
3.3.4 企业组织结构的演变规律和发展趋势 …… 77
3.4 企业管理制度 …… 80
3.4.1 企业管理制度的概念、种类和特征 …… 80
3.4.2 制定企业管理制度的原则和方法 …… 82
3.4.3 企业管理制度的焦点转化和创新 …… 87
增值阅读 …… 90
任务小结 …… 92
能力自测 …… 92
案例分析 …… 95
实践与操作 …… 98

**任务 4 企业的行为文化塑造** …… 100
4.1 企业行为文化的概念及内容 …… 101
4.1.1 企业行为文化的概念 …… 101
4.1.2 企业行为文化塑造的必要性 …… 101
4.1.3 企业行为文化的内容 …… 103
4.1.4 企业行为文化的规范 …… 103
4.2 企业领导者的行为文化塑造 …… 104
4.2.1 企业领导者的内涵及行为特征 …… 104
4.2.2 企业领导者在行为文化建设中的作用 …… 105
4.2.3 塑造企业领导者的行为文化 …… 107
4.3 企业楷模的行为文化塑造 …… 108
4.3.1 企业楷模的内涵及分类 …… 108
4.3.2 企业楷模在行为文化建设中的影响 …… 109
4.3.3 发扬企业楷模的行为文化 …… 109
4.4 企业员工的行为文化塑造 …… 110
4.4.1 企业员工行为的概念及分类 …… 110
4.4.2 影响企业员工群体行为的因素 …… 111
4.4.3 企业员工与企业行为文化的关系 …… 112
4.4.4 建设企业员工的行为文化 …… 113
增值阅读 …… 116
任务小结 …… 117
能力自测 …… 118
案例分析 …… 120
实践与操作 …… 122

**任务 5 企业的物质文化设计** …… 124
5.1 企业物质文化的概念及内容 …… 125
5.1.1 物质文化的概念 …… 125
5.1.2 物质文化的内容 …… 125
5.2 企业环境文化 …… 125
5.2.1 企业整体环境 …… 126
5.2.2 企业工作环境 …… 126
5.2.3 企业生活环境 …… 128
5.2.4 企业容貌 …… 129
5.3 企业产品文化 …… 132
5.3.1 产品的含义 …… 132
5.3.2 产品遵循的文化原则 …… 133

5.3.3 产品的文化设计 …… 137
5.4 企业广告文化 …… 138
5.4.1 企业广告文化的含义 …… 138
5.4.2 企业广告文化的内容 …… 138
5.4.3 企业广告文化的特征 …… 139
5.4.4 广告文化的策划与实施 …… 140
增值阅读 …… 143
任务小结 …… 144
能力自测 …… 145
案例分析 …… 147
实践与操作 …… 148

**任务 6 企业文化传播** …… 150
6.1 企业文化传播的内涵和特点 …… 151
6.1.1 企业文化传播的内涵 …… 151
6.1.2 企业文化传播的特点 …… 152
6.2 企业文化传播的要素与规律 …… 154
6.2.1 企业文化传播的要素 …… 154
6.2.2 企业文化传播规律 …… 159
6.3 企业文化传播的条件与时机 …… 160
6.3.1 企业文化传播的条件 …… 160
6.3.2 企业文化传播的时机 …… 163
6.4 企业文化传播的过程 …… 164
6.4.1 企业文化的内部传播 …… 164
6.4.2 企业文化的外部传播 …… 166
6.4.3 企业文化从内部传播到外部传播的循环 …… 167
6.5 企业文化传播的方法与效应 …… 167
6.5.1 企业文化传播方法 …… 167
6.5.2 影响企业文化传播的效应 …… 168
增值阅读 …… 170
任务小结 …… 171
能力自测 …… 172
案例分析 …… 174
实践与操作 …… 177

**任务 7 企业文化建设** …… 179
7.1 企业文化建设的含义和目标 …… 180

7.1.1 企业文化建设的含义 …… 180
7.1.2 企业文化建设的目标 …… 180
7.2 企业文化建设的原则 …… 181
7.2.1 与企业战略目标一致的原则 …… 181
7.2.2 坚持以人为本的原则 …… 182
7.2.3 突出企业个性的原则 …… 183
7.2.4 不断追求卓越的原则 …… 183
7.3 企业文化建设的步骤 …… 183
7.3.1 企业文化分析与设计 …… 183
7.3.2 企业文化实施 …… 186
7.3.3 企业文化建设情况评估 …… 189
7.4 企业文化的落实 …… 192
7.4.1 企业文化落实的基本要求 …… 192
7.4.2 企业文化落实的关键推进体系 …… 196
增值阅读 …… 200
任务小结 …… 201
能力自测 …… 201
案例分析 …… 204
实践与操作 …… 208

**任务8 企业文化变革** …… 210
8.1 企业文化变革概述 …… 211
8.1.1 企业文化变革的含义 …… 211
8.1.2 企业文化变革的动因 …… 212
8.1.3 企业文化变革的阻力 …… 214
8.1.4 企业文化变革的内容 …… 216
8.1.5 企业文化变革的流程 …… 217
8.2 企业文化冲突 …… 220
8.2.1 企业文化冲突的含义 …… 220
8.2.2 企业文化冲突的根源 …… 220
8.2.3 企业文化冲突的过程 …… 222
8.2.4 企业文化冲突的后果 …… 222
8.3 企业文化融合 …… 224
8.3.1 企业文化融合的含义 …… 224
8.3.2 企业文化融合的内容 …… 224
8.3.3 企业文化融合的模式 …… 225
8.3.4 企业文化融合的过程 …… 227

增值阅读…… 229
任务小结…… 230
能力自测…… 231
案例分析…… 233
实践与操作…… 238

**任务 9 企业识别系统** …… 239
9.1 企业识别系统概述 …… 240
9.1.1 企业识别系统(CIS)的含义 …… 240
9.1.2 企业识别系统(CIS)的构成 …… 241
9.1.3 企业识别系统(CIS)与企业文化 …… 241
9.1.4 企业识别系统(CIS)的导入条件 …… 242
9.1.5 企业识别系统(CIS)的导入时机 …… 243
9.1.6 企业识别系统(CIS)的导入程序 …… 245
9.2 企业理念识别系统规划 …… 248
9.2.1 企业理念识别系统(MIS)概述…… 248
9.2.2 企业理念识别系统(MIS)的要素规划…… 249
9.2.3 企业理念识别系统(MIS)的表达方式 …… 251
9.3 企业行为识别系统建设 …… 252
9.3.1 企业行为识别系统(BIS)概述 …… 252
9.3.2 企业行为识别系统(BIS)内部识别建设 …… 252
9.3.3 企业行为识别系统(BIS)外部识别建设 …… 254
9.4 企业视觉识别系统设计 …… 256
9.4.1 企业视觉识别系统(VIS)概述…… 256
9.4.2 企业视觉识别系统(VIS)基础系统设计…… 256
9.4.3 企业视觉识别系统(VIS)应用系统设计…… 260
增值阅读…… 263
任务小结…… 265
能力自测…… 266
案例分析…… 268
实践与操作…… 271

**任务 10 企业文化比较** …… 273
10.1 日本企业文化…… 274
10.1.1 日本民族文化的特征 …… 274
10.1.2 日本企业文化的特征 …… 277
10.2 美国企业文化…… 280

10.2.1　美国民族文化的特征 …… 280
10.2.2　美国企业文化的特征 …… 282
10.3　欧盟企业文化 …… 286
10.3.1　欧盟国家文化的特征 …… 286
10.3.2　欧盟国家企业文化的特征 …… 287
10.4　中国企业文化 …… 291
10.4.1　中国民族文化的特征 …… 291
10.4.2　中国企业文化的特征 …… 293
10.5　综合比较与借鉴 …… 296
10.5.1　差异性分析 …… 296
10.5.2　比较与借鉴 …… 298
10.5.3　结论与启示 …… 299
增值阅读 …… 302
任务小结 …… 303
能力自测 …… 304
案例分析 …… 306
实践与操作 …… 308

参考文献 …… 311

# 任务1 认知企业文化

请扫描二维码
观看视频

## 知识目标

为了完成本任务，你需要的理论知识：
1. 企业文化理论与实践的发展历程
2. 企业文化的内涵
3. 企业文化的层次结构
4. 企业文化的功能
5. 企业文化的类型

## 能力目标

通过完成本任务，你应该能够：
1. 了解企业文化的形成和发展过程
2. 初步形成企业文化的认知
3. 分析企业文化的要素和结构
4. 有效运用企业文化理论
5. 识别各种类型的企业文化的特点

## 项目任务

1.1 企业文化理论的兴起与演进
1.2 企业文化的内涵与结构
1.3 企业文化的功能与类型

任务导入
相关链接
案例研究
增值阅读
任务小结
能力自测
案例分析
实践与操作

## 任务导入

### 趣味阅读

**企业文化的力量**

被喻为经营之神的松下幸之助谈到自己对企业的管理时，说过这样一段话："当员工100人时，我必须站在员工前面以身作则，发号施令；当员工1 000人时，我必须站在员工中间，协调各方，相互配合，努力工作；当员工10 000人时，我只有站在员工后面，双手合十，以虔诚之心祈求他们万众一心，众志成城。"

（资料来源：https://baijiahao.baidu.com/s?id=1735755725111465303&wfr=spider&for=pc.）

这段话告诉我们：企业规模较小时，企业管理者亲力亲为，带领员工冲锋在前，发挥模范带头作用就足以形成良好的企业氛围；到了中等规模时，企业管理者依靠制度文化进行约束和协调，就可以使企业正常运行；当企业规模非常庞大时，企业文化的塑造过程就变得更加复杂，需要全体员工有一种共同的信仰、一种共同的价值观。在企业的成长过程中,企业文化始终是企业管理的重要内容,卓有成效的企业文化管理能够在无形中为企业赢得竞争优势。

## 1.1 企业文化理论的兴起与演进

企业文化是在企业发展过程中逐渐积累形成的,渗透于企业的各个领域和全部时空,并随着经济和社会的发展而不断演化。企业文化是企业的灵魂,是企业的精神支柱。简单来讲,就是在一个企业里如何把事情做好——正确认识"什么是对的,什么是错的""什么事该做,什么事不该做"。有时它更体现在细节之中,比如员工间的谈话、员工间的关系、员工工作的方式。任何企业都拥有自己的文化,它在潜移默化中影响着员工的言行、处事风格。企业文化作为一门在企业管理实践中产生的新兴学科,其理论最早创建于20世纪80年代初期的美国,而使其成为一种有意识的企业实践,则成功发展于第二次世界大战后的日本。

### 1.1.1 企业文化理论的兴起

1. 企业文化理论诞生的背景

20世纪70年代,越南战争的失利、石油危机的出现以及经济上的颓势,使得美国社会的自信心遭受重创。而日本在第二次世界大战以后,通过在战争的废墟上重建家园的创业阶段,在美国的扶持下,日本人发扬敬业、忠诚、团队的民族精神,除了向西方学习管理科学理论之外,还学习中国的传统文化,在实践基础上独创出日本的企业文化。在日本的企业里,特别重视人的作用,员工和企业是命运共同体,员工稳定性良好。日本企业特别重视产品质量、重视企业宗旨,在这样的情况下,企业的劳动生产率大大超过美国,并夺走了大量原来属于美国企业的市场。日本在战后仅仅用了不到30年的时间就超越德国,成为世界第二大经济体,经济实力直逼美国。日本企业的实践,既给美国政府和企业界以极大的震撼,同时也对管理丛林阶段的管理科学理论予以沉重的打击。美国的一些管理学家在总结日本企业的实践经验之后得出结论,必须克服现有管理理论的某些错误倾向,保留其科学的精华部分,重新创立新的管理理论。这就是企业文化理论诞生的背景。

[**相关链接 1-1**]

**借力文化:索尼公司占领美国市场**

1946年,盛田昭夫和井深大在日本共同创建东京通信株式会社(后于1958年更名为索尼株式会社)。20世纪60年代索尼公司已成为世界最大的电子产品制造商之一,1960年,盛田昭夫创建美国分公司。为了了解和习惯美国的法律和文化,盛田昭夫身体力行,举家迁往美国。在产品设计过程中,公司通过先期专案小组的市场调查,提前了解了美国消费者的喜好,设计出有别于欧美公司产品的独特新产品,吸引消费者的眼球。在文化融合的过程中,公司既保留了原有企业文化的精髓,也为适应当地文化做出了调整。在美国工厂中,盛田昭夫发现,当产品的误差率被要求在5%以下时,美国工人总是将误差率刚好控制在5%以下,而不是像日本工人一样尽量向0靠拢。为了解决这一问题，盛田昭夫没有斥责工人们的态度不端，而是根据美国工人的特点将误差率要求在 2%以下，并收到了立竿见影的效果。

凭借“自由豁达，开拓创新”的企业经营理念，索尼公司迅速占领了美国市场，企业文化帮助索尼公司实现了盛田昭夫建立世界性品牌的抱负，引起了全世界企业管理人员对于企业文化的关注。

（资料来源：https://baijiahao.baidu.com/s? id＝1735755725111465303&wfr＝spider&for＝pc.）

2. 企业文化理论诞生的标志

从 1981 年到 1982 年，美国企业管理理论界接连出版了四本畅销书：著名的美日比较管理学者威廉·大内的《Z 理论——美国企业界怎样迎接日本的挑战》、斯坦福大学教授帕斯卡尔和哈佛大学教授阿索斯合著的《日本企业管理艺术》、企业管理咨询顾问托马斯·彼得斯和小罗伯特·沃特曼合著的《追求卓越——美国八大品牌企业成功秘诀》、著名的麦肯锡管理咨询顾问阿伦·肯尼迪和特伦斯·迪尔合著的《企业文化——企业生活中的礼仪》。这四本书的出版，标志着 80 年代风靡全球的企业文化思潮的兴起。

### 1.1.2　企业文化理论的演进

1985 年，企业文化理论再次掀起新热潮，其标志是另外四本更具影响力的书的出版：莫尔·刘易斯等人的《组织文化》、基尔曼·萨克斯顿的《赢得公司文化的控制》、沙恩的《组织文化与领导》、托马斯·彼得斯的《赢得优势——领导艺术的较量》。

20 世纪 90 年代以后，知识经济、网络经济已逐步取代了传统经济。在这种情况下，互联网文化、知识管理、学习型组织、企业再造工程、企业伦理与企业文化的交叉研究等，大大拓展了企业文化的研究领域。企业文化理论更加成熟，也进一步向纵深发展。它把触角伸到了企业内外部社会环境的诸多领域，如企业的诚信价值观、企业的社会责任、企业的全球责任（如环保）等。

企业文化让日本企业一度赶超美国，也是企业文化让美国企业实现复兴、稳固其霸主地位。美国在将日本企业文化研究透彻之后，着力打造属于自己的企业文化，并提出了以“人”为核心的“革新性文化”理论，最终以优秀的企业文化、突出的变革和创新能力，在十年之后的 20 世纪 90 年代中期，重新找回自己的领袖位置，并持续保持全球性的竞争优势。

［**相关链接 1－2**］

**GE 公司的创新文化**

在 GE，人们认为其文化蕴含于创新之中。GE 领导层以数十年的时间铸就了今天的创新文化，把 GE 打造成一个为生活创造并带来杰出理念的地方。

1981 年，杰克·韦尔奇接管 GE 时，其生产增长远远低于日本的同类企业，技术方面的领先地位已经丧失，公司利润在 15 亿美元左右徘徊，当时的 GE 弥漫着强烈的官僚主义气息。韦尔奇通过企业文化的变革和 19 年的不断创新，将 GE 打造成一个生机勃勃的世界级领袖企业。韦尔奇的创新改革理念具有鲜明的时代烙印,80 年代后的资本社会里,商业竞争加剧,业绩和效益是企业追求的目标。韦尔奇的创新改革偏好务实和行动——在不断的学习和实践中完成改革和创新。韦尔奇鼓励公司内部相互分享经验,向美国标准公司学习提高存货周转率,还主动向沃尔玛、丰田和其他企业学习和借鉴经验,并且通过不断的改进以应用到自己的产业部门。

韦尔奇的理念是:"如果你能做得很好,那将与创新没有什么不同。"通过在管理实践中不断学习和创新,GE 获得了持续的竞争优势。GE 相信每个人都应该不断寻找更好的办法,这让 GE 员工充满了活力、好奇心和"我能做到"的精神。韦尔奇的改革为 GE 在 21 世纪科技创新时代的发展埋下了创新的种子。"2004 年 40 家最富创新企业"评选中,此前从未上榜的 GE 被排在第 17 位,在它前面的,大多是苹果、三星、Google 这种多年以来的知名者创新。

(资料来源:http://www.wendangku.net/doc/a67dd74f5f0e7cd1842536c1.html.)

### 1.1.3 企业文化理论在中国的运用与发展

早在 20 世纪 50 年代,在我国的一些大型国有企业中,结合精神文明建设,就已总结提炼出独具特色的经营理念和企业精神,如鞍钢宪法、大庆油田"铁人精神"、江南造船厂"江南精神"等,它们发挥着企业文化的导向功能和激励功能。但对企业文化的系统研究和运用则是从 20 世纪 80 年代引进国外的企业文化理论开始的。从总体上看,我国企业文化的发展大致可分为三个阶段。

1. 20 世纪 80 年代到 90 年代初:企业文化理论的引进和初步应用尝试

在这一时期,理论上的发展基本以翻译企业文化著作为主,特别是被誉为企业文化"四重奏"的四本书籍,对于中国企业文化理论研究的起步影响深远。这一时期理论研究成果较少,尚处在对企业文化思想的认识和理解的阶段,而企业文化实践在这一阶段则已经蓬勃发展。例如,1988 年,广东一家生产"万事达"保健口服液的乡镇企业为打开销路,进行企业总体 CIS 策划,改品牌为"太阳神",启用新的企业标志,"在太阳升起的地方,我们的生活充满希望"的广告歌词和鲜明的企业视觉图案在消费者心目中树立起积极向上的企业形象,几年间其产值由 520 多万元跃升到 12 亿元。1994 年,海尔的张瑞敏首次提出了"日清日高"管理理念,并写进《海尔企业文化手册》的"OEC 管理法"中,要求全方位地对每天、每人、每事进行清理控制,再加上"人人是人才,赛马不相马"人才管理机制,使海尔成为当时国内管理水平最高的制造企业之一。这一阶段企业文化实践主要是企业自然、自发的行为。

2. 20 世纪 90 年代到 21 世纪初:探讨有中国特色的企业文化建设

这一时期以普及企业文化知识,总结中国企业文化建设经验为主,不但对企业文化的渊源、特征、功能及构成等基本理论知识加以总结,对中国企业文化的民族特色、制度特色、建设模式和建设机制等也加以探讨,基本完成了引进国际视角和反思国内发展的任务,为后期研究向多角度和纵深发展拉开了序幕。在实践方面,随着 1992 年邓小平同志南方谈话的发表、1993 年企业文化的概念写入中共十四届三中全会通过的《关于建立社会主义市场经济体制若干问题的决定》和建设中国特色的文化理论的决定,在全国掀起了企业文化的热潮。

有些企业模仿外资企业管理和企业文化的一些形式，如热衷于开展文化活动或企业形象设计。这股热潮直到 20 世纪 90 年代中期才逐渐降温，许多在当时企业文化热潮中涌现出来的明星企业也逐渐失色。

3. 21 世纪初至今：理论研究与国际接轨，企业文化实践成为企业自觉行为

进入 21 世纪，国内企业文化理论研究突飞猛进，在涉猎主题的丰富性、研究方法的规范程度等方面，都有了质的飞跃。国际上企业文化主要的研究流派，无论是早先引入中国的霍夫斯泰德、沙因，还是后来的查特曼、奎因、卡梅隆和丹尼森等，在国内都能找到一脉相承的研究成果。国内的企业文化研究与国际发展进程已基本接轨。在实践方面，2005 年国资委下发了《关于加强中央企业企业文化建设的指导意见》，同年，劳动和社会保障部宣布企业文化师资格被正式确认为国家认可的执业资格。随着知识经济时代、经济全球化势如破竹地到来，中国企业文化建设进入一个新的时期，企业文化实践已经成为企业提升核心竞争力的自觉行为。例如，全球领先的网络及通信设备供应商华为公司"床垫文化""狼性文化"、《华为基本法》，其企业文化建设始终是业界关注的焦点，2006 年"胡新宇猝死事件"的发生，使华为反思其企业文化的缺陷，更加重视高绩效下的人文关怀。华为公司企业文化的变化也反映了企业文化在 21 世纪更加注重人的因素，注重企业人才的自主意识，注重企业与人的融合，甚至与生态环境的融合。企业文化不再局限于简单的形式化传播，而是在形式上更加注重员工的互动和参与。企业文化在增强企业凝聚力的基础上，成为表达企业个性、帮助品牌建设、融合国际化管理思想的渠道。

习近平总书记在党的二十大报告中鲜明指出：推进文化自信自强，铸就社会主义文化新辉煌。文化是一个国家、一个民族的灵魂。文化兴国运兴，文化强民族强。国家如此，企业亦如此。进入新时代，国有企业应以坚定的理想信念和文化自信，建立起具有强大凝聚力的核心价值观，并将其转化为企业的未来发展优势，助推企业实现高质量发展，在实现中华民族伟大复兴的伟大征程中展现国有企业的担当、作为和形象。

### 1.1.4　企业文化实践的发展趋势

当今企业界越来越认识到企业文化对企业发展的重要作用，这样的认识促使企业文化实践在当今时代得到进一步发展，并呈现六种发展趋势。

1. 企业文化需要适应"结盟、融合、共赢"新战略发展的要求

"协作竞争、结盟取胜、双赢模式"是美国著名的麦肯锡咨询公司提出的 21 世纪企业适应新经济需要的网络型新战略。自 20 世纪 80 年代以来，企业结盟、兼并、接管的事例层出不穷，各个企业在创业历史、发展目标、经营理念、所处环境、队伍素质等方面各有不同，企业文化各具特色、互有差异。没有企业文化的融合，就会出现"貌合神离，形连心不连"的现象。只有做到取长补短、扬优避劣、达成共识，形成"结盟取胜、双赢模式"型的企业文化，企业才更具生命力、凝聚力和竞争力。

2. 注意学习氛围的培养

20 世纪末最成功的组织是学习型组织，它不仅业绩最佳、竞争力最强、生命力最强和最具活力，更重要的是人们在学习的过程中能够在心灵上获得潜移默化的升华。随着知识经济的到来，企业组织形式向扁平式的灵活方向发展，企业管理的核心是发挥人的主观能动

性,实现从线性思维到系统思维和创造性思维的转变,这对个人及企业的知识水平提出了更高的要求。彼得·圣吉在《第五项修炼》中强调"系统思维和创造性思维根源于知识及知识的灵活运用和潜能及智慧的开发"。学习对组织的持续发展至关重要,学习型组织和学习氛围的培养在企业文化建设中将进一步受到关注。

[**相关链接 1-3**]

**华为构建学习型组织**

创立于1987年的华为,历经30年的成长,从寂寂无闻成长为领头羊。截至2014年年底,华为公司掌握的技术专利数量已在行业内处于领先位置。这一切都是组织学习与创新学习在华为结出的果实。有人说,正是学习型组织的构建,使华为公司成长为有竞争实力的世界级公司。

1. 明确学习的主体

华为注重组织中人力资本的增值。"人力资本增值的目标优先于财务资本增值的目标"这一原则被明确地写进了《华为基本法》。这也成为华为培训人才的宗旨和目标。任正非说:"在华为,人力资本的增长要大于财务资本的增长。追求人才更甚于追求资本,有了人才就能创造价值,就能带动资本的迅速增长。"

华为强调,人力资本不断增值的目标优先于财务资本增值的目标,但人力资本的增值靠的不是炒作,而是有组织的学习。培训是组织学习的重要途径。经过多年培训实践的积累,华为的培训体系已然自成一派。对比于其他企业在培训中更加注重师资力量、培训场地条件等因素的状况,华为则明确了"员工才是学习的主体"这一原则,更加重视员工自身在培训过程中所起到的作用。

2. 激发学习动力

如何才能让新员工主动学习、提高自己呢?华为采取的办法是全面推行任职资格制度,并进行严格的考核,从而形成了对新员工培训的有效激励机制。

譬如华为的软件工程师可以从一级开始做到九级,九级的待遇相当于副总裁的级别。新员工进来后,如何向更高级别发展,怎么知道个人的差距,华为有明确的规定,比如一级标准是写万行代码,做过什么类型的产品等,有明确的量化标准,新员工可以根据这个标准进行自检。

除任职资格制度外,华为还通过严格的绩效考核,运用薪酬分配这个重要手段,来实现"不让雷锋吃亏"承诺。即使考核结果仅仅相差一个档次,可能收入差别就是十万二十万甚至更多,所以在华为不存在"大锅饭"问题,华为就是通过这样的方式,来识别最优秀的人,给他们更多的资源、机会、薪酬和股票,以此牵引员工不停地向上奋斗。

3. 导师制

华为是国内最早实行"导师制"的企业。华为对导师的确定必须符合两个条件:一是绩效必须好,二是充分认可华为文化,这样的人才有资格担任导师。同时规定,导师最多只能带两名新员工,目的是确保成效。华为规定,导师除了对新员工进行工作上指导、岗位知识传授外,还要给予新员工生活上的全方位指导和帮助,包括帮助解决外地员工的吃住安排，甚至化解情感方面的问题等。

（资料来源：https://www.sohu.com/a/106926395_431016? qq-pf-to=pcqq.c2c.）

3. 与生态文化有机结合

生态文化是一种新型的管理理论，它包括生态环境、生态伦理和生态道德，是人对解决人与自然关系问题的思想观点和心理的总和。生态文化属于生态科学，主要研究人与自然的关系，体现的是生态精神。而企业文化则属于管理科学，主要研究人与人的关系，体现的是人文精神，但是二者本质上都属于一种发展观，都强调科学精神，都强调观念形态和心理，都以文化为引导手段，以持续发展为目标。企业文化只有与生态文化有机结合，才能够减少生产过程中的环境污染，实现生态化的可持续发展。

4. 将更注重于树立良好的企业形象

企业的知名度与美誉度的有机结合构成了企业在公众中的形象。正如德鲁克的告诫，在处理公共关系时，企业应当注意从推销商品向推销商品生产者延伸。良好的知名度与美誉度，是企业一笔巨大的无形资产，是企业在市场经济中运作的实力、地位的体现。声誉卓著的企业能招揽到更多的优秀人才和顾客，吸引更多的投资，得到社区邻里的支持和帮助。21世纪，企业竞争除了人才与科技的竞争以外，还有比较重要的一点就是，谁最先发现消费空当，并以良好的形象占据消费者的心，谁就能占据市场，不断扩大经营效益。

5. 更注重企业精神与企业价值观的人格化

价值观是企业文化的核心。企业要努力培育“生死与共”的价值观，使企业全体员工增强主人翁意识，能与企业同呼吸、同成长、同发展、共生死，做到企业精神与企业价值观的人格化，实现“人企合一”。海尔集团的文化建设是中国企业文化建设的典范。海尔集团极具远见，公司对职工的挑战性工作给予不断鼓励，使他们对工作经常保持新鲜度，员工的责任感在无形中得到加强。

6. 企业文化更重视人本管理

商业化管理的本质特征是以物为中心，以全面追求利润最大化为目标，忽视人的因素，在管理上着迷于铁的纪律、绝对服从和至高无上的权威，劳资之间变成了纯粹的雇用与被雇用关系。企业文化与商业化管理有根本不同，企业文化倡导以人为中心的人本管理哲学，反对“见物不见人”的理性管理思想，主张将培育进步的企业文化和发挥人的主体作用作为企业管理的主导环节。所以，企业不能再受商业化的束缚，在企业文化建设中，要把精力投向人，大力加强“人”的建设。

## 1.2 企业文化的内涵与结构

### 1.2.1 企业文化的含义与特征

企业文化概念和理论最早出现于美国，众多学者基于理论研究的不同视角对其概念进行界定，虽然在观点和表述上各有差异，但也存在基本的共识，那就是将企业文化的核心定为价值观或相关表述(见表 1-1)。管理学中,文化管理模式的关键所在就是价值观的管理,价值观是企业文化的核心。

**表 1-1　企业文化的定义**

| 学者(时间) | 企业文化定义 |
|---|---|
| 霍夫斯泰德(1980) | 组织的心智程序 |
| 威廉·大内(1981) | 企业制定员工和客户政策的宗旨 |
| 迪尔和肯尼迪(1982) | 组织所信奉的主要价值观 |
| 彼得斯和沃特曼(1982) | 所有员工共同遵守的价值观念,即众人心悦诚服的行事准则 |
| 丹尼森(1984) | 价值、信念及行为模式,一个组织的核心认同 |
| 戴尔(1985) | 组织内成员所共有的人为产物、观点、价值及假设 |
| 沙因(1985) | 一组成员共同享有的基本假设 |
| 马丁(1985) | 企业成员共同拥有的,指导其行为的态度、价值和信念组合 |
| 海能(1988) | 企业的价值观和行为准则,它们是组织成员共同的思想体系 |
| 河野丰弘(1990) | 企业成员共有的价值观、共同想法、意见决定的方式以及共同的行为模式,也是社会风气、公司风气、企业形态、企业气质、企业精神等的总称 |
| 科特和赫斯克特(1997) | 共同拥有的企业价值观念和经营实践,共同的文化现象 |
| 罗宾斯(2005) | 成员共有的一套意义共享的体系,使之区别于其他组织 |

综上所述,本书采纳的定义为:企业文化是在一定的社会历史条件下,企业生产经营和管理活动中所创造的具有本企业特色的精神财富和物质形态。它包括企业在实践中创建和发展的用以解决企业外部适应和内部整合问题的一套共同价值观、与价值观一致的行为方式以及由这些行为所产生的结果与表现形态。企业文化具有如下特征。

1. 系统性

企业文化不但包含一系列要素,而且要素的组合是有结构层次的,要素间也对应着特定的关系,这些构成了一个多要素关联与制约的系统。本书所采用的企业文化的定义不但表明了企业文化的几个基本要素,还明确了企业文化的要素中,价值观具有核心地位,价值观决定了人们的行为方式,而价值观与行为方式又会产生相应的结果和表现形态的逻辑关系。

2. 共识性

企业文化是一种企业成员集体共有的文化。企业文化的一大基本使命,就是要建立共同价值观,倡导一种经由全体员工或绝大部分员工接受、认同、内化,达成共识的健康科学的价值观,从而保证企业成员在工作中有一致的行动原则。

3. 功能性

企业在社会环境和市场环境中生存与发展,主要面临来自两方面的挑战,一方面是外部环境的不断变化,另一方面是企业内部人员的凝聚力和积极性的波动。企业文化作为一种企业的智慧,要对这些基本的问题予以回应,解决企业外部适应和内部整合所面临的问题。

4. 根生性

企业成员来自社会各界，会受到社会文化、民族文化、地域文化等外部文化的影响。企业在生存和发展的过程中，本身也会受到来自外部环境文化的影响。但企业文化的生成和发展却主要集中在企业内部，这就是企业文化的根生性。企业文化的形成，在很大程度上依赖于企业的文化传统和历史经验，是企业对于外部适应和内部整合的系列问题给予的回应，是一个企业生存、发展条件及其历史延续的反映。

## 1.2.2　企业文化的要素与结构

1. 企业文化要素

企业文化是一个完整的体系，对于其构成要素的研究，最有代表性的是迪尔和肯尼迪提出的五要素说、河野丰弘的七要素说，以及彼得斯和沃特曼的八要素说(见表1-2)。

**表1-2　企业文化的要素**

| 理　论 | 学　者 | 企业文化要素 |
|---|---|---|
| 五要素说 | 迪尔和肯尼迪 | ① 企业价值观；② 英雄人物；③ 典礼与仪式；④ 企业文化传播网络；⑤ 企业环境 |
| 七要素说 | 河野丰弘 | ① 员工的价值观；② 情报收集的取向；③ 构想是否为自发地产生；④ 从评价到实行的过程；⑤ 员工的互助关系；⑥ 员工的忠诚度；⑦ 动机的形态 |
| 八要素说 | 彼得斯和沃特曼 | ① 采取行动；② 接近顾客；③ 自由和创新精神；④ 以人为本；⑤ 亲身实践、价值驱动；⑥ 坚持本业；⑦ 组织单纯；⑧ 宽严并济 |

今天，人们对于企业文化的要素有了更多的理解，但多数都来源于最初的企业文化"五要素说"，即企业价值观、英雄人物、典礼与仪式、企业文化传播网络、企业环境。

(1) 企业价值观。

企业价值观是企业文化的核心要素。它旗帜鲜明地表明了企业倡导什么，反对什么。企业价值观是企业文化各要素的"酵母"，企业的英雄人物、典礼仪式及企业文化传播网络都是从其中衍生、引申出来的，反过来，它们的作用也在于维护、传播及强化企业价值观。

企业的价值观以核心价值观、企业精神、企业经营哲学、企业道德观等多种形式表现出来。核心价值观就是企业价值观体系的高度概括和总结。企业精神是指企业为实现自己的价值，在长期的经营管理过程中所形成的一种人格化的理念和风范，它包括一个企业所应具有的企业传统、时代意识、基本信念、理念、道德品质，如同仁堂的"同修仁德，济世养生"，全聚德的"全而无缺、聚而不散、仁德至上"，三一重工的企业精神"自强不息，产业报国"。企业经营哲学是指企业经过长期经营实践的探索总结得来的，关于企业经营目标、企业存在价值与意义、企业相关主体间、企业中人与物关系的最高精神和指导思想。企业道德观指在企业生产经营管理活动中形成的关于善与恶、公正与偏私、光荣与耻辱、诚实与虚伪、正义与非正义、美与丑等的观念表述，其中，职业道德是企业道德的重要支撑点。

正如彼得斯和沃特斯在《追求卓越》一书中指出:“我们研究的所有优秀公司都很清楚它们主张什么,并认真建立且形成了公司的价值准则。事实上,如果一个公司缺乏明确的价值准则或价值观念不正确,我们很怀疑它能获得经营上的成功。”

**[相关链接1-4]**

**知名企业对价值观的描述**

卡特彼勒公司把价值观表述为“正直、卓越、团队、承诺和可持续性”;通用电气公司将其表述为“坚持诚信、注重业绩、渴望变革”;宝洁公司将其表述为“领导才能、主人翁精神、诚实正直、积极求胜和信任”;宜家家居公司将其表述为“一起工作、同心协力、患难与共”;丰田汽车公司将其表述为“杜绝浪费、保证质量、技术革新”;中国工商银行将其表述为“工于至诚,行以致远”;华为公司将其表述为“以客户为中心,以奋斗者为本,长期坚持艰苦奋斗”;腾讯公司将其表述为“正直、进取、协作、创造”。

(资料来源:苏万益,等.现代企业文化与职业道德.北京:高等教育出版社,2021.)

(2) 英雄人物。

英雄人物是企业文化的人格化要素,具体而言,它既是企业价值观的人格化体现,更是企业形象的象征,是企业员工行为模仿效法和学习的具体典范。英雄人物之所以重要,是因为他们能够在组织内部有着持久的魅力。企业的英雄人物通常具有如下标准:他们是企业价值观的化身,是企业的支柱和希望,他们具有不可动摇的个性和作风;他们的行为虽然超乎寻常,但离常人并不遥远,显示出“成功是人们力所能及的”;他们的行为可以起到提升员工责任感的作用。

企业英雄人物的一种类型是与企业一起诞生的“创业英雄”或“共生英雄”。这些创办企业的英雄人物,通常有着远大的抱负和不屈不挠的实干精神。史蒂夫·乔布斯就是这样的传奇英雄,他曾经是“计算机狂人”,也被评为最成功的管理者,几经起伏,依然屹立不倒,创造了苹果的奇迹。苹果公司的员工对他的崇敬简直就是一种宗教般的狂热,员工甚至对外面的人说:“我为乔布斯工作!”

企业英雄人物的另一种类型,则是企业在特定环境中精心“塑造出来”的英雄,是在企业的特定时势下产生出来的,成为某个时代的代表。他们常常成为企业员工的行为标准与模范,为员工树立了坚定的理想与信念。同时,英雄人物是企业形象的缩影,面向社会宣传企业所持的理念、追求与希望。比如,大庆油田的王进喜,肩负着摆脱“贫油国”帽子的使命,发扬艰苦奋斗的拼搏精神,仅用了6天就钻井900多米,打成了大庆荒原上第一口油井,人们感动地说:“王进喜哪里是在打井,他分明是在拼命啊!”在当时条件异常艰苦,石油大会战的背景下,王进喜被塑造成大庆油田的英雄。

(3) 典礼与仪式。

典礼与仪式是人类社会文化的外在表现形式之一,是文化的重要组成部分,在日常生活中经常反复出现,人人知晓而又没有明文规定。它不是可有可无的,而是企业持续经营所表现出来的程式化并显示凝聚力的文化因素。企业通过按一定标准和程序组织的仪式与庆典,向员工和社会各界说明企业的价值观与办事程序、工作规范,使企业员工增加自我价值感和尊严。这一切都体现了企业管理者对理想境界的追求和对事物的判断标准。

企业的仪式并无固定的模式，从员工的招聘和解聘、特殊的日子、奖励方式、会议到企业庆典等，都可以发展成为某种具有特殊意义的仪式，引导和规范员工的行为方式，以生动的形式来宣传公司的理念和价值观。典礼是企业在特殊庆祝与纪念活动中所使用的、加以文化性铺张与渲染的仪式，以帮助企业庆祝其英雄人物和重大可纪念性事件。这些活动让员工切实体验到自我价值的展现，切实意识到什么是最重要的，什么是自己应该去做的。

一些优秀的企业日常仪式有问候仪式、赏识仪式、工作仪式、管理仪式、象征企业特殊里程的庆典、研讨会或年会、日常的各种聚餐等。正因为典礼与仪式是企业价值观的体现，所以它们并不完全是自生自灭的东西。它们的形成，离不开企业家自觉的提倡，员工自觉与反复的执行，历代相传、积久而得的自发力量。

（4）企业文化传播网络。

企业文化传播网络是企业文化要素中的渠道要素，它是指企业内部以轶事、故事、机密、猜测等形式来传播信息的非正式渠道，这在一定程度上可以理解为企业的非正式沟通网络。非正式沟通的网络具有沟通形式不拘一格、不受组织约束与干涉、直接明了、速度快、可以提供正式渠道难以获得的信息、是正式沟通的必要补充等优点。但同时又难以控制，传达的信息有时不够确切，易失真、曲解，易形成小集团、小圈子，影响人心稳定与团队凝聚力等。企业文化传播网络就是在最大限度上发挥非正式沟通渠道的积极作用，抑制其消极作用。例如，中国南方航空公司客舱部通过“春风组”讲故事形式，把企业的服务理念和价值观向企业和社会广泛传播。企业文化借助于文化网络在企业沟通流传，会形成一种特殊的文化氛围，从而为企业内部形成共同价值观、增强企业文化的激励功能和导向功能起到促进作用。

（5）企业环境。

企业环境是指企业在与内外部相关主体的作用中，通过主观努力所营造的存在与发展条件。人们要根据企业所处的市场、顾客、竞争者、政府、技术等环境来选定企业文化建设的模式，同时，企业主体通过自己的行为营造企业内外部的环境条件。企业环境一般可以分为外部环境和内部环境。企业的外部环境从性质层面上可分为政治环境（主要包括法律环境、政策环境等）、经济环境（主要包括投资环境、市场环境、资源环境、金融环境等）和文化环境（主要指人文环境、教育环境、科技环境等）。企业的内部环境又分为软环境与硬环境，软环境是指企业内部的人际环境、潜规则等；硬环境主要指企业的物质环境。

2. 企业文化结构

企业文化结构是指企业文化系统内各要素之间的时空顺序、主次地位与结合方式，是企业文化的构成、形式、层次、内容、类型等的比例关系和位置关系，表明各个要素如何链接，从而形成企业文化的整体模式。要素是系统的组成部分，结构是系统内部要素的排列组合方式。研究企业文化，不但要了解企业文化的要素，而且要理解企业文化的结构。研究企业文化的结构，就是要把企业文化作为一个系统，找出各个组成部分的关系，并了解企业文化作为一个整体与各部分之间的关系。

关于企业文化结构的观点很多，有“五层次”“四层次”“三层次”“二层次”“一层次”等结构理论，其中应用最广泛的是企业文化“四层次”结构理论，即精神文化、制度文化、行为文化和物质文化。但无论哪种结构理论，都是围绕内核和外缘两个方面的内容展开描述的，都充分体现了迪尔和肯尼迪提出的“五要素”,即企业价值观、英雄人物、典礼与仪式、文化传播网络、企业环境。其内核主要指的是企业文化的精神内核,包括基本假设、愿景目标、经营与管理理念等;外缘是指精神内核在企业生产经营实践中的具体外化体现,包括企业规章制度、员工思维方式、员工行为习惯、企业物质形象、企业社会形象等。从企业文化建设的角度,可以把这四个层面依次理解为“内化于心、固化于制、外化于行、美化于物”的过程,因此我们认为企业文化的结构可以分为以下四个层次(见图 1－1):

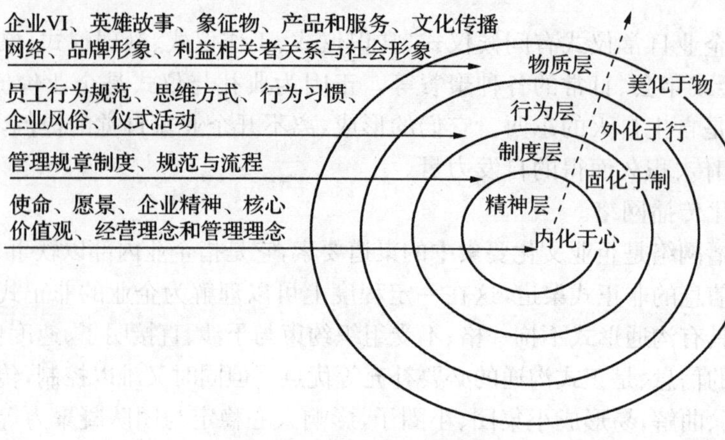


**图 1－1　企业文化四层次结构**

(1) 精神层(内化于心),即企业的精神文化层面,是企业文化的精神内核,是企业文化建设一切活动的源泉,包括企业理念体系,主要是指企业使命、愿景、企业领导者和成员共同遵守的基本信念、价值观、经营管理理念、职业道德及精神风貌。精神层是企业文化的核心,是决定制度层、行为层、物质层的关键。

(2) 制度层(固化于制),即企业的制度文化层面,是企业文化的核心理念通过制度化融入管理的重要载体,是员工践行企业文化和树立企业形象的重要保障,包括企业的各项管理规章制度、规范与流程。制度层在企业文化中居中层,属于强制性文化,强调的是在企业生产经营的活动中应建立一种自我管理和约束的制度机制。

(3) 行为层(外化于行),即企业的行为文化层面,是员工践行企业文化理念的具体言行表现,包括员工的行为规范与员工的思维方式、行为习惯等,还包括企业风俗、仪式活动等。行为层是企业经营作风、精神面貌、人际关系的动态体现,也折射出企业精神和企业价值观。

(4) 物质层(美化于物),即企业的物质文化层面,是企业文化在物质层次上的体现,属于企业文化的表层部分,是企业文化的物质要素和企业理念体系的物质载体,包括企业 VI、英雄故事、象征物、产品和服务、企业文化传播网络、品牌形象、利益相关者关系与社会形象等。

[**相关链接 1－5**]

**乔布斯的皮克斯大楼**

1999 年,随着《玩具总动员 2》的成功,皮克斯动画制作获得市场认可,决定建设一栋能展示形象的总部大楼。最初的想法是建造一个传统样式的好莱坞工作室——各自独立的大楼为不同的项目服务,开发团队在单层建筑里办公。但乔布斯认为这样的建筑会使团队之间有疏离感，他说："在我们这个网络时代，有一种想法认为，创意通过邮件和网络聊天就可以被开发，这是个疯狂的想法。创意产生于自发的谈话和随机的讨论中，比如你遇到某个人，你问他最近在做些什么，然后你说'哇'，很快你就会蹦出各种想法。如果一栋大楼没有这样的功能，就会失去很多由于偶遇而产生的创意和奇想。"

乔布斯最终认同的设计是一栋庞大的建筑围绕着中庭，为员工的"偶遇"制造机会，是一个提供"计划外合作的场所"。大楼的前门、主楼梯和走廊都能通往中庭，那里有咖啡厅和信箱，几间能透过玻璃看到中庭的会议室，还有一座能容纳600人的剧场，以及两个小放映室。皮克斯的首席创意官拉赛特回忆道："乔布斯的理论从第一天起就见效了。我接连遇见一些几个月都没有碰见的人。我还从没见过哪座大楼的设计能如此鼓励合作和激发创意。"

（资料来源：https://business.sohu.com/a/657538092_121666662）

正如海尔集团总裁张瑞敏所说："企业发展的灵魂是企业文化，企业文化的核心是价值观，有什么样的价值观，就有什么样的规章制度和行为规范，这又保证了物质文化的不断增长。"企业文化的精神层、制度层、行为层、物质层四个层次之间相互联系和作用。

首先，精神层决定了行为层、制度层和物质层。精神层是企业文化中相对稳定的层次，它的形成受到社会、政治、经济、文化以及本企业的实际情况、企业管理理论等的影响。精神层一经形成，就处于比较稳定的状态。精神层是企业文化的决定因素，有什么样的精神层就有什么样的物质层。

其次，制度层是精神层、物质层和行为层的中介。精神层直接影响制度层，并通过制度层影响物质层和行为层。企业规章制度、行为准则是基于企业哲学、价值观念、道德规范来制定的，在推行或实施这些规章制度和行为准则的过程中，形成独特的物质层，并以特有的价值取向和精神反映在其行为中。正是由于制度层的中介作用，很多企业都非常重视制度层的建设。

最后，物质层和制度层是精神层的体现，物质层和制度层以其外在的形式体现了企业文化的水平、规模和内容，还能直接影响员工的工作情绪，直接促进企业哲学、价值观念、道德规范的进一步成熟和定型。许多成功的企业都十分重视企业文化中物质层和制度层的建设，明确企业的特征和标志，完善企业的制度建设和规范的形成，以文化的手段激发职工的自觉性，实现企业的目标。

企业文化的物质层、制度层、行为层和精神层是密不可分的，它们相互影响、相互作用，共同构成企业文化的完整体系。其中，企业的精神层是最根本的，它决定着企业文化的其他三个方面。这就是为什么众多企业将企业文化的研究重点都放在企业哲学、价值观念、道德规范上的原因。

**[案例研究1-1]**

### 青岛啤酒企业文化系统

青岛啤酒是民族品牌走向国际化品牌的传奇样本，自成立至今已经走过了110多年的风雨历程，销售量居中国啤酒行业首位，是世界第八大啤酒厂商，即使在欧美市场，青岛啤酒也是进口的高档货。正如青岛啤酒前董事长金志国所言:“做大靠资本、做强靠品牌、做久靠文化”,企业文化已成为青岛啤酒最宝贵的资源和核心竞争力之一,经历了自发、自觉和提升三个阶段,逐渐形成了以表层形象文化、中层制度文化以及深层价值理念为核心的完整的企业文化体系(见图1-2)。

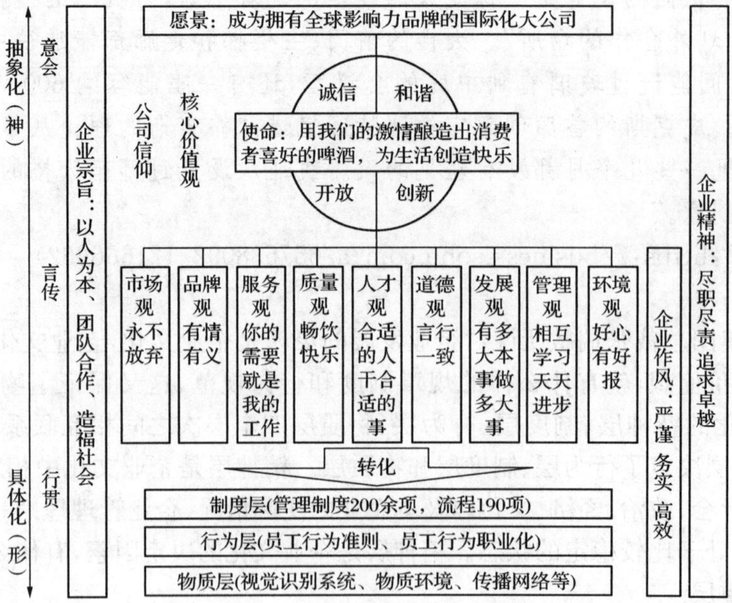


**图1-2 青岛啤酒企业文化系统**

青岛啤酒企业文化包括精神、制度、行为、物质四个层面。精神层面包括愿景、使命、核心价值观、理念、宗旨、精神等,是文化的核心和灵魂,是企业的“心”。制度层由精神层转化而来,目前有200多项制度,190余项流程,还包括公关活动、营销活动等,将文化进行科学的、规范化的培育,表现出公司强大的不依赖任何人的制度执行力,是支撑企业的“躯干”。行为层以企业员工行为准则为指引,包括领导层、管理层、基层员工的行为职业化和规范化,是企业的“手”。物质层包括公司的视觉识别系统、物质环境、产品造型包装设计、企业文化传播网络等,是精神层的载体,也是文化最为外在直观的系统,是企业的“脸”。从精神层到物质层,由抽象到具体,由神到形,执行中也有意会、言传、行贯的偏重。

青岛啤酒百年不老的原因在于青岛啤酒企业文化系统化和制度化建设的持续完善过程:其企业文化框架图,从精神层、制度层、行为层、物质层四个层面规定了企业的文化纲领,从企业的“心”“躯干”“手”到“脸”,从抽象到具体,完整而充满逻辑的新颖表达,至今仍被许多大学作为案例反复引用。2007年引进的丹尼森组织文化模型,把12个与公司经营业绩联系最密切的文化纬度提出来,使文化既包罗万象又落到实处,成果获得了2008年《哈佛商业评论》颁发的管理行动金奖。2009年,公司推出的系统竞争力七要素模型,对打造文化力提供了系统思考的工具,企业文化运行机制越来越顺畅。从建模到推行再到评估,每个环节都紧密关注文化与经营的关系。文化建设在实实在在成为企业行为的同时,也使得文化力的形成与建设具有了强大生命力。如此,青岛啤酒文化体系中的各子系统相互协调相得益彰，使得企业文化在企业成长过程中发挥着强大的作用。

（资料来源：http://www.sdetn.gov.cn/portal/jmxx/jxgz/qygg/webinfo/2012/01/1326504930144252.html.）

青岛啤酒企业文化系统是通过在实践中不断总结和完善建立起来的，其结构涵盖了从精神到物质的四个层次：在精神层面，其愿景“成为拥有全球影响力品牌的国际化大公司”基于市场提出，具有引导功能；其使命“用我们的激情酿造出消费者喜好的啤酒，为生活创造快乐”基于消费者提出，阐明了公司存在的理由和价值；核心价值观“诚信、和谐、开放、创新”，体现公司的境界和原则；企业宗旨“以人为本、团队合作、造福社会”和企业精神“尽职尽责，追求卓越”贯穿在文化的各个层面，体现了青岛啤酒“严谨、务实、高效”的企业作风；理念则由核心价值观派生而出，阐明了公司在不同方面的观念立场，阐明青岛啤酒的生存发展之道。制度层、行为层和物质层部分对所有企业行为和员工行为实行系统化、标准化、规范化、职业化的统一管理，形成统一的企业形象，便于统一的经营管理，在文化中起约束作用和识别作用，是寻求文化落地的具体途径。

## 1.3　企业文化的功能与类型

通用电气前总裁杰克·韦尔奇认为：“文化是永远不能替代的竞争因素，企业靠人才和文化取胜。”华为总裁任正非说：“物质资源终会枯竭，唯有文化才能生生不息。”

### 1.3.1　企业文化的功能

美国一项名为“常青树项目”的开拓性研究发现，大多数管理实践与业绩无关，企业只要在战略、文化、执行力、组织结构这四项首要管理实践上表现卓越，并做好人才、领导力、创新、兼并与合作这四项较次要的管理实践中的任意两项，便能成功在握，故称为“4＋2”管理法则，其中，文化属于四项首要管理实践要素之一。区别于传统的经验管理、科学管理，企业文化对于企业的生存发展发挥着重要的作用，是企业快速稳健发展的关键因素。其功能主要表现在以下几个方面。

1. 导向功能

企业文化的导向功能主要体现在生产经营过程中对全体员工的价值观取向以及行为取向产生导向作用，具体体现在目标导向和价值导向两个方面。一方面，优秀的企业文化通常都会提出具有极强激励效果且切合实际的使命以及愿景目标，从而引领全体员工为了共同理想与目标而奋斗。另一方面，企业所倡导的经营哲学以及具体的管理理念对全体员工的价值取向、思维方式、行为习惯产生引导作用，正如众所周知的“海尔砸冰箱”的故事，充分体现了海尔对质量的重视，从而引导海尔全体员工增强质量意识，并付诸行动。从这个意义上讲，企业文化也是一种生产力。

2. 凝聚功能

企业文化的凝聚功能主要体现在企业所倡导的价值观被员工认知和认同之后，员工在思想意识上逐步达成共识，在实践行动中“劲往一处使”，从而产生强大的向心力和凝聚力，促使员工与企业“同呼吸、共命运”,并形成一种充满和谐性与协同性的组织。和谐性主要表现为员工之间的相互帮助、相互关爱以及员工对组织的热爱与忠诚;协同性主要表现为部门之间的高效协助以及资源协同效应的充分发挥。这种凝聚力之所以强大,是因为其价值观的引导和以“人”为核心的“软性”管理环境,是一种自发的、内在的凝聚力,而非“硬性”管理环境下通过刚性制度与规范产生的表象的组织凝聚力。而且,这种凝聚力不仅影响员工,还对企业的经销商、合作伙伴等利益相关者产生强大的凝聚作用。

企业文化的凝聚力在企业初创时期或者遇到危机的时候,通常都会表现出突出优势并产生强大的力量,使企业转为危机,在逆境中崛起。

**[案例研究 1-2]**

“南航心约”

一个公司的企业文化,凝聚着的是企业的精神,也凝聚了一个企业的力量,它不仅能够感染着每位员工,也同样感染着它的每一位顾客。“对员工关心、对客户热心、对同事诚心、对公司忠心、对业务专心”,这“五心”是“南航心约”的具体概括。

对员工关心:倡导以人为本的企业文化,提升员工对南航的认同感、归属感和自豪感,摈弃一切不重视员工的观念和行为。

对客户热心:把“客户”的定义扩大到乘客、货主以及公司内部的同事,把“客户至上”奉为核心价值观之首。

对同事诚心:“源于内心、出自善意”的“诚心”,是形成内部工作团队的前提,也是建立“诚信”的外部形象的基础,更是南航人实践公司使命的基本要求。

对公司忠心:对公司忠诚,认同公司的价值观和原则,遵守公司的行为准则,做好本职工作。

对业务专心:力求把所做的任何事情做到最好,力争成为本职工作的行家里手,成为每一行的专家能手。

公司提出要发挥企业文化“聚人心”的作用,从文化上切入,用企业文化吸引人、改变人、造就人、留住人。通过“南航心约”的传播与推广,使员工逐步把公司使命作为共同的目标,同个人的事业发展联系起来;把核心价值观作为员工为人处世的根本准则,从员工的思想、行为中体现出来;把公司原则与行为期望作为企业经营、管理、运作的根本,使“南航心约”成为公司立身行事的准则,成为员工休戚与共的纽带,成为南航发展的灵魂。

(资料来源:http://news.cnair.com/c/200905/9689.html)

企业文化的形成是一个漫长的过程,是企业及其员工在长期的活动中积淀并不断创新调整而形成的。从南航的发展历史上看,随着公司的不断发展,安全、服务、效益、质量、现代管理等标准与意识不断地融入企业的文化领域中,逐步形成了南航文化的基本内容。“南航心约”从南航本身的优良文化基础出发,又结合了自身的特点,因而取得了比较好的效果。

3. 约束功能

约束功能主要表现在企业文化对员工思维方式以及日常行为产生的约束和规范作用,

一般而言，企业文化的约束作用通常是通过“硬性”的严格制度与“软性”的文化感染两种途径实现的。一方面，“硬性”的严格制度渗透了企业文化理念的制度、规范与流程，是企业文化“制度层面”的内容，对员工行为有一定的强制性作用，同时又融入了企业文化的软力量，是员工践行企业文化、企业有序运转的重要保障。另一方面，文化感染是一种非强制性的、潜移默化的“软”约束方式，通常在企业价值观、文化氛围、主流舆论等非制度形式的文化感染下，员工行为会受到无形的自我约束，是一种文化自觉的体现，这种“软”约束力是我们倡导并应积极发挥的企业文化功能，因为任何健全的制度都仍然会存在缺陷或者无法涵盖难以预料的事情，在这种情况下，唯一能约束大家的只有企业长期所形成的道德标准、价值观等因素。

4. 激励功能

激励功能主要表现在企业文化对员工的内在动机与潜在能力产生的激发效应，企业文化从精神、制度、行为、物质四个方面激励员工热情投入工作，积极创新，为企业创造高价值的回报。首先，精神层面的激励，主要源于企业文化的目标导向与价值导向。高远且符合实际的目标，会激励员工树立较高的工作目标与标准，并形成强烈的使命感；共同的价值观导向，会让员工迅速产生认同感、归属感、安全感与责任心，对员工的自觉行为、组织的凝聚力的形成都具有极强的激励作用。其次，制度层面的激励，主要源于渗透着企业文化理念并产生正向激励作用的制度与规范，如员工关爱制度、员工培养制度、员工晋升制度、员工参与管理激励制度、绩效考核制度、创新奖励制度等，为员工提供良好的工作与生活环境以及公平的成长与发展平台，并以制度确保激励的持续性与公平性，从而使员工得到充分的尊重与关爱，最终达到调动员工积极性、激发员工主观能动性的目的。再次，行为层面的激励，主要源于基于企业文化理念的员工行为规范、服务标准以及员工身边的榜样。行为规范与服务标准，犹如一把精确的标尺，激励着员工在实践过程中就自己的表现寻找差距、不断改进；员工身边的榜样，犹如优秀企业文化的灯塔，为员工指明了企业文化的导向以及个人前进的方向。最后，物质层面的激励，主要源于渗透着企业文化理念的企业良好的品牌形象，通过视觉、听觉等形式，不断强化员工对企业文化的认知与认同感，并增强其荣誉感、安全感与责任感，进而激发其工作积极性与主动性。

5. 辐射功能

辐射功能主要表现在企业在向内外部传播企业文化内涵与品牌形象、传递产品和服务价值的过程中，对员工、客户以及社会所产生的文化辐射功能，它能够不断提高企业的知名度和美誉度，增强品牌溢价能力。其辐射途径主要是通过企业文化的物质层和行为层。一方面，通过企业文化的物质层的视觉设计、产品和服务、文化传播网络、英雄人物、社会责任等物质与行为向企业内外部传播和树立社会形象，其中，企业的视觉设计、产品设计、现场环境等，是向企业内外部直观展示企业形象的主要方式，文化传播网络则是企业文化内涵与品牌形象对内外部输出的重要途径，具体包括各类媒体、宣传工具、宣传平台、文化活动等传播载体，英雄人物则是企业文化的“代言人”，向企业内外部传递企业文化价值观，并提高企业的美誉度，承担社会责任更是企业文化的集中体现，以高度的社会责任感，对外树立良好的社会形象。另一方面，企业的一举一动、员工的一言一行时刻都在对外展示着企业文化的内涵、精神风貌、管理风格与社会形象，企业通过建立优秀的企业文化，深刻影响员工的思想与行为，持续对外树立良好的社会形象，发挥企业文化的辐射功能，并不是空喊口号、只做形象工程。例如,员工在向客户提供服务的过程中,便自然地向客户传递了企业所倡导的价值观、展示了企业的形象,企业能否在客户中获得好评,能否树立良好社会形象,取决于员工的言行是否渗透了优秀的企业文化基因。

6. 协调功能

协调功能主要表现在企业文化能维系内部员工之间以及和外部利益相关者之间的和谐共生关系,在员工之间、部门之间、企业与外部利益相关者之间遇到矛盾和摩擦时,能起到协调和"润滑剂"的作用,使得企业在制度相对健全的情况下,确保制度"执行到位";在制度缺失和不够完善时,企业文化起到"及时补位"的作用。

7. 区分功能

世界上没有完全一样的企业文化,每个企业的企业文化都具有鲜明的个性。企业文化是企业在长期实践中逐步形成的一套对外适应、对内整合的文化模式,不同的人群、不同的环境和不同的经历等,会形成特定的价值观和行为模式,塑造出特定的企业文化。这些决定了企业文化具有区分功能,可以通过企业文化来区别不同的企业,找出它们的文化特征。

### 1.3.2 企业文化的类型

企业文化是一种庞杂而抽象的概念,无所不在,对企业起着至关重要的作用,影响着员工的思想观念,对员工的行为起着约束作用,是企业的无形统治者。为了研究或测量的需要,常将企业文化予以分类,以使企业文化的抽象程度降低。

1. 按照企业的风险和回馈程度的不同分类

迪尔和肯尼迪在《企业文化:企业生存的习俗和礼仪》一书中,将企业文化划分为四种:强悍型文化、工作和娱乐并重型文化、过程型文化和赌注型文化。

(1) 强悍型文化:这是一种高风险、快反馈的文化类型。这种企业恪守的信条要么一举成功,要么一无所获。因此,员工们敢于冒险,都想成就大事业。对于所采取的行动是正确与错误,能迅速地获得反馈。具有这类文化的企业往往处于投资风险较大的行业。这种文化鼓励内部竞争和创新、鼓励冒险,市场竞争性较强、产品更新快。

**[案例研究 1-3]**

**华为:狼性企业文化**

狼是一种让人畏惧、讨厌的动物,极少有人愿意与狼相提并论,但是华为却自诩为狼。任正非带领着华为狼群,与市场中的豹子、狮子拼杀,将企业的狼性表现得淋漓尽致,屡建奇功。

有人把通信制造业的各类企业分别比作草原上的三种动物:跨国公司就像狮子,跨国公司在中国的合资企业就像豹子,而地道的中国本土企业就像土狼。如果这个比喻贴切的话,那华为就是最杰出的土狼。

华为的企业文化被称为狼性企业文化,其中浸透着一股狼性,这在企业界是非常少见的。因为强大可以夺天下,仁爱可以夺人心,所以一般企业都在颂扬自己的强大或仁爱，不会想到向实力中等又眼露凶光的狼学习。人对狼是不公平的，总让狼扮演故事中不光彩的角色，人渐渐从心中排斥狼，从而狼的优点被抹杀了。华为能够透过世人的眼光看到狼的闪光个性，已不容易，还把这种个性炉火纯青地运用到企业的经营管理中，更让人佩服。大众性的东西较易学习和模仿，但个性化的东西就不是这么轻松，狼性企业文化是企业文化中非常独特的一个典例。

（资料来源：https://doc.mbalib.com/view/71f89148325236ba251c918635333fc8.html）

华为崇尚狼性文化，任正非归纳出了狼的三大特性：一是敏锐的嗅觉；二是不屈不挠、奋不顾身的进攻精神；三是群体奋斗。这三点是狼在厮杀中成功的特性，转用到企业的竞争中，也会形成不可思议的力量，所以企业要发展就需要有点狼性。华为能在竞争中胜出，得力于它将狼的三大特性融入核心文化之中，形成独树一帜的狼性文化。

（2）工作与娱乐并重型文化：这是一种低风险、快反馈的文化类型。这种文化赖以生存的土壤往往是生机勃勃、运转灵活的销售企业和服务行业。在这类企业中，员工们拼命干、尽情玩，工作风险极小，而工作绩效反馈极快。这种文化适应于竞争性不强、产品比较稳定的组织和工作环境，使工作与娱乐实现完美结合。

（3）过程型文化：这是一种低风险、慢反馈的文化类型。这类文化一般是在金融保险业和事业单位中产生的。这种文化的核心价值是用完善的技术、科学的方法解决所意识到的风险，即做到过程与具体细节绝对正确无误。具有这种文化的企业，员工循规蹈矩，严格按程序办事，缺乏创造性，因为收入尚好，流动率较低，企业整个效率低下但具有相当的稳定性。

（4）赌注型文化：这是一种高风险、慢反馈的文化类型。具有这种文化的企业往往是一些拥有实力的大公司，它容纳着许多大赌注的决策，即使几年过去，员工也不知是否可以成功，工作绩效也得不到反馈。在赌注型文化中，人们重视理想、重视未来，有极强的风险意识，相信好的构想一定要给予机会去尝试、发展，可能带来高质量的开发和高技术的发明，但效率极低，发展缓慢。

2. 按照企业的思维方式和行事作风的不同分类

根据日本企业文化研究专家河野丰弘的调查研究，有三类典型的企业文化类型：活力型、停滞型、官僚型。

（1）活力型企业文化：这种文化的特点是富有创新价值，具有革命性的构想不断产生，重组织、有明确的目标，面向外部，上下左右沟通良好、责任心强。例如，较为年轻的企业。

（2）停滞型企业文化：这种文化的特点是对于创造性思维不关心，急功近利、无远大目标、带有利己倾向，自我保全、面向内部，习惯满足已有的模式，行动迟缓、不负责任。例如，垄断型企业。

（3）官僚型企业文化：这种文化的特点是例行公事，存在大量官样文章，重视固定的规则和流程。例如，大型的传统企业。

3. 按照企业组织的稳定性和经营导向不同分类

根据奎因和卡梅隆提出竞争性文化价值模型，衡量企业文化的差异对企业效率的影响。

按组织柔性—稳定性、外部导向—内部导向这两个维度把企业文化分成:宗族型、层级型、市场型和创新型四种类型。

(1) 宗族型:友好的工作环境,员工之间相互沟通,像一个大家庭,领导以导师甚至长辈的形象出现。组织靠忠诚或传统来凝聚员工,强调凝聚力、士气,关注客户和员工,鼓励团队合作、参与和协调。组织的成功意味着人力资源的发展。

(2) 层级型:非常正式、有层次的工作环境,员工做事有章可循。领导以协调者和组织者的形象出现。组织靠正式的规则和政策凝聚员工,长期目标是组织运行的稳定性和有效性。组织的成功意味着可靠的服务、良好的运行和低成本。

(3) 市场型:结果导向型组织。强调员工之间的竞争,以目标为导向。领导者以推动者和竞争者的形象出现。组织靠强调竞争来凝聚员工,关心声誉和成功,长期目标具有竞争性,并关心可测度目标的实现,组织的成功意味着高市场份额和市场领导地位。

(4) 创新型:充满活力的、有创造性的工作环境。员工敢为人先、勇于冒险。领导以革新者和敢于冒险的形象出现。组织靠不断实验和革新来凝聚员工,强调领导地位。组织的成功意味着提供独特的产品或服务,提倡个体主动性和自主权。

4. 按照文化建设战略目标和需求不同分类

(1) 企业家群体型:这种文化的特点是着重展现企业家的价值取向、道德情操、睿智和胆识,突显企业家的形象力和感召力,建立企业家群体文化的优势。

(2) 全员资质型:这种文化的特点是遵循“以人为本”的原则,着重挖掘员工的资质和潜能,增强企业的凝聚力,提高员工的忠诚度,激发员工工作的积极性、创造性和团队协作的精神,激活企业内部驱动力。

**[案例研究1-4]**

### 企业文化就是让螺丝钉都感到崇高

野田圣子在大学期间到东京帝国饭店打工,其所分配到的工作是洗厕所,勉强撑过几日后,她决定辞职。而这天,她看到和她一起工作的老清洁工居然在清洗工作完成后,从马桶里舀了杯水毫不犹豫地喝了下去。她目瞪口呆,老清洁工却自豪地说经她清理的马桶,干净得连里面的水都可以喝!此举给她很大震动。从此,她端正了工作态度,受训最后一天,她也从自己清洗过的马桶里舀了一杯水毫不犹豫地喝了下去。

毕业后,野田圣子正是凭着这种高度敬业精神,成为日本帝国饭店最出色的员工和晋升最快的人,并逐步步入政坛,成为日本最年轻也是唯一的女性内阁邮政大臣。

(资料来源:https://www.sohu.com/na/427124727_120638445)

从洗厕所的女工到内阁成员,地位悬殊,但却因一种文化而连接。试想,如果没有凡事尽善尽美的精神,野田圣子怎么能平步青云呢?而有了能平步青云的员工,企业的未来何愁不能发展!实施企业文化最直接的好处是改变员工的精神。一个员工的精神改变了,企业便多了一份希望。当上至老板、下到门卫都围绕在一种文化周围,为了一种文化而共同努力时,因个人私利而互相抱怨就会减少,员工因自觉而不断努力,那时,企业也就不再像一台机器，而成为一个伟大的团体并放之四海皆无敌。

(3) 服务文化型：这种企业文化通过树立“客户至尊”“超越客户期待”的服务观念，规范员工的服务礼仪，丰富服务手段，提升服务质量，完善服务系统，疏通服务渠道，提高企业在社会的亲和力和美誉度。

(4) 质量文化型：这种文化以质量为根本。其特点是宣传并贯彻“质量是企业的生命”和“质量是企业的衣食父母”的观念，将文化管理渗入质量管理之中，不断提高员工的质量观和全员质量意识，严格遵守国际质量认证等，全面提升产品质量。

(5) 科技开发型：其特点是突显以“市场促进科技开发，科技开发引导市场”的观念，培养和提升员工的科技领先的意识，体现企业尊重知识、重视人才的思想，集合人才资源，建立一种科研型和创新型的团队。

(6) 营销文化型：其特点是确立以“市场为导向，顾客为中心”的现代营销理念，树立员工的市场观、竞争观和服务观，提升员工把握市场的技能，优化和完善营销体系，制定销售方略，不断扩大市场的份额和占有率。

(7) 生产文化型：其特点是培养和提升员工的效率意识，规范员工行为，实现有效的时间管理，改善现场管理和生产环境，改进工艺，降低成本，提高劳动生产率和产品产量，以期不断满足市场的需求。

对企业文化进行分类是为了研究或测量的需要，以使企业文化的抽象程度降低。企业文化的分类方式还有很多，通过对企业文化的类型的了解，使我们对企业文化有更全面的了解。

## 增值阅读

### 新的职业——企业文化师

2005年2月1日，中国企业文化研究会和有关部门联合向劳动和社会保障部申请立项新职业“企业文化师”。2005年3月31日，劳动和社会保障部在人民大会堂召开会议，向社会发布了第三批十个新职业，“企业文化师”作为其中一个新职业正式确立，并列入《国家职业大典》。2005年10月31日受劳动和社会保障部委托，中国企业文化研究会专家组负责制定了《企业文化师国家职业标准》。该标准的颁布实施标志着我国企业文化管理人员的职业培训及资格认证有了统一规范和科学依据，并正式纳入国家考试制度这一法制轨道。2006年5月28日，受劳动和社会保障部鉴定中心委托，由中国企业文化研究会举办全国首期企业文化师国家职业资格认证培训，首批学员获得由劳动和社会保障部颁发的“中华人民共和国国家职业资格证书”，对推进我国企业文化专职工作人员的职业化进程，推进中国特色企业文化事业的健康发展具有重大意义。

企业文化师，又称企业文化管理师(CCO)，是在企事业单位从事企业文化研究、建设、管理工作的专业人员，其职责是制定和建立符合企业发展战略的企业文化体系，塑造、提炼和推广企业的愿景、共同价值观和使命。具体工作内容包括以下几个方面：指导人力资源部门搭建人力资源战略框架；通过CIS系统设计推广企业形象；推行企业文化体系建设。国务院办公厅〔2009〕35号文明确要求对企业单位、集中企业机构、社会代理机构和评审专家等从业人员实行持证上岗和执业考核，企业文化师分为助理企业文化师(国家职业资格三级)、企业文化师(国家职业资格二级)、高级企业文化师(国家职业资格一级)三个等级。目前开考三级、二级,并在人力资源和社会保障部试点省份开考高级企业文化师(国家职业资格证书一级),职业考试分为理论知识考试和专业技能考核。理论知识考试和专业技能考核均采用百分制笔试方式,60分以上为鉴定合格成绩。企业文化师二级、一级还须进行综合评审。每年统考四次,时间为4月、6月、10月和12月。

企业文化师需要对本企业的文化有宏观设计能力,能够为企业领导在文化建设上出谋划策,能够推行调研、文本建设、全员化推广、长效管理,每年还要对企业文化建设效果进行考核。所以,这也是一个需要丰富阅历的职业,进入"企业文化师"这"二道门"之前,常常需要走过行政经理、人事经理这段路,或是有着企业文化建设、宣传策划、培训、人力资源等工作经验的复合型人才。行政管理、人力资源管理、企业管理等管理类专业,新闻、出版、中文、哲学等宣传类专业,都是适合培养企业文化管理人才的专业。

企业文化师的主要工作内容包括以下几个方面:

(1) 开展经营性企业文化建设,即在企业经营活动中进行员工所应具有的价值理念的塑造及其转化工作;

(2) 开展管理性企业文化建设,即在企业管理活动中进行员工所应具有的价值理念的塑造及其转化工作;

(3) 开展体制性企业文化建设,即在企业的制度安排中进行员工所应具有的价值理念的塑造及其转化工作;

(4) 开展企业文化建设的管理工作,即对本单位企业文化现状进行调查、总结、提炼、表述、宣传、培育、落实、改进、交流、学习与创新等一系列塑造、转化的实施过程进行科学管理。

(资料来源:http://baike.haosou.com/doc/6696739-6910651.html.)

## 任务小结

本任务从介绍企业文化的兴起与演进过程出发,剖析了企业文化的内涵与结构,并介绍了企业文化的功能与类型,总结了企业文化理论在中国的运用与发展,探讨了中国企业文化实践的发展趋势。

(1) 企业文化的兴起,有着其深刻的历史背景。20世纪80年代,日本企业成功的企业文化实践,使得美国乃至全世界的企业管理人员开始关注企业文化,并由此掀起了企业文化实践热潮。从日美企业之间的比较开始,有关企业文化的管理理论得到蓬勃发展,并且与管理实践紧密结合。与此同时,企业文化在中国也得到不断发展,并在每一个阶段呈现不同的发展特点。

(2) 企业文化是在一定的社会历史条件下,企业生产经营和管理活动中所创造的具有本企业特色的精神财富和物质形态。它包括企业在实践中创建和发展的用以解决企业外部适应和内部整合问题的一套共同价值观、与价值观一致的行为方式以及由这些行为所产生的结果与表现形态。关于企业文化的要素有"五要素""七要素""八要素"等著名观点,但大多是基于企业文化的基本五要素提出的,即企业价值观、英雄人物、习俗与仪式、企业文化传播网络、企业环境。企业文化结构理论也很多,但最为广泛接受的是企业文化四"层次论",即企业文化包括精神文化、制度文化、行为文化和物质文化四个层面。

(3) 企业文化对于企业的生存发展发挥着重要的作用，是企业快速稳健发展的关键因素。其主要功能包括导向功能、凝聚功能、约束功能、激励功能、辐射功能、协调功能、区分功能七个方面。企业文化的类型非常多，可以按照企业的风险和回馈程度的不同、企业的思维方式和行事作风的不同、企业组织的稳定性和经营导向不同、文化建设战略目标和需求不同等方式进行区别和分类。

## 能力自测

### 一、单项选择题

1. 企业文化的成功实践发展于第二次世界大战后的(　　)。

A. 美国　　B. 中国　　C. 日本　　D. 德国

E. 以上答案都不对

2. 企业文化是在一定的社会历史条件下，企业生产经营和管理活动中所创造的具有本企业特色的精神财富和物质形态，它以(　　)为核心。

A. 精神文化　　B. 物质文化　　C. 行为文化　　D. 制度文化

E. 以上答案都不对

3. 2005 年国资委下发了《关于加强中央企业企业文化建设的指导意见》，同年，劳动和社会保障部宣布(　　)资格被正式确认为国家认可的企业文化工作从业资格。

A. 人力资源管理师　　B. 劳动经济师　　C. 工程师　　D. 企业文化师

E. 以上答案都不对

4. 企业文化的(　　)功能主要体现在企业所倡导的价值观被员工认知和认同之后，员工在思想意识上逐步达成共识，在实践行动中“劲往一处使”，并形成一种充满和谐性与协同性的组织。

A. 辐射　　B. 凝聚　　C. 激励　　D. 导向

E. 以上答案都不对

5. 企业文化的物质层、制度层、行为层和精神层共同构成企业文化的完整体系，它们相互影响、相互作用，其中，企业的(　　)是最根本的，它决定着企业文化的其他三个方面。

A. 物质层　　B. 制度层　　C. 行为层　　D. 精神层

E. 以上答案都不对

6. 企业文化中(　　)是指员工践行企业文化理念的具体言行表现，包括员工的行为规范与员工的思维方式、行为习惯等，还包括企业风俗、仪式活动等。

A. 物质层　　B. 制度层　　C. 行为层　　D. 精神层

E. 以上答案都不对

7. (　　)是一种高风险、快反馈的文化类型。这种企业恪守的信条是要么一举成功，要么一无所获。因此，员工们敢于冒险，都想成就大事业。

A. 官僚型文化　　B. 强悍型文化

C. 工作和娱乐并重型文化　　D. 过程型文化

E. 赌注型文化

8. 20 世纪末最成功的组织是(　　)，它不仅业绩最佳、竞争力最强、生命力最强和最具活力，更重要的是人们在学习的过程中能够在心灵上获得潜移默化的升华。

A. 网络型组织　B. 矩阵型组织　C. 传统型组织　D. 学习型组织

E. 以上答案都不对

9.(　　)是企业文化的核心要素,它旗帜鲜明地表明了企业倡导什么,反对什么。

A. 习俗与仪式　B. 企业价值观

C. 企业文化传播网络　D. 英雄人物

E. 企业环境

10.(　　)主要表现在企业文化对员工思维方式以及日常行为产生的约束和规范作用,一般而言,企业文化的约束作用通常是通过"硬性"的严格制度与"软性"的文化感染两种途径实现的。

A. 协调功能　B. 导向功能　C. 约束功能　D. 区分功能

E. 以上答案都不对

**二、多项选择题**

1. 从1981年到1982年,美国企业管理理论界接连出版了(　　)四本畅销书,被称为企业文化四重奏,标志着企业文化理论诞生。

A.《Z理论——美国企业界怎样迎接日本的挑战》

B.《日本企业管理艺术》

C.《追求卓越——美国八大品牌企业成功秘诀》

D.《组织文化与领导》

E.《企业文化——企业生活中的礼仪》

2. 当今企业界企业文化呈现六种发展趋势,其中包括(　　)。

A. 企业文化需要适应"结盟、融合、共赢"新战略发展的要求

B. 注意学习氛围的培养

C. 更注重企业精神与企业价值观的人格化

D. 企业文化更重视人本管理

E. 将更注重于树立良好的企业形象

3. 企业文化五要素包括(　　)。

A. 企业价值观　B. 英雄人物

C. 习俗与仪式　D. 企业文化传播网络

E. 企业环境

4. 最为广泛接受的企业文化四层次结构理论指出,企业文化包括(　　)四个层面。

A. 精神文化　B. 基本潜在假定　C. 行为文化　D. 物质文化

E. 制度文化

5. 企业文化对于企业的生存发展发挥着重要的作用,其主要功能包括(　　)、协调功能、区分功能等七个方面。

A. 导向功能　B. 凝聚功能　C. 约束功能　D. 激励功能

E. 辐射功能

6. 按照企业的风险和回馈程度的不同,企业文化可以划分为(　　)四种类型。

A. 官僚型文化　B. 强悍型文化

C. 工作和娱乐并重型文化　D. 过程型文化

E. 赌注型文化

7. 按照企业组织的稳定性和经营导向不同,企业文化可以划分为(　　)四种类型。

A. 宗族型文化　　B. 层级型文化　　C. 停滞型文化　　D. 创新型文化

E. 市场型文化

8. 企业文化的特征包括(　　)。

A. 系统性　　B. 共识性　　C. 功能性　　D. 根生性

E. 实用性

9. 企业文化通过物质层的(　　)等物质与行为向企业内外部传播和树立社会形象。

A. 视觉设计　　B. 产品和服务　　C. 文化传播网络　　D. 英雄故事

E. 社会责任

10. 企业的英雄人物通常具有的标准有(　　)。

A. 他们是企业价值观的化身

B. 他们的行为超乎寻常但离常人并不遥远,是人们力所能及的

C. 他们的行为可以起到提升员工责任感的作用

D. 他们是企业的支柱和希望

E. 他们应具有不可动摇的个性和作风

**三、判断题**

1. 企业文化理论最早创建于20世纪80年代初期的日本,而使其成为一种有意识的企业实践,则成功发展于第二次世界大战后的美国。(　　)

2. 20世纪90年代以后,知识经济、网络经济已逐步取代了过去的传统经济,互联网文化、知识管理、学习型组织、企业再造工程、企业伦理取代了企业文化研究。(　　)

3. 早在20世纪50年代,在我国的一些大型国有企业中,结合精神文明建设,就已总结提炼出独具特色的经营理念和企业精神,发挥着企业文化的价值功能和整合功能。(　　)

4. 企业文化与商业化管理有根本不同,企业文化倡导以人为中心的人本管理哲学,反对"见物不见人"的理性管理思想。(　　)

5. 按照迪尔和肯尼迪在《企业文化:企业生存的习俗和礼仪》一书的划分,强悍型文化是一种高风险、快反馈的文化类型。(　　)

6. 根据日本河野丰弘的研究,官僚型企业文化是一种重视固定的规则和流程的文化。(　　)

7. 根据奎因和卡梅隆提出的竞争性文化价值模型,层级型企业文化是一种企业像一个大家庭,领导以导师甚至长辈的形象出现,组织靠忠诚或传统来凝聚员工的企业文化。(　　)

8. 精神层是企业文化的核心,是决定制度层、行为层、物质层的关键。(　　)

9. 企业文化只有与生态文化有机结合,才能够减少生产过程中的环境污染,实现生态化的可持续发展。(　　)

10. 没有企业文化的融合,结盟、兼并、接管的企业就会出现"貌合神离,形连心不连"的现象。(　　)

## 四、简答题

1. 什么是企业文化？企业文化由哪些要素构成？
2. 企业文化主要有哪些功能？
3. 企业文化一般分哪几个层次？
4. 企业文化一般具有哪些特征？
5. 企业文化的发展趋势如何？

## 案例分析

### （一）感恩文化推动潍柴动力和谐发展

潍柴动力股份有限公司是中国规模最大、具有国际竞争力的汽车零部件及总成系统产业集团，是动力原件最具影响力品牌之一。多年来，潍柴动力公司始终坚持以文化提升核心竞争力、以文化促发展。目前已经形成了包容文化、沟通文化、责任文化、执行文化、激情文化、创新文化和感恩文化等一系列特色文化。文化成为潍柴动力公司发展的动力和制胜的法宝，促进潍柴动力公司实现超常规发展，并一路赶超成为国内同行的领军企业。

其中，感恩文化是潍柴动力公司企业文化中的重要组成部分，也是推动企业和谐发展的重要文化支撑。感恩文化是提高员工忠诚度的有效途径。潍柴动力公司把服务员工、让员工分享企业发展的成果作为企业管理层决策的出发点和落脚点，引导各级管理团队带头营造和谐、温暖的“家文化”，像关心自己的家庭和儿女一样，关心企业和员工，把“人本企业”的理念落实到每一个人的自觉行动之中。只有企业对员工感恩，才能体现“以人为本”的精髓，促进员工与企业的共同发展；只有员工对企业感恩，才能激发出无穷的工作激情和强大的责任意识。这种双向的感恩心态，成为企业发展的强大推动力。同时，将企业和员工对社会的感恩意识、对客户的感恩意识、对合作伙伴的感恩意识，企业与员工之间的双向感恩意识，员工之间的相互感恩意识，与企业所倡导的核心价值观“包容、沟通、责任”统一起来，真正以感恩互动促进企业和社会和谐。

为深入推进“感恩”主题文化宣传，以“感恩”促进员工与企业共同发展，潍柴动力公司将2011年设定为集团感恩年，在全集团公司范围内积极营造“学会包容、沟通协作、懂得感恩、勇担责任”的浓厚氛围，并突出抓好“感恩企业、感恩员工、感恩客户、感恩社会”四项主题系列活动，强调员工的幸福指数是衡量“感恩年”是否在企业内部落地的一个标准，将为员工办好“十件实事”作为关键点抓紧、抓实、抓好。围绕“感恩日”“感恩月”主题活动，落实实施载体，传递一个声音，传播一个信念，使全体员工形成共识，增强员工的自豪感和归属感，推动企业科学发展、和谐发展。

（资料来源：叶坪鑫，等.企业文化建设实务.北京：中国人民大学出版社，2014.http://www.weichai.com/wmdgs_340/wmdls_3571/jtdwc/.）

**问题：**

1. 通过潍柴动力公司案例，你理解的感恩文化的内涵是什么？
2. 感恩文化对推动潍柴公司和谐发展有什么意义？

## （二）让建筑赞美生命——万科企业文化理念

正如《基业长青》的作者詹姆斯·柯林斯所言："高瞻远瞩的公司能够奋勇前进，根本原因在于指引、激励公司上下的核心理念，亦即核心价值观和超越利润的目的感。"中国房地产领军企业万科集团多年来持续领跑行业，与其核心理念的引领有至关重要的关系。

1. 万科企业的核心理念：让建筑赞美生命

"让建筑赞美生命"是万科企业的核心理念，也是万科坚持的产品核心价值观。万科始终不懈地致力于为不同消费者提供展现自我、和谐共生的理想生活空间，保护环境、改善环境，促进人与自然的可持续发展。

(1) 万科之道：客户是最稀缺的资源，是万科存在的全部理由。

(2) 万科理念：万科相信，住宅建筑是一种与各种形态的生命息息相关的事业。作为住宅的建设者，满怀尊重之心，为人们建设安全、安心的绿色住宅，并创造和谐、健康丰盛的阳光生活。

(3) 万科愿景：成为中国房地产行业持续领跑者，卓越的绿色企业。

(4) 万科使命：

① 努力推动行业规则的建设，不断完善生产方式、技术和管理，提高行业规范化程度，实现"有质量增长"并推动行业技术进步。

② 系统地理解不同消费者对居住生活的需要，创造性地运用设计、技术和服务提供展现自我、和谐共生的理想生活空间。

③ 不断深化研究，因地制宜地保护环境、改善环境，形成人与自然的可持续发展。

2. 万科的方法论

(1) 做简单而不是复杂：简单降低了企业运行的成本，能够说清楚的企业才是好企业。

(2) 做透明而不是封闭：成功源于持续的学习和合作，透明度为组织赢得信赖。

(3) 做规范而不是权谋：只有遵守规则才能培养组织内在的市场化竞争优势。

(4) 做责任而不是暴利：追求公平回报的同时，不忘记自己身上的责任。

3. 万科的经营原则

(1) 追求卓越：持续领跑，敢为天下先。

(2) 客户导向：懂得客户生活。

(3) 报效股东：创造优异回报。

(4) 与员工和伙伴共同成长：尊重员工与伙伴。

(5) 效率优先：珍惜资源，快速周转，向能力要效益。

(6) 可持续发展：稳健经营，与社会、自然和谐相处。

（资料来源：http://www.vanke.com/newstext.aspx? id=98&u=AboutVankeNav.）

**问题：**

1. 什么是企业文化理念？从万科的企业文化理念分析，它一般包括哪些基本要素？
2. 万科企业文化理念中有哪些核心要素值得其他企业学习和借鉴？

## 实践与操作

### 项目一　综合实训:设计校园文化展板

[目的]

校园文化作为一种隐性的教育力量,表现出一个学校独特的个性和精神风貌,对全体师生具有凝聚、约束、鼓舞、同化的作用。本次实践活动要求在班里组织2～3个由8～10个人组成的学习小组,以小组为单位分别设计展示本班级特点的校园文化展板,并分组展示和评比,选出大家一致认可的一块校园文化展板,在教学楼展示。

[内容与要求]

1. 小组分工明确,全组整体配合默契。主题力求突出,小组展示有特色。

2. 展板设计力求创新,挖掘校园文化内涵,突出个性,展板内容能反映当代大学生精神风貌和班级特色。

3. 展板版面排版、美工符合现代审美观点。

[成果评定]

1. 小组展板展示和解说。

2. 小组间评比、投票选出代表大家一致看法的校园文化展板。

### 项目二　调查当地某知名企业精神文化现状

[目的]

学生分组设计一份问卷,对当地某知名企业的企业文化建设情况进行调查,重点调查其企业精神文化状况。

[内容与要求]

1. 调查企业核心理念体系状况(包括愿景、使命、价值观及管理理念)。

2. 调查员工对核心理念的认知及期望。

3. 调查企业员工个人价值观与组织价值观的匹配情况。

[成果评定]

1. 设计调查问卷。

2. 撰写调查报告。

3. 调查结果小组展示。

# 任务2　企业理念体系建设

请扫描二维码
观看视频

## 知识目标

为了完成本任务，你需要的理论知识：

1. 企业理念的内涵、结构和作用
2. 企业哲学的含义与特征
3. 企业价值观的含义与功能
4. 企业伦理与社会责任的含义
5. 企业家与企业家精神的关系
6. 企业精神的内涵

## 能力目标

通过完成本任务，你应该能够：

1. 识别和分析企业理念
2. 分析企业哲学的内容
3. 辨别各种企业价值观
4. 履行企业社会责任
5. 识别企业家精神，展示企业员工风貌
6. 有效培育企业精神

## 项目任务

2.1　企业理念体系的构成
2.2　企业哲学与企业价值观
2.3　企业伦理与社会责任
2.4　企业家精神与企业员工风貌
2.5　企业精神培育

任务导入
相关链接
案例研究
增值阅读
任务小结
能力自测
案例分析
实践与操作

## 任务导入

趣味阅读

**理念决定行为，行为决定结果**

我国老一代的民族企业家卢作孚于1926年创建了民生轮船公司，最初只有一条70马力的小客轮和30名员工。在20年时间里，他把民生轮船公司发展成为拥有148艘轮船，成为当时全国最大的民营轮船公司。这在一定程度上归功于他所秉持的文化理念。他提出了公司的16字宗旨——服务社会、便利人群、开发产业、富强国家。他还提出了一个著名口号——“公司问题员工解决，员工问题公司解决”，并把这个口号印在员工的床单上、茶杯上，以培养员工与公司同生存、共荣辱的价值观。他阐述出民生公司的精神是爱事业、爱国家，要求公司员工应该具有“个人的工作是超报酬的，事业的任务是超经济的”思想。他亲自举办的轮船茶房训练和理化班均富有特色。他的经营以人为轴心，富有独创精神，网罗到大批人才,为民生轮船公司的发展打下了坚实的基础。

(资料来源:https://www.sohu.com/a/666233475_121433834)

这一案例启示我们:积极向上的理念,对企业的生存发展有着莫大的引导和支持作用。我们要想创造具有正向引导作用的企业文化,就必须先找准理念。

## 2.1 企业理念体系的构成

对于企业来说,企业理念是企业文化的核心和基础,也是指导管理、营销、服务等所有企业经营活动的灵魂。

### 2.1.1 企业理念体系的含义

企业理念体系反映了企业自身存在的价值、未来发展的使命、实践过程的评估等一系列核心价值的判断,实质上就是企业对"我是什么、我做什么和我怎样做"等问题所确立的基本判断准则,这些准则所代表的就是企业的价值标准。企业理念体系构成了企业文化的核心层。有无清晰的企业理念体系,是衡量一个组织是否形成了自身文化的标志和标准。

### 2.1.2 企业理念体系的构成

企业理念是一个企业大厦的"图纸",集中体现了企业独特、鲜明的经营思想和个性风格,反映企业的信念和追求,是企业群体意识的集中体现。企业理念体系通常包括企业使命和愿景、企业宗旨、企业核心价值观、企业哲学、企业精神、企业伦理和道德、企业作风等核心理念,在日常经营活动中表现为企业经营理念、管理理念、市场理念、服务理念等基本理念,并通过企业传播语、员工誓词、企业之歌、企业座右铭等方式进行传播。

[**相关链接 2-1**]

**南方电网的企业文化理念**

南方电网企业文化理念具体包括 12 条内容,从宗旨出发,明晰定位,描绘愿景,构建起企业文化理念之基石;提出管理、经营、安全、服务理念,构建起企业文化理念之梁柱;明确人才、团队和工作理念,构建起企业文化理念之向度;彰显南网精神,塑造品牌形象,构建起企业文化理念之气韵。

1. 企业宗旨

人民电业为人民。

2. 企业定位

国家队地位,平台型企业,价值链整合者。

3. 企业愿景

成为具有全球竞争力的世界一流企业。

4. 管理理念

依法治企，科学治企，从严治企。

5. 经营理念

诚信立企，节俭养德，持续增长，全员为要。

6. 安全理念

一切事故都可以预防。

7. 服务理念

为客户创造价值。

8. 人才理念

企业第一资源，发展竞争之本。

9. 团队理念

领导人员：对党忠诚，勇于创新，治企有方，兴企有为，清正廉洁。

人才队伍：矢志爱国奉献，勇于创新创造。

员工队伍：爱岗敬业，精益求精，协作共进，创业创效，廉洁从业。

10. 工作理念

策划，规范，改善，卓越。

11. 南网精神

勇于变革，乐于奉献。

12. 品牌形象

万家灯火，南网情深。

（资料来源：http://www.csg.cn/gywm/nwzg/.）

## 2.2　企业哲学与企业价值观

IBM创始人托马斯·沃森曾说过：一个组织与其他组织相比较取得何等成就，主要取决于它的基本哲学、精神和内在动力。

### 2.2.1　企业哲学

1. 企业哲学的含义

企业哲学是指一个企业为其经营活动或方式所确立的价值观、态度、信念和行为准则，是企业在社会活动及经营过程中起何种作用或如何起这种作用的一个抽象反映。企业哲学是以企业家文化为主导的企业核心群体对于企业如何生存和发展的哲理性思维，是对企业发展动力的哲学思考，是处理企业矛盾的价值观及方法论。

2. 企业哲学的构成

企业哲学一般由三部分构成：公司愿景、使命及核心价值观。其中，企业愿景是企业的长期愿望及未来状况，组织发展的蓝图，体现组织永恒的追求。企业愿景需要解决三个问题：我们要到哪里去？我们未来是什么样的？我们的目标是什么？确立企业愿景需要考虑五个方面的因素：行业特点、市场环境、核心能力、资质及利益相关者（特别是最重要的利益相关方）。企业使命是指对企业自身和社会发展所做出的承诺，公司存在的理由和依据，是组织存在的原因。使命需要回答以下问题:我们的事业是什么?我们的顾客群是谁?顾客的需要是什么?我们用什么特殊的能力来满足顾客的需求?如何看待股东、客户、员工、社会的利益?企业核心价值观是公司对本组织及其相关的人、事、物的意义及其重要性的基本评价与共同看法,一般包含四个方面的内容:是判断善恶的标准;是群体对事业和目标的认同,尤其是认同企业的追求和愿景;在这种认同的基础上形成对目标的追求;形成一种共同的境界。

3. 企业哲学的意义

企业哲学是企业文化的核心和动力源泉,只有在有足够的能力处理企业发展的内外矛盾的前提下,企业才能确立其核心价值观以及围绕价值观的辩证方法论。核心价值观是处理企业种种矛盾的指导原则,是企业哲学思想的最集中体现。企业哲学是一种存在,而企业文化是一种现象;企业文化是基于企业哲学辩证思考之后确立的基本假设,并由此产生的价值观,以及价值观所指导下的行为模式,这其中包含了行为实施影响下的物化环境;企业文化是企业哲学的外在表达,企业哲学是塑造企业文化的根本,规定着企业的生存观、发展观、效益观。

[**相关链接 2-2**]

**苹果公司的企业哲学**

由乔布斯等人于1976年4月1日创立的苹果公司,在2021财年营收达到3 658亿美元,乔布斯不仅创造了伟大的产品,而且改变了多个行业,被通用电气的传奇CEO韦尔奇称为世界第一CEO。

乔布斯的企业哲学主要来自其像父亲般的苹果公司三个创始人之一迈克·马库拉写的一页纸,内容主要包括企业的使命和苹果营销三原则。

企业使命:永远不该怀着赚钱的目的去创办一家公司,目标应该是做出让自己深信不疑的产品,创办一家生命力很强的公司。

营销哲学:第一点,共鸣,紧密结合顾客的感受,比其他任何公司都更好地理解使用者的需求;第二点,专注,做好决定的事情,拒绝所有不重要的机会;第三点,灌输,以创新的、专业的方式竭尽所能传递产品的价值和重要性,从包装到营销,将优质的形象灌输到顾客的思想中。

在苹果创始之初,迈克·马库拉用一页纸写下了管理中最重要的东西,为苹果奠定了基石。乔布斯经过不断的实践和完善,用自己的行动证明了这些原则的永恒价值,缔造了伟大的产品和伟大的公司。

(资料来源:https://zhuanlan.zhihu.com/p/515359535)

### 2.2.2 企业价值观

1. 企业价值观的含义

企业价值观是企业哲学的重要内容,是企业在市场经营活动中,经过价值选择活动而形成的、为企业广大员工一致赞同的关于企业含义的终极判断。它反映企业对其生产经营和目标追求中价值关系的基本观点，是整个企业文化系统，乃至整个企业经营运作、调节、控制与实施日常操作的文化内核，是企业追求成功的精神动力，是联系员工关系的纽带，是制定企业行为规范制度的基础。

企业价值观包含三个方面：第一，企业价值观是企业用以判断企业运行当中大是大非的根本原则，是企业提倡什么、反对什么、赞赏什么、批判什么的真实写照；第二，企业价值观是企业在经营过程中坚持不懈，努力使全体员工都必须信奉的信条；第三，企业价值观是解决企业在发展过程中如何处理内外矛盾的一系列准则，如企业对市场、对客户、对员工等的看法或态度，是企业表明如何生存的主张。

在一个具体的企业中，价值观是一个有层次的体系，它由企业的核心价值观和外围价值观组成。从表现层面上看，它由文化层面的价值观和表层的、生活层面的价值观所组成。企业价值观是企业精神文明主体结构和企业文化大厦的基石。

2. 企业价值观的类型

企业的价值观由多种因素复合而成，根据不同的角度可以把企业价值观分成不同类型。

（1）从重要性和层次结构的角度看，可分为主导价值观和非主导价值观。

主导价值观是指在企业中占据主流地位的价值观，非主导价值观是指在企业中占据非主流地位的价值观。在主导价值观中，又可分为核心价值观和非核心价值观。核心价值观是企业最重要的价值观。企业价值观体系就是这样一个以核心价值观为中心而组成的一个有层次的结构体系，其中核心价值观处于支配地位。

（2）从表现上看，可分为理性的、深层的价值观和感性的、表层的价值观。

理性的、深层的价值观是指那些抽象的价值信条；感性的、表层的价值观是指那些在日常行为中判断是非、好坏的标准。感性的、表层的价值观体现着理性的、深层的价值观，是整个价值观的外层和外围。

[**案例研究 2-1**]

### 强生公司的价值观——强生信条

罗伯特伍德·约翰逊将军将强生公司从家庭式公司发展成一个跨国公司，他敏锐地认识到公司的职责不应只限于产品制造和销售，于1943年首先提出公司信条，并要求管理部门将它作为日常经营理念的一部分加以运用：

我们深信我们首先必须对医生、护士和病人负责，对母亲、父亲和我们产品及服务的所有消费者负责。为满足他们的需求，我们所做的一切必属一流。

我们必须不断努力降低成本，以维持合理的价格。顾客的要求必须迅速、准确地满足。我们的供应商和批发商必须有机会获得合理利润。

我们对员工负责，对在世界各地与我们共事的人负责。我们必须将每个人视为个体，尊重他的尊严、认可他的优点。员工在工作中必须享有安全感，享有公平、合理的报酬和整洁、安全的环境。我们必须帮助员工履行各自的家庭义务。员工必须享有提建议和意见的自由。我们应向能者敞开一切受聘、发展和升迁的公正的大门。我们必须拥有胜任的管理人员，他们办事公正、严守职业道德。

我们对生活和工作的社会负责,也对整个国际社会负责。做好公民,支持有益的行为和慈善事业,缴纳应付的税款是我们的义务。我们必须促进文明进步,改善卫生和教育。我们必须保护环境和自然资源,使我们有幸享用的资源保持良好的状况。

我们最终必须对我们的股东负责,我们的业务应该产生丰厚的利润。我们必须尝试新思想,继续从事研究、开发新项目,并弥补过错。我们必须购买新设备,提供新设施,开发新产品。为防不测,我们必须建立储备。如果我们根据这些原则运作,我们的股东将得到合理回报。

(资料来源:https://www.jnj.com.cn/our-company/operating-companies-in-china)

强生公司的核心价值在公司的信条中得以明确的阐述,强生信条属于感性的、表层的价值观。公司管理人员和员工在信条所体现的理念的启示下,做出了许许多多的决定,它指导着强生人去履行他们对顾客、员工、社区和股东们的义务。

(3) 从内容上看,可分为动力型观念和压力型观念。

动力型观念以经济效益为中心,包括市场观念、质量观念、成本观念等,其作用特点在于可以从内部驱动企业员工的工作积极性;压力型观念以竞争观念为中心,包括科技观念、信誉观念等。二者是相互渗透和依赖的。

(4) 从发展历史看,可分为最大利润价值观、经营管理价值观和企业社会互利价值观。

最大利润价值观是指企业全部管理决策和行动都围绕如何获取最大利润这一标准来评价企业经营得好坏。经营管理价值观是指企业在规模扩大、组织复杂、投资巨额而投资者分散的条件下,管理者受投资者的委托,从事经营管理而形成的价值观。企业社会互利价值观要求在确定企业利润水平的时候,把员工、企业、社会的利益统筹起来考虑。

**[案例研究 2-2]**

### 同仁堂的"四个善待"

同仁堂传统文化的突出特色就是讲礼仪、重人和,具有浓郁的人情味,创造了一种亲善仁爱、团结和睦的企业氛围。同仁堂把"人和"的老传统上升为一种增强企业凝聚力、创建和谐企业的新内容。以关心人、理解人、尊重人为原则,以"人和"为特色,形成了"四个善待",即"善待社会、善待员工、善待投资者、善待经营伙伴"的新文化理念。建立了个人与企业共同发展的理念,建立了以利益相关者权益最大化为原则、以顾客满意为导向的企业价值观取向,树立了环境友好、回报社会的社会价值观。

本着"四个善待"的文化理念,同仁堂提出了在企业经济效益增长前提下的"三项承诺":"员工转岗不下岗,工资年年有增长,住房年年有改善"。

(资料来源:https://www.sohu.com/a/432116741_120106253)

同仁堂发展到今天,能够"做长、做强、做大",是同仁堂文化 340 多年的继承和发扬光大的结果。"四个善待"的经营哲学及管理理论,揭示了同仁堂长盛不衰的奥秘,是企业发展壮大的正道,更是中华民族的骄傲。

3. 企业价值观的功能

企业价值观建设的成败，决定着企业的生死存亡，成功的企业都很注重企业价值观的建设，并要求员工自觉推崇与传播本企业的价值观。企业价值观的功能作用主要表现在：

(1) 企业价值观为企业的生存与发展确立了精神支柱。

企业价值观是企业领导者与员工据以判断事物的标准，一经确立并成为全体成员的共识，就会产生长期的稳定性，甚至成为几代人共同信奉的信念，对企业具有持久的精神支撑力。当个体的价值观与企业价值观一致时，员工就会把为企业工作看作为自己的理想奋斗。企业在发展过程中，总要遭遇顺境和坎坷，一个企业如果能使其价值观为全体员工所接受，并使全体员工以之为自豪，那么企业就有了克服各种困难的强大精神支柱。

**[案例研究 2-3]**

### 默克公司的崇高理想与实际利益

日本在第二次世界大战后曾经遭受肺结核的侵袭，无数的患者苦不堪言。当时，世界上还没有能有效对抗这种疾病的药物，肺结核几乎成了死亡的代名词。1943 年，拉特格尔大学的一名研究员，在默克基金的资助下发现了新的抗生素——链霉素，这种链霉素能治疗肺结核。这种链霉素药一问世，立即引起了轰动，谁拥有了这种链霉素药的生产专利，就等于谁拥有了一座利益的宝库。这时的默克公司已经成为链霉素药的独家生产者，但是，当看到世界各地的肺结核患者痛苦不堪，而且这种病又具有很强的传染性，许多人面临死亡的威胁时，默克公司改变了想长久拥有链霉素专利的想法。当时，日本就是肺结核蔓延最严重的国家。于是，默克公司主动放弃了该药的专利权，并把链霉素引进到日本，还传授给他们相关的生产技术。

当时，默克公司从上到下也是议论纷纷、意见不一，尤其是员工们意见更大。他们认为默克公司这样做，间接地削减了自己的工资。对公司上下的不同观点，总裁乔治·默克二世却说："默克公司全体员工所必须遵循的原则，简要地说，就是我们要牢记药品旨在治病救人，不在求利。一个企业的价值有时是高于金钱的，我们不能改变我们公司成立时的初衷，失去短期的利润，未必等于失去长远的效益。因为，所有的付出迟早会得到回报，利润一定会随之而来。如果我们记住这一点，就绝对不会没有利润。我们记得越清楚，利润就越大。"

（资料来源：http://www.360doc.com/content/14/0727/22/4593371_397511172.shtml）

崇高理想有时高于实际利益和金钱，高瞻远瞩的公司能够奋勇前进，根本因素在于指引、激励公司上下的核心观念，亦即核心价值和超越利润的目的感。

(2) 企业价值观决定了企业的基本特性。

在不同的社会条件或时期，会存在一种被人们认为是最根本、最重要的价值，并以此作为价值判断的基础，其他价值可以通过一定的标准和方法"折算"成这种价值，这种价值被称为"本位价值"。企业作为独立的经济实体和文化共同体，在其内部必然会形成具有本企业特点的本位价值观。这种本位价值观决定着企业的个性,规定着企业的发展方向。例如,一个把创新作为本位价值的企业,当利润、效率与创新发生矛盾时,它会自然地选择后者,使利润、效率让位。同样,另一些企业可能认为企业的价值在于致富、企业的价值在于利润、企业的价值在于服务、企业的价值在于育人,那么这些企业的价值观分别可称为"致富价值观""利润价值观""服务价值观""育人价值观"。

(3) 企业价值观对企业及员工行为起到导向和规范作用。

企业价值观是企业中占主导地位的管理意识,能够规范企业领导者及员工的行为,使企业员工很容易在具体问题上达成共识,从而大大节省了企业运营成本,提高了企业的经营效率。企业价值观对企业和员工行为的导向和规范作用,不是通过制度、规章等硬性管理手段实现的,而是通过群体氛围和共同意识引导实现的。

(4) 企业价值观能产生凝聚力,激励员工释放潜能。

企业价值观一旦为企业员工所认可和接受,便可以唤起广大员工强烈的归属感和自豪感,激发他们的工作热情和创造性,并产生巨大的向心作用,增强员工的集体意识,使他们把自己的思想、情感行为与企业需要联系起来,共赴企业的顺逆、成败。企业的活力是企业整体合力作用的结果。企业合力越强,所引发的活力越强。

[**相关链接 2-3**]

### 沃尔玛式欢呼

1977 年,沃尔玛的创始人山姆·沃尔顿和夫人海伦赴日本、韩国参观旅行,山姆对韩国一家看上去又脏又乱的工厂里工人群呼口号的做法深感兴趣,回到沃尔玛后马上效仿,这就是后来著名的"沃尔玛式欢呼"。从沃尔玛特有的欢呼口号中可以感受到沃尔玛成员们强烈的荣誉感和责任心:"来一个 W! 来一个 W! 我们就是沃尔玛! 来一个 A! 来一个 A! 顾客第一沃尔玛! 来一个 L! 来一个 R! 天天平价沃尔玛! 我们跺跺脚! 来一个 T! 沃尔玛,沃尔玛! 呼呼呼!"这个口号是沃尔玛中最具号召力的话语,每当山姆巡店时,他就会提高嗓音向着员工们高喊公司口号,然后员工们群起响应。

沃尔玛的这种口号在其他的公司和企业是很难听到的,这种在别的公司看来有些荒唐和滑稽的事情,沃尔玛则有板有眼、兴致勃勃地形成了习惯,而山姆更是带头创造了这种在别人看来荒诞的习惯。每周六早上 7:30 公司工作会议开始前,山姆会亲自带领参会的几百位高级主管、商店经理们一起欢呼口号和做阿肯色大学的拉拉队操。布什夫妇亲临本顿威尔为山姆颁奖时,沃尔玛的员工们也以这种欢呼口号的形式欢迎了他们。在每年的股东大会、新店开幕式或某些活动中,沃尔玛员工也常常集体欢呼口号。沃尔玛的欢呼口号成了沃尔玛最具号召力的话语,也是一大特色。

(资料来源:https://www.sohu.com/a/355142552_120054110)

(5) 企业价值观是企业内部协调和沟通的保证。

在企业价值观的保证下进行内部协调和沟通可以产生沟通的行为目标、行为准则,从而建立良好的人际关系,消除不必要的矛盾,创建关系融洽、气氛和谐的环境。

# 2.3　企业伦理与社会责任

古人云："人有三不朽，太上为立德，其次为立功，再次为立信。"伦理道德一向是中华民族传统的处世第一准则。所谓伦理，就是处理人们相互关系所应遵循的道理和准则。企业伦理是由企业哲学决定的，同时，企业伦理又决定着企业的社会责任。

随着我国经济的迅猛发展，以南京冠生园月饼事件、石家庄三鹿奶粉事件、问题明胶事件等为代表，企业伦理问题日渐凸显，有人戏称："中国人在食品中完成了化学扫盲：从大米里认识了石蜡；从火腿肠里认识了敌敌畏；从咸鸭蛋、辣椒酱里认识了苏丹红；从火锅里认识了福尔马林；从银耳、蜜枣里认识了硫黄；从木耳中认识了硫酸铜；从三鹿知道了三聚氰胺的化学作用"。企业伦理状况令人担忧。

## 2.3.1　企业伦理

1. 企业伦理的概念

企业伦理是蕴含在企业生产、经营、管理等各种活动中的伦理关系、伦理意识、伦理准则的总和。其中，伦理关系包括企业与投资人(股东)、员工、顾客、合作者、竞争者、媒体等的关系；伦理意识包括企业的道德风气、道德传统、道德心理、道德信念等；伦理准则包括企业的生产和服务伦理准则、营销伦理准则、研究与开发伦理准则、信息伦理准则等。企业伦理是企业内部的微观道德规范，主要反映"善与恶"的价值判断，是企业文化的一个重要组成部分，不仅包括企业对外的伦理行为，而且包括企业内部的道德观念。

2. 企业伦理的范围

企业伦理涉及企业行为的方方面面，企业伦理的主要范围包括以下几个方面：

(1) 企业与员工间的劳资伦理。

这包括劳资双方如何互信，劳资双方如何拥有和谐关系等，这些问题可以通过关心员工来解决。由于公司对员工的关怀，使员工感到生活、工作具有稳定性，感受到公司的温暖，感觉到个人事业有前途，进而从根本上增强了公司的凝聚力、向心力。关心员工还需要关心员工的进步，员工最想得到的就是在犯错时有人立即给他指出来，能让自己的工作得到改善，不断地进步，让自己在不久的将来能有所收获。

[**相关链接 2－4**]

**为什么海底捞员工很少离职？**

经营川味火锅为主的海底捞成立于 1994 年，近年来，以每年平均开拓 7 个店的速度发展，成功打造了火锅行业"五星级服务"典范。海底捞保持了每天 4～7 次的翻台率，在大众点评网、饭统网等网站上，一直牢牢占据着几大城市"服务最佳"榜单的前列；海底捞的等位区常常座无虚席，员工每天的工作量惊人，但仍然保持着发自内心的热情和自信的微笑，这一切都和海底捞的文化有着密切的关系。海底捞的企业文化包括以下几点：

企业核心理念:体验美味、享受生活、拥有健康、共赴卓越。

企业价值观:用双手改变命运,用成功证明价值,靠奋斗走向卓越。

企业服务理念:顾客至上、三心服务(贴心、温馨、舒心)。

品牌目标:成为中国第一流的餐饮管理团队,成为中国火锅第一品牌。

海底捞努力打造"家"文化,为员工解决后顾之忧。海底捞员工的待遇不仅仅体现在金钱方面,员工的住宿是由门店负责给员工租借管理良好的小区或公寓的两三居室,离店面不超过20分钟,房间配备空调,还有专门的阿姨负责房间的保洁工作,每套房子还配备可上网的电脑,保证员工有舒适便捷的住宿环境;海底捞员工的福利还包括每位员工拥有12天的带薪年假、往返火车票,员工的小孩读书,海底捞会提供赞助,大堂经理以上级别的员工享有每月300元的父母补贴。对于工作多年的员工会有所奖励。

海底捞让员工感到幸福,不仅是物质待遇好,同时还体现在对员工的授权和信任上。海底捞尊重员工,充分调动了员工的工作积极性,海底捞给基层员工打折、换菜甚至免单的权利,只要事后口头说明即可,员工由此产生"主人"的感觉,更努力地工作,不断创新服务方式和提高工作效率。

海底捞挖掘了员工最核心的内心需求——用双手改变命运,并给其真实的希望。海底捞拥有良好的晋升通道,有公平竞争的环境,新员工培训包括如何使用ATM机,如何乘坐地铁(买卡、充值等),帮助自己的员工去融入一个城市,让来自农村的员工在提高技能的同时,感受到公司的人文关怀。海底捞的管理层基本都是从基层提升而来,只要正直、勤奋、诚实,每个员工都有可能得到提升。海底捞员工对职业的认同感,远远高于其他餐饮服务企业。

餐饮行业最常用的考核KPI指标包括利润、利润率、单客消费额、营业额、翻台率等,但海底捞不想因为考核利润导致给客人吃的西瓜不甜、擦手的毛巾有破洞、卫生间的拖把没毛了还继续用,他们考核客户满意度、员工积极性、干部培养。海底捞不考核翻台率,但是海底捞的员工比谁都重视翻台率,企业文化是海底捞员工工作积极性和创造力的源泉,利润和翻台率,都是附加的、随之而来的、不重要的。

在海底捞有个说法,叫"嫁妆"。一个店长离职,只要任职超过一年以上,给8万块的嫁妆,就算是被小肥羊等竞争对手挖走了也给。小区经理(大概管5家分店左右)走,给20万;大区经理走,送一家火锅店,大概800万。海底捞创始人张勇解释说:"因为在海底捞工作太累,能干到店长以上,都对海底捞有贡献,应该补偿。"海底捞至今十几年的历史,店长以上干部上百,从海底捞拿走嫁妆的仅有三人。

(资料来源:https://www.chinaz.com/2022/1021/1459272.shtml)

(2) 企业与客户间的客户伦理。

客户伦理的核心精神:满足客户的需求才是企业生存的基础。满足客户需求是企业经营的目标,也是企业存在的重要价值。客户伦理主要是服务伦理,指企业要为客户利益着想。为客户利益着想包括站在客户立场上研究和设计实用、安全、健康、可靠的产品,重视客户意见,诚信待客,提供优质的售后服务等。如了解产品的技术规格,确保没有进行夸大表述;避免过分夸大产品的安全性;没有价格歧视等。

(3) 企业与同业间的竞争伦理。

企业与同业间的竞争伦理包括公平竞争、不散播不实谣言(发黑函、网上恶意中伤等)、不恶性挖角和窃取商业机密等。

[**相关链接 2-5**]

**富比案**

从 2006 年 6 月开始,富士康旗下的两家子公司及其母公司鸿海分别在深圳和中国香港提起了对比亚迪侵犯其商业秘密的诉讼,索赔 650 万元。2007 年 11 月 6 日,最高人民法院委托北京九州世初知识产权司法鉴定中心对该诉讼案进行司法鉴定。2007 年 12 月初,第一批官方鉴定书出炉,鉴定结果表明比亚迪获取的相关文件中,确有大量文件构成非公知信息。

2009 年 5 月 10 日上午消息,台湾媒体《今周刊》披露了郭台铭和股神巴菲特隔空交火的全过程。其中郭台铭在对巴菲特的回应中指出:在富士康担任主管的柳相军和负责编制工艺流程文件的干部司少青两人,于 2005 年 7 月从富士康跳槽比亚迪,却在尚未离职前就已拥有并使用比亚迪电子邮箱并与比亚迪行政总裁李柯进行重要的工作讨论。

由此可知,比亚迪负责人早已知道柳相军等人,以不正当手段获取富士康商业秘密。这些证据均可表明,比亚迪负责人直接参与侵犯富士康商业秘密。

《中华人民共和国刑法》第二百一十九条规定:"明知或应知前款所列行为,获取、使用或者披露他人的商业秘密的,以侵犯商业秘密论。"这就是说,明知或应知存在侵犯商业秘密行为的第三者,也可能构成本罪,这里所谓的"应知"是指结合主客观情况行为人有可能、有责任知晓。

(资料来源:https://baike.baidu.com/item/%E5%AF%8C%E6%AF%94%E6%A1%88/12586266? fr=aladdin)

(4) 企业与股东间的股东伦理。

企业最根本的责任是追求利润,因此企业必须积极经营、谋求更多的利润,借以创造更多股东权益;清楚严格地划分企业的经营权和所有权,让专业经理人充分发挥,确保企业营运自由。

(5) 企业与社会间的社会伦理。

企业与社会息息相关,企业无法脱离社会而独立运作。企业与社会间的社会伦理包括取之于社会,用之于社会;重视社会公益,提升企业形象;谋求企业发展与环境保护之间的平衡等。只有给予社会和环境以关切,才能得到社会的认可与回报。

(6) 企业与政府间的政商伦理。

政府的政策需要企业界的配合与支持,金融是国家经济发展的重要产业之一,因而金融政策更是政府施政的重点,企业必须要遵守政府相关的法规,更要响应与配合政府的金融政策。

3. 企业伦理认知误区

市场经济中企业行为不仅要具有经济上的可行性、法律上的合法性,还应该具有伦理道德上的行为正当性。从企业角度来看,企业伦理在为企业及个人利益服务的同时,通过是否为社会所认同的判断,对利益关系发挥着很大的约束和引导作用,使企业及个人在追求利益最大化的过程中或多或少、自觉不自觉地掺入了社会共同利益的成分。从社会角度来看,企业伦理有助于营造公平、诚信的社会经济交往环境,有助于维护正当的财产权利、契约关系和交换活动,大大降低交易成本,直接或间接地促进效率的改进和提高。目前,对企业伦理的认知还不尽如人意,主要存在以下认知误区:

(1) 企业不是公益性慈善组织,无须讲究企业伦理。

这种认识的前提是正确的,但结论却是错误的。企业这种社会经济形式,从其产生的那一天起就不可避免地于人、群体、社会所形成的各种社会关系之中,不可避免地在各种伦理关系中充当某种伦理的主体。作为企业人格化代表的企业家,既是经济关系中的角色,也是伦理关系中的角色。因为企业和企业家的活动,无论从其目的还是从其手段来说,都存在对人和社会发展的影响或价值关系问题。人们总是可以从人和社会发展的角度,对企业的活动做出是善的还是恶的、是有利的还是不利的评价。

**[相关链接 2-6]**

**华为发布《2018 年可持续发展报告》**

2019 年 7 月 12 日,华为发布了《2018 年可持续发展报告》,这是华为公司连续第十一年发布该报告。华为公布了聚焦数字包容、安全可信、绿色环保、和谐生态四大可持续发展战略。

华为公司董事长梁华在开场演讲中表示,“通过技术创新,华为持续为客户创造价值,消除数字鸿沟、满足人类联接需求,让所有人享受到普遍的、无差异的数字服务,为经济发展、社会进步做出自己的贡献”。梁华认为,绿色环保也已成为可持续发展的重中之重。他表示,华为在 5G 产品研发与工程化过程中做了大量的创新,通过芯片工艺设计、系统软件、专业服务以及先进的硬件材料和散热技术,整体上实现 5G 单站能耗比业界平均水平低 20%。随着技术的不断创新,能效更高,5G 将更符合“节能减排、绿色环保”的理念。

华为公司董事、可持续发展委员会主任陶景文表示:“为让数字技术惠及每个人、每个家庭、每个组织,华为推出了全球数字包容计划——TECH4ALL。2018 年,仅华为 RuralStar 解决方案就已累计为 4 000 万农村人口提供了网络覆盖。华为为全球 30 多亿人提供通信服务,华为也一直信守在全球保障网络安全运行的承诺。例如,在 2018 年,印度尼西亚 7.7 级强烈地震发生后,华为是第一家,也是唯一一家抵达地震现场的设备商。”

陶景文还发布了华为新的可持续发展战略。新战略主要有两点变化:一是扩大“消除数字鸿沟”战略的外延为“数字包容”,在联接的基础上,更加强调“应用和技能”。二是将“保障网络稳定安全运行和用户隐私”战略深化为“安全可信”。华为基于可持续理念开展业务创新、进行价值创造和共享，倡导商业价值与社会价值正向循环。华为仍将不懈努力，为构建可持续发展的美好未来贡献力量。

（资料来源：https://www.huawei.com/cn/news/2019/7/huawei-2018-sustainability-report）

（2）不讲企业伦理道德对企业利润最大化不会有妨碍。

这种认识是错误的。由于市场经济体制的完善常常需要一定的历史过程，以及社会上不正当需求的存在，的确有一些不义之商通过从事反企业伦理、反社会的盈利活动而大发横财。但是，非法的盈利活动由于腐蚀、破坏着人和社会的进步和发展，历来为社会所不容，也日益为经济法律所不准。因此，非法的盈利活动虽有可能得逞一时，但有朝一日终究会暴露而归于失败。即使从事合法的经营活动，如果不讲企业伦理，也会使企业日益陷入困境。这就是为什么市场经济越发展、市场越是成为买方市场，供方的企业就越是要讲究形象和信誉、越是要注意企业形象的塑造和包装的原因。

（3）讲企业伦理会使企业增加投入、减少收入。

这种认识是错误的。讲企业伦理，意味着一个企业要从事伦理道德建设，制定伦理道德原则和规范，对全体员工进行伦理道德教育，对生产经营活动进行伦理道德监督，还要设置从事伦理道德建设的组织机构，在实际的生产经营活动中要讲究社会效益、生态效益，讲究商品和服务的质量，这毫无疑问要加大投入；同时，讲企业伦理当然也意味着不能去经营那些有巨额利润却有害于人和社会发展的业务，也不能采取有损于企业伦理的经营手段。但是，应该看到，上述投入的增加归根到底是有利于企业长远发展的。这种投入的增加既是应该的又在长远上会给企业带来经济效益，有利于企业的生存和发展。

4. 企业伦理的建立

企业可以从以下四个方面入手，推动企业伦理的建立：

（1）制定并执行企业伦理守则。

企业伦理守则所规范的主要内容是企业与其利益相关者（包括员工、顾客、股东、政府、社区、社会大众等）的责任关系，它同时包含公司的经营理念与企业伦理，如同一般人的座右铭，反映公司的文化、生存的基本意义和行为的基本方向。企业信奉的伦理守则应贯彻到经营决策的制定以及重要的企业行为中。在建立伦理守则的同时，通过一系列的奖励、审核以及控制系统加以强化，并对破坏企业伦理的行为予以惩罚，让大家都明白，组织里绝不容许违反企业伦理的行为。管理人员对违规者的默许，将会严重破坏组织的伦理道德环境。

［**相关链接2-7**］

### 威塞里尔协会的“质量担保手册”

威塞里尔协会是一家为汽车行业提供电子部件的小型私人供应商，它拥有一本“质量担保手册”，是思想方针、行为指导、技术和企业简介的一个统一体，记录了公司对于正直人格的承诺和关于正确行为的指导原则。公司从来不用销售比赛等来激励员工的个人工作表现，也不通过销售数字来判断竞争状况，而是教育员工在制定决策时，既要考虑公司和个人的利益，也要考虑供应商、客户以及社会的需求，绝对的诚实、礼貌以及尊重他人是公司业务程序的标准。自步入业界以来,威塞里尔协会的销售收入不断增长,在一个发展缓慢的行业里创造了奇迹。

(资料来源:https://baike.esnai.com/history.aspx? id=12433)

(2) 设定企业伦理目标。

企业伦理目标强调企业行为不仅具有经济价值,还必须具有伦理道德价值。企业在追求经济目标的时候,往往不由自主地将获利作为衡量行为价值的唯一尺度,于是为了实现利润最大化不惜损害他人利益的行为在现实生活中时有发生,这说明企业的经济目标需要伦理目标的调节和制约。实践证明,企业经济目标和伦理道德目标相辅相成,只有同时并举,企业才能真正兴旺发达。

(3) 加强员工企业伦理教育。

现在不少国外的大企业,在员工的教育训练课程中,邀请诗人、哲学家为员工上课,目的就是希望员工能对身边的人与物有更高的敏感度,帮助员工在伦理道德思想和行为中注入强大个人意志,防止破坏性的伦理道德沦丧。企业也可参与一些有意义的社会活动,协助推动社会良性改革,这样不仅可以提高企业的向心力,激励员工士气,同时也可提升员工的工作品质,满足员工更高层次的精神需求。这种需求的满足会进一步激发员工的积极性、创造性和敬业精神,从而更有利于企业经济目标的实现。

(4) 由上层开始推动伦理建设。

成功的企业很多都是符合高标准企业伦理的企业,在劳资关系、尊重知识产权、遵守法令等方面,都有相当的进步;成功企业中卓有成就、德高望重的领袖人物,恰恰是最有资格提升企业伦理道德的人物。高层领导的重要职责之一就是使企业价值观有生命力,建立一个支持伦理道德行为的环境,在员工中灌输共同承担的责任感,让员工体会到遵守伦理道德是企业积极生活的一面,而不是权威强加的限制条件。领导者要敢于承诺,敢于为自己所倡导的价值观念而采取行动,敢于以身作则。

### 2.3.2 企业社会责任

关于企业社会责任的思考始于20世纪20年代的西方国家,原因是当时资本不断扩张引起了贫富差距、劳资冲突等一系列社会问题。1924年,美国的谢尔顿首次提出了企业社会责任的概念。此后,企业社会责任问题受到人们的日益关注并成为企业伦理的重要内容。

1. 企业社会责任的内涵

企业的社会责任是指企业在创造利润、对股东利益负责的同时,还要承担对员工、对社会和环境的责任,包括遵守商业道德、生产安全、职业健康、保护劳动者合法权益及资源等。

具体来说,除了投资者和员工方面的责任外,企业应尽的社会责任主要有公众责任、社区责任、环境责任等,不同行业的企业其社会责任的内容不尽相同(见表2-1)。切实履行社会责任,企业要树立诚信、守法、公正的企业形象,要向社会提供物质产品和服务,依法纳税和缴纳各项基金,维护产品消费者的合法权益,为社会积累财富,按照科学发展观和循环经济的要求组织生产,主动承担对自然环境、对社会各利益相关者的义务,支持和赞助社会公益事业，扶贫济困，救助灾害，帮助残疾人和社会弱势群体。同时，企业要选择有效的发展模式，如循环经济模式、产业带动模式、技术创新模式、污染防治模式、产品/服务责任模式等，以缓解与不同利益群体的冲突，减少对经济发展的负面影响。

**表2-1　不同行业中企业社会责任的内容**

| 重要性 | 石　油 | 金融、房地产 | 保险、零售业 | 制造业 | 交通运输业 |
|---|---|---|---|---|---|
| 1 | 污染防治 | 慈善捐款 | 社区服务 | 慈善捐款 | 慈善捐款 |
| 2 | 自然资源维护 | 社区事务 | 慈善捐款 | 教育事业 | 员工发展 |
| 3 | 教育事业 | 教育事业 | 女性聘用 | 污染防治 | 教育事业 |
| 4 | 员工发展 | 女性聘用 | 员工发展 | 员工发展 | 社区事务 |
| 5 | 慈善捐款 | 城市发展 | 消费者保护 | 社区事务 | 污染防治 |

（资料来源：马作宽.组织文化.北京：中国经济出版社，2008.）

2. 企业社会责任与经济责任之间的关系

企业是社会经济组织，企业首先肩负着经济责任，必须通过生产产品或提供社会服务取得利润，求得自身发展。同时，企业是社会组织，社会是企业的发展空间和利润来源，企业必须承担自身的经济活动所导致的社会后果，即在以营利为目的的生产经营活动中，履行回报社会、支持公益、救助贫困等多种社会责任。企业经济责任是企业社会责任的基础和前提，企业社会责任是经济责任的延伸和保障，二者是一种辩证的互动关系，二者和谐统一才能使企业得到最大的发展。松下幸之助在《松下经营哲学》中指出："企业从社会中获得的合理利润，正是该企业完成社会使命，对社会做了贡献而得到的报酬。"

必须承认，企业的社会责任和经济责任之间存在一定的矛盾，特别是经济利益的冲突。营利是企业的目的，追求利益最大化是许多企业发展的原动力，在企业发展中往往会出现片面追求自身经济利益而忽视或损害社会利益的状况。韩国现代集团的创办人郑周永说："企业的根本是什么？是在竞争中取胜。只有那些比同行生产出更好、更便宜的产品供给国民的企业，才有存在的价值。为国民提供满意的产品，为国家提供应该负担的税金，这是企业的社会责任。只有很好地尽到这一责任的企业才有资格发展壮大。那些垄断市场，生产高于国际市场价格产品的企业，不管你广告说得如何漂亮，都不能掩盖你掠夺国民的实质。这样的企业获得发展，就是国民的灾难。"片面追求经济利益而损害社会利益，最终将损害企业自身的利益。坚持自觉履行经济责任和社会责任的企业才有发展前途。

［**相关链接2-8**］

**积极履行社会责任，钱大妈创新助农新模式**

2023年2月，钱大妈在广州市商务局、市总工会和市协作办主办的"广州市2022年消费帮扶工作总结大会"上，获得"2022年广州市消费帮扶积极参与单位"的表彰。钱大妈收获满满的多项奖项与荣誉背后，是行业对于其专业性的认可，更是百姓群众的认可，这其中，自然离不开每一位员工的努力。

钱大妈武汉区域物流中心负责人程双，在疫情最严重时，克服困难，坚决用最快的速度将新鲜安全的食材配送到各区域门店，全力保障百姓生活物资供应。在了解到需要援助时，程双带领员工自发地向武汉的学校、社区街道、社会福利院等捐赠日常所需物资。像程双这样选择在力所能及的范围内为社会发展贡献出自己的一份力量的员工，在钱大妈并不少见，这背后无疑与企业文化的熏陶有着很深的联系。

为将“不卖隔夜肉”贯彻到底，钱大妈设立“定时打折”清货机制，当天所有商品当日销售清空，每晚7点开始打9折，每隔半小时打低1折，时间越晚，折扣越大，直至当天晚上11点半，全场未卖出的商品免费派送，上架商品绝不过夜。

从脱贫攻坚到乡村振兴，钱大妈始终紧跟政策，特别是依托乡村振兴的发展指引，钱大妈以基地直供模式，与优质供应商强强联合，优选多地特色农产品，足迹涉及贵州、福建、江西、甘肃、西藏、新疆等扶贫区域，2022年累计消费帮扶金额超过16亿元，钱大妈用新鲜角度全面颠覆传统农产品的流通与销售模式，带动整个农产品“产、供、销”一体化发展。

在2022中国企业家博鳌论坛上，钱大妈入选2022企业EGS乡村振兴优秀案例。不仅如此，钱大妈积极践行企业社会责任，心系群众保障民生，热心公益事业，携加盟商共同打通社区生鲜高端品牌，立足为民服务的企业。专注做好“家门口的菜市场”，利用“最后一公里”的社区地理位置优势，积极彰显企业社会责任与使用担当。

（资料来源：https://baijiahao.baidu.com/s?id=1762950741141834430&wfr=spider&for=pc）

3. 加强企业社会责任管理的途径

(1) 完善我国企业社会责任的相关法律法规。

将企业社会责任纳入法制轨道，完善我国相关法律法规，积极关注社会责任标准的发展态势，加强国际劳工标准特别是核心劳工标准的研究，完善《公司法》《劳动法》《劳动监察法》《劳动合同法》《工资法》《集体合同法》《社会保险法》等相关法律法规，形成完善的法律体系，提高企业国际竞争力。在企业社会责任的激励机制和成本补偿方面，政府部门应出台相关政策，使得企业在承担社会责任的同时得到相应的补偿，对现有企业经营者考核体系引入“绿色GDP”考核指标，保证国家可持续发展战略的实施。

(2) 加强劳动监察执法力度。

加强劳动监察力度，查处违法行为，特别要加强对社会责任重点关注的劳动密集型出口企业的劳动监察，及时公布劳动监察结果。合理借鉴国外企业社会责任审核中的具体方法，完善劳动保障诚信制度。广泛吸纳工会、行业协会和相关研究机构共同参与，逐渐建立起开放的、有社会代表性的劳动保障诚信制度。支持国内企业改善劳工条件，必要时提供培训、资金等方面的资助，对企业在改进劳工条件、提高职业健康与安全方面的投资给予减免税等优惠政策。

(3) 提高企业社会责任意识，设立企业专门的伦理管理机构。

借鉴国际经验，设立专门的企业伦理机构，配备专业伦理管理人员，负责处理各种利益相关者对企业发生的不正当经营行为所提出的质疑，提高企业自我监督管理能力。制订正式的社会责任履行计划、系统的项目设计、科学的决策机制和完善的执行程序与控制系统。

建立企业公信力，培养消费者对企业和产品的正面感情，建立合作伙伴对企业的长期信心。坚持以人为本，尽量将社会责任标准中的合理要求融入企业的管理体系和企业文化之中，并贯彻到核心劳工标准、工时与工资、健康与安全等企业管理的各个方面。

(4) 积极履行企业社会责任，塑造企业品牌。

将社会责任的投入转化为企业市场竞争力，努力实现企业经济利益、员工利益和社会利益的多赢，倡导诚信、绿色低碳环保理念，使社会责任成为企业的行为准则与企业形象诉求手段，树立企业良好社会形象、塑造企业品牌，通过履行企业社会责任这一非价格竞争手段，不断提高企业竞争力。

(5) 尝试开展企业社会责任审计。

尝试委托投资基金组织和诸如环境保护协会、消费者权益保护协会等社会公共利益监督机构等第三方审计企业履行社会责任的状况。通过审查公司内部各种文件、记录、各种审计数据和新闻报纸、商业期刊、公司报告等公共记录和对员工、经理、供应商、经销商、顾客、投资商、专家、新闻记者等的访谈和问卷调查，确保资金投向那些有较高社会责任感的企业，敦促接受投资的企业遵守投资者的要求，给消费者、投资者、政策制定者、雇员等企业的相关利益者更好地做出经济决定提供信息，对公司起到监督作用。

世界经济论坛中关于“企业公民”的标准包括四个方面：① 好的公司治理和道德价值；② 对人的责任，包括员工安全计划、就业机会、反对歧视、薪酬公平等；③ 对环境的责任，包括维护环境质量，使用清洁能源，共同应对气候变化和保护生物多样性等；④ 对社会和经济福利的广义贡献，如传播国际标准、解决贫困问题等。对企业来说，承担社会责任的增加并不仅仅是成本，而是未来的收益。企业接受社会责任观念并转化为自觉行动，使社会责任目标与利润目标协调，必将带来长期的回报，实现经济和社会可持续发展的大业。

## 2.4　企业家精神与企业员工风貌

英国知名经济学家和政治哲学家哈耶克认为，企业家就是“推动财富生产并得以增长的人”，奥地利知名的经济学家路德维希·冯·米塞斯则提出：“企业家应是推动市场有序变化的人”，由此看出，企业家不仅要实现企业经济目标，还担负着完成社会使命的责任。习近平指出，一位优秀企业家“必须对国家、对民族怀有崇高的使命感和责任感，把企业发展同国家繁荣、民族兴盛、人民幸福紧密结合在一起，主动为国担当，为国分忧”。

### 2.4.1　企业家精神

企业文化给企业带来有形的和无形的、经济的和社会的双重效益，它不仅仅是一种管理方法，而且是一种象征企业精神灵魂的价值导向。企业文化的形成离不开企业家的大力倡导、精心培育、率先垂范。

1. 企业家的基本特征

法国早期经济学家萨伊认为，企业家是冒险家，是把土地、劳动力、资本这三个生产要素结合在一起进行活动的第四个生产要素，承担着可能破产的风险。美国经济学家德鲁克也认为,企业家是革新者,是勇于承担风险、有目的地寻找革新源泉,善于捕捉变化并把变化作为可供开发利用机会的人。由此看出,企业家具有冒险、创新等一些本质特征。因此,不妨将企业家定义为:企业家是担负着对土地、资本、劳动力等生产要素进行有效组织和管理,富有冒险和创新精神的高级管理人才。企业家与一般厂长、经理等经营者之不同之处主要在于企业家敢于冒险、善于创新(见表 2-2)。

**表 2-2 经理人和企业家的差异**

| 经理人 | 企业家 |
| --- | --- |
| 将自己在企业中的任务放在首位 | 将企业的发展机会放在首位 |
| 对企业进行管理及优化 | 更关注企业的战略和发展 |
| 具备专业技能 | 具备独特的魅力和激励能力 |
| 能预测并制订计划(短期计划) | 关注企业的未来,从长期着眼考虑问题 |
| 通过审查和指标来规避风险 | 敢于承担风险、具有勇气 |
| 通过分析、制定目标,采取措施开展工作 | 坚决遵循简单的理念和原则 |
| 通过理性权衡利弊做出决定 | 当仅靠理性无法做出决定时,采取直觉判断 |
| 拥有专业的管理技巧 | 具备领导人的人格魅力 |

(资料来源:[美] 鲍伯·尼尔森.管理圣经.北京:电子工业出版社,2005.)

2. 企业家精神的含义

一个有文化意识的企业家是创建企业文化首要的条件。企业家的精神境界决定了一个企业文化的品位和层次。这里所说的企业家的精神境界,其实就是企业家精神。经济学家米勒在 1983 年把“企业家精神”定义为冒险、预见性和剧烈的产品创新活动,是企业家组织建立和经营管理企业的综合才能的表述方式,是一种重要而特殊的无形生产要素,是企业家特殊技能(包括精神和技巧)的集合。在企业中,企业家就是团队的领头人,企业家精神在企业成长的初期成为企业文化的主要构成部分。譬如松下是松下幸之助的文化,肯德基是山德士上校的文化。

3. 企业家精神的内容

(1) 创新。

创新是企业家精神的灵魂。一个企业最大的隐患,就是创新精神的消亡,创新必须成为企业家的本能。但创新不是“天才的闪烁”,而是企业家艰苦工作的结果。创新是企业家活动的典型特征,如从产品创新到技术创新、市场创新、组织形式创新等。

(2) 冒险。

冒险是企业家精神的天性。在美国 3M 公司有一个很有价值的口号:“为了发现王子,你必须和无数个青蛙接吻。”“接吻青蛙”常常意味着冒险与失败。许多成功企业的创始人的生长环境、成长背景和创业机缘各不相同,但无一例外都是在条件极不成熟和外部环境极不明晰的情况下,他们敢为人先,第一个跳出来“吃螃蟹”。

[相关链接 2-9]

**最美奋斗者——鲁冠球**

改革开放初期，鲁冠球以开拓者的胆识，主动与乡政府签订厂长个人风险承包合同，开创了浙江企业承包改革的先河，并首创浮动工资制。在他的带领下，万向集团从一个小作坊发展为第一个进入美国市场的中国汽车零部件企业，并开创乡镇企业收购海外上市公司的先河，向世界展示了中国企业家勇于改革实践的智慧和担当。鲁冠球将让更多人过上好日子作为毕生奋斗目标，他说，万向创立之前，让家人过上好日子，是他的动力；万向创立之后，带领更多人过上好日子，是他的责任；加入党组织后，共同富裕成了他毕生的信念。鲁冠球用一生诠释幸福都是奋斗出来的。鲁冠球所代表的企业家精神正在新时代奔涌传承，激励着一代又一代企业家砥砺奋进、挺立潮头。

（资料来源：http://politics.people.com.cn/n1/2019/0916/c1001-31353797.html）

（3）合作。

合作是企业家精神的精华。尽管伟大的企业家表面上常常是一个人的表演，但实际上真正的企业家其实是擅长合作的，而且这种合作精神需要扩展到企业的每个员工。西门子就是一个例证，这家公司秉承员工为“企业内部的企业家”的理念，开发员工的潜质。在这个过程中，经理人充当教练角色，让员工进行合作，为其制定合理的目标，同时给予足够的施展空间，并及时予以鼓励。西门子因此获得令人羡慕的产品创新纪录和成长记录。

（4）敬业。

敬业是企业家精神的动力。敬业精神是人们基于对一件事情、一种职业的热爱而产生的一种全身心投入的精神。这是企业家工作的唯一可能动机。企业家为了他的事业才生存，而不是为了他的生存才经营事业。货币只是成功的标志之一，对事业的忠诚和责任，才是企业家的“顶峰体验”和不竭动力。

（5）学习。

学习是企业家精神的关键。以系统思考的角度来看，从企业家到整个企业必须持续学习、全员学习、团队学习和终生学习。日本企业的学习精神尤为可贵，它们向爱德华兹·戴明学习质量管理，向约琴夫·M.朱兰学习组织生产，向彼得·德鲁克学习市场营销等。

（6）执着。

执着是企业家精神的本色。英特尔总裁葛洛夫有句名言：“只有偏执狂才能生存。”拥有执着品质的企业家善于将挫折转化为有益的因素，从困难中能学到从胜利中学不到的东西。正所谓“锲而不舍，金石可镂”。巴达杰集团公司总裁帕克森说：“不放弃别人不在乎的东西，冒险、执着、艰苦努力以求成功，这些品质是企业家赢得胜利的关键。”

2020 年 7 月 21 日，习近平总书记主持召开企业家座谈会，充分肯定企业家群体所展现出的精神风貌，明确提出了“增强爱国情怀”“勇于创新”“诚信守法”“承担社会责任”“拓展国际视野”等五点希望，丰富和拓展了企业家精神的时代内涵，为新形势下弘扬企业家精神提供了思想和行动指南。

### 2.4.2　企业员工风貌

对企业管理来说，观察员工的精神风貌，就可以透视出企业文化的内在。员工是企业文化理念最直接和最明显的载体,企业员工的精神风貌直接体现这个企业的运作状态。

1. 企业员工风貌的含义

企业员工风貌是全体员工在企业发展过程中长期积累并形成的工作风格和精神面貌。工作风格表现了企业员工行为方式的个性,如员工的做事风格、协作风格,管理者的求实风格、民主风格等;精神面貌是指企业员工工作状况的表象特征,如拼搏进取且严细认真的工作态度、工作文明而有秩序的生产现场、隆重热烈的典礼仪式、健康多彩的业余生活、浓烈的学习氛围、团结和睦的气氛等。员工风貌是企业的一种氛围、风气,甚至是一种习惯。它影响着企业的发展方向、经营行为。良好的员工风貌,能够协调企业的组织与管理行为,有助于建立科学、规范的企业运行秩序,提升企业员工的工作境界,提高工作效率与经济效益。

**[案例研究 2-4]**

**"冒犯上帝的城市"**

《圣经》里记录了这么一个故事:大洪水劫难后,诺亚的子孙越来越多,遍布地面,于是向东迁移,在古巴比伦附近遇见一片平原,定居下来。他们想要建造一座城和一座塔(塔顶通天)。由于大家语言相通,同心协力,建成的巴比伦城繁华而美丽,正在建造中的高塔直插云霄。上帝知道后想阻止诺亚的子孙在巴比伦建起通天塔,但他没有发出雷霆之怒、没有令山崩地裂,只不过是让脚手架上忙忙碌碌的工匠们突然"各说各话",让人人心中都充满了能独自完成全过程的野心,以至于他们不再默契配合。于是未完工的巴比伦塔就成了人类感受自身局限的最初记忆。

(资料来源:https://history.sohu.com/a/452239999_671384)

没有或缺乏向心力和亲合力的任何企业都是不可能有所作为的,企业必须能把每个员工的积极性调动起来,让渗透于每个员工身上的企业理念都能凝聚成为一种资源,一种力量。

2. 展现员工风貌的方式

(1) 运用企业内刊。

企业内刊是企业内部的一面旗帜,引领方向;是对外部的一扇窗口,展现形象。企业内刊中的每个理念和案例,都将在潜移默化中影响员工的行为,润育员工的心田;内刊让外界感知企业的性格、精神、旗帜、追求、理想、风格等。员工通过内刊可以学习企业文化和掌握企业信息,可以倾听、学习、讨论、共享。企业内刊对企业员工风貌的形成起着巨大的导向和传播作用。

(2) 举办演讲、辩论、讲座。

现代企业员工思想比较活跃,他们对同一事物的认识往往不一致,这是社会进步的一种表现。企业需要利用演讲、辩论、讲座对其进行正确的思想引导。这些方式也是企业员工欢迎的教育方式。

[案例研究2-5]

### 海尔的“毛刺”事件

一位海尔洗衣机用户被洗衣机塑料进水孔处的一个毛刺划伤了小手指而投诉，此事件在海尔集团引起轩然大波，集团内部开始了轰轰烈烈的为期3个多月的“毛刺事件”大反思、大讨论。讨论的主题是：我们到底哪里有“毛刺”？我们刺伤的到底是用户的手指还是用户的心？讨论通过现场会议、《海尔人》报、电视专题等形式进行。《海尔人》报连续5期分别刊文述评，其中一篇写道：“物质文化有毛刺，是制度出了毛刺；制度文化有毛刺，是观念上有毛刺。”海尔以“毛刺事件”大讨论为契机，在企业研发、生产、质量、销售、服务、培训等各个方面进行了全面、全员、全流程的反思、整改和提升。

（资料来源：https://m.xzbu.com/8/view-9078574.htm）

企业组织的反思和讨论，是反映企业文化理念和精神的又一途径，也是企业表示支持什么、反对什么、控制什么的最佳途径。在这个过程中，企业在无形中就能控制与纠正员工的言行。

(3) 组织丰富的文体活动。

随着企业员工年轻化、文化水平普遍提高，他们对艺术的欣赏能力更高了，对舞蹈、歌曲、戏剧、体育等文体活动更强调个性。企业组织者要适应这种心理需求。健康向上的文艺活动，是调节员工紧张情绪，提高思想修养和热爱企业、热爱本职工作的有益活动，主要有专题竞赛类（如技能竞赛、辩论赛、演讲赛、知识竞赛、擂台赛、征文大赛、故事会、设计大赛）、沟通类（如高管开放日、网上聊天、对话会等）、知识类（如读书活动、文化沙龙、论坛、学习活动等）、管理类（如管理论坛、一分钟经理人、班前宣誓等）、习俗仪式类（如升国旗仪式、公司周年庆典仪式、干部任免仪式、新员工加盟仪式、感恩仪式、年终表彰大会、社区联谊会、客户联谊会、节日联欢会、员工生日晚会等）、娱乐类（如联欢会、卡拉OK、影视欣赏、音乐会等）、艺术类（如书法展、专题摄影、绘画展等）、体育竞技类（如球类、长跑、登山）等类型。但开展文体活动需要注意以下问题：

① 不同活动文化含金量不同，可以恰当结合。组织活动要尽量体现综合性，即做到活动多样、内容丰富。每一次活动要在内容上丰富多彩、时间安排上合理有序，充分发挥员工的特长和爱好，让员工在紧张的工作之余得到轻松的享受，陶冶了情操，赢得了健康。

② 不能为活动而活动，必须赋予文化内涵。活动开展不单要有趣味、娱乐、健身，还要多层次、高层次，使员工的才华更上一层楼，这就要求各类文体活动兼具艺术性、文化性。只有通过这些高层次的文体活动、比赛，才能更好地挖掘人才、发现人才，使员工充分提高自身素质，并能在今后不断地提高自己。

③ 文化传播形式要创新。可以增加活动的趣味性、娱乐性，由于趣味性、娱乐性活动具有很大的吸引力，所以通过开展趣味性、娱乐性活动能使员工的身心健康需要和情感愿望得到满足，并能充分发挥员工的特长。

## 2.5 企业精神培育

企业精神是企业存在和发展的内在支撑。它随着企业的发展而逐步形成并固化下来，是对企业现有观念意识、传统习惯、行为方式中积极因素的总结、提炼和倡导，是企业文化发展到一定阶段的产物。美国著名管理学家詹姆·赫斯克特指出，无论是对付竞争对手、为顾客服务，还是处理企业对内对外关系，企业文化形成的竞争力，必然产生强有力的经营效果。日本政府总结明治维新时期经济迅速发展经验的白皮书中写道：日本经济发展的三个要素，第一是精神，第二是法规，第三是资本，精神占 50%，法规占 40%，资本占 10%，精神文化才是最重要的要素。

### 2.5.1 企业精神的概念

企业精神作为企业文化的组成部分，是企业文化发展到一定阶段的产物，是企业文化中最富个性、最先进内容的反映。企业文化是土壤，企业精神是鲜花，只有在肥沃的企业文化土壤上，才能栽培和繁育出绚丽多彩的企业精神之花。

1. 企业精神的内涵

企业精神是一个企业基于自身特定的性质、任务、宗旨、时代要求和发展方向，为谋求生存与发展，在长期生产经营实践基础上，经精心培育而逐步形成并为整个员工群体认同的正向心理定式、价值取向和主导意识。企业精神是时代意识与企业个性相结合的一种群体精神追求，是企业员工群体人格与心态的外化，是员工群体对企业的信任感、自豪感和荣誉感的集中表现形态。企业各具特色的企业精神往往以简洁而富有哲理的语言形式加以概括。例如，同仁堂的"同修仁德，济世养生"、海尔的"敬业报国，追求卓越"、歌华的"创业无涯，创造无限，敢为天下先"、美国德尔塔航空公司的"亲如一家"等。

2. 企业精神与企业价值观

企业精神和企业价值观既有联系又有区别。企业精神决定于企业价值观，是对企业价值观的个性张扬，能够把抽象的企业价值观诠释、演绎为一种具体的信念，对增强企业向心力和凝聚力，将企业各方面的力量集中到企业的经营目标上来起到重要的引导和激励作用。企业价值观的作用，主要在于解决某件事值不值得做、在许多件值得做的事中应该选择哪一件先做的问题。企业精神的作用，主要是激发主观能动性，鼓舞士气，形成值得做者必做成、最值得做者必先成的精神氛围。两者的作用不可分割。精神境界和理想追求很高的企业，其做出的选择也必然是高水平的，能够众志成城地去实现所选择的价值；反之，一个精神萎靡不振的企业，不可能有高水准的价值选择，选择了的价值也往往难于实现，企业精神对于企业价值观的作用有制约性。同样，正确的价值选择，本身就有鼓舞士气、激发斗志的作用，而错误的价值选择则往往会挫伤斗志、降低士气。正确的企业价值观是企业精神发挥作用的前提。

3. 企业精神的基本特征

从企业精神培育塑造的实践过程来看，企业精神具有以下基本特征：

(1) 客观性。

企业生产力状况是企业精神产生的基础,企业的生产力水平及其由此带来的员工、企业家素质与追求对企业精神的内容有着根本的影响。企业精神是企业现实生产力状况、现存生产经营方式和员工生活方式的反映,这是它最根本的特征。只有正确反映现实的企业精神,才能起到指导企业实践活动的作用。

(2) 群体性。

企业精神是全体员工共同拥有、普遍掌握的理念。企业精神在萌芽时期可能只表现在少数文化楷模身上,只是企业领导者倡导的一种"口号"。只有在良好的企业文化土壤中,这种"萌芽"才能顺利生长,经过领导者倡导、培育和全体员工的体验和发展,企业精神发育,并逐渐走向成熟。企业精神一定是群体意识和共同理想的反映,企业的绩效不是来自企业精神的独特表述,而是取决于这种企业精神在企业内部的普及和渗透程度,取决于是否具有群体性。

(3) 动态性。

企业精神是对员工中存在的现代生产意识、竞争意识、文明意识、道德意识以及理想、目标、思想面貌的提炼和概括。企业精神的内容和表达的形式都具有相对稳定性,并随着时代的变迁、企业内外环境的变化而不断发展。首先,企业精神是时代精神的体现,是企业个性和时代精神相结合的产物,企业精神的提炼应当能够让人从中把握时代的脉搏,感受到时代赋予企业的使命。其次,随着技术进步、市场变化,企业目标不断调整,经营观念不断更新,资产的优化重组以及经营体制和管理方式不断演进,都要求企业做出与之相适应的反应,不断充实、丰富或升华企业精神的内涵,这就反映出企业精神的动态性。

(4) 卓越性。

企业精神是企业最先进的意识和向上风貌的反映,其中必然生出创造、创新、竞争、进取、求精和追求卓越意识的基因。企业家在培育企业精神的实践中,自然要把自身敢于创新和冒险的主导意识注入其中并加以强化,具有卓越特性的企业精神是企业活力和财富的源泉。管理者的卓越意识体现在他的战略决策、市场开发、科学管理和有效激励上,员工的卓越意识体现在他对操作的改进、自我管理和自我控制上。任何企业经营的成功与事业的进步,无不是其积极创新、追求卓越的结果,因而从企业发展的角度看,追求卓越是当代企业精神的基本属性,塑造着现代企业精神。

4. 企业精神的意义

企业精神对企业的作用主要表现在:第一,企业精神代表着全体员工精神风貌,是企业凝聚力的基础;第二,企业精神是引导全体员工前进的指针,是激励员工进步的驱动力;第三,企业精神是企业无形的创业动力,它可以提升企业形象,对社会也能产生一种感召力;第四,企业精神是企业生机活力的源泉,也是评判企业行为的重要依据。

### 2.5.2　企业精神的产生与内容

企业精神是企业文化发展到一定阶段的必然产物。其产生与发展有其规律性,其内容也有规定性。

1. 企业精神的产生

任何企业精神的存在,都是企业生存和发展的客观要求。任何企业的企业精神,都是从企业每个员工的行为、从企业产品制造过程、从企业经营管理的每一个具体环节中培养、产生和体现出来的。

首先,企业精神是在企业中每个员工的具体行为中产生和体现出来的。每一个企业都有自己的经营思想和治理方针,在生产经营和企业管理活动中培育和产生企业精神。企业精神在规范、引导和推动员工个人行为等方面发挥着作用:企业精神体现了企业自己的理想;企业精神体现了企业鲜明的、统一的价值观念;企业精神规定了企业自己的职业道德内涵,成为规范和影响员工行为的生活准则。

其次,企业生产的每一个产品/服务都非常明显地体现着企业精神,产品品种、质量、标准和特点,无不打上企业精神的烙印。产品/服务能否生存关键不在于产品/服务本身,而要看提供产品/服务的员工在生产/提供过程中是否有一种积极进取的创业精神。只有人具有活力,产品/服务才有活力。

最后,企业精神寓于企业管理之中。几乎在企业经营管理的每一个具体环节上,都可以感觉到企业精神的存在。长期以来,有的企业管理者只擅长抓单项管理,就技术抓技术,就安全抓安全,就思想抓思想,"各走各的道,各唱各的调,各吹各的号",往往事倍功半。

2. 企业精神的内容

目前,世界各国先进的企业都非常重视企业精神的培育,如澳大利亚 69%、美国 77%、德国 79%、日本几乎 100%的企业都有比较明确的企业精神或类似用语的表述。从其内容来看,主张参与、协作、奉献,已成为现代企业精神的主导意志,值得企业在提炼和培育自身企业精神时作为参考。

(1) 参与精神。

强调参与,是企业兼顾满足员工各种需求和企业效率、效益要求的基本理念。员工通过参与企业管理,发挥聪明才智,得到比较高的经济报酬,改善了人际关系,实现了自我价值。由于员工的参与,企业改进了工作,降低了成本,提高了效率。根据日本和美国公司的统计,实施参与精神和参与管理可以大大提高经济效益,一般提高幅度在 50%以上,有的可以达到一倍至几倍,增加的效益一般有 1/3 作为奖励返给员工,2/3 作为企业增加的资产投入再生产。

(2) 协作精神。

协作是大生产的基本要求,也是企业谋求创造整体放大效应的要求。协作不仅能放大整体价值,也能更好地实现个体价值。因此,协作是现代企业精神中的基本要素。可以通过明确的分工、制定清晰的岗位职责以及协作制度等,或利用工作后的聚餐、郊游等形式来增进同事之间的私人感情和协作精神,还可以通过非正式组织、团队形式来促进企业员工的协作精神。

(3) 奉献精神。

奉献精神是与企业的社会责任相联系的。企业只有坚持公众利益至上,才能得到公众的好评,使自己获得更大的、长远的利益。这就要求企业积极参加社会公益事业,支持文化、教育、社会福利、公共服务设施等事业,在社会公众中树立企业注重社会责任的形象,提高企业的美誉度,强化企业的道德责任感。尽管在等价交换原则和劳动契约制度面前,不能硬性推行无私和无偿奉献,但企业倡导奉献精神,员工践行奉献精神,这不仅于企业有益,于个人也有利,倡导奉献精神能够使企业找到企业价值最大化和个人价值最大化的平衡点。

当然,现代企业精神的内容远远不止这几个方面,如创新精神、竞争精神、开拓精神、进取精神等都是现代企业精神的突出表现。

### 2.5.3　企业精神的培育

企业精神是企业员工的群体意识和精华，是企业价值观的精髓，它不能自发地产生，也不能由外界强加，它需要一个由分散到系统，从现象到本质，去伪存真，去粗取精，不断概括、升华的提炼和培育过程。企业精神的培育是有意识、有目的地进行的，其方法大致有以下几种。

1. 舆论宣传法

企业精神虽然本身具有深入人心的渗透力，但其培育和塑造离不开舆论宣传。通过舆论宣传可以形成为培育和塑造企业精神服务的舆论环境，使企业精神通过舆论的作用达到深入人心的效果。可以通过办内刊、广播站、闭路电视、板报、墙报、文艺演出、报告会、演讲会等多种形式进行。但不论采取哪种形式，都要具有真实性和可信性。

2. 领导示范法

企业精神的培育和塑造离不开企业领导的示范作用。企业精神培育和塑造的目的在于为企业员工提供一个群体价值观及共同接受和认同的信念与理想。企业领导必须带头按照企业精神的要求去做，凡是要求员工群体做到的，领导者必须首先带头做到，对于企业发展有利的事情，即使不要求员工做，领导者也要做。

3. 模范启迪法

企业精神包含着企业中先进人物的模范精神。先进模范人物的作用对于企业的广大员工常常具有鼓励、鞭策的作用，而广大员工也正是在先进人物的精神感召下努力向上，为企业的发展贡献他们的力量。先进人物的模范事迹和榜样作用可以给广大员工以启迪，使广大员工学有榜样，干有奔头。例如，当年的“宁可少活二十年，拼命也要拿下大油田”的大庆油田劳模王进喜创立的“铁人精神”，鼓舞了一代人赤诚报国、无悔奉献。

4. 目标激励法

目标激励法就是利用行为科学的研究成果，采用种种措施去激发人的动机，使人有一股内在的动力，朝向群体的价值目标前进，最终实现企业的目标。目标激励的方法在调动员工积极性为实现企业目标、培育和塑造企业精神方面有重要作用：通过目标激励方法，可以把有才能的、企业所需要的人吸引进来，为企业发展而工作，从而增强企业的向心力和凝聚力；可以使企业员工最大限度地发挥他们的聪明才智，变消极为积极，从而保持工作的有效性和高效率，以利于企业群体价值观的形成；还可以进一步激发员工的创造性和革新精神，大大提高企业的经营效果，从而培育企业员工的创新精神和竞争意识。

5. 感情投资法

企业员工除了关心个人收入以外，更注重工作上的成就感、归属感和工作中犹如家庭一样的亲切、愉快、舒畅的氛围。企业经营管理人员要自觉地和员工融为一体，形成一个民主、平等、和谐的生产经营环境。还要采取多种措施帮助员工解决生活中的困难，改善员工的工作环境和工作条件，关心员工的物质利益和精神生活，尽量满足员工的合理要求。感情投资法可以增加企业精神的渗透力，使企业精神能很快地深入人心，成为企业员工的精神支柱，对于企业精神的培育和塑造，对于企业目标的实现都是十分重要的。

6. 形象教育法

形象教育的方法就是通过司容、司貌、司徽、司旗、司歌甚至司服，通过口号、标语等来体现企业的战略目标,同时也通过企业的拳头产品和先进技术不断丰富企业形象,以激励员工的自豪感、责任感的一种方法。良好的司容司貌可以激发员工的自豪感;富有特征的司徽、司旗可以激发员工的责任感;司歌可以鼓舞员工的士气;醒目的标语口号可以感召员工奋发努力;走向全国甚至世界的拳头产品可以增强员工的创新意识和竞争意识;先进的生产技术可以使员工为社会生产更多、更好的产品。所以,形象教育法是企业精神的培育和塑造过程中最直观、最生动的一种方法。

[**相关链接 2-10**]

**长安之歌**

中国长安汽车集团股份有限公司(简称长安汽车)是一家特大型企业集团,是中国四大汽车集团之一。其前身是1862年由清朝大臣李鸿章创办的上海洋炮局,距今已150余年,是中国近代史上第一家工业企业。创作于1932年的《长安之歌》作为厂歌,当时叫《21兵工厂厂歌》,在中国企业里是时间最早的,也是提炼得最深厚的,其作词者为郭沫若,作曲者是贺绿汀。歌词如下:

战以止战,兵以弭兵,正义的剑是为保卫和平。
创造犀利的武器,争取国防的安宁,光荣的历史肇自金陵。
勤俭求知,廉洁公正,迎头赶上,尽我智能,工作是不断的竞争。
我们有骨肉般的友爱,我们有金石般的至诚。
我们有熔炉般的热烈,我们有钢铁般的坚韧。
量欲其富,质欲其精。
同志们,猛进! 猛进!
同志们,猛进! 猛进!

(资料来源:作者根据相关网络资料整理)

企业文化管理的最终目标就是试图寻找一种先进的、具有代表性的共同理想,将全体员工团结在统一的旗帜下,最大限度地发挥人的主观能动性。企业精神的培育是实现企业文化管理方式的重要途径。

## 增值阅读

### 新的贸易门槛SA 8000——"社会责任标准"

SA 8000是全球首个道德规范国际标准。社会责任国际组织(SAI)最早制定于1997年8月,并成立了专门的机构标准和认可咨询委员会(CEPAA),委托独立的评估行审查SA 8000标准的执行情况。SA 8000所推出的社会责任标准取自国际劳工组织公约、联合国共同人权宣言和联合国儿童权利公约,其宗旨是确保供应商所供应的产品皆符合社会责任标准的要求。

SA 8000的产生既有人文社会发展的原因,即随着社会经济的发展,各界对劳工保护的关注,同时也是国际市场上竞争格局失衡的产物,是美欧发达国家为遏制发展中国家提高竞争力的手段和途径，特别是防止廉价的劳动密集型产品制造国大量产品冲击发达国家国内市场，在政府的首肯和支持下由民间组织提出，并出现了有由民间壁垒走向政府壁垒的趋势。

SA 8000 标准的关注要素包括：① 童工；② 强迫性劳工；③ 健康与安全；④ 组织工会的自由与集体谈判的权利；⑤ 歧视；⑥ 惩戒性措施；⑦ 工作时间；⑧ 工资；⑨ 管理体系。SA 8000 把企业社会责任分为两个方面，除包括人员管理、健康安全的生产、适应变化的能力、环境影响和自然资源的管理在内的内部责任外，超出企业本身的责任内容涉及当地社区、商业伙伴、供应商和消费者、人权、对全球环境的关心等。完成企业社会责任的途径包括符合社会责任的企业管理，企业的报告和审计，提高社会责任工作质量，获得表明社会责任工作成绩突出的环境和社会称号，对社会进行有利的投资等。SA 8000 的实施无疑加大了企业的生产成本、人力资源成本，对劳动密集型产业来说，既是契机又是挑战。要应对 SA 8000 标准等国际贸易壁垒的挑战，只有依靠企业增强和切实履行社会责任，才能突破西方发达国家设置的“蓝色壁垒”。

（资料来源：https://baike.baidu.com/item/SA8000%E6%A0%87%E5%87%86/9658186?fr=aladdin）

## 任务小结

本任务从企业文化的核心出发，剖析了企业理念体系中企业哲学与企业价值观、企业伦理与社会责任、企业家精神与企业员工风貌以及企业精神的内涵，提出了分析企业理念、建设企业伦理、展示企业员工风貌和提炼企业精神的基本方法。

（1）企业理念体系实质上就是企业对“我是什么、我做什么和我怎样做”等问题所确立的基本判断准则。企业理念体系通常包括企业使命和愿景、企业宗旨、企业核心价值观、企业哲学、企业精神、企业伦理和道德、企业作风等核心理念体系。

（2）企业哲学则是对企业发展动力的哲学思考，企业哲学一般由企业愿景、使命及核心价值观三部分构成；企业使命和愿景是对企业自身和社会所做出的承诺和发展目标；企业价值观反映着企业对其生产经营和目标追求中价值关系的基本观点。

（3）企业伦理是由企业哲学决定的，同时，企业伦理又决定着企业社会责任，企业不仅要实现企业经济目标，还担负着完成社会使命的责任。

（4）建设强有力的企业文化最关键的因素就是企业家，企业家是企业文化的创立者、管理者和变革者。企业家精神是企业精神形成的基础，企业家精神决定了企业文化的品位和层次。

## 能力自测

### 一、单项选择题

1.（　　）是对企业发展动力的哲学思考。

A. 企业核心价值观　　　　B. 企业哲学

C. 企业精神　　　　D. 以上答案都不对

2. 企业的（　　）是指企业在创造利润、对股东利益负责的同时，还要承担对员工、对社会和环境的责任，包括遵守商业道德、生产安全、职业健康、保护劳动者合法权益及资源等。

A. 社会责任　B. 企业宗旨　C. 经济责任　D. 企业目标

3. 建设强有力的企业文化最关键的因素就是(　)。

A. 企业家　B. 管理者　C. 企业员工　D. 企业股东

4. (　)包括企业的道德风气、道德传统、道德心理、道德信念等。

A. 伦理准则　B. 伦理关系

C. 伦理意识　D. 以上答案都不对

5. (　)是企业哲学的重要内容,反映着企业对其生产经营和目标追求中价值关系的基本观点。

A. 企业价值观　B. 企业哲学

C. 企业精神　D. 以上答案都不对

6. 从内容上看,企业价值观可以分为动力型观念和(　)。

A. 压力型观念　B. 主导价值观念

C. 非主导价值观念　D. 以上答案都不对

7. (　)是指对自身和社会发展所做出的承诺,公司存在的理由和依据,是组织存在的原因。

A. 企业哲学　B. 企业使命　C. 企业伦理　D. 企业战略

8. 优秀的企业精神可以提升(　　)。

A. 企业效益　B. 企业形象　C. 企业利润　D. 企业知名度

9. (　)与一般厂长、经理等经营者之不同,主要表现就在于敢于冒险、善于创新。

A. 股东　B. 员工　C. 企业家　D. 职业经理人

10. (　　)的内容包括参与精神、协作精神、奉献精神、创新精神、竞争精神、开拓精神、进取精神等。

A. 企业核心价值观　B. 企业哲学　C. 企业精神　D. 企业伦理

## 二、多项选择题

1. 企业理念体系通常包括企业使命和愿景、企业宗旨、(　　)、企业作风等核心理念体系。

A. 企业核心价值观　B. 企业哲学

C. 企业精神　D. 企业伦理和道德

2. 企业哲学是企业文化的核心和动力源泉,一般由(　　)三部分构成。

A. 公司愿景　B. 企业使命　C. 企业精神　D. 核心价值观

3. 企业价值观反映着企业对其生产经营和目标追求中价值关系的基本观点,具有(　)作用。

A. 为企业的生存与发展确立了精神支柱

B. 决定了企业的基本特性

C. 对企业及员工行为起到导向和规范作用

D. 能产生凝聚力,激励员工释放潜能

4. 企业伦理是蕴含在企业生产、经营、管理等各种活动中的(　　)的总和。

A. 伦理关系　B. 伦理意识　C. 伦理准则　D. 核心价值观

5. 推动企业伦理建立的方式包括(　　)。

A. 制定并执行企业伦理守则　B. 设定企业伦理目标

C. 加强员工企业伦理教育　　D. 由上层开始推动伦理建设

6. 加强企业社会责任管理的途径包括(　　)。

A. 完善我国企业社会责任的相关法律法规,加强劳动监察执法力度

B. 加强企业社会责任意识,设立企业专门的伦理管理机构

C. 积极履行企业社会责任,塑造企业品牌

D. 尝试开展企业社会责任审计

7. 企业精神的基本特征是(　　)。

A. 客观性　　B. 群体性　　C. 动态性　　D. 卓越性

8. 企业伦理关系包括企业与投资人、(　　)、竞争者、媒体等的关系。

A. 员工　　B. 顾客　　C. 股东　　D. 合作者

9. 确立企业愿景需要考虑五个方面的因素:(　　)、资质及利益相关者。

A. 行业特点　　B. 市场环境　　C. 伦理准则　　D. 核心能力

10. 培育企业精神的方法包括舆论宣传法、(　　)、感情投资法、形象教育法等方法。

A. 领导示范法　　B. 模范启迪法　　C. 目标激励法　　D. 物质激励法

**三、判断题**

1. 企业理念体系实质上就是企业对"我是什么、我做什么和我怎样做"等问题所确立的基本判断准则。(　　)

2. 企业文化是基于企业哲学辩证思考之后确立的基本假设,并由此产生的价值观,以及价值观所指导下的行为模式。(　　)

3. 从表现上看,企业价值观可分为主导价值观和非主导价值观。(　　)

4. 从发展历史看,企业价值观可以分为最大利润价值观、经营管理价值观和企业社会互利价值观。(　　)

5. 企业伦理是由企业宗旨决定的,同时,企业伦理又决定着企业社会责任。(　　)

6. 企业不是公益性慈善组织,无须讲究企业伦理。(　　)

7. 企业经济责任是企业社会责任的基础和前提,企业社会责任是经济责任的延伸和保障,二者是一种辩证的互动关系,二者和谐统一才能使企业得到最大的发展。(　　)

8. 企业的社会责任和经济责任之间存在一定的矛盾,特别是经济利益的冲突。(　　)

9. 企业精神就是企业家的精神。(　　)

10. 企业家不仅要实现企业经济目标,还担负着完成社会使命的责任。(　　)

**四、简答题**

1. 什么是企业理念体系?企业理念体系由哪些因素构成?

2. 什么是企业哲学?企业哲学主要包括哪些内容?

3. 什么是企业价值观?企业价值观有什么作用?

4. 什么是企业伦理?如何推动企业伦理的建立?

5. 企业精神和企业家精神是一回事吗?如何培养企业精神?

## 案例分析

### (一) 惠普的价值观

1939 年惠普公司创立者美国斯坦福大学的比尔・惠利特和戴夫・帕卡德明确公司的

经营宗旨、价值观和经营理念,并逐渐形成特色鲜明的企业文化:注重顾客、股东、公司员工的利益要求,重视各种激发创造的因素,注重以真诚、公正的态度服务于消费者,提倡自我管理、自我控制与成果管理,提倡温和变革,不轻易解雇员工,也不盲目地进行规模扩张;坚持宽松的、自由的办公环境,努力培育公开、透明、民主的工作作风。随着市场环境的变化,惠普公司企业的宗旨发展成为:创造信息产品以便加速人类知识的进步,并且从本质上改变个人和组织的效能。企业价值观主要包括以下七个方面。

一、公司生存与发展的根本理念:热忱对待客户

惠普公司做任何决定,做每一件事,都要把客户放在第一位,激励并授权员工为客户的最大利益工作。2005 年 1 月使用惠普公司生产的财务管理设备和相关软件的美国美洲银行在处理租赁申请时出了问题,无法及时检验和批准大量的租赁申请。惠普公司立即派出专家计划三天时间把堆积起来的大量租赁申请处理掉。后来发现问题的关键是银行的相关业务流程与惠普公司的软件系统不能很好匹配,为权宜之计只把申请处理掉。为了从根本上解决客户的问题,惠普公司专家经过与银行一起分析大量资料,终于找到问题的关键因素,改进了惠普公司软件系统,使之与银行处理租赁申请的业务流程高度匹配,极大地提高了美洲银行处理租赁申请的工作效率。

二、"以人为本",信任和尊重个人

惠普公司致力于建设激动人心的,能够挑战员工聪明才智的工作环境。每个人都可以在这样的环境中做出贡献,不断成长。公司坚信:如果拥有了合适的工具,获得了有效的支持,每个人都愿意并且能够做好工作;人与人可以精诚合作,完成不寻常的工作。公司致力于招聘优秀而富有创造力的人才,以组建具备多方面能力的团队。早在 1967 年,惠普公司在德国伯布林根的工厂就实行了目前已广泛采用的上班时间灵活安排的制度,员工可以自行灵活安排上班时间,完成规定的工时就离开。公司的创始人帕卡德说:"实行上班时间灵活安排的制度是尊重人、信任人的精髓。公司知道员工个人生活很繁忙,相信他们能够同上司和同事一起制定既方便个人、又公道合理的作息时间表。"

三、追求卓越的成就与贡献

惠普公司业绩的基石是公司的成就和员工的贡献,所有的惠普人,尤其是管理人员,都应该保持激情,心怀承诺,努力实现并超越客户的期待。公司必须应用能够使自己获得优良绩效的方法。惠普公司较早引入了目标管理法:首先明确公司的总目标,并确保公司各层次的员工对总目标取得一致意见。各级经理必须保证手下的员工清楚地理解公司的宗旨和目标,进一步明确自己所在部门的具体目标,并促进员工之间的良好沟通和相互理解,以使员工能够灵活地履行职责,实现目标。员工必须对自己的工作有足够的兴趣,能够积极实施工作计划,面临问题时,能够提出解决办法,敢于承担风险,高效地完成任务。

四、注重速度和灵活性

惠普公司要求以比竞争对手更快的速度获得成功。公司精心应对市场挑战,选用优秀的人才。管理层要及时做出正确决策,并及时授权员工在自己的工作领域内做出决策。惠普公司在组织方面卓有成效的工作保证了公司的速度和灵活性。在企业规模扩大的同时,实行适度分散的战略,把企业的业务相关部分组合起来形成分部,实行"划小结构"的管理实践模式。到 20 世纪 60 年代中期,惠普公司已经建立了十多个业务分部,每个分部都是一个独立自主、相对完整的组织,负责自己产品的开发、制造和销售,创造了员工发挥干劲、主动

性和创造性的环境，使员工获得了为共同的目标而努力的广泛自由。

五、专注有意义的创新

惠普公司从成立起，就明确自己是一家技术公司，应该发明有用的和有意义的产品。只有努力去准确解决客户的问题，实现客户的价值，才能使公司事业兴旺。公司发明是为了应用，而不是为了发明而发明。9100 型台式计算器以及 HP 35 计算器的发明，是惠普公司“专注于有意义的创新”的典型案例。1966 年，工程师汤姆·奥斯本设计了一种如打字机大小的电子计算器原形机，可以迅速进行复杂的数学函数计算，工程师不必再查阅繁杂的函数表。惠普公司迅速与上门寻求合作的汤姆·奥斯本研制出了 9100 型台式计算器，这种计算器设计新颖，非常畅销。1972 年，惠普公司又推出可放进口袋的、功能强大的 HP 35 型微型计算器，刚投放市场就供不应求，使各行业的工程师告别了笨重的计算尺。

六、靠团队精神达到共同目标

惠普公司指出，团队有效合作是成功的关键。公司的员工要组成一个团队来实现并力争超越客户、股东与合伙人的期望。供应商、分销商也是组成公司团队不可缺少的部分，与他们密切合作是公司成功的保证。员工之间及时的沟通以及融洽的关系对于企业营造团队氛围，增强团队精神很重要。惠普公司每年为所有员工及其家属举办一次主要由员工自己来计划和操办的野餐会，公司负责购买食品和啤酒，机械车间的员工负责烤牛肉和烙汉堡馅饼，公司领导和高级管理人员负责上菜。在野餐会烹调和餐饮的过程中，公司领导可以见到所有员工及其家属，员工之间可以随意交流畅谈，气氛热烈而融洽。

七、坚持诚实与正直

惠普公司强调，企业经营要公开、诚实、坦率，这对赢得客户的信任、尊重和忠诚至为重要。公司任何层级的员工，都应该坚持商业伦理的最高标准，不能有丝毫折扣，力争在产品的设计、生产、原材料供应等方面采取措施，最大限度地保护环境。惠普公司开发了一套“面向环境”的产品设计方案，从设计上把公司产品和服务对环境的负面影响降到最小。产品生产方面，制定了严格的系列环保标准，并向外公布，使产品生产符合企业内部标准，并受到公众监督。为消除公司供应链上的企业对环境的负面影响，把供应商纳入公司的环保体系，要求供应商采取有效的环境保护措施，赢得了用户的普遍好感与广泛支持。

惠普的“更高更好”的企业文化提倡尊重与人人平等，注重业绩，对员工表示出信任和依赖，倡导顾客至上的经营观念，以向顾客提供优质且技术含量高的产品，有效解决顾客的实际困难，极力为公司股东服务，这些准则和价值观为企业的发展奠定了坚实的基础。

（资料来源：http://wenku.baidu.com/view/d4e65f323968011ca30091d2.html.）

**问题：**

1. 为什么说惠普公司所取得的令人瞩目的经营业绩与其企业文化是分不开的？

2. 公司在进行适应性变革的过程中始终坚持其核心价值观，对于其他企业进行文化建设有什么借鉴意义？

### (二) 宝钢股份探索实践绿色低碳发展之路 全面启动碳中和工作推进体系建设

作为中国钢铁行业的示范引领者,宝钢股份坚守"做钢铁业高质量发展的示范者、做未来钢铁的引领者"的企业使命,敢为人先,积极创新变革,探索实践绿色低碳发展之路,全面启动碳中和工作推进体系建设,已形成了从战略、风险与ESG委员会,到碳中和推进委员会与碳中和办公室,再到制造基地/子公司的双碳治理体系架构,并特别设立了低碳冶金创新中心。

宝钢股份积极对标ISO14064、ISO14067等国际标准,组织开展了首次组织温室气体排放和产品碳足迹的量化评估并通过了第三方公司核查,确定了基准年;组织编制了碳达峰碳中和行动方案与绿色低碳专项规划,确立了"力争2023年达峰,2035年力争减碳30%,2050年力争实现碳中和"的发展目标以及"2025年实现废气超低排、废水零排放、固废不出厂,打造全球绿色无废钢厂"等绿色发展目标,并形成以低碳冶金技术革新实现钢铁生产过程的绿色低碳无害化,以精品化实现钢铁产品使用过程的绿色低碳化发展路径;编制并发布了国内行业首份气候行动报告,向公众全面系统地阐述和传递宝钢股份低碳发展理念、目标、路径与主要实践活动,显著提升了温室气体排放等相关信息披露的透明度。

宝钢股份坚持以"高于标准、优于城区、融入城市"为目标系统推进三废治理,从最佳可行技术(BACT)、工序能耗达标杆、高效界面、系统节能等方面全方位追求极致能效,走绿色可持续发展之路。

废气治理方面,宝山基地实现"料场全封闭,操作无人化",完成国内首个电炉炼钢车间的全封闭,区域无组织烟粉尘排放量下降65%,区域降尘减少36.5%;东山基地完成了烧结活性炭烟气净化技术的国内首次工程化自主集成,获得了中国钢铁工业协会"冶金科学技术奖"一等奖;完成了焦炉纳基脱硫+中低温SCR脱硝技术的焦炉烟气治理自主研发与工程化集成,成为全球首套达到超低排放限值的焦炉;梅山基地完成了国内首套烧结臭氧氧化脱硝技术改造。

废水治理方面,宝山基地从源头减排和末端治理两方面着手,形成一条满足冷轧废水不同治理需求的组合工艺技术路线,研究成果受理、授权发明专利106项,成功应用于冷轧2030废水站深度处理及回用改造等工程;湛江基地建成日处理能力5 000吨/天的外排水综合利用工程,是行业首家实现工业处理后废水零排放的企业,获评国家工信部"全国钢铁行业水效领跑者"称号。

固危废处置方面,东山基地和宝山基地建成转底炉,厂内含铁资源实现100%返生产循环使用,通过充分回收铁、锌资源,实现资源的再生利用,使钢铁主业与固废、产品、副产品利用业务协调发展;依托厂内高温冶金炉窑,开展固危废厂内消纳利用,已实现废油桶、除尘布袋、无价污泥等在厂内转炉、烧结和焚烧炉中消纳利用。东山基地和宝山基地已实现固废不出厂,《长流程钢厂固废全量利用及厂内协同处理关键技术研发与应用》获得2022年中国钢铁工业协会、中国金属学会冶金科学技术奖一等奖。

在极致能效方面,宝钢股份大力推动最佳可行节能技术库(BACT)在公司的全流程覆盖和装备升级改造,近3年实现技术节能量27.6万吨标煤。梅山基地烧结矿竖式冷却系统,先后攻克洒料、卡料等关键技术难题,为竖冷炉技术在生产实践的推广应用开创了新局面,在实现粉尘、废气零排放同时,余热回收利用较传统工艺提高100%,成为国内首家稳定运行、高效回收的典范。在中钢协组织的"全国重点大型耗能钢铁生产设备节能降耗对标竞赛”中，宝钢股份多座高炉、转炉稳居冠军炉、优胜炉、创先炉称号，东山基地烧结机组实现行业“三连冠”。2022 年上半年，宝钢股份四个主要制造基地在高炉、焦炉、烧结、转炉等关键工序的能效达标杆率达到 45.8%。

（资料来源：http://www.yjnhxxw.com/index/news? id=185）

## 实践与操作

### 项目一　团队创新思维训练：“六顶思考帽”

企业文化建设常常需要创新，创新需要工具支持。“六顶思考帽”是一种通过平行思维进行创新的思维工具，是提高团队智商的有效方法。“六顶思考帽”使管理者从不同的角度来认知同一个问题，跳出原有的认知模式和心理框架，打破思维定式，通过转换思维角度和方向来重新构建新概念和新认知，同时减少情绪影响思维的效率，让每一次会议、每一次讨论、每一份报告、每一个决策都充满新意和生命力。

［**目的**］

运用“六顶思考帽法”思考：当下火爆的 O2O（Online To Offline）电子商务模式将怎样影响我们的工作和生活，其中：

1. 白帽：以事实、数据化信息或资料作为焦点，象征中立、客观。
2. 绿帽：创新，改变，以寻求变通之道，以创新为焦点。
3. 黄帽：考虑事物积极、有价值的一面。
4. 黑帽：冷静、反思或谨慎，以探索“真不真实”“适不适合”等逻辑探究焦点。
5. 红帽：尽情阐述各自的感觉、情绪，而用不着解释理由。
6. 蓝帽：象征整体观及控制，以监控及指挥其他五项帽子的应用为焦点。

［**内容与要求**］

1. 各小组成员分别扮演戴不同思考帽的管理人员进行思考并写出自己的看法，时间 5 分钟。
2. 小组小结各位成员的观点，形成小组意见，时间 5 分钟。
3. 各小组指派展示人员汇报展示小组会议结果。

［**成果评定**］

1. 小组成员各负其责，提出戴不同思考帽思考的意见和建议。
2. 小组汇总和呈现。
3. 教师点评。

### 项目二　小组辩论：网络时代如何培育企业精神？

［**目的**］

在班里组织若干个 8～10 个人的学习小组，以小组为单位分别对任正非、张瑞敏等人的故事进行了解，分析他们都具有何种企业家精神，他们的精神中包含着什么共性和不同，并分组展示和辩论。

［**内容与要求**］

1. 小组分工明确，全组整体配合默契，小组展示有特色。

2. 分析陈述观点清晰,论述充分,分析角度恰当、引证恰当,反应敏捷,表达清晰、层次分明、符合逻辑。

3. 辩论中提问具启发性,反论清晰,反论分析角度新颖,恰当把握现场气氛,提问数量和节奏控制恰当,辩论技巧运用得当,辩手形象气质表现良好。

[**成果评定**]

1. 陈述小组以 PPT 和演讲形式展示小组学习成果。

2. 反论小组以 PPT 和演讲形式展示小组学习成果。

3. 记录正反双方辩论并互相评价。

# 任务3 企业的制度文化设计

请扫描二维码
观看视频

## 知识目标

为了完成本任务，你需要的理论知识：

1. 企业制度文化的内涵作用
2. 企业领导体制的内容、特征及作用
3. 企业组织结构的创新与发展
4. 企业管理制度的概念、种类和特征
5. 制定企业管理制度的原则和方法

## 能力目标

通过完成本任务，你应该能够：

1. 识别和描述企业制度文化
2. 识别和分析企业领导体制
3. 设计企业制度组织结构
4. 识别和分析企业管理制度
5. 设计企业管理制度

## 项目任务

3.1　企业制度文化内涵
3.2　企业领导体制
3.3　企业组织结构
3.4　企业管理制度

任务导入
相关链接
案例研究
增值阅读
任务小结
能力自测
案例分析
实践与操作

## 任务导入

### 趣味阅读

**刘邦的约法三章**

西汉·司马迁《史记·高祖本纪》：“与父老约，法三章耳：杀人者死，伤人及盗抵罪。余悉除去秦法。”后世据此典故引申出成语“约法三章”。

公元前207年，刘邦领兵进入秦川到达秦王朝国都咸阳，秦王子婴出城献国玺投降，秦朝正式灭亡。刘邦入城后，秋毫无犯，将秦朝的宫廷重地及财宝物资府库予以保护或封存，将十万大军撤驻城外霸上。为了取得民心，刘邦把关中各县父老、豪杰召集起来，郑重地向他们宣布道：“秦朝的严刑苛法，把众位害苦了。如今我和众位约定，不论是谁，都要遵守三条法律。这三条是：杀人者要处死，伤人者要抵罪，盗窃者也要判罪！除此之外，秦朝的繁律苛法均可全部废除！各级官吏都各自按原任职务坚守岗位，执行公务。”父老、豪杰们对此都表示拥护。接下来，刘邦又派出大批人员，到各县各乡去宣传“约法三章”，使“约法三章”家喻户晓。三秦之地的老百姓们十分高兴,纷纷送牛羊酒食慰问刘邦的军队将士,刘邦一再推辞不肯收下,说:“仓库里粮食很多,士兵们并没有挨饿,我不想再给父老乡亲们添麻烦,让大家破费财物了!”当地的老百姓们听到刘邦这番体贴人心的话,更加欢喜地宣传:“如果刘沛公(刘邦)能留在关东,我们老百姓就有好日子过了。”唯恐刘邦不在三秦大地为王。而所有的秦廷官吏和以前一样,平安无事,也都很高兴。

由于坚决执行“约法三章”,刘邦得到了百姓的信任、拥护和支持,最后取得天下,建立了西汉王朝。

(资料来源:https://baike.baidu.com/item/%E7%BA%A6%E6%B3%95%E4%B8%89%E7%AB%A0/889371?fr=aladdin)

刘邦能取得百姓信任,源于其行之有效的“约法三章”以及对“约法三章”的坚决执行。对于一个企业也是一样,只有建立行之有效的管理制度并严格执行,才可能获得成功。

## 3.1 企业制度文化内涵

### 3.1.1 企业制度文化的含义

所谓制度是指通过权利和义务来规范主体行为和调整主体间关系的规则体系。制度规定了人们在现实生活中的实际活动范围以及基本的行为方式,并通过特定组织的强制力来保证实施。企业制度是企业为保证各项活动有序进行而制定的规章、规程和规范,集中体现了企业理念对员工和企业组织的行为要求,是企业行为识别系统的重要内容。

企业制度文化是企业在长期的生产、经营和管理实践中产生的一种文化特征和文化现象,是企业文化中人与物、人与企业运营制度的中介和结合,是一种约束企业和员工行为的规范性文化,使企业能在复杂多变、竞争激烈的经济环境中处于良好的状态,从而保证企业目标的实现。它既是企业为了保证实践目标而形成的一种管理形式和方法的载体,又是企业从本身价值观出发形成的一种制度和规则。

### 3.1.2 企业制度与企业制度文化的关系

企业制度与企业制度文化不是同一概念,企业制度是为了达到某种目的,维持某种秩序而人为制定的程序化、标准化的行为模式和运行方式,它仅仅归结为企业的某些行为规范;而企业制度文化强调的是在企业生产经营的活动中应建立一种广大员工能够自我管理、自我约束的制度机制,这种制度机制使广大员工的生产积极性和自觉能动性不断得以充分发挥。当企业制度的内涵未被员工从内心接受时,其仅仅是管理规范,至多是管理者的“文化”,对员工只是外在的约束;只有当企业制度的内涵被员工从内心接受并自觉遵守时,制度才变成一种文化。

### 3.1.3 企业制度文化建设的内容与意义

1. 企业制度文化建设的内容

企业制度文化是反映企业制度规范的文化层面,企业制度文化建设主要包括三个方面的内容:企业领导体制、企业组织结构和企业管理制度。企业领导体制的产生、发展、变化,是企业发展的必然结果,也是文化进步的产物。企业组织结构是企业文化的载体。企业管理制度是企业在进行生产经营管理时所制定的、起规范保证作用的各项规定或条例。

(1) 企业领导体制是企业制度文化的核心。企业的领导体制是企业领导方式、领导机构、领导制度的综合,其中主要是领导制度。在企业制度文化中,领导体制影响着企业组织的机构设置,制约着企业管理的各个方面。一个好的领导机制,可使企业管理者形成一致的目标和强烈的行为动机,并在员工中具有较强的号召力和影响力。

(2) 企业组织结构是企业制度文化的支架和载体。企业组织结构是企业为了有效实现企业目标而筹划建立的企业内部各组成部分及其关系。组织结构是否适应企业生产经营管理的要求,对企业生存和发展有很大的影响。不同的企业文化,有着不同的组织结构,它的设立必须以组织的有效运作为前提。企业目标、内外部环境、员工素质、领导体制等都会对企业的组织结构产生影响。

(3) 企业管理制度是实现企业目标的强制措施和有力保证。企业管理制度是企业为了实现目标,在生产管理实践活动中制定的各种带有强制性义务,并能保障一定权利的各项规定或条例,包括企业人事制度、生产管理制度、民主管理制度等。合理的企业管理制度会充分调动员工的积极性,科学、完善、实用的企业管理制度是与优秀的企业文化相辅相成的。

2. 企业制度文化建设的意义

企业制度文化是企业文化的重要组成部分,是企业精神文化的产物及其基础和载体,同时是企业制度文化建设和企业行为文化得以贯彻的保证。企业制度文化是企业价值观落地的前奏,价值观必须充分体现在企业的制度安排和战略选择上,使企业员工的价值理念充分体现在企业的实际运行过程中;价值观作为企业倡导的价值理念,必须通过制度的方式统帅员工的思想,任何员工都必须在思想上接受企业的价值观,价值观作为员工在思想上的制度而存在。在企业中,文化理念(价值观)和行为规范作为一种倡导,有时其约束功能显得很不足,管理者时时面对的是文化背离,也就是价值观不一致的言与行,这时候,制度的刚性就弥足珍贵。当企业不断发展壮大,领导者的意志已经不能有效地覆盖企业的各方面,客观上需要企业根据自己的业务状况制度和执行科学的管理制度和业务流程,规范企业和人的行为,明确职责,有效监管,形成一种决策科学化、流程标准化、考核系统化的管理模式。

## 3.2　企业领导体制

企业领导体制的核心内容是用制度化的形式规定组织系统内的领导权限、领导机构、领导关系及领导活动方式,任何组织系统内的领导活动都不是个人随意进行、杂乱无章的活动,而是一种遵循明确的管理层次、等级序列、指挥链条、沟通渠道等而进行的规范化、制度化或非人格化的活动。

### 3.2.1 企业领导体制的概念和内容

1. 企业领导体制的概念

企业领导体制指独立的或相对独立的组织系统进行决策、指挥、监督等领导活动的具体制度或体系。它用严格的制度保证领导活动的完整性、一致性、稳定性和连贯性。它是领导者与被领导者之间建立关系、发生作用的桥梁与纽带,对一个企业的发展具有重要意义。

[案例研究 3-1]

**华为的轮值制度**

华为的轮值制度起源于2004年的EMT(Executive Management Team,即经营管理团队)制度。2002年,对华为来说,是多灾多难的一年,由于外部国际上互联网泡沫破灭、小灵通和CDMA决策失误,华为出现历史上第一次负增长。任正非开始反思:如何对事关公司全局的重大事宜由个人决策转向集体决策。

2004年,华为的外部咨询公司美世咨询(Mercer)为华为设计了EMT制度。华为取消了沿用10多年的总裁办公会议,成立EMT,由于任正非不愿出任EMT主席,华为便开始实施EMT主席轮值制度,由8位领导轮流执政,每人半年。公司重大战略决策均由EMT决定。华为的EMT由董事会委任,成员多与董事会成员重合,执行公司日常经营管理工作,是公司日常经营的最高责任机构。

而且华为逐渐发现,这种无意的轮换制度不仅提升了公司日常事务处理和决策的科学性,还锻炼了轮值者处理日常事务和进行决策的能力,而且意外地削平了公司的山头,平衡了公司各方面的矛盾,使公司能够平衡发展。

2011年开始,EMT轮值制度开始升级为轮值CEO制度。原来的EMT轮值主席只相当于一个COO(首席运营官),手里掌握的只是运营决策权;现在任正非把经营决策权(即CEO的主要权力)也准备放手了,离他期待的"华为群体接班"的目标又近了一步。

2019年3月,华为召开第四届持股员工代表大会,通过公司治理章程明确了顶层设计的核心思路。华为的治理章程实现了顶层架构的分权、共进、制衡。持股员工代表大会、董事会、监事会各治理机构权责聚焦明确,但又分权制衡,避免权力过于集中、因不受约束而被滥用。靠核心精英群体维护公司长远利益,掌握治理领袖的选拔;董事会"任人为贤"、带领公司前进;监事会"任人为忠"、对董事和高管的忠实勤勉履责予以监督。

(资料来源:https://baijiahao.baidu.com/s?id=1761772507945098364&wfr=spider&for=pc)

华为的轮值制度启示我们,随着企业的发展和规模的不断壮大,为了更好地适应市场和自身的需要,企业的领导体制也需要跟随实际情况及时予以调整,这是企业发展和社会进步的要求。只有符合和适应企业发展和社会进步的要求,企业才可能走得更远。

2. 企业领导体制的内容

企业领导体制主要是指领导系统上下、左右之间的权力划分以及实施领导职能的组织形式和组织制度。企业领导体制的内容具体包括领导的组织结构、领导层次和领导跨度、领导权限和责任划分、领导体制的构成要素、领导人员的配置和管理制度五个方面。

(1) 领导的组织结构。

领导的组织结构是指领导机构内部各部门之间的相互关系和联系方式,有两种基本关系:一是纵向的关系,即隶属的领导关系;二是横向的关系,即平行的各部门之间的协作关系。它一般包括直线式组织结构、职能式组织结构、混合式组织结构和矩阵式组织结构四种。

(2) 领导层次和领导跨度。

所谓领导层次,是指组织系统内部按照隶属关系划分的等级数量,即该组织系统设多少层级进行领导和管理。领导层次描述的是领导组织的纵向结构,一般来讲,有多少等级层次,就有多少领导层次。领导跨度又称领导幅度,是指一个领导者直接有效地指挥下级的范围和幅度,领导跨度描述的是领导层次的横向结构。

(3) 领导权限和责任划分。

领导权限和责任划分的中心内容是建立严格的从上而下的领导行政法规和岗位责任制,对不同领导机构、部门之间以及领导者之间的职责权限做出明确的规定。这是领导体制的核心问题,其划分的基本要求包括三个方面:① 领导权力的授予必须根据实际需要来确定;② 领导责任的承担问题必须明确;③ 领导者掌握的权力和履行的责任必须一致。

(4) 领导体制的构成要素。

领导体制的构成要素包括决策中心、咨询系统、执行系统、监督系统与信息反馈系统五个部分。决策中心是领导体制的灵魂;咨询系统是决策中心的思想库与参谋部;执行系统是决策方案的落实部门;监督系统是领导体制的调节器和平衡器;信息反馈系统是决策中心的辅助部门和助手。

(5) 领导人员的配置和管理制度。

领导人员的配置和管理制度既属于用人范畴,也属于领导体制范畴,主要是指用何种方式和制度来选举、招考、任免以及监督、轮换领导人员。

### 3.2.2 企业领导体制的类型

企业领导体制的类型,主要是指企业领导组织机构的具体内容,尤其是各部门之间的职责与权限划分的模式。现代企业领导体制纷繁复杂,按照不同的分类标准,可划分为不同的类型。但是,无论何种领导体制,如果按照不同的企业领导体系结构及其相互关系所表现的领导方式来划分,大体上可以分为一长制与委员会制、层级制和职能制、完整制与分离制、集权制和分权制,这些划分类型是企业领导体制相对固定的形式,规定了企业领导体制的基本框架和运行规则。

1. 一长制与委员会制

一长制,又称首长负责制、独任制,它是指在一个组织中,将法定的最高决策权集中于一个领导者手中的领导体制,由领导者个人对上级和监督机关负责,用下级服从上级的原则进行决策和处理问题。

委员会制,又称合议制,它是指法定的最高决策权掌握在由两个或两个以上的领导者组成的领导集体手中的领导体制,按照少数服从多数的原则进行决策和处理问题。

一般说来,属于速决性的、执行性的、技术性的、纪律性的、突发性的一类领导活动,宜采用一长制的方式处理;属于方针政策、规划制定以及立法性、协调性、综合平衡等一类领导活动,用委员会制的方式处理为宜。在企业实际领导活动中,这两种领导体制正以各种方式相互联系和相互渗透着。

2. 层级制和职能制

层级制是一种传统的领导体制,又称层次制、分级制或系统制、直线制等,是指在一个系统或组织内,在纵向上划分为若干层级,每一个层级对上一层级负责,各层级的管理内容大体相同,只是管辖范围随层级的降低而缩小的领导体制。

职能制,又称分职制、功能制或机能制,是指一个系统或组织,在横向上按照业务性质的不同平行设置若干职能部门,作为首脑机关的顾问、参谋,辅助最高领导者开展领导活动的领导体制。

层级制有利于统一指挥,职能制有利于发挥专业水平,在现代社会,在一个较大的企业组织系统中,层级制与职能制是兼而用之的。

3. 完整制和分离制

完整制又称一体制、集约制、一元统属制,俗称一元化领导,是指在一个复杂的组织系统中,同一层级的各机构或同一机构的各组成单位,在权力结构上统一由一个领导机构或一个领导者进行指挥、控制和监督的领导体制。

分离制,又称独立制、分散制或多元领导,是指同一层级的各类机构或同一机构的各组成单位,根据其不同的职能,在权力结构上分属两个或两个以上的领导机构或领导者来领导、指挥和控制的领导体制。

一般来讲,工作性质相同、需实行集中统一领导的,宜实行完整制的领导体制;工作性质不同,或虽相同但需要相互制约的,宜实行分离制的领导体制。

4. 集权制和分权制

所谓集权制是指对所有领导工作的最后决策权都集中于上级领导机构或上级领导者,下级机构或下级领导者没有或很少拥有自主权,只能按照上级机构或上级领导者的决定、命令和指示办事。

所谓分权制是指下级机构或下级领导者在自己管辖的范围内,有独立自主地解决问题的权力,上级对下级在法定权限内决定处理的事情不进行干涉。

集权制和分权制是对立统一的矛盾体。因此,必须根据不同任务和不同的环境条件加以具体运用。一般来说,可以用以下原则来判断和选择实施集权制还是分权制:① 可能损失原则;② 责任范围原则;③ 决策范围原则;④ 监督考核原则;⑤ 业务性质原则;⑥ 地域规模原则;⑦ 下属成熟度原则。

[案例研究3-2]

## 台塑的幕僚团队

在世界化工行业，台塑董事长王永庆在台湾是一个家喻户晓的传奇式人物。他把台湾塑胶集团推进到世界化工工业的前50名。台塑集团取得如此辉煌的成就，与王永庆的科学管理理念分不开。管理像台塑集团这样庞大的企业，对任何人来说，都是一个巨大的挑战。按照厄威克的“控制幅度理论”，一个管理者能直接管理的人数是相当有限的。引入技术结构，用王永庆的话说就是幕僚团队，是台塑能够重新健康运转以致不断壮大的关键所在。

1970年，由于台塑组织规模逐渐庞大，加上产品种类日益复杂，管理陷入了困境，造成企业连年亏损。王永庆发现，企业从原料到成品，分别成立十几个工厂，每个工厂负责一道工序，厂与厂之间衔接紧密。这种生产方式非常符合大生产的要求，但是，由于各厂都没有独立核算成本，对于上一道工序的产品，不论成本高低，质量好坏，统统照单全收，成本便层层累积转移，造成了公司大亏损。但是，没有人对此事负责，没有人知道应该负什么责任，也没有可以追究谁负什么责任的依据。王永庆认为，根源在于组织结构不完善。为此，他建立了“责任中心”制度，即发挥会计功能，为各单位核算成本。三个月间，中心为各厂理清了盈亏情况，在报表中，盈利的厂用黑字，亏损的厂用红字，结果自然是红多黑少。各单位负责人纷纷因此主动去了解会计资料的来龙去脉，开始高度重视本厂的成本。红字单位千方百计降低成本，力求将红字改成黑字，黑字单位则害怕落后。几个月后，整体业绩扭亏为盈。

事件过后，王永庆意识到传统的纯金字塔形管理结构存在巨大的弊端，必须引入一个新的单位来协调整个组织的工作。在西方企业界，将这种金字塔结构外的单位称为技术结构。技术结构由分析者组成，通过影响他人工作的方式为组织服务(明茨伯格语)。这些分析者独立于具体业务的运作流程，他们可能要设计、规划和改进工作流，或者培训参与工作流的人员，但本身并不参与工作流。技术结构的作用就在于运用分析技能来提高组织的工作效率。王永庆的灵感来自中国传统组织中的幕僚制，与西方来自实践的经典管理理论，可谓不谋而合。

1973年1月，王永庆正式开始设立幕僚系统，并使之与行政系统分开，目的在于长期性地推动管理的改善。台塑的幕僚系统是由各关联企业成立总管理处，各公司成立总经理室，各事业部门成立经理室，各工厂成立厂务室，各室参谋人员连成一个系统，在工作机能上，下级参谋要服从上级参谋的指挥和监督。台塑集团为了建立最适宜的管理制度，曾数次对总管理处组织进行修正与调整。

幕僚系统减轻了基层管理者的管理任务，使他们全身心地投入到业务中，同时减少了高层管理者的管理工作，使他们有更多的时间投入到更重要的企业战略决策中去。对于现在有一定规模的企业，真正发挥企业自身幕僚系统的作用是当务之急，而不是要去迷信所谓的咨询机构。

(资料来源：http://31.toocle.com/zk/20218.html)

台塑成功的关键点在于:面对市场风云突变的形势,企业的决策层当机立断,站在管理决策的高度,分析和研究组织结构和管理体制上所存在的问题,针对问题及时采取有效的措施对其进行调整和改变。同时在管理活动中,对于集权和分权有准确的把握,也就是说,适当地将某些权限授予相应层级的人员,让其大胆地去开展管理和决策。但对于公司长远发展和全盘的决策,则通过公司领导班子进行讨论拍板。这样的操作,既可增强基层管理人员对公司管理的投入热情,充分发挥其工作和管理的积极性,给予其应有的责任和权力,同时也能使公司的核心决策层从烦琐的事务中解脱出来,集中精力从宏观上对企业的发展和所处的形势进行通盘的考虑和确定,实施企业的核心价值战略,谋得企业的发展。

### 3.2.3 企业领导体制的特征

企业领导体制除了具备自然属性与社会属性这两种根本属性之外,还具备以下几种基本特征:

(1) 系统性。领导体制作为一个系统,是一个包括各级各类领导机构职责与权限的划分、各级各类领导机构的设置、领导者的领导层次与幅度以及领导者的管理制度在内的有机整体。

(2) 根本性。任何社会的领导活动,其成败归根结底取决于领导者的思想与活动是否符合社会生产力发展的客观规律。

(3) 全局性。领导者作为个体的人,虽然在自身所属的单位或部门中起着统御全局的关键性作用,但在总体上却必须接受领导体制的规范与制约。

(4) 稳定性。领导者或领导集体是经常变动的,每一个领导者的思想作风与行为方式也因人、因时、因地而异。而领导体制相对而言则是长期稳定的,一旦形成,就会在较长时期内保持根本内容不变。

### 3.2.4 企业领导体制的作用

(1) 领导体制是领导者与被领导者之间建立关系、发生作用的桥梁与纽带。任何领导活动都是领导者根据实际需要,对被领导者的思想、行为进行引导、规范和约束,而被领导者又影响领导者,形成双向互动,并共同作用于客观实际的过程。

(2) 领导体制是领导活动借以贯彻进行的实体。借助于领导体制得以显现出来的群体功能远远大于个体功能之和。领导体制是领导者和被领导者实现组织目标的保证。

(3) 领导体制是领导者同社会发生联系与作用的合法化证明。领导者在领导体制中的定位,是其进行有效领导的重要基础。

(4) 领导体制是决定领导效能高低的重要变量。因此,我们在对领导效绩进行考评时,必须把领导体制这一客观因素考虑进来。

# 3.3　企业组织结构

## 3.3.1　企业组织结构的概念和内容

1. 企业组织结构的概念

企业组织结构的概念有广义和狭义之分。狭义的组织结构，是指为了实现组织的目标，在组织理论指导下，经过组织设计形成的组织内部各个部门、各个层次之间固定的排列方式，即组织内部的构成方式。广义的组织结构，除了包含狭义的组织结构内容外，还包括组织之间的相互关系类型，如专业化协作、经济联合体、企业集团等。

2. 企业组织结构的内容

企业组织结构包含三个方面的内容：

（1）单位、部门和岗位的设置。

企业组织单位、部门和岗位的设置，不是把一个企业组织分成几个部分，而是企业作为一个服务于特定目标的组织，必须由几个相应的部分构成。它不是由整体到部分进行分割，而是整体为了达到特定目标，必须有不同的部分。

（2）单位、部门和岗位角色相互之间关系的界定。

这是界定各个部分在发挥作用时，彼此如何协调、配合、补充、替代的关系。组织结构划分、相互关系界定、规范设计是紧密联系在一起的，在解决第一个问题的同时，实际上就已经解决了后面的两个问题。但作为一大项工作，三者存在一种彼此承接的关系。我们要对组织结构进行规范分析，其重点是第一个问题，后面两个问题是对第一个问题的进一步展开。

（3）企业组织结构设计规范与标准。

对于这个问题，如果没有一个组织结构设计规范分析工具，就会陷入众说纷纭、莫衷一是的境地。我们讲企业组织结构设计规范化，也就是要达到企业内部系统功能完备、子系统功能担负分配合理、系统功能部门及岗位权责匹配、管理跨度合理等四个标准。

**[相关链接 3-1]**

**联合利华公司组织结构**

英—荷联合利华是一家国际食品和家庭及个人卫生用品集团。该集团在 20 世纪 90 年代经过了彻底重组。在过去，联合利华是高度分权化的，各国的子公司均享有高度的自治权。在 80 年代后期和 90 年代初，公司开始引入新的创新和战略流程，同时梳理其核心业务。1996 年启动的杰出绩效塑造计划使公司组织结构发生了实质性改变。

直到 1996 年，由荷兰和英国的董事长以及他们的代表组成的一个特别委员会和一个包括职能、产品和地区经理的 15 个人的董事会一直独揽着公司的决策大权，整个结构是矩阵式的，其中“产品协调人（经理）负有西欧和美国的利润责任，地区经理则负有其他地区的利润责任”。责任经常是模糊不清的，根据一部分内部报告：“我们需要明确的目标和角色，董事会使自己过多地卷入了运营，从而对战略领导造成了损害。”

杰出绩效塑造计划废除了特别委员会和地区经理这一层级,代之以一个8个人(后变为7个人)的董事会,由董事长加上职能和大类产品(即食品、家庭和个人卫生用品)的经理组成。向他们报告的是13位(后来是12位)负有明确盈利责任的业务集团总裁,后者在特定地区对其管理的产品类别负有完全的利润责任。全球战略领导被明确地置于执委会一级,运营绩效则是业务集团的直接责任。

在这种正式结构调整之后,国际协调是由许多正式和半正式的网络促成的。研究和发展由国际网络创新中心负责实施,其领导责任通常属于中心的专家而不是自动地属于英国或者荷兰的总部机构。产品和品牌网络——国际业务小组——在全球范围内协调品牌和营销。同时,职能网络也开展一系列计划以便就一些关键问题,如录用和组织效能,实现全球协调。所有这些网络均大大依赖于非正式的领导和社会化过程,同时也依赖于电子邮件和内部网络等方面投入的增加。是否参与这种协调在很大程度上是由业务集团而非公司总部确定并资助。

(资料来源 https://wiki.mbalib.com/wiki/%E8%81%94%E5%90%88%E5%88%A9%E5%8D%8E)

### 3.3.2 企业组织结构的类型

企业组织结构是企业组织内部各个有机构成要素相互作用的联系方式或形式,以求有效、合理地把组织成员组织起来,为实现共同目标和需要履行、承担的社会责任而协同努力。组织结构是企业资源和权力分配的载体,它在人的能动行为下,通过信息传递,承载着企业的业务流动,推动或者阻碍企业使命的进程,在企业中处于基础地位并具有关键作用。目前,企业比较普遍采用的组织结构类型有如下几种。

1. 直线职能制组织结构

企业内部按职能(如生产、销售、开发等)划分成若干部门,各部门独立性很小,均由企业高层领导直接进行管理,即企业实行集中控制和统一指挥。直线职能制组织结构保持了直线制的集中统一指挥的优点,并吸收了职能制发挥专业管理职能作用的长处。但这种结构也有明显的不足和缺陷:高层领导们由于陷入了日常生产经营活动,缺乏精力去考虑长远的战略发展,且行政机构越来越庞大,各部门协调越来越难,造成信息和管理成本上升。直线职能制组织结构适用于市场稳定、产品品种少、需求价格弹性较大的环境。

2. 事业部制组织结构

这种结构的基本特征是战略决策和经营决策分离。根据业务,按产品、服务、客户、地区等设立半自主性的经营事业部,公司的战略决策和经营决策由不同的部门和人员负责,使高层领导从繁重的日常经营业务中解脱出来,集中精力致力于企业的长期经营决策,并监督、协调各事业部的活动和评价各部门的绩效。事业部制组织结构具有治理方面的优势,且适合现代企业经营发展的要求,是一种多单位的企业体制,但各个单位不是独立的法人实体,仍然是企业的内部经营机构。

3. 矩阵制组织结构

矩阵制组织结构把按职能划分的部门与按项目划分的小组结合起来组成矩阵,使小组成员接受小组和职能部门的双重领导。它的特点表现在围绕某项专门任务成立跨职能部门的专门机构上，这种组织结构形式是固定的，人员却是变动的，任务完成后就可以离开。矩阵制结构机动、灵活，可随项目的开发与结束进行组织或解散。由于这种结构是根据项目组织的，任务清楚，目的明确，各方面有专长的人都是有备而来，适用于一些涉及面广的、临时性的、复杂的重大工程项目或管理改革任务。

4. 多维制和超级事业部制组织结构

多维制结构是在矩阵制结构（即二维平面）基础上构建产品利润中心、地区利润中心和专业成本中心的三维立体结构。若再加时间维可构成四维立体结构。虽然细分结构比较复杂，但每个结构层面仍然是二维制结构，而且多维制结构未改变矩阵制结构的基本特征，多重领导和各部门配合，只是增加了组织系统的多重性。

超级事业部制是在事业部制组织结构基础上建立的。目的是对多个事业部进行相对集中管理，即分成几个"大组"，便于协调和控制。但它的出现并未改变事业部制组织结构的基本形态。

5. 控股公司型组织结构

控股公司型组织结构是一种多个法人实体集合的母子体制，母子之间主要靠产权纽带来连接，较多地出现在由横向合并而形成的企业之中。各子公司保持了较大的独立性，可分布在完全不同的行业，而总公司则通过各种委员会和职能部门来协调和控制子公司的目标和行为。这种结构的公司往往独立性过强，缺乏必要的战略联系和协调，公司整体资源战略运用存在一定难度。

6. 模拟分权制组织结构

模拟分权制是一种介于直线职能制和事业部制之间的结构形式，其优点除了调动各生产单位的积极性外，就是解决企业规模过大不易管理的问题。高层管理人员将部分权力分给生产单位，减少了自己的行政事务，从而把精力集中到战略问题上来。其缺点是，不易为模拟的生产单位明确任务，造成考核上的困难；各生产单位领导人不易了解企业的全貌，在信息沟通和决策权力方面也存在明显的缺陷。

### 3.3.3　企业组织结构影响因素和设计方法

1. 影响企业组织结构设计的因素

（1）企业环境。

企业要生存和发展，就必须不断地适应环境的变化、满足环境对组织提出的各种要求。环境是决定管理者采取何种类型组织架构的一个关键因素，包括企业所处的行业特征、市场特点、经济形势、政府关系及自然环境等。环境的复杂性和稳定性都会影响组织的职能结构、层次结构、部门结构以及职权结构的设计。

环境越复杂多变，组织设计就越要强调适应性，加强非程序化决策能力。处于高干扰性环境的组织需要减少管理层级，加强部门间的协调与部门授权，减弱组织内部的控制力，在结构上需维持一定程度的灵活与弹性，这样才能使企业更具适应性。

当经济环境相对稳定时，企业追求成本效益，往往规模大，组织架构复杂。在稳定的环境中采用机械式组织架构即可应付，组织内部的规章、程序和权力层级较为明显，组织的集权化程度明显增强。

(2) 企业战略。

著名管理学者钱德勒指出,战略决定结构。企业的组织架构是其实现经营战略的主要工具,不同的战略要求不同的结构。战略重点的改变,会引起组织的工作重点转变以及各部门在组织中重要程度的改变,因此要求对各管理部门之间的关系做相应的调整,组织结构随之调整。

企业实行多元化战略,经营内容涉及多方面业务,需要分权式的组织架构,这种结构是相对松散的,具有更多的不同步和灵活性。在这种组织架构下,多元化业务之间联系相对较少,核心流程可以并行管理。这样才能从总体上推进多元化战略的实施,如事业部制。

而单一经营战略或企业推行低成本战略时,就要求组织架构降低运营成本并提高整体运作效率,这时企业可选择集权度较高的组织架构,如直线职能制,这样的组织架构通常具有更多的机械性。

(3) 企业规模。

企业规模是影响企业组织设计的重要因素。随着企业规模的不断扩大,企业活动的内容日趋复杂,人数逐渐增多,专业分工不断细化,部门和职务的数量逐渐增加。这些都会直接导致组织架构复杂性的增加。

企业规模越大,需要协调与决策的事物将会不断增加,管理幅度就会越大。但是,管理者的时间和精力是有限的。这一矛盾将促使企业增加管理层级并进行更多的分权。因此,企业规模的扩大将会使组织的层级结构、部门结构与职能结构都发生相应的变化。

但是,企业规模的扩大会相应地增加组织运作的刚性,降低其灵活性。人员与部门不断增多,要求企业进行规范管理。企业将会制定详细的规章制度,并通过严格的程序和书面工作,实现对员工和部门的标准化控制,容易采用机械性的组织架构。

(4) 业务特点。

如果企业业务种类众多,就要求组织有相应的资源和管理手段与之对应,来满足业务的需要,因此就会需要更多的部门或岗位设置,所需要的人员就更多,组织相对就复杂一些。一般情况下,业务种类越多组织内部部门或岗位设置就要越多。

企业的各个业务联系越紧密,组织机构设计越需要考虑部门及部门内部的业务之间的相互作用,越不能采用分散的组织机构,这种情况下采用直线职能制或矩阵式组织机构更合适。一般而言,业务相关程度越大,越要进行综合管理。

如果企业业务之间联系不紧密,或业务之间的离散度很高,那么组织各部门或岗位之间的联系就越少,部门或岗位的独立性就越强。这种运作状况下,企业宜采用事业部制组织架构,给下属部门更多的权力。业务相关程度较低时,可以分别对每一个业务采用不同的政策、不同的管理要求,进行分散管理。

(5) 技术水平。

组织的活动需要利用一定的技术和反映一定技术水平的特殊手段来进行。技术以及技术设备的水平,不仅影响组织活动的效果和效率,还会作用于组织活动的内容划分、职务设置等方面。

有些企业技术力量较强,他们以技术创新和发展作为企业发展的根本,这时候组织机构的关键是考虑技术发展问题,组织设计也以技术及其发展创新为主。当技术能够带来高额利润时，技术管理和利用就显得相当重要，技术管理成为企业组织机构设置的核心问题，成为组织机构设置的主线。生产技术越复杂，组织架构垂直分工越复杂，这将导致组织的部门结构增加，从而也增加了企业横向协调的工作量。

在传统企业中，各个企业的技术都差不多，企业的主要利润点不在技术上，那么技术就不会过多地影响企业组织机构的设置，更多地考虑诸如渠道管理、成本降低等，并以这些因素作为组织机构设计的主线。因此，这类惯性高的工作可考虑采用标准化协调与控制结构，组织架构具有较高的正式性和集权性。

（6）人力资源。

人力资源是组织架构顺利实施的基础。在组织架构设计中，对人员素质的考虑不够会产生较严重的问题。员工素质包括价值观、智力、理解能力、自控能力和工作能力。当员工素质提高时，其本身的工作能力和需求就会发生变化。对于高素质的员工，管理制度应有较大的灵活性，如弹性的工作时间、灵活的工作场所（如家庭办公）、较多的决策参与权以及有吸引力的薪资福利计划等。

人力资源状况会对企业的层级结构产生影响，管理者的专业水平、领导经验、组织能力较强，就可以适当地扩大管理幅度，相应的就会导致管理层级的减少。

人力资源状况会对企业的部门结构产生影响，如实行事业部制，就需要有比较全面的领导能力的人选担任事业部经理；若实行矩阵结构，项目经理人选要求较高的威信和良好的人际关系，以适应其责多权少的特点。

人力资源状况还会对企业的职权结构产生影响，企业管理人员管理水平高、管理知识全面、经验丰富，有良好的职业道德，管理权力可较多地下放。

（7）信息化建设。

网络技术的普及和发展使企业组织机构的存在基础发生巨大的变化，电子商务技术的发展使信息处理效率大幅度提高，企业每一网络终端都可以同时获得全面的数据与信息，各种计算机辅助手段的应用使中层管理人员的作用日见势微，企业高层管理人员通过网络系统低成本地及时过滤各个基层机构形成的原始信息。因此，当企业建成高水平的信息系统后，应及时调整其组织架构，减少中层管理人员，提高效率，降低企业内部管理成本。

信息技术使企业的业务流程发生根本性的变化，改革了企业经营所需的资源结构和人们之间劳动组合的关系，信息资源的重要性大大提升。组织架构的设计应该从原来庞大、复杂、刚性的状态中解脱出来，这样更有利于信息的流动并趋于简化。

2. 企业组织结构设计方法

企业组织结构设计方法主要指目标功能树系统分析模型。所谓目标功能树系统分析模型，也就是通过对分析对象本身所存在的目标功能结构进行系统分析，以确定分析对象的内在结构和发展运行的规律。

企业组织结构是具有目标和功能的多层次的结构。目标和功能相互依存，在一个复杂的系统结构中，目标和功能是在多重层次上存在的，为实现一定的目标，必须有相应的功能；为保证一定功能的正常发挥，又必须有一系列细小的功能；上一层次的功能相对于下一层次的功能，也就成了目标。通过这种目标功能树系统分析，可很方便、有效地理清系统内部的层次结构。就企业组织这一特定系统而言，通过运用目标功能树系统分析模型对它进行分析，就可准确地为企业组织结构的设计提供一个框架性工具。这种分析，不但有助于我们确定企业不同时段上要达成的目标,而且有助于我们一层一层地选择确定为达成企业目标而必须采取的具体措施和办法。

组织结构设计是企业管理的一项重要工作,组织结构设计超越或严重落后现实都是组织结构设计的失败。在对企业核心管理和业务流程进行优化设计时,要将组织与流程有效地结合起来。例如,通过对薪酬管理和绩效管理体系的细分设计,进行有效约束和激励员工。同时,企业组织结构优化要形成系统,不能依赖于"能人管理",要做好对组织的核心业务、核心战略、职责、权限、业务流程和标准的明确。

## [案例研究 3-3]

### 腾讯组织架构的三次调整

成立二十年,围绕新业务发展、核心战略改变,腾讯有过三次标志性的公司组织架构调整。

早期,公司业务单一,COO 负责渠道和业务,CTO 分管研发和基础架构,再由 CEO 统一协调,彼此沟通的频率和效率都很高。那时,腾讯采用的是职能式组织架构。整个公司主要分为渠道、业务、研发和基础架构部门,另设有行政、审计、人力资源等职能机构。

自 1998 至 2004 年,短短六年间,腾讯从一个不足十人的团队,发展成 1 000 人左右的大公司。2004 年,腾讯还成功地于香港主板上市。一年后,公司完成多元布局,旗下开展无线业务、互联网增值业务、游戏和媒体等业务。各项工作间差异巨大,CEO 已经很难进行良好协调。

基于原有架构的管理混乱,腾讯展开了第一次大规模的组织变革,由职能式改为业务系统式。具体说来,是以产品为导向,将业务系统化,由各事业部的 EVP(执行副总裁)来负责整个业务。这相当在每个业务都增设了一个的 CEO。

彼时,腾讯的总体架构分为企业发展系统、运营平台系统、职能系统,以及业务系统 B 线和平台研发系统 R 线。B 线和 R 线下设有不同业务,彼此独立。这样的架构使腾讯形成了双重分工系统——横向的业务分工和纵向的决策分工。横向的业务分工是指腾讯各产品的生产线,承担营收责任,同时为其他系统提供支持。纵向的决策分工可以看作组织层级,分为系统—部—组三层体系,组织扁平化,提高了决策效率。

2011 年移动互联网兴起。当时,手机 QQ、QQ 空间和 PC 端的同类产品,分属 B、R 两条不同的业务线。手机 QQ 实现了用户通信的基本需求,不少后续更新却需要 PC 端配合完成。比如,QQ 未读消息,在手机上阅读后,PC 端的消息提醒应该自动取消。可是,当手机 QQ 的产品经理拿着需求去到 PC 部门沟通时,无论需求推进还是实际开发,都遭遇了极大阻力。不合理的业务单元划分,拖延了产品更新的速度,组织内耗严重,这直接导致了产品功能更新无法快速适应移动互联网时代的竞争。

为了便于公司协调业务,减少部门间相互扯皮与恶性竞争的状况,腾讯做出了第二次重大组织架构调整,即 BG(事业群)化。具体来说,是把业务重新划分为企业发展事业群(CDG)、互动娱乐事业群(IEG)、移动互联网事业群(MIG)、网络媒体事业群

(OMG)、社交网络事业群(SNG),整合原有的研发和运营平台,成立新的技术工程事业群(TEG),后续又将微信独立,单独成立了WXG。

2018年9月30日,一份名为2018年第81号的文件公布,内容涉及腾讯调整组织架构和高层管理干部任免的决定。这是腾讯创业20年做出的第三次重大组织架构调整,是腾讯新一轮整体战略的升级。

腾讯官方在其公号上发布了名为"腾讯启动战略升级:扎根消费互联网,拥抱产业互联网"的文章。文内再次引用马化腾关于公司架构调整的评述:"此次主动革新是腾讯迈向下一个20年的新起点。它是一次非常重要的战略升级。互联网的下半场属于产业互联网,上半场通过连接,为用户提供优质服务;下半场我们将在此基础上,助力产业与消费者形成更具开放性的新型连接生态。"

(资料来源:http://www.geekpark.net/news/233519.)

腾讯每一次组织结构的调整,都是源于组织内外环境以及业务发展战略的改变。这个案例告诉我们,随着企业的发展和壮大,以及组织内外部环境的变化,组织结构的合理设置是适应变化的根本。

### 3.3.4　企业组织结构的演变规律和发展趋势

1. 企业组织结构的演变规律

从企业组织结构发展的历史来看,其演变过程本身就是一个不断创新、不断发展的过程,先后出现了直线制、矩阵制、事业部制等形式。目前企业发展已经呈现出竞争全球化、顾客主导化和员工知识化等特点,故而,企业组织结构形式必须是弹性的和分权化的。因此,现代企业十分推崇流程再造、组织重构,以客户的需求和满意度为目标,对企业现有的业务流程进行根本性的再思考和彻底重建,利用先进的制造技术、信息技术以及现代化的管理手段,最大限度地实现技术上的功能集成和管理上的职能集成,以打破传统的职能型组织结构,建立全新的过程型组织结构,从而实现企业经营成本、质量、服务和效率的巨大改善,以更好地适应以顾客、竞争、变化为特征的现代企业经营环境。

2. 企业组织结构的发展趋势和新型组织结构形态

从目前的实际情况来看,企业组织结构发展呈现出新的趋势,其特点是重心两极化、外形扁平化、运作柔性化、结构动态化。团队组织、动态联盟、虚拟企业等新型的组织结构形式相继涌现。具体来说,具有这些特点的新型组织结构形态有:

(1) 横向型组织结构。横向型的组织结构,弱化了纵向的层级,打破刻板的部门边界,注重横向的合作与协调。其特点是:① 组织结构是围绕工作流程而不是围绕部门职能建立起来的,传统的部门界限被打破;② 减少了纵向的组织层级,使组织结构扁平化;③ 管理者更多的是授权给较低层次的员工,重视运用自我管理的团队形式;④ 体现顾客和市场导向,围绕顾客和市场的需求组织工作流程,建立相应的横向联系。

[**相关链接 3-2**]

**通用电气实行扁平化管理的成功经验**

美国通用电气公司通过“无边界行动”及“零层次管理”,即组织结构的扁平化使公司从原来的 24 个管理层次压缩到现在的 6 个监管层次,管理人员从 2 100 人减少到 1 000人,雇员人数由 41 万减少到 29.3 万,瓦解了自 20 世纪 60 年代就根植于通用公司的官僚系统。这样不但节省了大笔开支,还有效地改善了企业的管理功能,企业效益大大提高,销售额和利润也大幅度增长。

(资料来源:http://www.chinahrd.net/knowledge/info/83486,2007-01-08.)

(2) 无边界组织结构。这种组织结构寻求的是削减命令链,成员的等级秩序降到最低点,拥有无限的控制跨度,取消各种职能部门,取而代之的是授权的工作团队。无边界是指打破企业内部和外部边界:打破企业内部边界,主要是在企业内部形成多功能团队,代替传统上割裂开来的职能部门;打破企业外部边界,则是与外部的供应商、客户,包括竞争对手进行战略合作,建立合作联盟。

(3) 组织结构的网络化和虚拟化。无边界组织结构和虚拟组织结构是组织结构网络化和虚拟化的具体形式。组织结构的虚拟化,既可以是虚拟经营,也可以是虚拟的办公空间。

[**案例研究 3-4**]

**组织进化支撑小米步步为赢**

2019 年 2 月 18 日,小米创始人、董事长兼 CEO 雷军下发邮件通知,宣布对小米手机部与平台部进行组织调整:手机部成立参谋部,成立显示触控部,核心器件部并入硬件研发部,同时成立独立的音频核心器件团队;集团监察部和内控内审部合并为内控内审监察部,原集团安全部拆分为安全合规部和安全管理部,同时进行相关人事调整与任命。

小米成立之初,雷军试验了一种创新的管理方式,“去 KPI,去 title,去管理”,扁平化管理风格。从 14 人的创业小团队成长为一个拥有 2 万员工的巨头公司,小米公司组织结构发生了极大的变化,从 2016 年开始,小米开始调整组织结构,管理风格向精细化升级。

挂牌港交所之后,小米组织架构调整的频率高了许多。2018 年 9 月,小米进行了公司成立以来最大规模的组织变革:组织管理上,小米成立了组织部和参谋部,加强内部组织建设;业务上,小米将电视部、生态链部、MIUI 部和互娱部改组为十个新业务部门,由各部门总经理直接向雷军汇报,持续加码互联网和 LoT 的业务。

关于组织架构调整的初衷,雷军此前在接受媒体采访时表示,早期的小米,打法有点像游击队,创造了很多奇迹,锻炼了一批非常优秀的干部。但如今,小米营收过千亿,员工近两万,再靠打游击,肯定不行了,现在要能打运动战、能打相持战,更要能打大兵团作战，就必须要从“游击队”变成正规军、集团军。

（资料来源：https://baijiahao.baidu.com/s? id＝1625893330100601444&wfr＝spider&for＝pc）

组织架构的变革是一个企业在发展过程中必须经历的，必须要与时俱进，才能适应不断变化的形势。如果要对组织机构改革，应该遵循一定的变革规律。首先，分析企业机构问题。如果要对组织机构改革，应该遵循一定的变革规律。首先，分析企业机构问题的原因，是目标改变问题、企业计划问题，还是经营环境变化问题；其次，决定机构改革的方案，确定改革的方向；第三，对机构内进行部门划分、工作划分、职能划分等，确定好各种改革措施，并严格实施。

3. 企业组织结构的创新与发展

为了适应经济环境和竞争环境的变化，企业组织结构呈现出多样性，为了减少管理层次，压缩职能机构，裁减人员，构建敏捷、灵活、快速、高效的组织结构，可以从以下几个方面入手：

（1）构建学习型组织。在目前横向型组织结构越来越受到欢迎的情况下，组织中的各个层次和每个人，职责更加具体，任务更加明确，工作更加开放，管理更加自主。这样对各级组织、每个层次以及每个人在知识、技术、能力等方面的要求更高，对整个组织系统在学习方面的要求也更高。从某种意义上说，横向型组织结构是以学习型组织为前提的，同时它也是构建学习型组织的客观需要。

（2）打造协作型团队组织。我们常常需要无边界组织结构，基层的目标管理和自主决策得到了强化，企业系统的整体调控从过去主要通过上层组织的直接调控，转变为主要通过目标、任务和制度的间接调控；企业对子系统的协调也从主要依靠上级领导和管理部门的纵向管理，转变为企业子系统之间的业务衔接、利益相关的横向合作。新的管理模式要求企业内部加强整体意识、全局意识和协作意识，强化一盘棋思想和团队精神，这就要求企业全力打造协作型团队组织。

（3）培育新型的管理文化和管理理念。企业组织结构的创新是顺应企业经营环境变化产生的，其核心是建立一种管理机制，培育一种管理文化，而等级观念、官僚文化、封闭保守思想与此格格不入，尤其重要的是培养一种平等协作、以人为本的柔性化管理理念。

（4）进行企业再造和流程再造。进行企业再造和流程再造就是以顾客为中心、以员工为中心、以效率和效益为中心，打破金字塔式的组织结构，建立横宽纵短的扁平化柔性管理体系，使企业能够适应现代社会的高效率和快节奏，具有较强的应变性和灵活性。

（5）加强计算机网络信息技术建设。计算机网络信息技术是企业组织结构的网络化和虚拟化的支撑，只有信息技术的发展，才能使得远距离现场作业和零距离现场控制成为可能。

总之，企业组织结构的创新与发展，是一个长期的、渐进的过程，不会一蹴而就。而随着信息技术的日益普及以及经济全球化和管理民主化的深入发展，未来企业组织结构的创新与发展将更加适应社会经济的快速发展。

[案例研究 3-5]

**阿里巴巴迎来史上最大变革**

3 月 28 日,阿里巴巴集团董事会主席兼首席执行官张勇发布全员信《唯有自我变革,才能开创未来》,启动新一轮公司治理变革。根据方案,在阿里巴巴集团之下,将设立阿里云智能、淘宝天猫商业、本地生活、菜鸟、国际数字商业、大文娱等六大业务集团和多家业务公司。业务集团和业务公司将分别成立董事会,实行各业务集团和业务公司董事会领导下的 CEO 负责制,阿里巴巴集团则将全面实行控股公司管理。

本次组织治理变革由张勇发起。这轮变革从集团顶层入手,重新定义和构造阿里巴巴集团与各业务的治理关系,被认为是"阿里巴巴 24 年来最重要的一次组织变革"。从阿里巴巴发展历程来看,组织的深度调整在不断激发重大技术和业务创新。比如,2011 年,一个淘宝变为"三个淘宝",长出了天猫。

此次变化的一个关键动作是,各业务集团分别成立董事会,实行董事会领导下的 CEO 负责制,阿里巴巴集团则全面实现控股公司管理。对各业务而言,治理架构独立意味着直面市场洗礼,与之对应的是创新激励的可能性。在公开信中,张勇称,"市场是最好的试金石,未来,具备条件的业务集团和公司,都将有独立融资和上市的可能性"。

近两年,张勇在内外部多次强调,敏捷组织是实现多业务多业态超大型企业高效治理的路径。此次形成"1+6+N"组织架构,即是敏捷组织理念进一步深化的自然结果,意味着阿里走向组织治理全新阶段。张勇强调,让组织变敏捷,让决策链路变短,让响应变快,是本次变革的初衷和根本目的。

根据全员信,阿里巴巴集团的职能部门也将迎来有序变化。集团中后台将全面做轻、做薄,这意味着阿里巴巴从 2015 年以来建立的"大中台"能力会逐步被更强有力的前台吸收,以更敏捷的方式,服务更多元化的发展需要。

(资料来源:http://www.ce.cn/xwzx/gnsz/gdxw/202303/28/t20230328_38468071.shtml)

一个企业集团成长与发展,主要取决于在适应变化环境中所采用的战略和实施战略的组织。战略的实施需要一定的组织结构来完成,而组织结构最终还是为战略的实施服务的。

## 3.4 企业管理制度

### 3.4.1 企业管理制度的概念、种类和特征

1. 企业管理制度的概念

企业管理制度是企业为求得最大效益,在生产经营管理实践活动中制定的各种强制性义务,并能保障一定权利的各项制度安排,包括公司经营目标、战略、管理组织以及各业务职能领域活动的规定。企业管理制度是企业员工在企业生产经营活动中须共同遵守的规定和

准则的总称，表现形式或组成包括企业组织机构设计、职能部门划分及职能分工、岗位工作说明、工作流程、管理表单等管理制度类文件。

企业管理制度是实现企业目标的有力措施和手段，是企业管理的依据和保证。它作为员工行为规范的模式，能使员工的个人活动得以合理进行，同时又成为维护员工共同利益的一种强制手段。因此，企业各项管理制度，是企业进行正常的生产经营管理所必需的，它是一种强有力的保证。优秀企业文化的管理制度必然是科学、完善、实用的管理方式的体现。

2. 企业管理制度的种类

企业管理制度是一个广泛的范畴，从不同的角度看，企业管理制度的分类是多方面的。

(1) 从企业管理制度的职能分类。

企业管理制度大体上可以分为规章制度和责任制度。规章制度侧重于工作内容、范围和工作程序、方式，如管理细则、行政管理制度、生产经营管理制度。责任制度侧重于规范责任、职权和利益的界限及其关系。一套科学完整的公司管理制度可以保证企业的正常运转和职工的合法利益不受侵害。

(2) 从企业管理制度的内容分类。

企业管理制度可以划分为企业生产经营管理制度、企业行政管理制度、企业人力资源管理制度、企业财务管理制度、企业事务管理制度等。

(3) 从企业管理制度的对象分类。

每一类管理制度都可以细化为多个方面，如企业人力资源管理制度就包括员工招聘、教育培训、劳动合同管理、工资管理、社会保险、福利待遇、工时休假、职工奖惩以及其他管理规定等。

3. 企业管理制度的特征

企业管理制度以现代经营观念为指导，以市场为导向，面向消费者，生产与流通相结合，内部条件和外部环境相结合，经营战略与具体战术相结合。具体来说，企业管理制度具有以下特征：

(1) 管理性。

企业管理制度是企业进行基础管理不可替代的工具，是企业经营管理稳定、规范、持续、高效的保障。制定管理制度的目的，是为了规范员工的行为，使企业内部各项活动行之有效地进行，从而提高企业的经济效益。制度是管理之法，是管理的必经之路，企业发展到一定阶段后，必须有科学规范的管理制度做保障，它是改善企业管理现状，打造核心竞争力的根本。

(2) 实用性。

制定企业管理制度的目的是十分明确的，它主要是服从和服务于企业管理、经营、生产、技术和销售等工作，为企业之所用。换个角度说，企业经营目标的实现，必须通过一定的经济和社会效益来完成，所以经济效益和社会效益是一切企业生产、经营活动的杠杆。作为反映企业管理生产、经营活动的企业管理制度，首先强调其目的性、实用性和可操作性，为解决企业经营活动中的具体问题、实际问题而制定。

(3) 联系性。

一个企业的生产经营以至生存和发展，不仅受企业内部条件的限制，也受外部环境的各种条件制约。企业生存和发展的先决条件是必须面对市场，开拓横向的、纵向的经济联系，以求与外界建立起一种长期稳定、不断发展的合作关系,才能使企业周而复始、复杂多变地进行生产经营活动,有稳定的信息来源、物质来源、资金来源、人才来源和技术来源等。这就使企业管理制度成为处理企业与政府管理部门、本企业与供应链及其他相关企事业单位等相互关系中的协调、联系的工具。

(4) 针对性。

任何管理制度都是为了解决实际问题而制发的,制定制度不是目的,而是一种手段,从内部作用来看,企业管理制度作为解决企业产供销等经营活动和处理人财物等具体问题的内部事务时而制定使用的具体规定,针对性鲜明突出。

**[相关链接 3-3]**

**春兰集团"三铁"制度**

春兰集团在企业腾飞初期,推出了"春天工程",施行的是被称为"三铁"的企业管理制度。

其一,铁的条例。春兰集团的管理者认为要"建世界一流的企业、出世界一流的产品、创世界一流的效益",必须从员工的初级行为开始严格管理,以法治厂。为此,先后制定了干部员工行为规范、劳动管理等多项管理规章制度,对员工在企业内外的行为规范做了详尽的规定。同时,建立了监察部门,负责违纪处罚,并建立三级监察网络。

其二,铁的纪律。在春兰集团上下建立了目标管理责任制,各司其职。在制度面前人人平等,如有违反,一律照章办事。春兰集团已经形成的共识是"对犯规者有情就是对企业无情"。

其三,铁的管理。春兰集团的教育、劳动、技术质量等数十项管理规则都是铁打不动的。每个上岗的工人必须是经过严格的技术业务培训并考试合格的。一切违反技术规程、工艺流程的行为都视情节给予处罚,甚至除名。

正是这"三铁",春兰集团的许多条例以严著称,以严闻名。

(资料来源:https://zhuanlan.zhihu.com/p/144426266)

(5) 时效性。

时效性可以从两个方面来理解:一方面,为企业经营活动的顺利进行而制定的任何一项企业管理制度,都必须强调执行的必要时效性,否则时过境迁,再好的制度也没有实行的意义了。另一方面,每一项制度还需要随着企业外部环境和企业管理事务的变化而变化,否则一成不变僵化的企业制度将使企业丧失宝贵的机遇,阻碍企业的进一步发展。

### 3.4.2 制定企业管理制度的原则和方法

由于各企业在行业、组织结构、人员结构等各方面都存在差异,所以世界上没有任何一个管理制度适用于所有的企业。制定企业管理制度应严格依照国家法律法规要求,遵从管理的客观规律,坚持从企业实际出发,认真调查研究,并合理借鉴成功企业的经验,将企业管理引向科学、理性、规范的轨道,保证企业更加高效、稳定地运行。

1. 制定企业管理制度的原则

制定企业管理制度最根本的目的是要实现管理科学化，提高企业效率和效益，这就要求必须首先保证科学性，而企业制度无论其具体内容针对哪一方面，归根结底都是针对人，所以就必须充分体现“以人为本”的管理思想。制定企业管理制度必须同时遵守下述七项原则：

(1) 适用性原则。

制定企业管理制度要从企业的特点和实际情况出发，根据本企业的规模、业务特点、行业类型、技术特性及管理沟通的需要等方面来考虑，保证制度规范具有可行性、适用性。在企业整个制度体系结构合理的前提下，每项制度都应具有明确的针对性和界限清楚的适用范围；力求条理化，做到结构严谨、逻辑性强；用词规范、句式简洁、表达清楚，要尽量避免不必要的修饰。

(2) 科学性原则。

制定制度应遵从管理客观规律，制度化的管理必须服从管理学的一般原理和方法，违反了科学性原则只会导致失败，所以必须遵从客观规律，才能将管理引向科学、理性、规范的轨道，实现管理的稳定性和有效性。

(3) 必要性原则。

制定制度要从需要出发，必要的制度一个不能少，不必要的制度一个也不可要，否则会扰乱组织的正常活动。例如，在企业中的一些非正式行为规范或习惯能很好发挥作用的前提下，就没有必要制定类似内容的行为规范，以免伤害企业组织成员的自尊心和工作热情。

[**相关链接3-4**]

**董明珠：管理只有一种，就是制度**

作为中国商界最负盛名的女性企业家，董明珠曾七次上榜“全球最具影响力的50位商界女性”，四次获评“商界木兰”称号，多次荣膺“成功女性大奖”，是许多新时代女性的偶像，也被认为是女性管理者的典范，但她却认为，管理与性别无关。“很多人说女性管理者更人性化。我说没有‘人性化’的管理，管理只有一种，就是制度，不分男女。制度是企业的根基。”董明珠坦言，“我推崇军事化管理。”

在管理上，董明珠属于“法家”学派，她始终认为，“制度是刚性的，一旦制定，就要严格执行，概莫能外”。而推行这个制度的人首先要有足够的权力，并以身作则，做制度的坚定拥护者和执行者。

董明珠写过两本自传——《棋行天下》和《行棋无悔》，热爱下棋的她没有时间下棋，就把商场当成了棋盘。董明珠虽然是棋局上至关重要的一枚棋子，但她更关心的是建立对弈的规则和策略。她最大的理想是，就算有一天格力的棋局失去了董明珠，依然可以保持不败。事实上，董明珠带领格力电器一路狂飙突进的历史，也是她在格力不断建立和完善管理制度的历史。

在格力，人行道和车道泾渭分明。有一次，一名员工没有遵守公司的规定，将车轮压到了人行道上，结果被开除。对干部，董明珠眼里容不下一粒沙子，一位高层因为帮助自己的亲戚给格力电器做配套生意，违反公司制度，直接被开除。

董明珠还要求格力1 000多名党员全部要佩戴党徽上班。"要重塑党员形象,更重要的是要让员工监督你。"董明珠说,"干部不好,员工才不好。好的干部,往往是敢于做'坏人';一个事事对你点头的干部,可能正在伤害大多数人的利益。"

对于董明珠的做法,很多人表示太过严苛,但董明珠却称,制度是企业的根基,正是因为制度的保障,格力集团将材料损耗降低到了0.13‰。在董明珠看来,假如制度建设不到位,那很多人就会随波逐流,结果就是好人变坏人。制度面前人人平等,只有这样制度才能贯彻下去。

(资料来源:http://sjjfdh.cn/jszh/zgjs/148217.shtml)

一个制度,当它在企业中被严格有效地执行时,它便不仅在行动上约束了人们,也在精神上影响了人们,并最终成为一种被所有人认同的企业文化。

(4) 合法性原则。

制定的企业管理制度内容应与国家、政府相关的法律规章保持一致性,绝不可以相违背。法律规章是全社会范围内约束个人和团体行为的基本规范,是企业组织正常生存发展的基本条件和保证,制定制度时应予以重视,切不可忽视这个方面。

(5) 合理性原则。

制定制度要合理,一方面要体现制度严谨、公正、高度的制约性和严肃性,同时要考虑人性的特点,以人为本,避免不近人情、不合理等情况出现。在制度的制约方面,要充分发扬自我约束、激励机制的作用,避免过分使用强制手段。

(6) 完整性原则。

企业管理制度要完整,因为企业的管理制度是一个体系,制度内容要求全面、系统、配套。也就是说,要考虑周密,不能疏忽大意、出现漏失或衔接不当,更不能有前后矛盾或相互重复、要求不一的情况。

(7) 先进性原则。

制度规范的制定要从调查研究入手,要总结企业经验,同时还要吸取其他企业的先进经验。不论是本企业还是其他企业的制度,只要是过时的就坚决舍去,是不合理的就要坚决废除;反之,是成功的、先进的,就应该保留、发扬。

2. 制定企业管理制度的步骤和方法

(1) 梳理并充分传达企业理念。

企业理念是企业文化的核心和灵魂,是制定企业制度的根本指导思想和最高原则。企业价值观是企业制度所规范的企业一切活动的出发点,企业最高目标是它们的归宿,企业哲学、企业宗旨、企业精神、企业道德、企业作风也分别从不同角度、不同层次对企业行为发挥决定性的作用。与企业理念相悖的企业制度不但无助于企业目标的实现,反而会产生阻碍作用,必然会处处碰壁;不能充分传达企业理念的企业制度必然是盲目的规定和要求,对企业目标的实现不会有多大的帮助。因此,梳理企业理念,使企业制度能够传达企业理念的主旨、体现企业理念的目标和要求,是设计企业制度的第一步。

(2) 由主及次分类制定企业管理制度。

做任何事情,都要善于抓住主要矛盾和矛盾的主要方面,企业管理制度的制定也是如此。一般来说,应该首先制定那些涉及面最广、对企业运行最为重要的主要制度,然后以这些主要制度为框架,分门别类地拟定其他的次要的制度或带有补充规定性质的制度。按照这一原则制定出来的企业制度体系,系统性强,结构清晰,主次得当,而且不容易出现遗漏,即不出现制度约束不到的“盲点”和“死角”。

无论什么性质、何种行业、多大规模的企业,财务制度、生产经营管理制度、人事制度、分配制度等都是主要的管理制度,有了这些主要制度,企业的运行就有了基本的准绳。在此基础上,根据企业自身特点再制定其他的有关制度就有章可循了。有了主要的管理制度之后,着手制定其他的制度时就应该把重点放在各项责任上,如领导干部责任制、职能部门和人员的责任制、员工的岗位责任制等。从重要性来看,各项特殊制度一般总是最后制定,如图3-1所示。

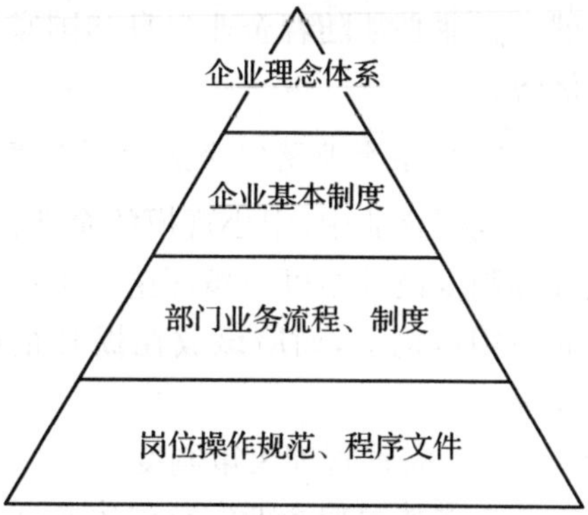


**图3-1　企业管理制度体系结构**

(3) 审查各项制度的协调性。

企业各项管理制度都规范着某方面工作或某些岗位的工作,这些制度交织起来使得企业里每位员工各司其职、每项工作有条不紊地进行,以促成企业目标的实现。制定企业制度时必须注意相互兼顾、整体协调。具体来说,需要满足以下几个方面要求:① 唯一性,即每件事只能有一项制度来规范,如果一件事情有多项制度来约束,难免这些制度自身出现不协调的地方,实际上就等于没有制度了。② 一致性,即所有制度应该保持一致,不能相互矛盾,不能新制度与老制度相悖,要立新则必须除旧,不能先除旧再立新,否则就会在企业里出现一段时间的“制度真空”。③ 顺向性,即次要制度服从主要制度,制定制度的顺序只能是从主要制度到次要制度的单一方向,而不能逆向进行。④ 完备性,即所有制度要尽量闭合,企业制度体系要健全,尽量保证企业的每一名员工、每一项工作都处于制度的约束下。

(4) 把握制度的刚性和弹性。

企业管理制度的刚性是维持其严肃性和有效性的基础,失去刚性,制度就失去了存在的价值。同时,企业为了在不断变化的内外环境中保持制度的有效性、保证企业的高效有序运转,也需要企业的管理制度、责任制度及特殊制度充分考虑对变化的适应性,即具备一定的弹性。如何适度把握企业制度的刚性和弹性的平衡,应考虑以下几个方面:① 涉及企业生存发展重要方面的制度(如生产安全制度、质量管理制度、财务管理制度、岗位责任制度等),要严格规范、力求刚性;影响较小的次要方面的制度,可适度放宽要求,使之保持一定的弹性。② 偏重于“物”的管理方面的制度(如质量检验、物资设备管理、财务管理等制度),应强调刚性;偏重于“人”的管理方面的制度(如员工教育培训、员工发展等制度),必须要考虑灵活性。③ 有长期反复的时间作为基础的企业制度(如财务制度),往往刚性强一些;缺乏实践经验的制度(如技术创新管理的制度),要求弹性大一些。④ 与组织结构特点相适应,针对操作层次、执行层次的制度,要充分体现刚性,因为操作层、执行层基本上都是比较简单具体、反复出现、程序性强的问题,不可能有管理上的随意性;决策层次、管理层次的制度,要充分体现弹性,因为决策层和管理层遇到的问题往往具有特殊性、非程序化等特点。

(5) 与时俱进定期更新相关制度。

任何的企业管理制度,再好的企业管理制度,都是特定的企业和一定的历史条件的产物。当形成制度的特定条件和内外环境变化时,企业某项制度的必要性可能不复存在了,就必须进行改革和创新,否则不仅不能起到应有的作用,反而会约束和阻碍企业的进一步发展。企业必须随着企业自身和国家经济社会的发展而不断通过制度创新来增强企业的竞争优势。

3. 中小企业制定企业管理制度应注意的问题

我国企业中,中小规模的企业占大多数,这些企业的制度建设有很多特殊之处,其企业管理制度设计不可一概而论。中小企业的管理制度建设重点不是放在建立新模式、完善企业组织机构上,而应该放在提升企业的基础管理水平上,使企业更能适应现代市场竞争的要求。

(1) 完善管理决策制度。

大多数家族企业实行的家长式决策,在提高决策效率的同时也带来决策不科学的风险;由于组织制度灵活和家族成员参与管理,因而就难以避免出现多头管理,谁说了都算,造成员工无所适从的情况。这时就需要通过加强沟通,明确责权,建立科学有效的决策机制,同时加强战略管理,形成制度化的决策机制。

(2) 健全人力资源管理制度。

中小企业的人力资源制度建设是尤为迫切的。人才的无序流动和流失、任人唯亲、选拔人才没有客观标准等,在中小企业屡见不鲜,尤其是任人唯亲的用人机制产生不公平的内部竞争环境,使企业留不住有本事的人才。应设计科学合理的赏罚管理制度,用法治取代人治,从而降低因能人变更而在企业产生的风险。

(3) 规范财务管理制度。

应推进中小企业应用先进管理技术提高管理水平,建立信用管理制度和加强信用管理,健全会计和财务管理制度,规范业务流程,增强中小企业抗击市场经济风险的能力。

(4) 实行人本管理。

严格中小企业的制度管理,并不是说仅仅依靠严格的制度就能达到管理有序的目的。中小企业的重要特点是提倡人本管理,通过任务和感情与员工建立长久关系,更新和提升传统管理观念,逐步完善各种管理制度,加强企业的凝聚力,给员工以尊重和理解。

总之,在中小企业的制度建设中,既要注重制度内容简洁适用,又要考虑企业将来的发展要求;既用标准化思想着手订立规章,又要考虑把小企业发展成长寿企业。

**[案例研究 3-6]**

### 鸿运企业的管理

鸿运企业是一家民营食品企业,每天一大早,离上班大概还有半个小时的样子,企业董事长——这家企业的创始人王总,就早早地坐在了企业门口,一个个地看着员工报到上班,当然,也顺便抓几个偷懒的迟到者。为了做好企业的管理,王总也曾组织人马,制定了大量的规章制度,甚至还花高薪从一线品牌企业“挖”过来一些优秀的职业经理人，并照着"标杆"企业的做法，照搬照抄过来很多"规章制度"和管理工具。

然而，由于王总指挥式的管理已经成了多年的习惯，众多管理制度成了"花瓶"，大家还是习惯听从王总的口头指示来工作。于是，企业经常出现这样一幕：所有部门员工，不论是行政、人力、销售、财务、生产等，一起在厂区装货、卸货，但即使如此，企业效率仍然不高。一些员工利用王总及其家人不在的时候（如王总出差），迟到、早退、出工不出力等。企业发展遭遇瓶颈，五年前，企业已经做到了两个多亿的规模，可五年后，销量仍然徘徊不前，企业成了长不大的"侏儒"。

（资料来源：https://articles.e-works.net.cn/bpm/article137304.htm）

案例中，鸿运企业的管理效率不高，销量和企业发展徘徊不前，遭遇发展瓶颈的原因，其实跟这家企业老板，也就是企业王总的经营和管理模式有很大的关系。由于这家企业是王总带领大家辛辛苦苦做大的，他待企业就像自己的孩子一样，舍不得放手，因此，一直采取家族化的管理方式，企业老板就是"家长"，很多事情并不是靠规章制度、靠流程来行事，而是靠指挥、靠命令来维持企业的运转。但这种"人盯人"的制度，本身就有问题，它最大的缺陷就是造成企业的运营模式的不可复制性，一旦企业老板出了问题，企业就有可能万劫不复。因此，如果企业做成了"一个人"的企业，那么这个企业是做不大、做不久的。一个长期发展的企业，一定要靠流程、靠制度，也就是要靠系统来使企业成为百年品牌，要把企业做成所有人的企业，做成大家的企业。只有如此，企业才能长青，才能做强做大，才能永续经营。

### 3.4.3　企业管理制度的焦点转化和创新

1. 企业管理制度的焦点转化

管理科学经历了从古典管理理论阶段，到行为科学管理理论阶段，再到管理丛林阶段，然后到企业文化阶段的变迁。在管理理论演化过程中，管理的焦点也相应地实现了三大转变：一是由以"物"为中心向以"人"为中心的转变；二是由以"行为人"为中心向以"思想人"为中心的转变；三是由以"个体人"为中心向以"群体人"为中心的转变。这些转变在企业管理制度设计上也都有着深刻的体现。

**[相关链接3-5]**

**海尔管理三部曲**

**一、质量管理三部曲**

第一步，提出质量理念：有缺陷的产品就是废品

1986年，有一次投产的1 000台电冰箱，就检查出76台不合格。面对这些不合格品，许多人提出，便宜一点，卖给职工……张瑞敏强烈意识到，企业提出的质量理念，大部分员工还远远没有树立起来，而理念问题解决不了，只靠事后检验，是不可能提高质量的。于是，张瑞敏果断迈出了——

第二步，推出"砸冰箱"事件

也没有把管理停留在“对责任人进行经济惩罚”这一传统手段上,他要充分利用这一事件,将管理理念渗透到每一位员工的心里,再将理念外化为制度,构造成机制。

第三步,构造“零缺陷”管理机制

在海尔每一条流水线的最终端,都有一个“特殊工人”。流水线上下来的产品,一般都有一些纸条,在海尔被称为“缺陷条”。这是在产品经过各个工序时,工人检查出来的上工序留下的缺陷。这位特殊工人的任务,就是负责把这些缺陷维修好。他把维修每一个缺陷所用的时间记录下来,作为向“缺陷”的责任人索赔的依据。他的工资就是索赔所得。同时,当产品合格率超过规定标准时,他还有一份奖金,合格率越高,奖金越高。这就是著名的“零缺陷”机制,这个特殊工人的存在,使“零缺陷”有了机制与制度上的保证。目前,这一机制有了更加系统、更加科学的形式,这就是在海尔称为市场链机制的“SST”,即索赔、索酬、跳闸。这一制度的推出,使海尔的产品、服务、内部各项工作都攀上了更高的质量平台。

**二、市场创新管理三部曲**

第一步,提出市场创新理念:自己做个蛋糕自己吃

面对中国家电市场的激烈竞争,张瑞敏谋求智赢。他提出了市场创新理念:“创造需求,引导消费”“自己做个蛋糕自己吃”“只有疲软的产品,没有疲软的市场”“只有淡季思想,没有淡季市场”“顾客的难题就是开发的课题”……

但是,抽象的理念并非每一个人都理解,通过教育学习可以直接接受理念的员工毕竟是少数,将抽象的理念形象化、故事化,员工更容易接受。基于这种认识,海尔及时抓住每一个能代表或诠释理念的行为与事件,并进行宣传,收到了极好的效果。其中较为典型的就是“大地瓜洗衣机”的开发。

第二步,“大地瓜洗衣机”事件

一位海尔的客户突发奇想,用洗衣机把地瓜洗干净了,但是洗衣机却不转圈了。海尔办事处主任听了维修工讲的笑话大受启发:“为什么不能开发既能洗衣服,又能洗地瓜的洗衣机?”他把这一市场信号尽快向本部汇报。本部经研究,马上决定:“三天之内设计出图纸,半个月之内投放市场。”半月后,“海尔大地瓜洗衣机”闪亮登场,立即形成抢购热潮。从此,“大地瓜洗衣机”的故事流传开来,成为海尔市场创新理念的最好注脚。

第三步,建立产品开发与市场开发一体化的保证体系

海尔产品开发人员走出设计室,主动到市场调查,主动与营销人员沟通,了解客户难题,根据客户难题申请产品开发课题,进行新产品的开发研制;因为新产品能解决客户难题,深受客户欢迎,销售人员积极性高涨,市场得以迅速扩张……这不仅仅是靠理念的引导,也有利益的吸引。因为,在先进理念指导下,海尔推出了一整套制度:产品开发项目管理制、成活产品技术入股分红奖励制……按照这种制度,开发人员根据有关信息,做新产品开发立项申请,一经立项,可以预借开发经费,开发人员则以技术入股方式在所开发的产品中享有分红权。正是这样一种利益的吸引,这样一种机制,保证了海尔新产品的层出不穷:“削土豆皮洗衣机”“小小神童洗衣机”“彩色冰箱”、适应西部环境而开发的“沙漠型空调器”,适应恶劣环境需要的“耐热”“耐冷”空调器……在开发人员、营

销人员得到利益的同时，“创造需求，引导消费”“自己做个蛋糕自己吃”等理念得到更牢固地树立。

**三、营销创新管理三部曲**

第一步，提出营销理念

海尔绝对不允许损害顾客利益的行为发生。海尔提出了营销理念：“顾客永远是对的”“先卖信誉，后卖产品”“真诚到永远”……

为了将这些理念形象化，张瑞敏又利用实际涌现出来的事件，进行宣传、引导——

第二步，冰箱说明书事件

海尔出产的第一代冰箱上市后，不少客户反映有质量问题。张瑞敏亲自带领大家进行调查，终于发现问题出在说明书上。电冰箱的生产技术是引进德国的，随机销售的产品使用说明书也是直接翻译德国的。因为德国人基本不存在不会使用冰箱的问题，说明书编写得非常简单，除了简单的图示外几乎没有文字说明。而中国的客户大部分都是第一次使用冰箱，从说明书上根本看不懂应该如何使用。张瑞敏发动技术人员、销售人员、售后服务人员进行深入讨论，挑选最优秀的技术人员，在最短的时间内，编写出初中文化程度就能看懂的产品说明书，投放市场后，客户投诉马上消失了。

第三步，构造“服务追踪体系”

海尔家电的客户在享受海尔的上门安装服务和上门维修服务后总会收到一个电话，询问工作人员服务态度、服务质量等情况。这就是海尔的“服务追踪体系”。他们严格规定了各种工作规范与服务标准，并建立了严格的考核与反馈体系。已经接受企业理念的人会自觉提供高质量的服务，对企业理念还不完全理解的人，则因为有了这样的规范与考核追踪体系而提高服务质量，在过程中执行规范，进而企业理念被内化、被接受。

**四、更多的“三部曲”**

在人力资源管理与开发方面，提出“赛马不相马”“人人都是人才”的理念，推出“部长竞聘上岗”“农民合同工当上车间主任”等大量案例，构造“人才自荐与储备系统”“三工并存、动态转换”“末位淘汰”等管理机制。

在名牌战略方面，提出“企业是船，名牌是帆，文化是灵魂，人是根本”“先难后易创品牌”的理念，推出“冰箱高价进德国”等案例，构造“名牌＝质量＋策划”的机制；在内部日常管理方面，提出“管理无小事”等理念，“不容易就是把公认容易的事做对 1 000 遍”推出“管理看板”“6S 脚印”等，构造 OEC 管理、目标控制体系……

（资料来源：http://www.360doc.com/content/16/0921/09/29600069_592441063.shtml）

2. 企业管理制度与精神文化的融合

仔细研究海尔模式，还会发现更多的“提出理念—推出典型案例—形成制度”的“三部曲”。这种模式从海尔发展初期到目前，一直发挥着重要的作用；在海尔兼并的企业中，海尔文化能够迅速移植成活，这种模式也起到了关键的作用。

海尔“管理三部曲”是“管理制度与企业文化相结合”的典范。员工的行为是由员工理念系统、价值系统与员工所处的环境决定的。当企业的环境与员工理念、价值系统相适应时，员工就能做出符合企业需要的行为。而员工价值系统不是一成不变的,它在一定程度上又受所处环境的影响。因此,有目的地影响或者培养员工的价值观就成为管理的重要切入点。

企业为达到自己的根本目标,实现根本宗旨,要有明确的核心价值观和核心理念,这称为经营哲学。但是,由于其过于抽象和笼统,对职工的指导性往往不够,因此,应该在其指导下,提出每一个分系统的理念或价值观。这就是海尔管理三部曲的第一步。

当企业提出自己的某一理念或价值观时,能够直接认同并接受下来的人是少数,用这种理念做指导,做出具体行为的人更是少数中的少数。但是,恰恰这少数中的少数人就是企业的骨干,把这部分骨干的行为典型化,充分利用其示范效应,能使理念形象化,从而使更多的人理解并认同理念。这就是海尔管理三部曲的第二步。

但是,即便有了典型人物与事件,也还会有部分人不接受理念与价值观,这时,就需要制度的强制。以企业理念与价值观为导向,制定管理制度。在制度的强制下,使员工产生符合企业理念与价值观的行为。在执行制度的过程中,企业理念与价值观不断得到内化,最终变成员工自己的理念与价值观。这就是海尔三部曲的第三步。

通过"管理三部曲"的实施,企业就形成了"管理制度与企业文化紧密结合"的管理环境。这种管理环境有两大作用:对个人价值观与企业价值观相同的员工,有巨大的激励作用;对个人价值观与企业价值观不相同的员工,有巨大的同化作用。正是这两种作用,使得"管理三部曲"成为一种非常有效的管理模式。

3. 企业管理制度创新的动因分析

(1) 企业内外环境的变化。

企业经营环境、经营产品、经营范围、全员素质等是要经常发生变化的,这些因素的变化相应会引发组织结构、职能部门、岗位及员工队伍、技能的变化,继而会导致使用、执行原有的企业管理制度中规范、规则等的主体发生变化,企业管理制度及其所含的规范、规则等因素必然需要因执行主体的变化而相应改变或进行修改、完善。

(2) 产品和技术的更替。

产品结构、新技术的应用导致生产流程、操作程序的变化,与生产流程、操作程序相关的岗位及其员工的技能必然也要随之变化,与之相关的企业管理制度及其所含的规范、规则等因素必然因此而改变或进行修改、完善。

(3) 企业战略的转变。

根据发展战略及竞争策略,企业需要不断提高工作效率、降低生产成本、增加市场份额等。当原有的管理制度及其所含的规范、规则等成为限制提高生产或工作效率、降低生产成本等的主要因素时,就有必要重塑企业机制,改进原有企业管理制度中不适合的规范、规则等。

## 增值阅读

### 又"创造"了一个顾客——组织公民行为

曾经,我国的一位学者在西雅图一家本地小银行经历了这样的一件事情。有一天,她去办理定期储蓄到期的取款服务,由于她发现另一家银行的定期储蓄利息比该银行高出许多,就决定将已经到期的款项取出后存入另一家银行。这按我们的日常经验,是件再简单不过的事情。可是,没想到接待她的银行职员听说她要把钱取走之后,就显出很着急的样子,好像发生了什么天大的事。

这让这位学者摸不着头脑,她简要地解释了一下取走款的原因,当那个银行职员了解到学者是因为利率的原因而要将钱存入其他银行时,就立即提出他可以向经理去为学者申请同样的利息。学者以前从未在别的银行遇上过这样的情形,这位职员完全把银行的利益当作自己的利益的姿态让她很吃惊也很敬佩。由于这位银行职员的努力,学者就把钱继续存在了该银行。

就这样银行职员通过自己的用心和努力,又"创造"了一个顾客。

其实,把企业的利益当作自己的利益,自觉地努力提高组织功能的有效性,这就是我们所认为的组织公民行为。任何不在某人职责范围之内但能够帮助组织实现目标的举动都可以称为组织的公民行为。比如说,某公司为了推销自己的产品,在机场或火车站设点免费赠送乘客样品。公司负责该产品的研发人员正从某地度假回来,下飞机时看见此情景,但发现推销员在介绍样品时有些小的误差,于是主动停步,放下行李,加入了发放赠品的行列,并告诉推销员正确的说法。这个行为本身也是组织的公民行为。此外,组织的公民行为还体现为上班早到晚走,主动加班加点;对同事在工作上的要求有求必应;主动帮助新员工熟悉环境,缩短他们适应的时间;主动帮助有急事不能来上班的同事完成工作,以使团队的任务进展不致延误;或者主动关心公司的发展,热心参加公司的会议,为公司的发展献计献策等。

很明显,一个企业或组织中这类行为出现得越多,该组织的文化氛围就越积极,在其间工作的员工就对组织越忠诚,越不愿意离开。

美国印第安纳大学的 Demnis Organ 教授及其同事在 1983 年首次创造性地提出了"组织公民行为"这一术语。他们认为,组织的公民行为是一种有利于组织的角色外行为和姿态,既非正式角色所强调的,也不是劳动报酬合同所引出的,而是由一系列非正式的合作行为所构成。它是组织成员做出的与工作有关的自主行为,既与正式奖励制度无任何联系,又非角色内所要求的行为,但能从整体上有效地提高组织的效能。由于组织公民行为超越了正式角色的要求,管理者一般不易察觉员工是否实施了这类行为,也不易凭奖惩制度使员工实施这类行为。

根据 Organ 教授的研究,组织公民行为应由五个因素组成:利他行为、尽职行为、运动家精神、恭谦有礼和公民道德。利他行为是指员工愿意花时间主动帮助处理或阻止工作中发生或即将发生的问题,鼓励在工作或个人职业发展方面失去信心的同事;尽职行为是指员工的表现超过组织的基本要求标准,他能够尽早规划自己的工作以及设定完成工作的时间;运动家精神是指员工在不理想的环境中仍然会保持正面的态度去面对,不抱怨环境不佳,仍能忠于职守,此外,个人也会为所属工作团队的利益而牺牲自己的利益;恭谦有礼是表示员工用尊敬的态度来对待别人;公民道德是指员工主动关心、投入与参加组织中的各种活动,包括主动阅读组织内部文件,关心组织重大事件,对组织发展提出建议等,有这种行为的员工表明他已经把自己视为组织中的一员。

组织中的公民行为对组织的重要性不言而喻,也已得到许多研究的支持。组织公民行为能提高组织绩效,其关键在于它充当了组织运行的"润滑剂",减少组织各个"部件"运行时的相互摩擦,从而促进整个组织效率的提高。就像银行那位负责任的员工,自觉或不自觉地就为企业争取到了更多的客户。企业或组织中这种行为自然是越多越好。

规章制度不能解决企业的所有问题,希望通过建立一套完善的管理规章制度,从而解决管理中存在的全部问题是不现实的,结局往往会陷入制度的陷阱——教条主义当中。在正式制度之外有管理存在的空白,需要企业文化来配合,因为在某些情况下员工内心中的对企业的责任感或是使命感才可能真正对员工行为发生作用。

(资料来源:https://baike.baidu.com/item/%E7%BB%84%E7%BB%87%E5%85%AC%E6%B0%91%E8%A1%8C%E4%B8%BA/654299? fr=aladdin.)

## 任务小结

本任务从企业制度文化的内涵出发,剖析了企业制度文化建设中企业领导体制、企业组织结构和企业管理制度的构建方法和相互关系。企业制度文化强调的是在企业生产经营的活动中应建立一种广大员工能够自我管理、自我约束的制度机制,这种制度机制使广大员工的生产积极性和自觉能动性不断得以充分发挥。

(1) 企业领导体制是企业制度文化的核心。它是独立的或相对独立的组织系统进行决策、指挥、监督等领导活动的具体制度或体系,其核心内容是用制度化的形式规定组织系统内的领导权限、领导机构、领导关系及领导活动方式,是领导者与被领导者之间建立关系、发生作用的桥梁与纽带,对于一个企业的发展具有重要意义。

(2) 企业组织结构是企业制度文化的支架和载体。它包括为了实现组织的目标,在组织理论指导下,经过组织设计形成的组织内部各个部门、各个层次之间固定的排列方式,即组织内部的构成方式,还包括组织之间的相互关系类型,如专业化协作、经济联合体、企业集团等。

(3) 企业管理制度是实现企业目标的强制措施和有力保证。它是对企业管理活动的制度安排,包括公司经营目标、战略、管理组织以及各业务职能领域活动的规定,是企业员工在企业生产经营活动中须共同遵守的规定和准则的总称,其表现形式或组成包括企业组织机构设计、职能部门划分及职能分工、岗位工作说明、工作或流程、管理表单等管理制度类文件,大体上可以分为规章制度和责任制度。优秀企业的管理制度必然是科学、完善、实用的管理方式的体现。

当企业制度的内涵未被员工从内心接受时,其仅仅是管理规范,至多是管理者的"文化",对员工只是外在的约束。只有当企业制度的内涵被员工从内心接受并自觉遵守时,制度才变成一种文化。

## 能力自测

### 一、单项选择题

1. 当企业制度的内涵被员工从内心接受并自觉遵守时才变成(　　)。

A. 企业制度文化　B. 企业文化　C. 企业领导体制　D. 企业组织结构

2. (　　)是企业制度文化的支架和载体。

A. 企业组织结构　B. 企业领导体制　C. 企业管理制度　D. 以上都不对

3. (　　)大体上可以分为规章制度和责任制度。

A. 企业管理制度　B. 企业领导体制

C. 企业领导的组织结构　D. 企业组织结构

4.(　　)领导体制将法定的最高决策权集中于一个领导者手中，由领导者个人对上级和监督机关负责，用下级服从上级的原则进行决策和处理问题。

A. 一长制　　B. 委员会制　　C. 分离制　　D. 职能制

5. 所谓(　　)是指下级机构或下级领导者在自己管辖的范围内，有独立自主地解决问题的权力，上级对下级在法定权限内决定处理的事情不进行干涉。

A. 集权制　　B. 层级制　　C. 职能制　　D. 分权制

6.(　　)组织结构是将企业内部按职能(如生产、销售、开发等)划分成若干部门，各部门独立性很小，均由企业高层领导直接进行管理，即企业实行集中控制和统一指挥。

A. 事业部制　　B. 直线职能制

C. 矩阵制　　D. 以上答案都不对

7. 影响企业组织结构设计的因素包括企业环境、(　　)、企业规模、业务特点、技术水平、人力资源、信息化建设等。

A. 企业环境　　B. 企业规模　　C. 企业利润　　D. 企业战略

8. 制定企业管理制度的第一步是(　　)。

A. 由主及次分类制定企业管理制度　　B. 与时俱进定期更新相关制度

C. 梳理并充分传达企业理念　　D. 以上答案都不对

9. 企业制度能否对企业管理起作用，关键在于"自律"和"他律"的相结合，即企业管理制度和(　　)的相融合，这才有可能达到企业的均衡发展。

A. 股东企业组织结构　　B. 企业领导体制

C. 企业文化　　D. 以上答案都不对

10. 领导的组织结构是指领导机构内部各部门之间的相互关系和联系方式，它包括两种基本关系：纵向隶属的领导关系、横向平行各部门之间的协作关系。它一般包括(　　)、职能式、混合式和矩阵式四种组织结构。

A. 纵向式　　B. 参谋式　　C. 横向式　　D. 直线式

**二、多项选择题**

1. 企业制度文化反映企业制度规范的文化层面，包括企业领导体制、(　　)等三个方面。

A. 企业组织结构　　B. 企业管理制度　　C. 企业领导权限　　D. 企业业务流程

2. 企业领导体制的核心内容是用制度化的形式规定组织系统内的(　　)，是领导者与被领导者之间建立关系、发生作用的桥梁与纽带，对于一个企业的发展具有重要意义。

A. 领导权限　　B. 领导机构　　C. 领导关系　　D. 领导活动方式

3. 领导体制的构成要素包括决策中心、咨询系统与(　　)五个部分。

A. 执行系统　　B. 监督系统　　C. 信息反馈系统　　D. 战略系统

4. 企业领导体制除了具备自然属性与社会属性这两种根本属性之外，还具备的基本特征有(　　)。

A. 系统性　　B. 根本性　　C. 全局性　　D. 稳定性

5. 企业领导体制的作用主要有(　　)。

A. 领导体制是领导者与被领导者之间建立关系、发生作用的桥梁与纽带

B. 领导体制是领导活动借以贯彻进行的实体

C. 领导体制是领导者同社会发生联系与作用的合法化证明

D. 领导体制是决定领导效能高低的重要变量

6. 企业组织结构包含(　　)三个方面的内容。

A. 单位、部门和岗位的设置

B. 企业与外部环境之间的关系

C. 单位、部门和岗位角色相互之间关系的界定

D. 企业组织结构设计规范与标准

7. 从目前的实际情况来看,企业组织结构发展呈现出(　　)新的趋势。

A. 横向型组织结构　　B. 无边界组织结构

C. 层级化　　D. 组织结构的网络化和虚拟化

8. 构建新型企业组织结构,推行扁平化管理,可以从构建学习型组织和(　　)方面入手。

A. 打造协作型团队组织　　B. 培育新型的管理文化和管理理念

C. 进行企业再造和流程再造　　D. 加强计算机网络信息技术建设

9. 制定企业管理制度应遵循适用性原则、必要性原则、合理性原则、(　　)等原则。

A. 科学性原则　　B. 合法性原则　　C. 完整性原则　　D. 先进性原则

10. 企业管理制度的特征包括管理性、(　　)。

A. 实用性　　B. 联系性　　C. 针对性　　D. 时效性

## 三、判断题

1. 企业制度文化既是企业为了保证实践目标而形成的一种管理形式和方法的载体,又是企业从本身价值观出发形成的一种制度和规则。(　　)

2. 企业制度与企业制度文化是一回事。(　　)

3. 企业管理制度是企业制度文化的核心。(　　)

4. 制定的企业管理制度内容应与国家、政府相关的法律规章保持一定程度的一致性,绝不可以相违背。(　　)

5. 在企业内部,无边界就是指打破企业内部边界,在企业内部形成多功能团队,代替传统上割裂开来的职能部门。(　　)

6. 从控制跨度的角度来看,在其他条件相同的情况下,控制跨度越宽,组织效率越低。(　　)

7. 企业责任制度侧重于工作内容、范围和工作程序、方式,如管理细则、行政管理制度、生产经营管理制度。规章制度侧重于规范责任、职权和利益的界限及其关系。(　　)

8. 任何的企业管理制度,再好的企业管理制度,都是特定的企业和一定的历史条件的产物。(　　)

9. 由于各企业在行业、组织结构、人员结构等各方面都存在差异,所以世界上没有任何一个管理制度适用于所有的企业。(　　)

10. 中小企业的管理制度建设重点不是放在建立新模式、完善企业组织机构上,而应该放在提升企业的基础管理水平上,使企业更能适应现代市场竞争的要求。(　　)

## 四、简答题

1. 简述企业制度文化建设的内容和意义。

2. 简述企业领导体制的内容、特征和意义。
3. 目前企业组织结构发展呈现出哪些新的趋势？
4. 简述企业管理制度的类型和特点。
5. 制定企业管理制度应遵循哪些基本原则？

## 案例分析

### （一）通用电气公司管理制度的变迁

20 世纪 50 年代初，美国通用电气公司年销售额已超过 20 亿美元。公司规模大了，但权力完全集中于美国纽约总部，该管理模式已经不能适应公司的发展，需要对组织结构进行改良。于是公司总裁卡迪纳先生决定实施分权制度。卡迪纳先生责成斯密迪策划和设计该分权制度。斯密迪行伍出身，非常强调纪律的作用，他认为，实施新的制度时，肯定有阻力，所以必须由他说了算，基层人员要绝对服从，不能有异议。

斯密迪的观点总结为以下几点：

第一点，一个经理自己所能管理的企业规模是有界的。

他认为，一个经理自己所能胜任的经营规模，最大不能超过 5 000 万美元一年，再大就管不了了。按照他的观点，通用电气公司拆成了 150 个部门，各部门的经营规模不超过 5 000 万美元一年，各部门相对独立，各有各的经营业务，由各部门的经理负责管理，每个部门的经营直接对总裁负责，这样，通用电气公司就等于分成了 150 个“小公司”。这就导致了一个很不好的后果：当某部门的经营业务一年超过 5 000 万美元时，按照斯密迪的观点，必须分成两个相互独立的业务部门。

第二点，部门经营得好坏要有具体的量化指标。

斯密迪在测评一个部门经营好坏时，设计了 8 项指标，其中，两个较为典型：一个是利润；另一个是部门长期利益和短期利益的平稳。可在实际工作中，利润是很容易测定的，是多少就是多少，而长期利益的平衡怎么测定呢？当时无法测定，实际上也测定不了。

第三点，真正懂得管理的人，什么都能管理好。

他认为，能管理好一个钢铁厂的人，也能管理好一个大菜市场。因此，作为一个管理人员，应特别注重流动能力的训练。一个管理人员应有多方面的技能，能做许多方面的工作，要训练他做市场工作、工程工作、制造工作等。这样，通用电气公司的一个部门经理，这 3 年可能在做洗衣机生意，另外 3 年可能又去做核能的生意。让这些经理们流来流去，以训练他们的流动能力。

后来，斯密迪制度在公司的系统经营方面碰到了困难。通用电气公司拟通过竞争获得新加坡一发电厂的承建权。该业务要求电厂的设计、基建、设备和安装等所有业务全由承建方一家公司承包下来，搞系统经营。由于通用电气公司已经分成 150 多个相互独立的业务部门，其中，任何一个部门都不可能承包所有这家发电厂的业务，要参与这种国际竞争，公司不得不成立一个协调部门——通用电厂公司，来组织各个业务部门共同承接下这种系统业务。但由于各业务部门已经有了自己的责权利，互相独立，其开展工作起来的难度可想而知。最后，通用电厂公司发现，各部门提供设备的价格，往往比外公司的价格还高。

（资料来源：http://www.cavtc.net/jpkc/glxjc/Article/ShowArticle.asp，2007-04-26.）

**问题:**

1. 斯密迪对通用公司的管理制度采取了哪些改革措施?其目的是什么?

2. 为什么斯密迪的改革措施没有收到预期的效果?

## (二)疯狂目标的背后

阿里巴巴管理层总是提出一些"疯狂"的业绩目标,让阿里巴巴全公司上下都觉得匪夷所思。但是,这些目标最后都实现了。而能够做到这一点,阿里巴巴独特的价值观考核至关重要。价值观考核就像"主心骨",让阿里巴巴的队伍采取正确和高效的方式向前狂奔。而阿里巴巴又是如何将价值观融入绩效考核的呢?

1. 制定高目标

阿里巴巴崇拜高难度目标并且身体力行。从公司战略目标到员工的个人业绩指标,都信奉"今天的最好表现就是明天的最低要求"。例如,在个人绩效考核方面,阿里巴巴每个季度、每年采用5分制的打分方式对个人进行绩效评估。但是,在阿里巴巴,基本上没有人能拿到5分,而且只有10%的员工能够拿到4分。这样一种业绩指标设计和打分标准,体现了阿里巴巴的指导思想:如果目标定低了,你就会降低对自己的要求;你可以拿不到5分或4分,但是我要确定你已经尽了12分的努力去实现4分、5分的目标。

2. 价值观纳入绩效考核

阿里巴巴别出心裁地把价值观纳入绩效考核体系,并与业务考核各占50%。而在阿里巴巴价值观考核指标中,囊括了追求高绩效的价值观导向和具体的方式方法——如果价值观考核优异,业务考核不好是不可能的。阿里巴巴的价值观被称为"六脉神剑"(见图3-2),共有六大条,每大条细分为五个档次。这就把抽象的价值观分解为具体的行为和精神层面的要求。

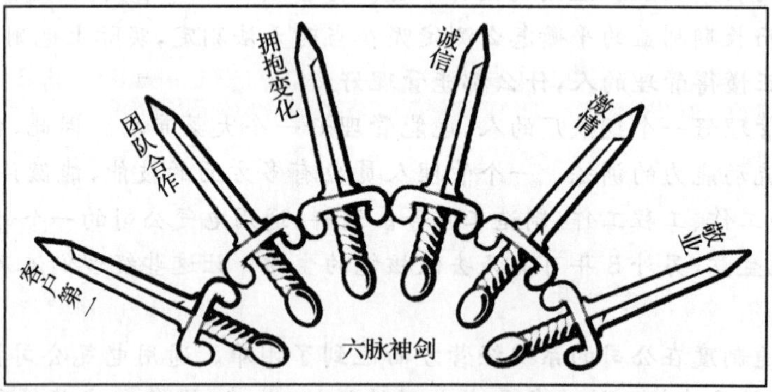


**图3-2 阿里巴巴的"六脉神剑"价值体系**

阿里巴巴的价值观大部分是对行为的要求,如"积极融入团队,乐于接受同事的帮助,配合团队完成工作";精神层面的要求,如"热爱阿里巴巴,顾全大局,不计较个人得失"。在价值观考核中,也突出了业绩导向,如"以积极乐观的心态面对日常工作,碰到困难和挫折的时候永不放弃,不断自我激励,努力提升业绩","创造变化,并带来绩效的突破性提高"——阿里巴巴把追求高绩效作为价值观的一部分渗入阿里巴巴文化中(见表3-1)。

**表3-1　阿里巴巴价值观考核表**

| 序号 | 价值观 | 价值观描述(评分标准) | 评分结果 |
| --- | --- | --- | --- |
| 1 | 客户第一:客户是衣食父母 | 1分:尊重他人,随时随地维护阿里巴巴的形象<br>2分:微笑面对投诉和受到的委屈,积极主动地在工作中为客户解决问题<br>3分:与客户交流过程中,即使不是自己的责任,也不推诿<br>4分:站在客户的立场思考问题,在坚持原则的基础上,最终达到客户和公司都满意<br>5分:具有超前服务意识,防患于未然 | |
| 2 | 团队合作:共享共担,平凡人做非凡事 | 1分:积极融入团队,乐于接受同事的帮助,配合团队完成工作<br>2分:决策前积极发表建设性意见,充分参与团队讨论;决策后,无论个人是否有异议,必须从言行上完全予以支持<br>3分:积极主动分享业务知识经验;主动给予同事必要的帮助;善于利用团队的力量解决问题和困难<br>4分:善于和不同类型的同事合作,不将个人喜好带入工作,充分体现"对事不对人"的原则<br>5分:有主人翁意识,积极正面地影响团队,改善团队士气和氛围 | |
| 3 | 拥抱变化:迎接变化,勇于创新 | 1分:适应公司的日常变化,不抱怨<br>2分:面对变化,理性对待,充分沟通,诚意配合<br>3分:对变化产生的困难和挫折,能自我调整,并正面影响和带动同事<br>4分:在工作中有前瞻意识,建立新方法、新思路<br>5分:创造变化,并带来绩效的突破性提高 | |
| 4 | 诚信:诚实正直,言行坦荡 | 1分:诚实正直,表里如一<br>2分:通过正确的渠道和流程,准确表达自己的观点;表达批评意见的同时能提出相应建议,直言有讳<br>3分:不传播未经证实的消息,不背后不负责任地议论事和人,并能正面引导,对于任何意见和反馈"有则改之,无则加勉"<br>4分:勇于承认错误,勇于承担责任,并及时改正<br>5分:对损害公司利益的不诚信行为正确有效地制止 | |
| 5 | 激情:乐观向上,永不放弃 | 1分:喜欢自己的工作,认同阿里巴巴企业文化<br>2分:热爱阿里巴巴,顾全大局,不计较个人得失<br>3分:以积极乐观的心态面对日常工作,碰到困难和挫折的时候永不放弃,不断自我激励,努力提升业绩<br>4分:始终以乐观主义的精神和必胜的信念,影响并带动同事和团队<br>5分:不断设定更高的目标,今天的最好表现是明天的最低要求 | |
| 6 | 敬业:专业执着,精益求精 | 1分:今天的事不推到明天,上班时间只做与工作有关的事情<br>2分:遵循必要的工作流程,没有因工作失职而造成的重复错误<br>3分:持续学习,自我完善,做事情充分体现以结果为导向<br>4分:能根据轻重缓急正确安排工作优先级,做正确的事<br>5分:遵循但不拘泥于工作流程,化繁为简,用较小的投入获得较大的工作成果 | |
| | | 价值观考核评分合计 | |

3. 做“人”的工作

阿里巴巴的价值观考核最重要的功能其实不在于考核本身,而在于较直观的传递和强化。因此,价值观考核虽然是硬性规定,但更多还是体现为软性的力量。活跃在阿里巴巴的一支红色娘子军——阿里巴巴人力资源部的政委们,在高的目标和硬考核之外,发挥着宣讲价值观、增进沟通、减少摩擦、协调关系、维护公平感和促进组织承诺度等软性力量。例如,阿里巴巴的价值观考核先由员工自评,然后由上级进行评估,之后是与人力资源部一起对分歧进行沟通,对没有做好的地方进行分析,通过建设开放透明的氛围和有效沟通,阿里巴巴的政委们成为价值观考核推进的润滑剂。

(资料来源:https://baijiahao.baidu.com/s? id=1671256627247916669&wfr=spider&for=pc)

**问题:**

1. 阿里巴巴的绩效管理取得成功的根本原因是什么?
2. 阿里巴巴企业文化体系建设过程中,制度保障的关键是什么?

## 实践与操作

### 项目一　综合实训:考察企业质量管理制度

[**目的**]

分别调查不同行业,如制造业、服务业的质量管理相关制度,比较其异同之处,深入了解企业制度文化的特点。

[**内容与要求**]

1. 学生分为两个小组,分别调研一家制造型企业和一家服务型企业的质量管理制度。
2. 两组同学分别对该企业的质量管理制度的内容、性质等进行分析,并进行对比分析。

[**成果评定**]

1. 进行企业质量制度比较专题讨论会。
2. 各组分别对所调研企业的质量制度调研报告进行陈述。
3. 对比不同类型、不同行业企业在企业质量制度及制度文化上的区别,并进行讨论。

### 项目二　执行力小测试

[**目的**]

简单地说,执行力就是保质保量完成工作和任务的能力。一家企业的成功,30%靠战略,30%靠运气,40%靠执行力。执行力对于每一名员工来说,都是必不可少的能力,如果执行力很差,就不可能有高的工作效率和好的工作业绩。

[**内容与要求**]

以下测试共18题,请在5分钟内完成,答案只需回答“是”或“否”即可。

1. 今天天气似乎要变坏,但出门带雨具又麻烦,您能很轻松地做出决定吗?　(　　)
2. 做一项重要工作之前,您会为自己制订工作计划吗?　(　　)
3. 您是否充分信任自己的合作者呢?　(　　)

4. 对自己许下的诺言，您能否一贯遵守？　(　　)

5. 您能在工作岗位上轻而易举地适应与过去的工作习惯迥然不同的新规定、新方法吗？　(　　)

6. 您能直率地说出自己拒绝某事的真实动机，而不虚构一些理由来掩饰吗？　(　　)

7. 辛苦工作之时，您是否会对自己计分评估保持幽默感呢？　(　　)

8. 您认为自己勤奋而不疏懒吗？　(　　)

9. 为了公司整体的利益，您敢于得罪他人吗？　(　　)

10. 做一项重要工作之前，您是否尽可能多地获取建议呢？　(　　)

11. 您是否善于倾听？　(　　)

12. 如果您了解到在某件事上领导与您的观点截然相反，您还能直抒己见吗？　(　　)

13. 进入一个新的部门后，您能很快适应这一新的集体吗？　(　　)

14. 领导要您星期五下班后提交一方案，到了规定时间，您发现自己的方案有不完善的地方，而且周末领导外出度假，您认为要等到下星期一再上交吗？　(　　)

15. 您善于为自己寻找合适的借口，来掩饰工作中的小错误吗？　(　　)

16. 对于一项执行困难的工作，您是否能全力以赴地执行使命呢？　(　　)

17. 对于工作中不明白的地方，您会向领导提出疑问吗？　(　　)

18. 您有能够顺利完成工作的自信吗？　(　　)

［**成果评定**］

1. 评分标准：每回答“是”，一题得1分；第14题、第15题回答“是”扣2分。

2. 结果分析：

(1) 10分以下：你做事往往拖拉。诸如一件工作，如果有人替你去做，你简直对他感激不尽。你使人觉得难以信赖，与你共事会很疲惫。也许对你来说，不做事才最逍遥，但在你拒绝做事或不负责任的时候，你也失去了一次成功的机会。

(2) 11～16分：你的执行力一般。工作中，你效率不高，但你也不会拖公司的后腿。也许你正为自己有游刃职场的能力而沾沾自喜，这就是你最大的缺点，千万别以为“混同于世”就会一帆风顺，要想有良好的工作业绩、获得升迁的机会，你就要发挥自己的一切能力，埋头苦干。

(3) 17～18分：你的执行力较好。你有较开阔的眼界与合理的知识结构，再加上你的果断与敬业，可以肯定的是，你是上司、同事们信赖的对象。如果辅以正确的执行方法，你肯定会有高的工作效率，能够取得较好的工作业绩。

# 任务4　企业的行为文化塑造

请扫描二维码
观看视频

## 知识目标

为了完成本任务，你需要的理论知识：

1. 企业行为文化的概念及内容
2. 企业领导者的行为特征及作用
3. 企业楷模的分类及其影响性
4. 企业员工行为的概念及与企业行为文化的关系
5. 塑造企业行为文化的途径

## 能力目标

通过完成本任务，你应该能够：

1. 识别并描述企业行为文化
2. 分析并塑造企业领导者行为文化
3. 正确选育和培养企业楷模
4. 有效引导员工认同企业行为文化
5. 塑造员工企业行为文化

## 项目任务

4.1　企业行为文化的概念及内容
4.2　企业领导者的行为文化塑造
4.3　企业楷模的行为文化塑造
4.4　企业员工的行为文化塑造

任务导入
相关链接
案例研究
增值阅读
任务小结
能力自测
案例分析
实践与操作

## 任务导入

### 趣味阅读

**买菜的比喻**

一位老板向管理大师诉苦说，他的公司管理极为不善，虽然公司不断鼓励“敢拼敢闯”和“奉献精神”，但员工似乎不为所动，工作状态依旧闲散。管理大师应约而往，到公司上下走动了一回，心中便有了底。

管理大师问这位老板：“你到市场去买过菜吗？”

老板愣了一下，答道：“买过。”

管理大师继续问：“你是否注意到，卖菜人总是习惯于缺斤少两呢？”

老板回答：“是的，是这样。”

“那么，买菜人是否也习惯于讨价还价呢？”

"是的。"

"那么,"管理大师笑着提醒他,"你是否也习惯于用买菜的方式来购买职工的生产力呢?"他吃了一惊,瞪大眼睛望着管理大师。

最后,管理大师总结说:"一方面是你在工资单上跟职工动脑筋,另一方面是职工在工作效率或工作质量上跟你缺斤少两——也就是说,你和你的职工是同床异梦,这就是公司管理不善的病源所在啊!"

(资料来源:http://news.mbalib.com/story/20707.)

类似的问题在很多企业都存在——企业领导者有美好的企业文化憧憬,也为此不遗余力地在企业内部进行宣传教育,但却无法将文化憧憬最终落为员工行为。企业领导者倡导企业文化固然重要,但如何让企业文化转化为员工行为文化,才是企业文化落地的最关键一环。

## 4.1　企业行为文化的概念及内容

### 4.1.1　企业行为文化的概念

企业行为文化即企业文化的行为层,是指企业员工在企业经营、教育宣传、人际关系活动、文娱体育活动中产生的文化现象。它是企业经营作风、精神风貌、人际关系的动态体现,也是企业精神、企业价值观的折射。企业行为文化建设得好坏,直接关系到企业职工工作积极性的发挥,关系到企业经营生产活动的开展和经营活动的成效,关系到整个企业未来的发展方向。企业行为文化集中反映了企业的经营作风、经营目标、员工文化素质、员工的精神面貌等文化特征。

**[相关链接 4-1]**

**海尔的白手套**

2009 年 6 月,一位美国客户来到位于青岛开发区的海尔工厂验货时,情不自禁地伸出手想摸摸生产线上的冰箱。没想到一位工人立刻拦住了他,并默默递来一双白手套,希望客户戴上白手套,不要将手印留在冰箱上。尽管没有一句话的表白,但这位普通海尔员工的质量意识深深打动了客户,赢来大笔订单。

(资料来源:http://finance.people.com.cn/GB/67723/67734/9978834.html.)

### 4.1.2　企业行为文化塑造的必要性

1. 行为文化是企业文化的重要载体

没有行为文化,企业文化就无法实现。人作为企业的构成主体,其行为当然蕴含着丰富的企业文化信息,是企业文化的重要载体,是企业文化最真实的表现。一个企业的企业文化的优劣、企业文化建设工作的成败,通过观察员工的日常精神面貌、做人做事的态度、工作中乃至社交场合的行为表现,就可以做出大致的分析判断。理念说得再美,制度定得再完善,都不如做得实在。

2. 行为文化建设是企业文化落地的关键环节

没有行为文化,理念和制度都是空谈。在企业文化构成的层次关系中,理念是企业文化的核心是指导一切的思想源泉;制度是理念的延伸,对行为产生直接的规范和约束力;物质文化是人能看到、听到的、接触到的企业具象的表现形式,但是这三个层次都是通过行为文化来表现的。企业行为是企业核心价值观和企业制度共同作用的结果,如果行为与企业精神、价值观和制度不一致,理念就成了海市蜃楼,制度也将是一纸空文;物质文化是行为的表现,有什么样的行为文化就会有什么样的物质文化。

3. 行为文化建设是实现价值观管理的必经之路

行为规范不是制度,而是倡导。制度是硬性的,而行为规范会根据不同的行为主体、不同对象采取不同的手段,如企业制度不会写上司用什么样的态度与下属谈话,行为规范就可以写出来。行为文化就是通过文字规范进行约束,慢慢变成员工的习惯,不符合企业核心价值观的行为会被文化无形的力量纠正,不认可这种规范的人会被企业排斥。当员工已经完全接受了企业的核心价值观时,员工的行为会超过制度的要求。所以当员工的价值观与公司的核心价值观一致后,规章制度就退后了,制度约束的行为已经变成了员工的自觉行为,这就是以价值观为本的组织控制,是价值观的巨大力量。

**[相关链接 4-2]**

**"言行一致"地打造企业文化**

"言行不一"是国内企业在建设企业文化的过程中最容易踏入的误区。它有两种典型的表现形式,一种是光说不做,公司热衷于口号、仪式、会议、企业标识等表面形式,而没有重视对管理层和员工行为和思维习惯的改变;更严重的一种是言行矛盾,公司倡导的是一种文化,实际行为却完全与之相反。

前一种形式非常普遍,很多公司把"合作""奋进""创新"等贴在了墙上,却没有把它们"贴"到员工心里,这些字眼实际上没有任何引导、激励或者约束效果。如果没有体现到行动中,贴在墙上的那些就不能叫文化,只是口号而已。按照约翰·科特和詹姆斯·赫斯克特在《企业文化与经营业绩》一书中的观点,企业文化由共同的价值观念和部门行为规范两部分组成。那些表面的符号化的东西根本不是企业文化的必要部分。换句话说,即使没有任何华丽的口号,一家公司只要有共同的价值观,并且它具备良好的市场推动力,它的企业文化也是合适的。

如果只说不做对于塑造企业文化来说是白日梦,那么说的和做的产生冲突,简直就是噩梦。言行矛盾,一个典型的例子就是2014年争议比较多的联想。联想曾经倡导亲情文化,以提高员工满意度和合作精神。柳传志也提到要给联想"增加湿润的空气"。但是联想在2014年的突然性大规模裁员行为却彻底破坏了员工对亲情文化的理解。这种举动不仅导致目前文化体系的崩溃,而且使得将来再建立新的文化变得非常困难。

因为这种行为已经破坏了员工与领导层之间的信任关系。

改变言行不一的状况，要从管理者行为和制度规范上两个方面入手。第一，管理者要用行为去证实文化的存在和有效性。第二，在制度上对所倡导的文化形成保障，尤其要在考核与激励制度上做出具体的规定。华为的任正非曾说过，只有人们看到雷锋不吃亏时，才会去做雷锋。只有年年月月地保持对价值观的坚守，对行为规范的遵循，文化才能够像空气一样在企业中弥漫，使上下员工的思想与领导者的思想步调一致，达到企业领导“无须为”却能使企业健康发展的状态。

（资料来源：http://blog.sina.com.cn/s/blog_537f74b50102e4e1.html.）

### 4.1.3　企业行为文化的内容

在企业文化结构中，行为文化处于第三层，是员工在生产经营、学习娱乐中产生的活动文化，是企业经营风格、精神面貌、人际关系的动态表现，也是企业精神、企业价值观的折射。企业行为文化的展示需要依靠人的力量，因此企业行为文化的内容涵盖了企业领导者的行为、企业楷模的行为和企业员工的行为。

1. 领导者的行为

领导者行为展现的是企业领导的思维方式和行为方式，在企业发展的不同阶段对企业行为的影响是不同的。在企业发展初期，企业领导者的个人能量和影响力对于企业的发展起决定作用，其他成员参与很少。企业领导者往往把自己的信仰和价值观移植到企业的经营决策活动中，对企业行为和员工行为具有强烈的示范效应，与企业命运休戚相关。随着企业的发展壮大，企业的核心团队不断融入新的成员，企业领导者个人的作用逐步弱化，领导者群体的作用在逐渐增强，但是企业领导者，特别是富有魅力的强势型企业领导者对企业行为的影响力在中国现实环境中还是非常大的，比如，海尔与张瑞敏、华为与任正非。

2. 企业楷模的行为

企业模范人物是企业的中坚力量。企业楷模使企业的价值观人格化，是企业员工学习的榜样，他们的行为常常被企业员工作为行为规范。他们来自员工当中，比一般员工取得了更多的业绩。员工对他们感觉很亲切，不遥远、不陌生，他们的言行对员工有着很强的亲和力和感染力。

3. 企业员工的群体行为

员工的群体行为决定了企业整体的精神风貌和企业文明的程度，员工群体行为的塑造是企业文化建设的重要组成部分。要通过各种开发和激励措施，提高员工知识素质、能力素质、道德素质、勤奋素质、心理素质和身体素质，将员工个人目标与企业目标结合起来，形成合力。

### 4.1.4　企业行为文化的规范

在企业运营过程中，领导者的行为、企业楷模的行为以及企业全体员工的行为都应有一定的规范。在规范的制定和履行中，就会形成一定的企业行为文化。具体可以从七个方面来考虑。

(1) 岗位规范：指企业根据劳动岗位的特点，对上岗人员的条件提出的综合要求。它是企业劳动管理工作的基础,是组织生产和进行内部工资分配的重要依据,对于加强企业劳动科学管理,建立培训、考核、使用和待遇相结合的机制具有重要作用。一般应包括岗位职责、上岗条件和生产技术规程三个部分。

(2) 形象规范:指公司员工的技术素质、文化水平、职业道德、精神风貌和仪表装束给社会的整体印象。具体包括日常着装、仪容仪表和言行举止方面的规定。

(3) 语言规范:员工语言规范的原则是,语音纯正、用词得当、语言温和、语言规范,不说文明忌语。

(4) 社交规范:具体可包括仪态礼仪、介绍礼仪、交谈礼仪、电话礼仪、办公室礼仪、商务接待礼仪、商务会议礼仪、商务谈判礼仪、涉外礼仪等与人交流沟通中的各种注意事项。

(5) 会议规范:建立详细的参与会议的各类注意事项的条例。

(6) 办公环境:包括保持整洁办公环境方面的规定。

(7) 其他规范:如员工心理干预、上网行为管理以及企业特殊需求的管理规定。

**[相关链接 4-3]**

**企业领导者行为的示范效应**

在企业内部经常可以听到员工这样抱怨:“领导说一套做一套。”领导嘴上说希望变革或改进,但是他们自己总不能用行动兑现;领导总是告诫员工应当如何去做,但他们自己的行为总是大相径庭;领导总是说:“我和你们是不一样的,你们能和我比吗?”俗话说,榜样的力量是无穷的。在这种示范效应下,员工又是怎样做的呢?

采购物料迟迟到不了货,原料状态永远是“已发出,在路上,马上到”;生产迟迟交不了货,并且总有合适的借口“缺物料,缺人,缺设备”;会议决议没有记录,责任人要么是忘记了,要么是否认有这项工作……这都是领导行为映射到员工行为的表现。

“只许州官放火,不许百姓点灯”的想法是企业麻烦的根源,这是企业文化层面的问题。在组织中,领导者在塑造价值观、文化理念和行为体系中的作用是难以估量的。领导者的行为除了是作为一个正直人的标准外,更是企业文化的重要内容。作为企业领导,首先要成为符合企业文化设定行为的典范,才能避免下属对领导层的不信任,以及由不信任而产生的背离企业文化要求的行为文化。

(资料来源:http://wenku.baidu.com/link?url=LeS-nNoilrO94JY771_RHSfHVdYBTtiosSFSaMhkRnNAIfJkCOIHZIZbJdVEehRIZEBje5lP369tFX00zK-8Aw9M2bl-Ht6-a10In759i67.)

## 4.2 企业领导者的行为文化塑造

### 4.2.1 企业领导者的内涵及行为特征

1. 企业领导者的内涵

企业领导者通常是指企业的创始人、董事长、厂长、总经理等,他们是企业的核心管理人员。企业领导者是企业理念体系的建立者，是设计企业长远目标战略的先导者，是公正地行使企业规章制度的“执法者”。在一定程度上，企业领导者的价值观代表了一个企业的价值观。

2. 企业领导者的行为特征

企业领导者是企业的核心人物，具体有以下特征：

(1) 企业领导者是企业经营的主要决策者，承担着企业经营的主要责任。作为市场经济的主角，企业领导是在市场经济的竞技场上，遵循和服从优胜劣汰的市场规则，靠开拓经营事业锻炼出来的，拥有现代科学技术和经营管理的知识和才能，是经营管理的专家，是冒险精神和创新精神的积极体现者。

(2) 企业领导者是企业文化的第一践行者，是企业文化修炼的核心力量，起着不可替代的作用。优秀的企业领导者是提高企业文化竞争力的关键，企业领导者的行为深深地影响企业行为，影响全体员工队伍，影响企业文化的塑造和发展。

(3) 企业领导者的行为自觉接受一定的社会文化的引导和制约。企业领导者的这一社会角色，与其他任何社会角色一样，由其行为塑造而成。企业领导者的行为是在特定的社会环境中进行的，受到社会道德、社会行为规范、法律规章的制约。

**[相关链接4－4]**

**山姆·沃尔顿与沃尔玛**

2001年度，公司收入高达2 189亿美元的美国零售业巨人沃尔玛公司终于超越美国石油巨头埃克森公司，跃居“全球500强”第一位。与此同时，经营沃尔玛公司的沃尔顿家族也以超过650亿美元的资产名列全球富豪榜的榜首。这一辉煌成功的始创者便是白手起家创业的美国著名企业家山姆·沃尔顿。

山姆·沃尔顿的个人素质被总结为几点：勤奋、诚实、友善、节俭、敬业；不断学习，不断创新；极强的竞争意识和冒险精神。正是自身的节俭，才有了沃尔玛的低价原则；正是自身创新开拓，才有了不断发展的沃尔玛。山姆·沃尔顿为企业经营定下了十大规则：① 敬业；② 与所有同事分享利润，把他们视为合伙人；③ 激励你的合伙人；④ 交流沟通；⑤ 感激你的同事为公司所做的每一件事；⑥ 成功要大肆庆祝，失败则不必耿耿于怀；⑦ 倾听公司中每一位员工的意见，广开言路；⑧ 要做得比顾客期望的更好；⑨ 比对手更好地控制费用；⑩ 逆流而上，另辟蹊径，藐视传统的观念。有人说，这都是些十分平常的规则。而沃尔顿却认为，其艰难之处正在于你要不断想出办法来执行这些规则。他自己确实做到了。

(资料来源：http://www.qianzhan.com/people/detail/268/140710-8d3c322c.html.)

### 4.2.2　企业领导者在行为文化建设中的作用

企业领导者是企业的灵魂人物，他们不但是市场舞台上的主角，更是企业的掌舵人。领导者的精神状态和思维方式决定了企业文化的主要方向，因此，企业领导者在建设企业文化

中具有突出的地位和作用。其在企业行为文化建设中的具体作用体现为:

(1) 企业领导者是企业行为文化的设计者。企业领导者在制定行动纲领、养成企业行为文化的过程中,起着“设计师”的角色作用。企业文化伴随着企业的诞生而降临,起初的企业文化是处于无意识状态的,待它发展到相当的程度后,需要将其进行系统的总结,然后在本企业予以推广和实施,而这一工作必须由企业领导者来完成。

(2) 企业领导者是企业行为文化的积极倡导者。企业价值观确定后,就需让广大职工理解、牢记其内容,认识其对企业生存发展的意义,以便遵循并养成与之相适应的行为习惯。企业领导者作为企业组织的核心人物,需扮演宣传鼓动家的角色。思想敏锐的企业领导者常常能及时发现企业文化存在的问题,并大胆创新,打破束缚企业发展的惰性文化,建立能够推动企业向前发展的新文化。

(3) 企业领导者是企业行为文化的示范者。企业领导者是企业行为文化的行为主导者。企业行为文化带有鲜明的企业领导者的个性烙印、人格特征、行为特征。企业领导者们通过自己的行为向企业职工渗透自己创办或发展企业的信念与追求,引导着企业行为文化的发展方向。

(4) 企业领导者是企业行为文化建设的实施者。企业行为文化的体系一旦形成,企业领导者就要全力引导本企业的广大员工去实施。企业领导者可以通过自己掌握的权力,倡导和推动本企业的企业行为文化活动的全面展开。同时,还可能有意识或无意识地阻碍和制约其企业行为文化向前推进。

(5) 企业领导者是企业行为文化的传播者。企业行为文化的传播和贯彻,需要企业领导者的长期努力。企业领导者积极倡导,培育具有本企业特色的企业行为文化,必须在实践中用自己的言行去影响企业的作风。

**[案例研究 4-1]**

### “老干妈”的绝招

在中国,相信没有多少人不知道“老干妈”(公司全名为贵阳南明老干妈风味食品有限责任公司)。“老干妈”自1996年成立以来,连续17年销售额都在增长,2013年,产值达到37.2亿元,上缴税收5.1亿元。正是这样一个纳税大户,却在种种做法上与现代企业惯常的经营理念格格不入。“不上市、不贷款、不融资”,“不促销、不推销、不做广告”,作为老干妈集团的创始人,陶华碧独特的企业经营理念,成为很多人研究的重要标本。

1. 创业“绝招”:拼!苦拼!苦活累活亲自拼

1996年7月,陶华碧借村委会的两间房子,招聘了40名工人,办起了食品加工厂,专门生产麻辣酱,定名为“老干妈麻辣酱”。虽然她目不识丁,但她认准了一个“管理绝招”,那就是:“我苦活累活都亲自干,工人们就能跟着干,还怕搞不好?”风风火火的陶华碧这么说,就这么干,什么事情都亲力亲为。当时的生产都是手工操作,其中捣麻椒、切辣椒时溅起的飞沫把人的眼睛辣得不停地流泪,工人们都不愿干这活。陶华碧就亲自动手,她一手挥着一把菜刀,嘴里还不停地说:“我把辣椒当成苹果切,就一点也不辣眼睛了。”员工听了,都笑了起来,纷纷拿起了菜刀……那段时间,陶华碧身先士卒地干,结果累得患了肩周炎，10 个手指的指甲因搅拌麻辣酱全部钙化了。可是，她当老板的都这么拼命苦干，工人们还会惜力吗？

2. 对内"绝招"：真！真情！真得员工不忍背叛

别的企业制定许多规章制度，都是为了制约员工消极怠工、偷工减料，防止员工对企业不忠诚。可陶华碧在对内管理上，有自己的独门"绝招"：实行亲情化管理！即自始至终对员工进行"感情投资"。比如，在员工福利待遇的制定上，考虑到公司地处偏远，交通不便，员工吃饭难，她决定所有员工一律由公司包吃包住。当公司后来发展到 1 300 多人时，这个规矩仍然没有废止。公司拥有 1 300 多个员工，她竟然能叫出 60% 的人名，并记住了其中许多人的生日；每个员工的生日到了，都能收到她送的礼物和一碗长寿面加两个荷包蛋；每个员工结婚时，她必定要亲自当证婚人；每当有员工出差，她还总是像老妈妈送儿女远行一样，亲手为他们煮上几个鸡蛋，一直把他们送到厂门口，直到他们坐上了公交车后，才转身回去。这种亲情化的"感情投资"，果然使"老干妈"公司具有了超强的凝聚力。在员工们的心目中，陶华碧就像妈妈一样可亲可敬。在公司里，没有人叫她董事长，全都叫她"老干妈"。

3. 对外"绝招"：诚！诚信！诚得别人不忍欺骗

她对员工们说："都说无商不奸，我就偏偏不信，我偏偏要'宁可人人负我，我决不负客户！'"2001 年年初，广州有个销售商把年销售"老干妈麻辣酱"的目标定到了 3 000 万元。陶华碧觉得这目标太高，很难实现，就半开玩笑地说："你如果真实现这个目标，我年终就奖你一辆轿车！"大家都知道陶华碧特别节俭——她当了这么大的老板，却一直连轿车都不配，平时出门办事往往兜里揣两个馒头，坐着农用车往返，她怎么会舍得奖外人轿车呢？可是到了年终，销售商真的完成了 3 000 万元的销售额。陶华碧力排众议，兑现承诺！这事传开后，销售商们都感叹道："还是'老干妈'最讲诚信啊！"另外有一次，她的公司急需豆豉原料，让重庆的一家豆豉酿造厂赶紧运来了 10 多吨豆豉。谁知卸货下车后，才发现外面摆放的豆豉是质量好的，里面的豆豉居然都馊了！如果只顾赶着生产，这批豆豉经过特殊处理后用一用也未尝不可，但陶华碧不能容忍对顾客有一点儿欺骗。她坚持退货，公司也因缺原料被迫停产一段时日，造成了莫大的损失。但这件事传开后，陶华碧为顾客真诚负责的精神感动了人们，"老干妈"在市场上的信誉更好了。

（资料来源：http://baike.baidu.com/link? url=hreCkhQRxGbKSOCRJR5jGoyRy3UCGSeoNMA4FbYpXZxwbFDvXVbn4iPpTfi7fDZmlCUVyWe5h4D9_ROYplenqq#2.）

陶华碧，这个没上过一天学的农村老大妈，说不出洋洋洒洒的大道理，却用自己的实际行为奠定了公司勤奋、团结、诚信的文化氛围。

### 4.2.3　塑造企业领导者的行为文化

行为，作为一个人内在心理的外化系统，是最直接向外界表露自己情感的方式。企业领导者的行为之所以举足轻重，就因为企业领导者要借此传达自己内心的思想，去赢得别人的认可。

“观其行而知其德”。企业领导者的思想、价值观和个性都是通过其行为表现出来。企业领导者通过企业领导者本人所具有的一些特征来突出个体形象,从而赢得别人的好感,赢得员工和公众的认可。企业领导者的个人行为已经超越了个人的范畴。领导者的行为表现总是需要不断地向员工传递极具引领性的信息——儒雅的、霸道的、睿智的、杰出的、勇敢的、清醒的等,不管愿不愿意,领导者的行为表现潜移默化地影响着他们在员工心目中的形象,这些形象对企业产生深远的影响。

一方面,在企业内部管理中,企业领导者要给所有的员工以一种干练、向上、执着的奋斗精神,用强烈的激情去激励员工和自己一样,为企业的发展壮大而奋斗。在内部场合,企业领导者对待员工的一个小小的行为都会在员工内心产生强烈反响,从而影响其日后的工作。一个具备人格魅力的企业领导者带给员工的不仅仅是管理与奋斗,同时也是关心的温暖。从内部管理的层次上说,企业领导者的人格魅力,是一种能量巨大的软管理手段。

另一方面,企业领导者在出席社会性、公益性、新闻采访等场合,体现的是以企业领导者为代表的整个企业风范和形象,这种风范和形象是企业形象的重要部分,体现的是企业对社会的态度,对公益事业的参与,是对社会的义务回报,是企业文化的外在行为体现。

## 4.3 企业楷模的行为文化塑造

### 4.3.1 企业楷模的内涵及分类

1. 企业楷模

企业楷模是指在企业生产经营过程中涌现出来的各种先进骨干分子、劳动模范、标兵等。他们既可以是企业生产经营和管理的带头人,也可以是企业普通员工中的优秀分子。他们是企业价值观和企业精神的化身,他们的观念、品质、气质与行为特征都是企业特定价值观的具体体现。

2. 企业楷模的分类

(1) 从来源上看,企业楷模可分为“群众楷模”和“领导楷模”。“群众楷模”来源于生产一线,“领导楷模”来源于管理层。“群众楷模”是企业的普通一员,是员工活生生的样板,容易使人产生认同感和亲近感。大力选树群众楷模更容易为员工所认同,并且每一名员工经过努力都有可能成为其中的一员,其激励作用更为显著。

(2) 从能力上看,企业楷模可分为“单项楷模”和“全能楷模”。“单项楷模”的事迹及品行特征集中表现在某一方面,“全能楷模”则表现出比较全面的优秀品质。“单项楷模”从某一方面体现了企业的价值观,“全能楷模”比较全面地体现了企业的价值观。但“全能楷模”大部分是大家心中的偶像,崇拜有加、效仿不足,“单项楷模”因个性突出、形象鲜明,更容易为群体成员学习和效仿。

(3) 从示范效应上看,企业楷模可分为“原发型楷模”和“树立型楷模”。“原发型楷模”即示范原型在没有通过宣传的情况下发生了一定影响。“树立型楷模”,即示范原型的言行得到广泛的承认,并通过一定的形式(舆论、宣传等)被确立为效仿的榜样,因此产生的影响范围相对较大和程度相对较深。

### 4.3.2　企业楷模在行为文化建设中的影响

企业楷模是企业文化建设不可或缺的角色。他们生活、工作于普通员工中间,分散在各个岗位,与普通员工朝夕相处,其优秀的品格和模范的言行对员工起着示范、导向作用,吸引广大员工去学习和仿效,从而产生潜移默化的效果。

企业楷模的示范作用有利于员工形成和坚持正确的价值观念。企业楷模的言行能吸引企业员工的注意,从而在自身孕育并转化为个人行为,进而推及全部员工,影响了企业行为文化。楷模能够把企业价值观人格化和形象化,使企业员工在看得见、摸得着、学得了的环境中逐步效仿,因此就能使企业宗旨和目标外化为企业员工的行为,达到行为引导塑造的目的。

另外需要注意的是,企业在通过楷模人物的先进示例对企业员工的行为乃至行为文化进行引导时,要多用启发、少用教导,多用示范、少用监督,多用引导、少用强制,这样才合乎企业文化“润物细无声”地发挥功效的要求。

[**相关链接 4-5**]

**技术工人的楷模徐小平**

现年55岁的高级技师徐小平,是上海大众汽车有限公司发动机厂的高级维修经理。他30多岁时就自学德语,通过了“德语高级翻译”的考核,与德国专家面对面交流技术,还带领团队与外方谈判。值得一提的是,徐小平的维修团队研发的项目填补了国内空白,多年来为上海大众节约各项维修费用9 600多万元。

2006年4月,“徐小平维修服务中心”在上海大众发动机厂正式挂牌成立。2011年,徐小平维修技术工作室被上海市总工会命名为首批“劳模创新工作室”。截至2013年4月,徐小平的维修队伍总共145人,其中被公司命名为专家的有4人,上海大众特级技能师1名、高级技能师5名、高级技师12名;2012年申报国家级专利8项、国际专利1项。徐小平充分发挥“劳模创新工作室”优势,先后建立起热处理感应器维修制造、电子电气维修、测量仪维修、刀具技术、电主轴自主维修和“维修专业培训中心”六大专业工作室。在这个团队里,有经验丰富的“老法师”,有刚刚走出校门的年轻人,共同的理念、目标把他们的心紧紧聚合起来。“以前我很注重个人学习,但现在我更注重团队建设。创新需要国际眼光,成功需要整个团队做支撑,创新的平台越大,就越感到个人的渺小。”徐小平希望将来提到发动机维修,可以删略“徐小平”三个字,而是让人想到大众,想到上海,想到中国。

(资料来源:http://sh.eastday.com/m/20130425/u1a7349477.html.)

### 4.3.3　发扬企业楷模的行为文化

楷模在企业文化建设和企业发展中发挥着重要作用,树立企业楷模是企业推动文化建设的重要形式和途径。在充分发挥楷模在企业文化建设中的作用时,需要注意以下几个方面。

1. 建立适当的机制选好楷模

企业应该结合实际,建立一套公平、公正的选拔机制、监督机制、奖惩机制,依据职工的工作能力、道德观念、群众基础、企业文化价值观等条件综合评选,不同的岗位可选取不同的楷模,但选取的楷模一定要让大家信服,不然会适得其反。

2. 要制定完善的方案培养楷模

企业要想让楷模一直保持先进性、模范性,要制定一套完善的培养方案,如定期开展知识、业务能力、企业文化、思想教育培训等,定期轮岗进行锻炼,适当提拔让他们快速成长。企业领导平常要多与楷模沟通、谈心,及时为他们分忧解难,让他们更安心、更专心地工作。

3. 要探索有效的方式学习楷模

企业要充分发挥楷模的榜样作用、导向作用、聚合作用、协调作用、创新作用,探索有效的方式进行学习。例如,把楷模的先进事迹、工作成绩进行多种方式宣传,创造一种人人以先进为荣、人人学先进、人人争先进的氛围。

**[案例研究 4-2]**

**国资委党委发布第二批“央企楷模”**

国务院国资委党委日前在京发布 2019 年第二批“央企楷模”,授予航天科工朱坤、中化集团刘长令、中国铁建刘飞香 3 名个人,兵器装备集团第二〇八所新型步枪系统创新团队 1 个集体“央企楷模”荣誉称号。国资委副主任、党委委员翁杰明出席发布仪式并会见“央企楷模”及其代表。翁杰明在会见时指出,在新中国成立 70 周年、全党上下掀起学习贯彻党的十九届四中全会热潮之际,国资委党委宣传发布“央企楷模”,意义十分重大。各位楷模有的为庆祝新中国成立 70 周年重大活动做出直接贡献,有的为新中国成立 70 年来各项重要事业做出突出贡献,是科技报国的带头人、大国重器的创造者,是新时代中央企业的最美奋斗者。中央企业各项事业发展过程中都需要这样的领军人物和先进典型来发挥示范表率作用,引领大家朝着共同的目标不懈奋进。翁杰明强调,国资委和中央企业要掀起学习宣传“央企楷模”的热潮,形成学习楷模、崇尚楷模、争做楷模的浓厚氛围。

(资料来源:http://news.gmw.cn/2019-11/19/content_33332808.htm.)

## 4.4 企业员工的行为文化塑造

### 4.4.1 企业员工行为的概念及分类

1. 企业员工行为的内涵

群体是两人或两人以上的集合体,他们遵守共同的行为规范,在情感上相互依赖,在思想上相互影响,而且有着共同的奋斗目标。

企业员工行为指的是各类员工在工作岗位上的表现和工作作风、非正式企业活动和业余活动等，既包括正式行为也包括非正式行为。

2. 企业员工行为的分类

（1）员工群体内行为：具体表现为群体压力下的从众效应和社会标准化倾向。群体压力是指群体对其成员的一种影响力。当群体成员的思想或行为与群体意见或规范发生冲突时，成员为了保持与群体的关系而需要遵守群体意见或规范时所感受到的一种无形的心理压力，它使成员倾向于做出为群体接受或认可的反应。社会标准化倾向是指群体成员的行为在群体规范的影响和制约下，差异缩小，而趋向于相同的倾向。

（2）员工群体间行为：不同工作员工群体在工作中发生的各种相互影响和相互作用的行为。

**[相关链接4-6]**

**群体压力下的从众效应实验**

一个经典的实验是社会心理学家所罗门·阿希所做的“线段实验”。在一间明亮的教室中，真实被试者只有一名，其他的七名“被试者”都是为配合实验而故意安排的助手。实验给被试者两张卡片，一张卡片上有一条线，另一张卡片上有三条长度不同的线，然后让被试说出三条线中哪一个与另一张的一条线长度相同，表面上是调查被试对线段长度的判断，而阿希真正感兴趣的是在群体压力介入环境时将会出现什么情况。

于是阿希让助手被试在几次正确的判断线段长度之后故意都给出错误的答案，然后观察真正被试的反应。实验结果惊人地发现有33%的被试屈服于小组的压力而做出错误的判断，而且可以观察到被试在这个屈服于群体压力的过程中伴随着激烈的内心冲突，因此这个实验还引发了学界关于实验中的伦理道德的大论争。阿希的实验向我们表明：有些人情愿追随群体的意见，即使这种意见与他们从自身感觉得来的信息相互抵触。群体压力导致了明显的趋同行为，哪怕是以前人们从未彼此见过的偶然群体。

（资料来源：http://www.360doc.com/content/18/0720/22/2530266_772016296.shtml）

### 4.4.2　影响企业员工群体行为的因素

1. 工作规程

组织内对于群体间工作上的协调规则和程序，影响到群体间行为的方式方法，最终影响到质量和绩效。

2. 组织层级设计与计划

组织内部层级设计是否科学合理、组织内部工作计划是否能充分利用并有效协调各个部门群体，会显著影响组织内群体间行为。

3. 群体间的沟通渠道

组织内部对群体间的信息能否及时传递、能否有效传递,对群体间的竞争与合作关系产生一定影响,因为信息不对称产生的冲突矛盾屡见不鲜。

### 4.4.3 企业员工与企业行为文化的关系

企业的主体是企业员工,企业行为文化建设的主体也是企业员工。只有当企业所推崇的价值观、行为准则能够被员工群体普遍认同和接受,并使员工群体在实践中自觉履行,才能形成企业行为文化。企业员工是企业产品的直接生产者、企业服务的直接提供者、企业效益的直接创造者,企业员工在一线与客户、供应商打交道时充当企业形象的直接代言人,因此,员工群体行为对企业的整体精神风貌和文明程度有着直接的决定作用。同时,企业所推崇的价值观、行为准则能否成功实现也最终取决于价值观、行为准则能否贯彻实施到员工群体的日常操作和服务行为等工作行为中。

[案例研究 4-3]

**激辩华为"床垫文化"**

2006 年 5 月 28 日晚,中山大学附属第三医院,年仅 25 岁的胡新宇因病毒性脑炎被诊断死亡。连续的封闭式开发工作让他全身多个器官在过去的一个月中不断衰竭,免疫系统受到破坏,直至被夺去生命。他服务的企业叫华为。

胡新宇的死亡,在华为员工中间引发了较大规模的争论。对于胡新宇的死,华为内部员工存在不同的看法。有人认为,胡新宇没有处理好工作与休息的关系,没有量力而行,造成这个结果有他个人的原因。也有部分员工认为,华为对胡新宇的死负有一定的责任,矛头直指华为"床垫文化"。所谓"床垫文化"就是鼓励加班。

尽管华为没有一个公开条例鼓励员工加班,但是华为却一直在创造条件,让员工乐于加班。首先,华为为每名员工卡里打入 800 元钱,作为一个月在公司内部吃饭购物的花销,如果员工晚上在公司加班到八点半之后,可以领到免费的夜宵。另外,在公司加班到夜里十点半之后,公司可以为员工报销打车回家的出租车票。所以 70%以上的员工,都会自动加班到八点半,因为刚毕业的大学生居多,平时也没有什么娱乐活动,大部分男员工也是单身,所以很多人都自动会加班到八点半后回家。

考核员工的绩效,往往是领导根据员工是否按质按量地完成工作而确定。而能够按质按量地完成工作,就意味着员工必须加班,才能跟上华为的快节奏,自己不至于成为整个工程环节的拖后腿者。一位华为研发部的员工表示,华为把员工的加班算作绩效考核的一部分,整个公司的文化就是鼓励加班。

事实上,关于加班,华为有一个有名的"床垫文化",伴随着它从 1988 年成立一直到现在。华为员工每个人的办公桌下都有一个床垫用于休息。一张床垫半个家,华为人携着这张床垫走过了创业的艰辛。"床垫文化"意味着华为人努力把智力发挥到最大值,它是华为精神的一个象征。

华为凭借超常的发展成为中国企业创业、创新和国际化的标杆。华为的总裁任正非有一个超出常规的思维，认为企业需要狼的精神，而狼有三大特征：一是敏锐的嗅觉；二是不屈不挠、奋不顾身的进攻精神；三是群体奋斗。华为的加班是大面积和普遍的，华为已经把“床垫文化”带到了全球业务所在的每个角落。华为只有靠有价格优势的设备费和较短的工程周期与爱立信等国际巨头抢市场。这就造成华为人需要忍受高强度的工作压力，进行周期短、工作量大的艰苦开拓。

（资料来源：http://news.sohu.com/20070618/n250638552.shtml.）

大规模加班的“床垫文化”其实是华为狼性文化落实到员工行为文化上的一种表现，在这种文化的熏陶下，人的凝聚力、协同性、认可度都会加强，整个组织的战斗力确实会加强。但需要反思的是企业文化的功用是塑造和滋养，文化的根基在人，如果忽视了人的作用和存在，忽视人本身的属性和需要，那么这种文化就是有缺陷的文化。

### 4.4.4 建设企业员工的行为文化

建设企业员工行为文化的路径如下。

1. 利用先进理念引导行为

通过价值观引导、行为规范的约束和行为的不断强化和修正，员工自觉养成优秀的行为习惯，个人的工作目标同企业发展相融合，主动按照价值观的倡导去规范自己的行为。可见，价值观引导对员工群体行为产生重要的影响。

2. 工作目标与个人目标兼顾

塑造企业员工的群体行为，要把员工的工作目标与员工的个人目标联系起来，使员工认识到工作不仅仅是给企业打工，除了能够对企业有贡献之外，也能实现个人的提升，达到工作目标与个人目标的共同实现。

3. 建立合理的员工行为准则

建立具有可实施性的员工行为准则，能够使员工知道什么该做，什么不该做，从而在日常工作中能够从细微处规范自身的行为。

群体规范对成员行为有重要影响，好的规范能促进群体任务的实现。所谓规范就是群体成员约定俗成或明文规定的行为标准。规范有成文的，但大量是非成文的。那些为了维护群体利益并保证工作正常进行，若不遵守就要受到处罚的条文规范，即纪律，是规范的升华。

4. 领导者率先示范，引领员工行为

在一个企业中，领导者不仅是决策者和执行者，同时也是行为文化的倡导者和引领者。事实上，每个员工都会对自己的行为后果有一个预期。比如，公司提倡一种行为，如果是某个员工的话，他是不敢或不愿去违背的，但当他看到领导没有遵守这项规定的话，以后遇到某种情况，他也会尝试着去侵犯制度的权威，直至无所顾忌地去违反制度为止，因为他从领导那里已经找到了可以违反的理由。

5. 培养积极的职业心态

积极的心态是一种乐观、进取的心态，它是一种正面的心态，由希望、乐观、勇气、进取、慷慨等正面的特征组成;而消极的心态是一种反面的心态,它由悲观、颓废、抱怨、等待等反面的特征组成。培养员工积极的职业心态对群体行为的塑造有着不可忽视的影响。

6. 建立有效的沟通机制及时化解冲突

任何一个工作群体都会产生一定的冲突,只有及时沟通解决冲突才能降低冲突的不良影响。

**[案例研究 4-4]**

### 德胜洋楼的极简文化实践

德胜洋楼是苏州一家设计与制造美式木结构别墅的公司,它建造的住宅超过了欧美标准,占到国内细分行业市场份额的70%以上。公司的创始人聂圣哲试图通过他制定的管理方法,将农民改造成合格的产业工人以及诚实、勤劳、有爱心、不走捷径的绅士。它的员工手册被广为流传,在2005年正式出版后已经重印29次,还被翻译为英文,已然成为中国企业管理的"圣经"。

德胜洋楼践行极简文化——逻辑简单、直击人性、形式简约、务实高效。德胜公司的文化建设,可以总结成两个主要方面。

1. 简单可感知

德胜洋楼的价值观很简单:"诚实、勤劳、有爱心、不走捷径"。所有的管理制度,也都围绕价值观开展。德胜公司要求员工做君子,远离小人,虽没有过多的笔墨去渲染"君子",但却渗透在了制度中,有两个例子很有说服力。

第一个例子是考勤。现代企业的考勤管理,从最早的签到制到后来的门禁打卡、密码签到,甚至有更先进的指纹打卡,上班族也都习以为常。可是德胜公司的员工守则中,却明确提出"公司永远不实行打卡制"。因为德胜公司认为,不诚实的人是没有资格得到信任和重用的,员工在公司做事是拿着工资的,理应想着要为公司做事,应该自觉做到在上班时间满负荷地认真工作。如果连上下班时间都需要管起来,那是对员工的不信任,也是一种不尊重。

另一个例子是财务报销。任何公司都会重视财务管理,防范风险、控制成本是财务管理的重要原则,可在德胜公司,员工报销任何公务费用或规定可以报销的因私费用,都不需要主管领导签字,只需要在报销单上写清楚费用发生的时间、地点、事由、报销人的名字,有其他人同时经手的,可以作为证明人在相关的票据上签字,就可以去财务部报销了。在报销时,出纳首先要宣读一份声明:"您现在所报销的凭据必须真实及符合《财务报销规则》,否则都将成为您欺诈、违规甚至违法的证据,必将受到严厉的惩罚,并付出相应的代价,这个污点将伴随你一生。如果因记忆模糊自己不能确认报销凭据的真实性,请再一次认真回忆并确认凭据无误,然后开始报销,这是极其严肃的问题。"财务人员在每一次报销时,都要不厌其烦地做此声明,既是仪式,也是教育和提醒员工务必对自己的行为负责,对自己的信用负责。

从每天上班的考勤,到最容易出问题的财务报销,不难看出德胜公司在制度中倡导的诚实。在制度中已经充分体现了人性化管理,可是上班不打卡,员工可以随心所欲地调休，报销不用主管领导签字，出现问题怎么办？德胜公司的做法是文化与制度并行来实现综合管理，一方面是营造做君子的高尚氛围，一方面是通过奖惩制度来保障。

几乎所有的人性化管理，都会有助长惰性的副作用。为了抑制这种副作用，德胜公司首先旗帜鲜明地提出："公司始终不认为员工是企业的主人，公司认为企业主和员工之间永远是一种雇用和被雇用的关系，是一种健康文明的劳资关系"，这显示了公司从制度层面反对惰性的立场，大家是由于劳动力关系才成为同事的，谁也没有理由去躺在功劳簿上睡大觉。其次，德胜公司开展了"清醒工程"——对于工作了几年出现惰性后不珍惜的、不遵守规矩的、不遵守规章制度的员工，公司会安排他离开到别的企业工作一年，有了不同公司的工作体会，才能有比较，这也被称为"吃一年苦工程"。这两剂解药分别从制度层面和情感层面瓦解了惰性，保持了员工的勤奋的精神面貌和工作状态。

在日常工作中，德胜公司也是不计成本地为员工提供了最好的工作和生活条件，除了食宿条件好以外，还提出不准带病上班，发现带病坚持上班的每次罚款50～100元；还为工作满一年的员工安排家属慰问金，包括代表公司宴请家属一次，每次不超过10人、每人不超过60元，代表公司给正在上学的子女赠送不超过200元的礼物一份。

2. 具体可执行

德胜公司的原则是所做的计划都能实施，公司坚决杜绝做出一些不能实施的东西，包括规章制度。

在工作中，德胜公司提倡简单、纯洁的同事关系，"君子之交淡如水"是公司推崇的健康的同事关系法则。在同事关系法则中，要求员工的关系简单化，明确规定同事之间聚餐每月不能超过一次，并且提出禁止有血缘、地缘关系的同事形成小集体，这些都改变了建筑行业的既有风气，也减少了公司的人际关系损耗。

在考核中，执行国际通用的"1855规则"，即全公司的员工到年终时有10%的员工要重奖，对80%的员工予以肯定，对5%的员工进行批评，最后5%的员工予以解聘。被解聘的是指那些有意怠慢工作或者工作不努力、未能完全履行自己职责的员工。

对于高管，公司有更严格的要求。公司认为高管首先应该是个出类拔萃的员工，然后才可能是个合格的管理者，为了保证管理人员接地气，德胜公司规定，所有高管每个月必须有一天将自己的管理工作交给助理，然后到基层工作一天，可能是刷油漆，也可能是打扫卫生。在这一点上，聂圣哲先生以身作则，多数时间都出现在施工工地上，因为他坚信，只有身体力行地参与了实践，才能做出合理的判断和决策。

（资料来源：http://www.hejun.com/zhuanlan/zhanglufeng/201405/1940.html.）

大道至简，文化管理亦然。让老实的、爱干事的人能得到他应得到的一切，让那些耍嘴皮子、不干实事的人能得到应有的惩罚。德胜公司的极简文化实践证明，如果企业家和管理者都能够这样去理解、建设和管理企业文化，文化可以很直白、管理可以更实效、企业可以更有竞争力。

## 增值阅读

### 不同产业的企业员工行为特质

企业员工的行为特质是企业员工在长期的文化积淀中所形成的待人接物的风格和默契。不同的产业会有不同的企业文化,就是同一产业的不同行业,企业文化也各有特点,从社会经济的类别角度来分析,有第一产业(农业)、第二产业(工业)、第三产业(服务业),另外包括创新型产业(知识产业)。各产业间不同的员工行为特质具体如下。

1. 农业型企业的共同员工行为特质

(1) 吃苦耐劳:农业型企业面对大自然,经受春夏秋冬,风霜雨雪,很少能享受到现代科技带来的舒适环境,能吃大苦耐大劳是他们的主要行为特质。

(2) 松散随意:农业型企业一般是向大自然要产出的,所以有较大的不可预测性,对企业的回报比例不会有其他型企业那样准确,有相当大的机遇性。因此,其行为也就必然会比其他型企业松散,缺乏严密的协调和配合。

(3) 忙闲不匀:具有很强的季节性特点使农业型企业员工的行为特质必然有张弛失序、松紧不均、忙闲不匀的情况,这导致他们的行为特质不能以一致的规范加以贯之。

(4) 顺应天意:农业型企业比其他型企业有更多的天意,因此在行为上体现为更多的感性,更少的理性。

2. 制造型企业的共同员工行为特质

(1) 勤奋:尽管大量的制造手段已经自动化、流水化,但是制造业还是不能摆脱脏活、粗活、重活。虽然不会像农业那样日晒雨淋,但流汗甚至是流血是常有的事,所以拈轻怕重,不能受苦受累是制造型企业员工的大忌。勤劳就成了制造型企业员工行为特质的首选。

(2) 服从:制造型企业的一线员工,往往面对的是冰冷的机器和规范的工艺。因此,服从是制造型企业员工的天职。离开了服从,不但无法达到一定的质量标准,就连生产活动本身都无法组织。

(3) 严谨:所谓"假冒伪劣"就是极不严谨的制造型企业的产品。严谨的行为特质必须讲规矩、重规范,做事讲流程、讲标准,促使做事一丝不苟,精益求精。在制造型企业大力倡导对待生产活动的每个环节都要吹毛求疵。

(4) 理性:在制造型企业中,设计、研发、生产都是按科学的定理定律进行的,而科学的定理定律又是科学家长期调查、研究、实验的结果。所以,讲理性就必须尊重已通过的设计、已决定的流程、已制定了的标准,并按共同的游戏规则行事。

3. 服务型企业的共同员工行为特质

(1) 热情:这是服务型企业员工的第一要求。热情是一种态度,有了热情就什么困难也不在话下。在服务行业,热情就是常常面带微笑,就是任劳任怨,就是对自己的事业充满热爱,充满信心。热情就是十分勤快。

(2) 周到:周到主要表现在服务活动的流程和程序上,对服务对象的需求和潜在需求全部了解,并千方百计满足了,连最小的细节都考虑到了,滴水不漏。

(3) 耐心:耐心和细心是服务的必备品格。细心是空间上的,而耐心则是时间上的。耐心就是任劳任怨、责无旁贷、不讲条件、不找借口、负责到底。

(4) 守信:守信就是信守承诺,绝对守时。服务业会对客户有各种各样的承诺,对这些承诺是超预期的执行还是打点折扣,这是守信与否的分水岭。

4. 创新型企业的共同员工行为特质

创新型企业就是彼得·德鲁克说的知识经济的主体,可以说是第四产业,创新企业就是知识型企业。它是以运用知识和智慧为主,而不是专门用土地、机器和设施设备来产出效益的企业。创新型企业的行为特质如下:

(1) 自由:创新型企业对工作不能有太多的约束,但也不是放纵。它要求有个较宽松的环境,只求不妨碍和影响别人的行为规范,对个人的自由和爱好有相当的宽容度。对个人的起居、穿着、上下班、工作时间不可能有严格的限制,常常是结果导向的行为规范。但自由并不排斥公德和共同认同的基本制度,自由的本质是自我约束。

(2) 喜新:喜新厌旧是推动经济发展、社会进步的心理动力。一件件的发明成果很快变成人们的生活,就是人类喜新厌旧的成果。不厌旧就不会创新。

(3) 专注:创新型企业尤其需要专注力。没有专注,任何一项创新都不会成功。因为只有全神贯注,全身心投入,才可能产生灵感,而灵感是创新的生命。

(4) 探索:创新型企业必须富有冒险和探索精神,对于新的事物、组合、应用都必须冒着成功与否的风险去探索,只有探索才能出新,因此创新型企业是容忍犯错误的,只是不许犯同样的错误或犯同一个错误。由于探索的需要,创新型企业就不可能有严格的规矩,而更依赖使命感驱动。

这里所说的四种产业的行为特质是作为类别而言的,对于具体的企业,产业的不同,行业的不同,还有产业分量的不同和行业分量的不同,都会影响企业员工的行为特质。所以,企业的行为特质是复杂的。如果一个企业的行为没有特质,这个企业肯定没有企业文化,即使有也是文化现象或文化因素,不可能产生企业文化的凝聚力、影响力、约束力和推动力。

(资料来源:廖代月.企业文化实践——从理念到行为习惯的操作工具.北京:北京理工大学出版社,2010.)

## 任务小结

企业行为文化是企业文化落地的关键一环,也是最难实施的一环。值得所有企业文化建造者予以高度重视和细心研究。

(1) 企业行为文化即企业文化的行为层,是指企业员工在企业经营、教育宣传、人际关系活动、文娱体育活动中产生的文化现象。企业行为文化塑造的必要性体现为行为文化是企业文化的重要载体、行为文化建设是企业文化落地的关键环节、行为文化建设是实现价值观管理的必经之路。

(2) 企业行为文化的展示需要依靠人的力量,因此企业行为文化的内容可以分为企业领导者的行为、企业楷模的行为和企业员工的行为。在企业运营过程中,需要对这三部分内容制定统一的行为规范,具体包括岗位规范、形象规范、语言规范、社交规范、会议规范、办公环境及其他规范。

(3) 企业领导者通常是指企业的创始人、董事长、厂长、总经理等,他们是企业的核心管理人员。企业领导者是企业的核心人物,具体特征包括企业领导者是企业经营的主要决策者,是企业文化的第一践行者,其行为自觉接受一定的社会文化的引导和制约。

(4) 企业领导者在企业行为文化建设中的突出作用体现为:企业领导者是企业行为文化的设计者、积极倡导者、示范者、建设的实施者、传播者。

(5) 企业楷模是指在企业生产经营过程中涌现出来的各种先进骨干分子、劳动模范、标兵等。他们既可以是企业生产经营和管理的带头人,也可以是企业普通员工中的优秀分子。他们是企业价值观和企业精神的化身,他们的观念、品质、气质与行为特征都是企业特定价值观的具体体现。在充分发挥楷模在企业文化建设中的作用时,需要注意,建立适当的机制选好楷模、制定完善的方案培养楷模、探索有效的方式学习楷模。

(6) 企业员工行为指的是各类员工在工作岗位上的表现和工作作风、非正式企业活动和业余活动等,既包括正式行为也包括非正式行为。常见的影响员工群体行为的因素有工作规程、组织层级设计与计划、群体间的沟通渠道等。

(7) 建设企业员工行为文化的路径是:利用先进理念引导行为、兼顾工作目标与个人目标、建立合理的员工行为准则、领导者率先示范引领员工行为、培养积极的职业心态、建立有效的沟通机制及时化解冲突。

## 能力自测

### 一、单项选择题

1. 在企业文化结构中,行为文化处于(　　),是员工在生产经营、学习娱乐中产生的活动文化,是企业经营风格、精神面貌、人际关系的动态表现,也是企业精神、企业价值观的折射。

A. 第一层　　B. 第二层　　C. 第三层　　D. 第四层

2. (　　)决定了企业整体的精神风貌和企业文明的程度。

A. 企业领导者的行为　　B. 企业楷模的行为

C. 企业员工的群体行为　　D. 企业的行为

3. (　　)是企业的核心人物。

A. 企业领导者　　B. 企业楷模　　C. 企业员工　　D. 员工群体

4. (　　)是企业文化的第一践行者,是企业文化修炼的核心力量。

A. 企业领导者　　B. 企业楷模　　C. 企业员工　　D. 员工群体

5. (　　)是指在企业生产经营过程中涌现出来的各种先进骨干分子、劳动模范、标兵等。

A. 企业领导者　　B. 企业楷模　　C. 企业员工　　D. 员工群体

6. (　　)生活、工作于普通员工中间,分散在各个岗位,与普通员工朝夕相处,其优秀的品格和模范的言行对员工起着示范、导向作用,吸引广大员工去学习和仿效,从而产生润物无声、潜移默化的效果。

A. 企业领导者　　B. 企业楷模　　C. 企业员工　　D. 员工群体

7. (　　)指的是各类员工在工作岗位上的表现和工作作风、非正式企业活动和业余活动等,既包括正式行为也包括非正式行为。

A. 企业领导者的行为　　B. 企业楷模的行为

C. 企业员工的行为　　D. 企业的行为

8. 常见的影响员工群体行为的因素有(　　)。

A. 工作规程　　B. 组织层级设计与计划

C. 群体间的沟通渠道　　D. 以上皆是

9. (　　)是指群体对其成员的一种影响力。当群体成员的思想或行为与群体意见或规范发生冲突时,成员为了保持与群体的关系而需要遵守群体意见或规范时所感受到的一种无形的心理压力,它使成员倾向于做出为群体接受或认可的反应。

A. 员工群体内行为　　B. 员工群体间行为

C. 群体压力　　D. 社会标准化倾向

10. (　　)是指群体成员的行为在群体规范的影响和制约下,差异缩小,而趋向于相同的倾向。

A. 员工群体内行为　　B. 员工群体间行为

C. 群体压力　　D. 社会标准化倾向

## 二、多项选择题

1. 企业行为文化的内容可以分为(　　)。

A. 企业领导者的行为　　B. 企业楷模的行为

C. 企业员工的行为　　D. 企业的行为

2. 企业行为文化规范包括(　　)。

A. 岗位规范　　B. 形象规范　　C. 语言规范　　D. 社交规范

3. 企业领导者通常包括的角色有(　　)。

A. 企业的创始人　　B. 董事长　　C. 厂长　　D. 总经理

4. 企业领导者是企业行为文化的(　　)。

A. 积极倡导者　　B. 示范者　　C. 实施者　　D. 传播者

5. 从来源上看,企业楷模可分为(　　)。

A. 群众楷模　　B. 领导楷模　　C. 原发型楷模　　D. 树立型楷模

6. 从示范效应上看,企业楷模可分为(　　)。

A. 单项楷模　　B. 全能楷模　　C. 原发型楷模　　D. 树立型楷模

7. 企业员工行为分为(　　)。

A. 员工群体内行为　　B. 员工群体间行为

C. 群体压力　　D. 社会标准化倾向

8. 以下关于企业员工与企业行为文化的关系论述正确的是(　　)。

A. 企业的主体是企业员工,企业行为文化建设的主体也是企业员工

B. 只有当企业所推崇的价值观、行为准则能够被员工群体普遍认同和接受,并使员工群体在实践中自觉履行,才能形成企业行为文化

C. 企业员工在一线与客户、供应商打交道时充当企业形象的直接代言人

D. 企业所推崇的价值观、行为准则能否成功实现也最终取决于价值观、行为准则能否贯彻实施到员工群体的日常操作和服务行为等工作行为中

9. 建设企业员工行为文化的路径包括(　　)。

A. 利用先进理念引导行为

B. 建立合理的员工行为准则

C. 领导者率先示范，引领员工行为

D. 建立有效的沟通机制及时化解冲突

10. 以下关于员工行为准则的论述中正确的是(　　)。

A. 建立具有可实施性的员工行为准则，能够在日常工作中规范员工的行为

B. 行为标准或规范对群体成员有重要影响

C. 行为标准或规范必须是成文的

D. 行为标准或规范有成文的，也有大量非成文的

## 三、判断题

1. 企业行为文化集中反映了企业的经营作风、经营目标、员工文化素质、员工的精神面貌等文化特征。　(　)

2. 行为文化建设是企业文化落地的关键环节。　(　)

3. 企业楷模的行为表现潜移默化地影响着他们在员工心目中的形象，这些形象不会对企业产生较大的影响。　(　)

4. 企业领导者对待员工的一个小小的行为都会引发员工心理的强烈反响，从而影响其日后的工作。　(　)

5. 企业在通过楷模人物的先进示例对企业员工的行为乃至行为文化进行引导时，要多教导，多监督，才能发挥功效。　(　)

6. 企业楷模一定是企业的小部分员工。　(　)

7. 企业员工行为指的是各类员工在工作岗位上的表现和工作作风、非正式企业活动和业余活动等，既包括正式行为也包括非正式行为。　(　)

8. 企业的主体是企业家，企业行为文化建设的主体也是企业家。　(　)

9. 行为标准或规范必须是成文的。　(　)

10. 行为标准或规范有成文的，也有大量非成文的。　(　)

## 四、简答题

1. 简述企业行为文化的主要内容。

2. 简述企业领导者在行为文化建设中的作用。

3. 如何发扬企业楷模的行为文化影响力？

4. 简述企业员工与企业行为文化的关系。

5. 简述建设企业员工行为文化的路径。

## 案例分析

### (一) 为什么星巴克的员工很难被挖走？

星巴克的创新力和企业文化一直被行业所津津乐道，多年来被竞争对手挖角的概率极低。“星巴克的伙伴(员工)很难被挖走。”星巴克(中国)的人力资源副总裁余华充满自信地说道。那么，星巴克为何如此有魔力？这种魔力来自人文精神始终贯穿在星巴克内部的方方面面。

一方面，星巴克重视伙伴的声音，会定期举行“公开论坛”。在这个论坛中，每一位伙伴都可以向高管提问并得到解答。这种坦诚的沟通机制不但起到了减压阀的作用，而且真正为决策层提供了意见参考。管理层与伙伴会定期进行“一对一的真诚谈话”，在关注伙伴是

否完成任务之外，更加关注伙伴每天的感受和工作的心态。另一种鼓励伙伴的方式是“赞赏文化”，即积极认可和鼓励伙伴的突出表现。除了公司正式的表彰外，星巴克在每周的咖啡品尝会上，有一个环节是伙伴之间互赠认同鼓励卡片。这种行为习惯是星巴克公司文化的一部分，紧密合作的氛围是促进人际和谐的润滑剂。与公开认可相反，如果伙伴的绩效表现差强人意，主管会选择私下与伙伴进行沟通，指出问题的同时，也会认真倾听并给予辅导。公开赞赏与私下真诚地沟通也成为减少伙伴压力的重要环节。

另一方面，星巴克为伙伴提供多种发展渠道，鼓励伙伴在不同岗位“流动”也成为特色之一。当公司有职位空缺时，公司会通过内部流程推荐给门店伙伴，鼓励大家申请。除了技术型伙伴之外，星巴克内部的提拔率为90%以上。同时，星巴克注重为90后生力军提供多种渠道学习和自我展现的机会。星巴克会帮助伙伴培训认证“咖啡大师”，也会利用90后能够快速融于社交网络等互动媒体的优势，为公司创造“星巴克体验”，从而与顾客之间的关系也更加融洽。顾客会因为喜爱的店员而长期光顾星巴克，每名伙伴都有机会通过“竭尽所能做到最好”而成为顾客心目中的“STAR”。根据不同需求提供多种学习发展之路，将伙伴培养成为追求卓越、敢于担当的人才，无疑使他们能更加自信地面对职场压力。

“从人文视角出发，我们追求卓越业绩”。因为星巴克为伙伴提供的不仅仅是一份工作，更多的是在“家”的文化熏陶中，在“伴”你成长的氛围中实现了企业和伙伴的双赢。所以星巴克在中国的16年来赢得了无数忠诚的追随者——无论是顾客还是“伙伴”。

（资料来源：http://money.163.com/15/0305/14/AJUTULR100253G87.html.）

**问题：**

1. 星巴克把员工当作“伙伴”，体现了一种怎样的企业文化？
2. 星巴克是如何通过实际行动来落实“以人为本”的企业文化的？

## （二）海尔“砸冰箱”事件

1984年以前，（海尔的前身）青岛电冰箱总厂主要生产单缸洗衣机，那时候是按照一等品、二等品、三等品、等外品分类的。原因就是在那个时候中国刚刚改革开放，由于物品缺乏，市场非常好，只要产品还能用，就可以堂而皇之地送出厂门，而且绝对有市场，绝对卖得掉，就是等外品都能够销售得出去。实在卖不了的产品，就分配给一些员工自用，或者送货上门半价卖掉。

1984年年末，张瑞敏出任厂长，他反复给大家上质量课，学习日本质量管理知识，成立质量管理小组。员工很容易就学会了质量管理方法，但质量意识的提高，却不是一朝一夕所能改变的。员工的头脑里整天是一等品、二等品、三等品、等外品，固有的产品质量观念很难改变。

1985年4月，张瑞敏收到一封用户的投诉信，投诉海尔冰箱的质量问题。于是，张瑞敏到工厂仓库里对400多台冰箱存货全部做了检查，发现有76台不合格。张瑞敏立刻通知全厂职工都来参观。员工们参观完以后，张瑞敏把生产这些冰箱的责任者和中层领导留下，问大家应该怎么处理？大家意见一致——分给员工自用。张瑞敏却坚定地说：“这些冰箱必须就地销毁。”他顺手拿了一把大锤，照着一只冰箱，“咣咣”就砸了过去，把这台冰箱砸得稀烂，然后把大锤交给了责任者，令其当场进行销毁处理，转眼之间，76台冰箱全都砸烂。在场的人一个一个的都流下了眼泪。

一台冰箱当时价格800多元钱,对比当时员工每个月才40多元钱的工资,一台冰箱是他们两年的工资呀!张瑞敏说:"从现在开始,我们要确立质量方面的一种理念'有缺陷的产品就是废品'。市场上只有合格品,非合格品就不能进入市场,冰箱厂要完善质量管理制度,以后谁再生产了这样的冰箱,责任由自己负。"

由此,大家开始明白,海尔的前途与有没有严格的质量管理是息息相关的,一定要重视产品的质量。冰箱总厂的老职工胡秀英说:"忘不了那沉重的铁锤,高高举起又狠狠落下,76台质量不合格的冰箱顷刻间成了一堆废铁。它砸碎的是我们陈旧的质量意识,唤醒了我们去努力提高自身素质的意识。有了质量,我们才有了现在的一切。"

在这个事件中,张瑞敏带头扣掉了自己当月的工资,以做警戒。而这一事件也成为海尔发展史上的经典案例。厂长砸冰箱的行为给海尔全体员工思想造成了强烈的震撼,员工的质量意识有了普遍的提高,生产责任心迅速增强,在每一个生产环节都不敢马虎了,精心操作,"精细化,零缺陷"变成全体员工发自内心的心愿和行动,从而使企业奠定了扎实的质量管理基础。那把砸冰箱的海尔大锤,由此在海尔乃至中国企业创品牌的道路上,都具有了标志性的意义。2009年4月,中国国家博物馆对外宣布,张瑞敏带头砸毁76台不合格冰箱时用过的铁锤,被中国国家博物馆收藏为国家文物,文物编号为:国博收藏092号。

(资料来源:http://wenku.baidu.com/link? url=3zf_FBhL9ewUuPdTE2NCPDSS2m29wf_zK2PYqEZ8KX2pPZxkCWdMAhq8mJoDbZIZlhGapmG8b9lUF812nLYtTuWN0MC36Bea 8ACZDgD3tq.)

**问题:**

1. 张瑞敏如何通过企业领导者的行为引导企业员工行为?

2. "砸冰箱"事件使青岛电冰箱总厂员工的行为发生了怎样的转变?

## 实践与操作

### 项目一　综合实训:设计企业行为文化规范

[**目的**]

使学生通过设计实践,了解企业行为文化的体现,加深对企业行为文化的认识,以及对企业行为文化规范作用的感受。

[**内容与要求**]

1. 由学生自愿组成小组,每组8~10个人,以学生自主创业为蓝本虚构一家企业。要求有具体的企业经营产品分析、顾客群分析、员工来源分析等。

2. 每组需根据课程所学知识,经过讨论制定这家虚拟自主创业型企业的企业行为文化规范(以初创型企业招募新员工,并进行内部培训为背景)。规范需要包括以下几个方面:

(1) 岗位规范;

(2) 形象规范;

(3) 语言规范;

(4) 社交规范;

(5) 会议规范;

（6）办公环境；

（7）其他规范。

3. 每组根据讨论写出一套该企业行为文化规范。

［**成果评定**］

1. 调查访问结束后，以班为单位组织一次企业行为文化规范交流活动，每组派出至少 3 位成员一起汇报本组的调研情况。

（1）1 位同学负责介绍虚拟企业的基本情况；

（2）1 位同学负责主讲本企业的行为文化规范；

（3）1 位以上同学配合主讲同学的讲解，扮演具体的行为内容。

2. 就各组的调研情况进行交流。

3. 由组长和老师对每一组的调研情况进行评估打分。

4. 本次实训成绩计入企业文化实训环节。

## 项目二　演讲：我心中的偶像

［**目的**］

以演讲的形式，讲述一位对自己有影响力（可以是长辈、朋友、偶像等）的人引发自己行为改变的事例。

［**内容与要求**］

要能够阐述清楚：

1. 描述这位对自己有影响力的人的具体言行。

2. 分析这段言行能引发自己触动及改变的原因。

3. 自己改变前的行为及改变后的行为对比。

4. 这种影响力的可推广性。

［**成果评定**］

1. 分析陈述表达清晰，层次分明、符合逻辑。

2. 演讲效果良好，有感染力。

# 任务5　企业的物质文化设计

请扫描二维码
观看视频

## 知识目标

为了完成本任务，你需要的理论知识：

1. 企业物质文化的概念和内容
2. 企业工作环境与生活环境文化
3. 企业容貌的内容
4. 企业产品文化的含义及原则
5. 企业广告文化的内容与特征

## 能力目标

1. 通过完成本任务，你应该能够：
2. 了解企业物质文化的内容
3. 改造企业环境
4. 优化企业容貌
5. 进行企业产品的文化设计
6. 进行广告文化的策划与实施

## 项目任务

5.1　企业物质文化的概念及内容
5.2　企业环境文化
5.3　企业产品文化
5.4　企业广告文化

任务导入
相关链接
案例研究
增值阅读
任务小结
能力自测
案例分析
实践与操作

## 任务导入

趣味阅读

### 电梯厂的老钢琴

“这架钢琴是真的吗？”一名到西子奥的斯面试的大学生有些吃惊，他甚至试探性地用手指敲了敲琴键。这架钢琴就摆在西子奥的斯办公楼的大厅里，休息时间，谁都可以上去弹一弹。不会弹也没有关系，只要预置好曲目，钢琴的自动演奏系统就会让音乐如泉水般涌出。

西子奥的斯是中国最大的电梯生产基地之一，其母公司美国奥的斯曾以“电梯发明者”的身份载入史册。那么，这架价值不菲的钢琴为何会出现在这家以生产电梯而闻名的企业里？西子奥的斯人力资源部部长吴华的说法是“环境造人”：健康优雅的工作环境会激发员工对生活的热爱、对事业的追求，从而以百倍的精力投入工作中去。

（资料来源：http://www.ceconline.com/leadership/ma/8800049941/01/.）

为员工创造一个舒适的工作环境，是企业物质文化建设的内容之一，也是管理者的一项重要工作内容。“环境造人”，除了要求有健康积极的企业“软环境”，还需要有相适应的“硬环境”协调发挥效用。

## 5.1　企业物质文化的概念及内容

### 5.1.1　物质文化的概念

企业物质文化也叫企业文化的物质层，是指由职工创造的产品和各种物质设施等构成的器物文化，是一种以物质形态为主要研究对象的表层企业文化。相对核心层而言，它是容易看见、容易改变的，是核心价值观的外在体现。

企业物质文化是一种以物质形态为主要研究对象的表层组织文化，是形成组织文化精神层和制度层的条件。优秀的组织文化是通过重视产品的开发、服务的质量、产品的信誉和组织生产环境、生活环境、文化设施等物质现象来体现的。物质文化是以物质形态为载体，以看得见、摸得着、体会得到的物质形态来反映出企业的精神面貌。

### 5.1.2　物质文化的内容

1. 企业的环境及企业容貌

企业为生产所提供的物质环境（如厂房、仓库、办公室等企业建筑物和生产环境等）以及为员工生活所提供的物质文化环境（如住宿区、食堂、购物场所、俱乐部、健身房等），此外还包括企业为生产所提供的服务等。这些都是企业物质文化的主要内容。而独特的企业容貌能够充分反映企业的文化品位，折射出经营的价值理念。企业容貌包含对企业名称、建筑风格、布局规划以及纪念雕塑和象征物等的设计。

2. 企业生产的产品和提供的服务

企业生产的产品和提供的服务是企业生产经营的成果，包括企业所生产的产品及其包装、设计，以及企业向社会提供的各类服务等。产品和服务是企业物质文化的首要内容。

3. 企业广告文化

现代企业广告文化作为企业文化的重要内容，在宣传企业文化、塑造企业形象的同时，为市场经济条件下企业竞争创造了有力的武器，也为现代精神文明教育面向社会提供了更为直接有效的方法和途径。

物质文化是企业文化的物质表现，是有形的。通过物质文化，可以进一步认识企业的行为文化、制度文化、精神文化等深层次的文化内容。

## 5.2　企业环境文化

企业建筑及各种设施环境，是企业生产经营活动的物质基础，也是企业物质文化的重要组成部分。良好的企业环境能够凸显企业的文化特色，给人美的享受，让员工心情舒畅地工作和生活。因此，企业环境是企业物质文化设计中不可忽视的内容，包括企业整体环境、企业工作环境、企业生活环境以及企业面貌等方面的塑造。

### 5.2.1 企业整体环境

优化企业环境,不仅可以提高生产效率,促进员工身心健康,还能增强企业凝聚力。企业应力求创造自然和谐的环境,这是设计的根本目标。设计时应注意员工生理和心理的协调,实现人与自然的和谐,在此基础上,还要兼顾安全、经济、美化、生态与文化的诉求。

1. 企业选址

企业选址是否适当是营造企业环境的首要因素。通常遵循以下三个条件:① 自然条件,即便利的原料、良好的气候、适当和宜居的地形。② 经济环境,即邻近市场、交通便利,有充分的公共服务、良好的商业环境等。③ 社会因素,包括充足的劳动力供应市场、良好的治安环境和政府政策等。

2. 建筑功能设计

建筑是人们为了满足社会生活需要,利用所掌握的物质技术手段,并运用一定的科学规律、风水理念和美学法则创造的人工环境。这种人工环境是否舒适、美观和适用,很大程度取决于建筑布局和整体规划的好与坏。企业应重视这种整体布局规划,提升外界对企业的第一印象。企业整体规划主要指企业的空间设计应满足功能分区需求,并充分考虑建筑朝向,合理安排建筑间距,建筑布局有整体观念,统一中求变化,能体现建筑群体性格,注意对比、和谐手法的应用等。一个企业的绿化环境、厂房造型、办公区域布局、各车间布局、各种交通布局等,都应给人以一种“花园式企业”或某种主题个性的感觉,渗透企业的核心价值理念。

企业建筑功能设计的原则:① 适合需要,既有效利用建筑基地符合制程和生产的需要,且与机器布置计划配合。② 坚固耐用。③ 光亮通风。④ 易于扩充。⑤ 外观壮丽。⑥ 弹性控制,即企业建筑应有效地利用建筑基地,适应制程,节省建筑费用,考虑工作安全,注意环境美化及预留扩充余地。

3. 绿化

绿化是优化工作环境的一项重要工作。绿化不仅能改善工厂的自然环境,还能为工作环境中各种因素的优化起到辅助作用。实践证明,花草树木是工作环境天然的“消声器”“吸尘器”和“空调机”。绿化植物可以吸收有毒气体,杀死细菌,吸滞灰尘,降低风速,减弱噪声,增加空气湿度,降低温度,净化空气。

### 5.2.2 企业工作环境

企业工作环境的优劣,直接影响企业员工的工作效率和情绪。优秀企业的工作环境,为企业员工提供良好的工作氛围,是企业重视人的需要、激励人的积极性的主要手段。为企业员工创造一个舒适安全且有效率的工作环境,是管理者的一项重要工作内容。优化工作环境涉及的范围很广,主要包括以下几个方面。

1. 科学布置

工作环境的设计和布局要科学。

(1) 办公室等布置要考虑两个因素：一是信息传递和交流的迅速、方便；二是人员的劳动生产率。办公室工作的处理对象主要是信息以及组织内外的来访者，信息的传递和交流方便与否，来访者办事是否便捷将是首要考虑因素。例如，在银行营业部、贸易公司、快餐公司的办公总部等，开放式的办公室布置使人们感到交流方便，能够促进工作效率的提高。当然，信息的传递和交流不仅限于对外，对于需要跨越多个部门才能完成的工作，部门之间的相对地理位置也是一个重要问题。同时，办公室工作效率的高低往往取决于人的工作速度，而办公室的布置，又会对人们的工作效率产生较大的影响。尤其是当办公室人员主要是由高智力、高工资的专业技术人员所构成时，劳动生产率的提高就具有更重要的意义。

(2) 生产车间等布置要符合技术和工艺特点。一是整个车间的布置，机器设备的安排，零部件、原材料的堆放，都必须有利于生产要素的结合，即符合科学技术和工艺过程的要求。二要符合员工的生理要求。在企业生产系统中，人始终处于核心地位，系统应以人为本，通过改变劳动者与生产资料的相对位置来改善工作条件。三要符合员工的心理特征。必须重视生产空间布局与员工心理需要的协调。例如，丰田汽车厂运用时间动作原理和人体力学的基本原则，将产品运输带抬高，使作业人员不必弯腰工作，既提高了工作效率，又减轻了工人负荷。

2. 照明

工作环境中的采光一般有自然采光和人工照明两种形式。在设计照明时，应尽量利用自然光，因为自然光线柔和，对人的视觉刺激最小，有利于人体健康。通常照明亮度越高，看得越清楚，但如果亮度过高，反而会造成眩目、看不清楚。因此，人工照明一般应以人眼观察物体的适宜舒适度为标准。

3. 空气

主要是从通风、温度和湿度三个方面来考虑。保持良好的通风和适宜的温度、湿度，不光是保证产品质量等生产性要求，也是保护员工身心健康的需要。尤其在化工厂、冶炼厂、炼油厂、纺织厂等企业，要减少和避免空气中有害物质对员工身体健康的威胁，保持良好通风是非常重要的；而一些精密仪器、生物化学、制药等企业则对厂房内的空气温度、湿度有一些特殊的要求。工作地点要根据不同的作业性质和不同的季节气候，采取必要的措施，保持正常的温度与湿度。通常，人体感到舒适的相对湿度以40%～60%为最佳，正常的通风标准是每人每小时约2 000立方尺的空气。温度，夏季为18 ℃～24 ℃，冬季为7 ℃～22 ℃。夏季，当工作地点的温度经常高于35 ℃时，应采取降温措施；冬季，室内温度经常低于5 ℃时，应采取防寒保温措施。

4. 色彩

在人的工作环境中选用适当的色彩，不仅可以调节人的情绪，还可降低人的疲劳程度。适当的色彩可以提高视觉器官的分辨能力和减少视觉疲劳。色彩对人的情绪也有影响，明快的色彩使人感到轻松愉快，阴郁的色彩则会令人心情沉重。科学检验的结果表明：适当的环境色调可以使企业劳动生产率提高4%～10%。一般来说：

(1) 办公厅的颜色趋向单色化，即地板、墙与帐帘的颜色要调和。例如，先选择桌子的颜色，而后选择与桌子的颜色相协调的地毯的颜色；较地毯颜色淡的颜色，可作为墙壁和窗帘的颜色。椅子或附属品如图画、桌子附属品和灯，则可采用鲜艳的颜色。一般来说，桌子的颜色宜浅,地板的颜色宜采用棕色,天花板以白色为最佳。普通办公室的天花板宜用白色,面对职员的墙壁宜用冷色,其他壁面宜用暖色;会议室以淡色与中性色为最佳,会客室以中性色为佳;私人办公室以深色与浅颜色为佳。

(2) 生产厂房内部环境应采用反射性好、不易引起视觉疲劳的白色、绿色、黄绿色、蓝绿色等,而不宜选用红色、紫色、橙色等颜色。当然,根据工作性质、工厂地理位置、空间大小等不同,色彩的选择也会有一些不同要求。例如,东北地区的厂房、宽敞的车间应以暖色调为主,而南方的厂房、冶炼车间、狭小的空间则宜采用冷色调。机器设备的色彩也应符合人体生理和心理特点。

5. 声学

一是控制和减少噪声污染。一般可从控制声源和声音传播途径来解决问题。办公室应注意防止噪音,力求安静。办公室或车间应减少或尽可能排除声音的来源,地板、天花板与墙壁采用吸音的物材等。二是利用音乐调节环境气氛。心理学研究表明,柔和悦耳的音乐不但不会分散注意力,反而会提高工作效率,因此可在适合的工作场所播放音乐,以此来减轻疲劳和调节情绪。当然,并非所有工作场所都适宜播放音乐,而且要注意乐曲的选择和音量的控制,如麦当劳等快餐店的音乐节奏较为欢快,仿膳等的音乐则比较舒缓。

[**相关链接 5-1**]

**谷歌总部的工作环境**

谷歌不是一个传统的公司,这一点完美地体现在其办公环境之中。谷歌的办公室极具个性化,这是在职场中都出了名的。

每名新到谷歌的员工都将得到 100 美元用于装饰办公室,员工们可以在自己的办公室中“恣意妄为”。有的员工喜欢赤脚,就用 100 美元铺了一小块高级木地板,踩着它舒服地工作;有的员工在网上买到一个古董电话亭,也运过来摆在办公室一隅;也可以带着心爱的狗儿来上班,只要宠物不乱跑、不大叫就都可以带到公司来。如果工作累了,还可以带宠物到外面的草地上一起享受一下阳光和运动。实际上,员工自己设计装饰办公桌,可以起到加强工作场所的自我区域认同的感受。

谷歌公司素以向员工提供美食而著称,这也吸引了许多优秀人才投奔旗下。谷歌的免费食堂提供堪比五星级酒店的自助餐点,味道极佳,而且所有谷歌员工都可以带朋友来用餐。公司配备的零食茶饮间,其中面包、冰激凌、饼干与各类饮料一应俱全。免费的饮料,可口的三餐,种类堪比超市的零食等,共同营造了谷歌浓郁的办公室零食文化。

谷歌的整个办公空间采用了不同的色调搭配,明亮鲜活,让人感到轻松自在。如要往来于办公室之间,员工可骑乘电动滑板车或玩具车。巧克力、懒人球以及巨型积木随处可见,使这里更像是托儿所。

(资料来源:https://www.sohu.com/a/122698520_154581)

### 5.2.3 企业生活环境

生活环境包括对居住条件、环境卫生、配套服务设施等方面的改善,也包括对企业员工本身及其子女学习条件的创设。例如,修建公司宿舍,设立优惠住房贷款,员工公寓有卫生间,配备电风扇或空调;构建企业文化体育设施,丰富员工的业余生活,增强员工的体质和文化修养;娱乐活动场所齐全,有图书室、健身室、展览室、棋牌室等;组建书画协会、摄影协会、户外协会、街舞协会等职工业余文化组织,经常开展群众性文体活动;为员工办理社保,建有员工医疗室等。

**[案例研究5-1]**

**最适宜工作的公司**

《财富》杂志公布了"2016年度最适宜工作的100家公司"名单。在最新榜单上,谷歌、韦格曼斯食品超市、波士顿咨询分列前三名。

谷歌(Google)已经连续六年稳居美国"最适宜工作的公司"排行榜的榜首。这家市值750亿美元的科技业巨头,因其丰厚的福利而闻名,如免费的美食、理发服务和洗衣服务等。此外,公司还采取了一些精确的分析方法,来提高员工士气。例如,公司发现妈妈们的离职率更高,于是改善了育婴假制度,结果使职场妈妈离职率下降了50%。另外,还有公司的文化,如黑人员工和其他少数族裔员工联盟举行的集会,对变性员工的支持,以及无意识偏见研讨会(已经有超过70%的员工参与)等,在这家高绩效员工云集的公司,打造出员工所说的"安全和包容"的工作场所。

员工称有百年历史的家族式连锁超市韦格曼斯食品超市"充满了爱和关怀",员工可享受灵活的工作时间,有大量的升职机会,"感觉像是一家人"。这些都是"小事情带来的大改变",如免费的生日蛋糕,冬天为所有在外工作的员工准备的热巧克力等。

跨国公司波士顿咨询集团的员工有机会与其他明星员工共事。公司为员工提供了"无与伦比的"成长机会,有5美元保险自付费用等"出色的"福利,并且公司在强调努力工作的同时,也重视自我护理(如学术休假、健身中心和远程办公等),改变了该行业通常"令人生畏"的形象。

(资料来源:https://www.xuanxiaodi.com/news/detail-31354.html? _from=$$)

在中国,约有65%的人抱怨工作和生活失衡。管理大师汉迪曾预言:"未来,组织若想保有个人的奉献精神与创意,给予个人的自由必须超过公司乐意给予的程度,并且要在公司的控制与个人追求自主的压力之间,找寻有力的平衡点。"现在,预言正在变为现实。类似谷歌、韦格曼斯食品超市、波士顿咨询这类公司的做法,越来越普遍,这对大部分公司来说无疑是一场意义深远的变革。

### 5.2.4 企业容貌

企业文化体系建设需要一个长期的过程。在企业文化多方位、长时间的塑造过程中,企业容貌毫无疑问是传播企业文化的主要载体。其中,企业名称对于企业树立形象、增强市场竞争力具有重要作用,而企业建筑风格、整体规划等所形成的企业容貌和综合环境效应,对孕育企业文化环境氛围也至关重要。

1. 企业名称

在企业形象要素中,首先要考虑的是企业名称。现代企业很注重通过宣传、推广企业的名称来树立企业形象,开拓市场。企业名称一般由专用名称和通用名称两部分构成。前者用来区别同类企业,后者说明企业的行业或产品归属。企业名称可以用国别、地名、人名、品名、产品功效等形式来命名。除考虑上述命名形式外,企业的命名还应考虑艺术性,应当尽可能运用寓意、象征等艺术手法,巧妙地利用联想的心理现象,使企业名称能给人以美好的、优雅的、吉利的等多方面的提示和联想,能较好地反映出企业的品位,在市场竞争中给消费者好的印象。例如,"娃哈哈"这个名称,使人自然地联想起天真活泼的孩子,反映出企业的本质和促进少年儿童身心健康的企业宗旨。

2. 企业建筑风格

随着经济文明的发展,建筑作为凝固的音符与人们的生活紧密相伴,其中蕴含的文化价值备受关注。建筑极具地域文化特色,带有时代背景烙印,是人类生活与自然环境作用的产物。在不同的时代,建筑文化内涵和风格是不一样的;在不同的地域,建筑文化也完全不同。因此,不同企业的建筑风格也应各具特色。企业建筑风格是指企业建筑设计中应在内容和外貌方面反映企业个性特征,主要在于建筑的平面布局、形态构成、艺术处理和手法运用等方面所显示的独创和完美的意境。

[**相关链接 5-2**]

**腾讯滨海大厦**

腾讯滨海大厦作为腾讯新的全球总部基地,位于深圳南山区科技园内、后海大道与滨海大道的交会处,于 2011 年奠基动工,2015 年封顶,总投资约 18 亿元,占地面积 18 650平方米,建筑面积约 35 万平方米,相当于 3 个腾讯大厦,其中包括一座 248 米高、有 50 层楼的南塔楼,一座 194 米高、有 41 层楼的北塔楼和三条连接两座塔楼并在内部设置共享配套设施的"连接层"。

作为一栋具有地标性意义的建筑,腾讯滨海大厦并不只是钢筋加水泥的简单堆砌,而是被赋予了文化的内涵。但文化不是建筑的标签,更非噱头,而是从初始的规划设计,到最后的人员入驻,充实于建筑过程的每一个细部。

塔楼间 3 道连体分别位于 3 至 6 层,21 至 26 层和 34 至 38 层。三条"腰带"其实也是三种不同的工作生活空间,包括 2～5 层的"文化连接层"、22～26 层的"健康连接层"以及 35～37 层"知识连接层"。

两塔楼间相互连接,象征着因特网各个遥远角落的连通,以一种更富有效率的方式将腾讯公司员工连接在一起。同时作为一条都市互连带,是对外开放的深圳高科技园区的视觉门户,体现的是"开放""互联"的建筑元素。

据悉,腾讯滨海大厦采用物联网和人工智能技术,员工不用刷卡直接"刷脸"即可进入;访客在大堂等待时可通过手机与 AR、VR 设备进行多种互动;在大厦内部走动时,室内精准定位技术可以准确到一米内;下班后,打通 QQ 账号的智能寻车导航系统,员工即可顺利快速地开车回家。

腾讯滨海大厦内部的运动空间总面积超过1.5万平方米，是目前国内最大的室内运动场所。与苹果总部不一样，这是2栋高达200多米的垂直建筑。在腾讯的新总部，还有一站式的运动设施设备：室内攀岩、恒温游泳池、室内空中跑道、室内篮球场、室内羽毛球场等；还有配套吧台、舞蹈室和瑜伽室等！

绿色环保的理念贯穿了腾讯滨海大厦建造的全过程，还获得了LEED NC（源自美国的国际性绿色建筑认证系统）金级认证。

不管是场地设计，还是细节布置，各个空间都体现了腾讯滨海大厦不仅仅是一个工作场所，更是一个令员工舒适、健康，同时激发创造力的垂直生态社区。

（资料来源：https://new.qq.com/omn/20180207/20180207B0KWYI.html.）

3. 纪念建筑和象征物等

纪念建筑物和造型主要包括厂区雕像、纪念碑、纪念墙、纪念林、英模塑像等。企业象征物则是一种反映企业文化的人工制作物，可以制成动物、植物或其他造型，一般矗立在企业中最醒目易见的地方，或厂门、礼堂，或宾馆大堂、商店进门处等。商店橱窗是商业企业形象的重要组成部分，它不仅是一种广告手段，还是该企业精神面貌的一个折射。在进行商店橱窗设计时，应以商品为主体，以道具、装饰面的背景为衬托，并配合灯光、色彩和文字说明等进行合理布局；在进行商品介绍时，应注意艺术性与实用性的统一。

**［相关链接5-3］**

**阿里巴巴杭州总部第五期园区景观设计**

ASPECT Studios在竞争激烈的阿里巴巴杭州总部第五期园区景观设计国际竞赛中拔得头筹，赢得项目。设计灵感来源于西溪湿地，作为杭州的名片，ASPECT的方案基于这种本地独特的生态肌理，重点打造了一个多层次系统相互交织联系的网络——水、生物多样性、人和文化和谐地汇聚在由丰富体验和自然美景组成的网络中，为超过30 000多名的阿里巴巴员工创造了一个富有活力、引人入胜的园区环境。

ASPECT Studios的设计解决方案以可持续为重点，以支持中国在2060年实现碳中和目标为核心。为实现这一目标，ASPECT设计团队对设计、施工和运营的标准常规方法进行了重新考量。ASPECT上海设计团队提出了“生态巢”的创新概念，针对该项目，通过采用基于证据的设计方法，建立一个生物多样性、受保护的自然栖息地、可持续水系统和以社区为导向的空间交织网络，使人们能够相互之间产生互动，并与自然亲密接触。ASPECT设计团队基于对阿里巴巴独特文化和其对社区关注的深刻理解，构想了一个以人为本的园区，其中具备支持健康积极生活方式的定义空间，同时也为园区内的员工们创造了多层面与自然接触的机会。这些以人为本的系统由三项主要策略所支撑——健康、社交和工作，自然与整个园区的互动技术系统相叠加，定义并充分体现了这三大策略。

ASPECT Studios的获胜设计展现了设计团队对如何以低碳的方式建设和运营一个大型园区的深入思考。设计团队不断探寻，以确保所采用的设计方法能够减少生产、运输、安装建筑材料过程中而产生的温室气体排放。设计中广泛使用了当地的、可回收的以及可持续生产的材料,并种植了大量的本地品种植物,打造出一个绿色多元的城市森林。

ASPECT 的设计能够最大限度地收集并可持续地管理整个场地的雨水。场地中的雨水花园和生态调节沟可将雨水收集储存,重新使用于场地灌溉。该系统然后将水缓慢地释放到当地的地下水,从本质上将整个场地转变成一块巨大的海绵,使更多的地区受益。

第五期园区项目的定位是一个互动式的、沉浸式的、标志性的科技园区,以支持阿里巴巴的科技前沿工作。目前,ASPECT 的获胜方案现已进入施工阶段。

(资料来源:https://baijiahao.baidu.com/s?id=1749742977590260658&wfr=spider&for=pc)

## 5.3 企业产品文化

### 5.3.1 产品的含义

企业产品包括生产的产品和提供的服务,是企业生产经营的成果,它是企业物质文化的首要内容。企业产品文化是指以企业生产的产品为载体,反映企业物质及精神追求的各种文化要素的总和,是产品价值、使用价值和文化附加值的统一,又是一类消费者群体在某段时期内对某种产品所蕴含特有个性的定位。它主要包括三层内容:一是指人们对产品的理解和产品的整体形象;二是与产品文化直接相关的产品质量与质量意识;三是指产品设计中的文化因素。

产品的具体形态包括有形产品和无形产品。有形产品主要包括产品实体及其品质、特色、式样、品牌和包装。无形服务包括可以给买主带来附加利益和心理上的满足感及信任感的售后服务、保证、产品形象、销售者声誉等。

另外,现代市场营销理论认为,产品整体概念包含核心产品、形式产品、期望产品、附加产品和潜在产品五个层次(见图 5-1)。

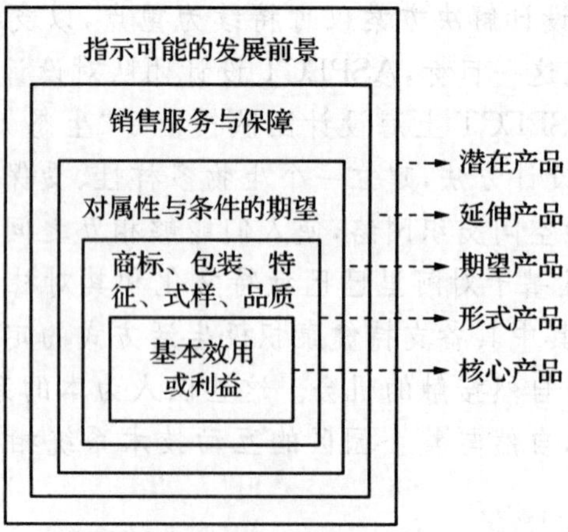


图 5-1 产品整体概念的五个层次

1. 核心产品

核心产品是指消费者购买某种产品时所追求的利益，是顾客真正要买的东西，因而在产品整体概念中也是最基本、最主要的部分。消费者购买某种产品，并不是为了占有或获得产品本身，而是为了获得能满足某种需要的效用或利益。

2. 形式产品

形式产品是核心产品借以实现的形式，即向市场提供的实体和服务的形象。如果有形产品是实体品，则它在市场上通常表现为产品质量水平、外观特色、式样、品牌名称和包装等，产品的基本效用必须通过某些具体的形式才得以实现。市场营销者应首先着眼于顾客购买产品时所追求的利益，以求更完美地满足顾客需要，从这一点出发再去寻求利益得以实现的形式，进行产品设计。

3. 期望产品

期望产品是指购买者购买某种产品通常所希望和默认的一组产品属性和条件。一般情况下，顾客在购买某种产品时，往往会根据以往的消费经验和企业的营销宣传，对所欲购买的产品形成一种期望，如对于旅店的客人，期望的是干净的床、香皂、毛巾、热水、电话和相对安静的环境等。顾客所得到的，是购买产品所应该得到的，也是企业在提供产品时应该提供给顾客的，对于顾客来讲，在得到这些产品基本属性时，并没有太多的形成偏好，但是如果顾客没有得到这些，就会非常不满意，因为顾客没有得到他应该得到的东西，即顾客所期望的一整套产品属性和条件。

4. 附加产品

附加产品是指顾客购买有形产品时所获得的全部附加服务和利益，包括提供信贷、免费送货、质量保证、安装、售后服务等。附加产品的概念来源于对市场需要的深入认识。因为购买者的目的是为了满足某种需要，因而他们希望得到与满足该项需要有关的一切。美国学者西奥多·莱维特指出："新的竞争不是发生在各个公司的工厂生产什么产品，而是发生在其产品能提供何种附加利益（如包装、服务、广告、顾客咨询、融资、送货、仓储及具有其他价值的形式）。"

5. 潜在产品

潜在产品是指一个产品最终可能实现的全部附加部分和新增加的功能。许多企业通过对现有产品的附加与扩展，不断提供潜在产品，所给予顾客的就不仅仅是满意，还能是顾客在获得这些新功能的时候所感到的喜悦。所以潜在产品指出了产品可能的演变，也使顾客对于产品的期望越来越高。潜在产品要求企业不断寻求满足顾客的新方法，不断将潜在产品变成现实的产品，这样才能使顾客得到更多的意外惊喜，更好地满足顾客的需要。

### 5.3.2　产品遵循的文化原则

1. 品质优先原则

品质优先原则，即强调企业产品的质量。产品的竞争首先是质量的竞争，质量是企业的生命，持续稳定的优质产品，是维系企业商誉和品牌的根本保证。品质文化首先要解决的是产品的提供者要有作为消费者那样对产品质量高度重视的意识,要把消费者的权益放在首位。因此,品质优先是企业产品文化所要遵循的基本原则。

产品的品质形象是消费者和社会公众不能直接观察到的深层产品形象部分,涉及产品所体现的技术和文化方面,如企业的经营思想、经营目标、技术和管理水平等。它是通过产品内在的质量而反映到外在的企业形象上,如德国的"奔驰"车、西门子的电子产品等,给人更多的是对德国产品的制造技术、产品性能,以及严格的质量管理体系的联想,形成"车—奔驰—技术—品质—德国"的联想。深层品质形象是产品的高级形象,对顾客消费行为的影响是持久的。它的塑造涉及企业内部各方面的管理工作,如人员素质、设备状况、工艺水平、制度的建立健全等,深层品质形象的塑造需要很长时间。深层品质形象一旦形成具有相对稳定性,其调整和改变相对比较困难。

**[案例研究 5-2]**

### 奔驰公司的品质文化

德国的企业对产品质量的要求非常严格,他们重视每一个细节的完美,不允许产品的任何一个细节存在缺陷。奔驰汽车是高质量、高档次、高地位的象征,它不仅已成为社会名流必备的工具,甚至许多国家都采用奔驰汽车作为外交用车的标准车辆,"奔驰"已成了名副其实的名牌。奔驰有如此的品牌号召力,真正的法宝是它的高质量。质量是取胜的关键。

奔驰公司要求全体员工精耕细作、一丝不苟,严把质量关。奔驰车座位的纺织面料所用的羊毛是从新西兰进口的,粗细在 23～25 微米之间(细的用于高档车,柔软舒适;粗的用于中低档车,结实耐用),纺织时还要加进一定比例的中国真丝和印度羊绒。皮面座位要选用上好的公牛皮,所以从养牛开始就注意防止外伤和寄生虫。

加工鞣制一张 6 平方米的牛皮,能用的不到一半,肚皮太薄、颈皮太皱、腿皮太窄的一律除去,制作染色工艺十分考究,最后座椅制成后,还要用红外线照射灯把皱纹熨平。奔驰公司有一个 126 亩的试车场,每年拿出 100 辆新车进行破坏性试验,以时速 35 英里的车速撞击坚固的混凝土厚墙,以检验前座的安全性。

奔驰公司在全世界各大洲设有专门的质量检测中心,有大批质检人员和高性能的检测设备,每年抽查上万辆奔驰车。这些措施使奔驰名冠全球,使奔驰的"品质文化"深入人心。

(资料来源:http://www.chinahrd.net/blog/303/1077541/302679.html)

从奔驰公司的品质文化可以看出,企业生产的产品和提供的服务是企业生产经营的最终成果,它是企业物质文化的首要内容。企业物质文化是企业文化的外在表现和物质载体,是企业理念精神层和制度行为层的基础要素。优秀的企业文化是通过这些物质现象来体现的。

2. 技术审美原则

社会经济的发展加快了消费审美的步伐,而科学技术的进步又为提高产品的审美功能提供了可能。一场以审美为追求的生产经营革命便悄然来临。从某种意义上说，现代产品是科技和美学相结合的成果，任何一件技术产品存在的唯一根源就在于效用性和审美性的统一。美的外观、美的包装、美的造型、美的形式、美的结构、美的色彩，都使产品产生了美的文化意境。

**[相关链接 5-4]**

### 大山里的“东方美食生活家”

近年来，在宁静的村居背景中，自媒体人李子柒陆续推出了百余支“古风美食生活”视频，不仅在国内快速走红，更收获了大批海外“粉丝”。这些视频作品常以“某作物的一生”作为主题，起始于一粒种子从萌芽到成熟的农耕过程，落脚于将食材烹为佳肴的生活技法。从 2017 年自制秋千架开始，李子柒的视频作品在“美食”之余增加了“手工艺”的维度，越来越多地引入了乡村“非遗”文化元素。

近日，又一则新闻将李子柒推上了热搜榜：“中国农民丰收节组织指导委员会正式设立‘中国农民丰收节推广大使’，袁隆平、申纪兰、冯巩、海霞、冯骥才、李子柒等 6 人受聘担任首批推广大使。”当自媒体人李子柒与农业科技泰斗、新中国劳模、著名作家、相声表演艺术家、十佳优秀主持人站在一处，网友纷纷高呼“次元壁破了”。此时此刻，“李子柒”已经走到了哪里，如何表述“李子柒”现象带来的启示，正在成为备受关注的热门话题。

由栽种黄豆开始的家酿酱油，自熬制染色剂开始的印花蓝布，由插秧种稻开始的中秋米宴，自伐树取皮开始的古法造纸，李子柒作品的时间跨度少则几日、多则数月，堪称名副其实的“慢节奏”。对大部分观众来说，赏心悦目的不仅仅是视频中仙气飘飘的衣衫与妆发，更在于特写镜头里洗练熟稔的手部动作，也在于器具相碰、食材入锅时的声声脆响。

从“美食视频博主”到“东方美食生活家”，李子柒及其作品的商业价值与文化潜力不断被发掘。继新浪微博“超级红人节十大美食红人奖”(2017)与“YouTube 银牌奖”(2018)之后，李子柒接连拿下了新浪微博“超级红人节年度最具商业价值红人奖”(2019)与中国新闻周刊“年度文化传播人物奖”(2019)，更在 2020 年的第一天入选了中国妇女报“2019 十大女性人物”。另一方面，被中央电视台正面“pick”的李子柒也得到了《人民日报》官方微博的肯定——她的作品展示了“中式生活之美”，讲好了中国文化，也讲好了中国故事。

（资料来源：https://baijiahao.baidu.com/s?id=1668256504042212752&wfr=spider&for=pc）

3. 顾客愉悦原则

从企业文化的角度看，产品不仅意味着一个特质实体，还意味着产品中所包含的使用价值、审美价值、心理需求等一系列利益的满足。具体包括品质满意、价格满意、态度满意、时间满意，等等。

产品最终是为了满足消费者的特定需求,因此让消费者愉悦对于产品而言至关重要。好的产品文化会因满足顾客的效用或利益而带来顾客的愉悦,坏的产品文化往往适得其反。因此,产品文化要有助于增进消费者愉快的情绪体验,这种情绪体验的强弱取决于产品能否满足以及在多大程度上满足消费者的各种心理需求,如追求时尚流行、便利高效、舒适享受、显示地位威望、突出个性特征等。消费者买到了称心如意的商品,受到了热情周到的服务,这时的情绪体验即愉快。比如消费者购物时,宽敞明亮的大厅,五光十色、琳琅满目、新颖漂亮、高质量、高品位的商品,营业人员不俗的仪表、优雅的谈吐和热情周到的服务等,都能引起消费者良好的心境、愉快的情绪体验,使他们产生良好的第一印象。

[**相关链接 5-5**]

**"海底捞"成功的关键**

和大部分的餐饮企业不同,海底捞放弃了利润、利润率、营业额、翻台率等考核指标,将顾客满意度作为考核的重点,始终坚持打造品牌建设的目的。海底捞始终从顾客体验出发,提供超出正常服务范围、无微不至的服务,创新性地为顾客提供愉悦的用餐服务,让顾客真正感到宾至如归。

门店全部的个性化服务都来自服务员的创意。这些充满温度的个性化服务也真正让顾客的每一次用餐都成为一场欢乐时光。消费者能够在海底捞享受的优质服务有:代客泊车、免费擦车,等待区可以上网、玩牌、擦皮鞋、美甲,还有免费水果、糕点吃;根据不同人群提供围裙、手机袋、眼镜布、橡皮筋和发卡、靠垫、玩具、化妆品等物品;每桌配有一名服务员,搭配酱料,添菜;熟悉顾客名字;服务员可利用权力为顾客换菜、送菜、打折、免单,客人打个喷嚏,就会有服务员送来一碗姜汤;洗手间增设了美发、护肤等用品,还有免费的牙膏牙刷。推出员工"金点子排行榜",月月评金点子,评上就奖励200～2 000元。海底捞真正做到了"顾客就是上帝"。相对于其他餐饮行业而言,海底捞的服务公认是最好的。将顾客的就餐环节分为餐前、餐中、餐后,并提供用心、充满情怀的服务,餐前针对顾客等位这一情况,设置服务设施空间,让消费者打发时间;用餐环节,服务员帮助顾客添菜等。

"每个人都需要关心与被关心,而这个关心基于一种信念,那就是人生而平等",海底捞创始人张勇通过充分激发每一个员工将海底捞当作家的热情,成功地让海底捞拥有了一份不可复制的商业模式。海底捞在员工与企业、老板与员工、企业与顾客之间创造了信任的关系。海底捞文化理念强调关爱员工,让员工产生家一样的归属感。海底捞的员工福利有舒适的衣食住行,普通员工住小区,房间配有空调、电脑,专门的阿姨负责员工宿舍的保洁工作,此外员工还有探亲假、子女上学补贴,以及良好的晋升评级体系……

看似经营一个简单的火锅店,里面蕴藏着经营的大学问,一切为顾客着想,对待员工以人为本,从细节处打动客人,或许正是"海底捞"成功的关键!

(资料来源:https://www.sohu.com/na/408858335_120304850)

### 5.3.3　产品的文化设计

现代意义的产品设计兴起于 20 世纪初，它与社会发展、科技进步及人类对物质生活的不断追求密切相关。进入新世纪，世界范围的产品竞争愈演愈烈，设计已成为企业重要的生存支柱和利润保障。融入文化传统与社会特点的设计为提高产品的竞争力和进行新产品开发提供了一个坚实的技术平台。产品的文化设计包含四大基本要素，即文化功能、文化情调、文化心理和文化精神。

1. 文化功能

文化功能是产品文化设计的核心要素。产品文化设计的主要目的在于赋予产品一定的文化功能。比如，不管什么产品，其操作力、操作速度、操作频率等都要符合人体运动的力学条件，各种显示条件要符合人体接受信息量的要求，使人感到作业安全、方便、舒适。为了达到这样的文化功能，就要对产品进行必要的文化设计，使产品的外部物件尺寸符合人体的尺寸要求，使产品与人的生理特征相协调。成功的产品应当集实用功能、审美功能和文化功能于一体。

2. 文化情调

作为最感性直观的要素，文化情调是文化设计的切入点。消费者购买产品，不光考虑产品的物质功能，还考虑文化情调带来的欣赏价值。情调就是通过不同的物质材料和工艺手段所构成的点、线、面、空间、色彩等要素，构成对比、节奏、韵律等形式美，以及由此体现出的某种情思，表现出产品特定的文化氛围。比如使用蜡染或扎染面料来设计时装，富有浓郁的民族文化情调；使用彩陶纹饰、图腾纹饰、洞穴壁画图形来设计装饰，富有浓厚的原始文化情调；使用古色古香的陶杯、瓷瓶、铜爵、木盒、竹筒作为酒的包装物，则富有古代文化的情调。

3. 文化心理

文化心理指一定的人群在一定的历史条件下形成的共同的文化意识。对产品的设计要充分考虑人们的文化心理，使产品的形态、色彩、质感产生悦人的效果，而不能给人以陈旧、单调、乏味的感觉，更不能因违背习俗而招致忌讳。例如，就色彩而言，幼儿喜爱红、黄二色(纯色)，儿童喜欢红、蓝、绿、金色，年轻人喜欢红、绿、蓝、黑色及复合色，中年后期喜欢紫、茶、蓝、绿。又如冰箱的颜色多为白色和豆绿色，是因为白色意味着洁净、卫生，而绿色象征着生命，它们暗示着冰箱中的食品是可食的，对身体是有益的。

4. 文化精神

文化精神是一个民族或一个时代最内在、最本质和最具生命力的特征，同时也是最有表现力的特征。文化精神是产品文化的总纲，文化情调、文化功能和文化心理最终都归结和取决于文化精神。所以，一方面，产品设计要体现民族文化精神；另一方面，产品设计要体现时代的文化精神。例如，北京奥运会火炬设计理念来自蕴含“渊源共生，和谐共融”的华夏传统“云纹”符号，通过“天地自然，人本内在，宽容豁达”的东方精神，借祥云之势，传播祥和文化，传递东方文明。“祥云”火炬的主题元素包括代表中国四大发明的纸、作为华夏文化符号象征的云纹、承载千年中国印象的漆红。

## 5.4 企业广告文化

随着科学的普及和市场竞争的激烈,企业间竞争在产品和促销领域的差距日益缩小,而逐渐转移为企业文化与企业形象的竞争。

### 5.4.1 企业广告文化的含义

广告文化不是"广告"与"文化"的硬性拼凑与简单叠加的产物,而是一种客观的经济文化现象。企业广告文化是指企业经过长期的广告实践,受一定的社会文化背景、意识形态影响而形成的广告哲学和价值观念,是企业在执行一系列广告策略基础上形成的一种文化现象。它是一种高竞争、智力型的竞争手段,服务并服从于企业的价值目标,渗透于广告过程的各个环节,是影响人们的购买欲望以及购买行为的重要因素之一。传统的广告理论基本是以广告商业性为中心的,而现代的企业广告文化则是社会文化中有意识的创造、培养而成的企业广告文化风格,它向社会传递企业的精神风貌,强化企业的整体形象建设,体现着企业文化的特征。

### 5.4.2 企业广告文化的内容

按照不同的目的与要求,可将企业广告文化分为不同的类型,现代企业广告文化主要表现为企业产品广告文化与企业形象广告文化两大类。在企业产品同质竞争越来越激烈的现代社会,消费者越来越倾向根据对企业所持有的整体印象即企业形象来购买产品,现代企业广告也越来越向企业形象广告方面发展。

1. 企业产品广告文化

广告的最终目的是推销产品,但是不同国家、不同民族、不同文化背景的消费者对同一产品表现出不同的文化需求,对产品广告的文化需求也是如此。因此,产品广告不可避免地受到消费者价值观、宗教信仰、风俗习惯及审美趣味等因素影响,从而表现出产品广告不同的文化特点。

(1) 宗教信仰的影响。世界上各国、各民族都有不同的宗教信仰,各种宗教都有自己的敬仰之物和禁忌之物,表现在婚丧嫁娶、饮食起居等生活的各个方面,因此,产品本身以及设计、商标、包装、广告等都应充分尊重当地消费者的信仰,切勿触犯他们的禁忌。否则,一次差错就会造成特别严重的后果,极有可能导致整个营销的失败。例如,向穆斯林推销的产品广告宣传中,就不能用伊斯兰教的创始人穆罕默德的名字或人像作为酒类商品的商标,因为此教禁酒。另外,由于各民族在物质和文化生活中特点的不同,自然影响着他们的消费需求,并形成一些特殊消费群,如藏族群众对藏刀的需求等,这类企业的产品广告区域就应倾向于西藏等地区。

(2) 价值观的影响。价值观是文化结构的最深层次,它决定着个人、团体、社会甚至一个国家采取的生存形态、行为模式和交往准则,决定着人们如何看待社会、人生和自然万物以及实际活动的方向。它对整个社会的经济生活、精神生活等,都产生着极其重大的影响。消费者因为文化修养和觉悟的不同产生不同的价值观,影响到商品的需求和对广告的接受度。在评价某商品广告的好坏优劣时,消费者的需要、期望、情感体验等人体心理因素起着重要的作用，使得他们对同一商品广告有着不同的看法。这时产品广告应针对不同群体的不同价值观采取不同的文化策略。

(3) 风俗习惯的影响。不同的国家或民族都有自己的独特风俗习惯，这既反映了各民族人民的共同心理，又体现了该民族的标志。风俗习惯对消费行为的影响也是很明显的，如节日、礼仪、建筑风格、服饰等均和消费行为有关。例如，可口可乐以中国春节为题的电视广告宣传，画面以红色为主，突出了喜庆、团圆、欢乐，把民族节日和企业精神巧妙地糅合在一起，与具有中国文化背景的消费者在文化品位上达到沟通。

(4) 审美趣味的影响。消费者价值观念的不同反映在审美上也有很大的差异，以绘画而言，西方人崇尚油画，而中国大众则认为中国画更有欣赏价值，中国广告画面的创作更多地表现了民族特色的审美趣味、观念和方法，如立足于神似，抓住商品能够吸引消费者的某一方面，而不是简单地图解商品性能或者再现商品、厂房及生产流程。中国画注意空白的运用，反映在广告创作中，使消费者体验虚与实相间的美感，更容易被吸引。另外，表现在色彩、形象、诗文等方面的审美情趣，同样为广告创作提供了天地，使广告更具民族文化的特点。

2. 企业形象广告文化

企业形象广告是以宣传企业形象为主的一种广告宣传形式。与一般产品广告不同，它是企业通过广告宣传来塑造和传播企业的整体形象，向社会表明企业的理念、方针、目标、规模以及对社会的贡献等社会态度，从而寻求消费者的理解并赢得好感的广告。它是以企业文化为灵魂的。企业形象广告文化是企业文化传播最快速、最有效的途径之一。企业形象广告文化常常凭借CIS策划得以体现，具体包括企业理念、企业行为以及视觉设计。

### 5.4.3 企业广告文化的特征

广告作为现代社会商业行销的一种手段，无形中改变了人们的消费观念和行为习惯，成为现代文化的一种新的快速传递方式和负载者。伴随市场经济应运而生的广告文化，作为一种特殊的时代文明和文化现象，有其独立的运作系统和规律，呈现出鲜明的有别于其他文化形态的个性特征。

1. 商业性

商业性是广告文化的突出特征。首先，广告是一种经济生产活动。广告的根本任务是进行商品宣传，吸引广大受众的注意力，达到销售商品或传播其观念的目的，从而实现广告主所想要获得的各种利益；其次，从广告的制作和运作过程来看，广告从构思、制作到在媒体上发布，广告主必须支付相应的资金费用，即便是公益广告或其他非商业性广告，也存在一定的广告制作成本。广告作品与其他文化艺术作品的根本区别在于它不但具有欣赏性，而且具有明确的营利思想，这是商业广告的根本特点。因此，必须要处理好广告文化的商业性与价值取向之间的关系。

2. 导向性

广告通过文化的传播对受众进行消费引导，广告文化具有一定的导向性。一方面，广告能影响和试图说服广大受众认可广告中所宣传的商品，进而实施购买行为。另一方面，广告也能推行某种价值观念、道德准则和消费观念，从而促进社会环境的改善。最显而易见的是

“大众文化消费意识”,当今人们购买某种商品,不只是因为需要它,更重要的是获得一种心理上的满足和对广告中所宣扬的某种生活方式的向往与追求。著名的广告大师伯恩巴克说过“广告本质上是一种说服的艺术”,“广告在潜移默化中,不断地生产着商品的意义”,“在不知不觉中创造消费文化”。广告传达的不仅仅是商品信息,更重要的是向人们传达购买该商品能够给人们带来的生活质量,向人们灌输它所创造的消费需求。“可以肯定一点,即媒体价值观隐藏在各种媒介文化话题背后,潜移默化地操纵着大众的行为。”

3. 渗透性

所谓渗透性是指广告及广告本身所蕴含的文化价值,常常或明或暗、或直接或间接地影响广告受众的思想观念、伦理道德、美学思想等。现代广告文化之所以具有渗透性,一方面是因为它本身包含了容易为人接受的文化观念,另一方面是因为广告传播的范围极其广泛,传播力度不断强化。当今社会,广告遍及社会的方方面面,可谓无时不有,无处不在。与之相适应,广告文化几乎无孔不入,不仅在经济领域发挥着巨大作用,在政治、文化等领域也发挥着越来越重要的作用。它不仅影响着社会成员的世界观,决定着广告受众对于世界、社会、人生的基本观念,还常常成为社会受众的行动指南。

4. 时代性

任何广告都是在特定的社会历史环境中,为了满足特定时代的商品宣传需要而产生的。因此,广告必然带有其所在时代的痕迹。“王婆卖瓜,自卖自夸”,在小国寡民、市场经济极不发达的农业社会里,自然不失为一种有效的广告宣传方式,但在市场经济十分发达的现代社会里,这种广告及其蕴含的文化价值已经过时,远远不能够满足当今时代的需要。现代广告文化要想把握住时代的脉搏,跟上时代的步伐,就必须与当代的社会精神风貌、道德风尚以及社会心理保持一致。这表明,广告文化的时代性不仅是必然的,而且是必需的。

5. 多元性

随着国际间政治、经济的交流日益增多,跨国和跨民族间的文化交流也日益频繁起来,社会文化内容随之也变得更加丰富多彩,从而为广告文化提供充足的养料,这势必产生广告文化的多元化。首先,广告文化根源于传统文化,吸纳了西方的新思想、新观念,以时代脉搏为基石,因而其所蕴含的价值观念、道德规范、生活方式等文化内容必然呈现多元的态势。传统文化与现代文化、东方文化与西方文化、积极文化与消极文化并存,共同构成我们当代的广告文化。其次,广告的种类繁多决定了广告的内容复杂多样,其所蕴含的文化精神必然丰富多元。还有,广告媒介和传播的手段、方式多种多样,也反映出广告文化的丰富多元。

### 5.4.4 广告文化的策划与实施

企业广告文化随着整个社会广告文化的变化而变化,它是现代广告文化在企业广告中的一种外化形式,是由广告从业人员及企业广告管理者及策划人员基于社会广告文化及本企业文化所共同创造出来的一种广告表现形式,可通过对企业广告的规划与定位、创意与创作、传播媒体和方式的选择来进行策划和实施。

1. 企业广告文化的规划

企业的广告规划是策划与实施的第一步,主要包括企业广告形势分析、广告目标与广告策略。制订企业广告计划的前提,是对企业产品信息、公众信息和市场环境信息进行调查研究。然后，一方面对企业的产品信息、公众信息的调查结果进行分析，从而掌握企业产品的特点与长处，明确产品的差异性以寻找合适的产品定位；另一方面，根据市场环境信息的调查结果，企业还要弄清楚本产品、本企业的直接竞争者和间接竞争者的情况，包括其生产和经营规模、发展趋向、占有市场份额、广告策略与投资、特长与薄弱环节等。

2. 企业广告文化的定位

广告定位理论认为，如何将本企业的广告在市场上定位，比起如何撰写该企业产品的广告，对整个广告计划的成效影响更为深远。成功的企业通过各种广告宣传和促销手段，不断提高企业声誉，开创名牌产品，使消费者根据企业的名声和印象来选择商品。企业广告定位，是指企业根据顾客对企业产品属性的重视程度，把广告产品确定一个市场位置，让它在特定的时间、地点对某一阶层的目标消费者售出，以利于与其他厂家产品竞争。它的目的就是要在广告宣传中，为自己的产品创造培养一定的特色，树立独特的市场形象，以区别于竞争对手，从而满足目标消费者的某种需要和偏好。

广告既是信息沟通，又是情感交流。“广告做的是与人交流的工作”，现阶段广告的内容逐渐从传统的以产品为中心转向以人为中心，从有形的文化产品转向无形的品牌，广告更多强调的是产品与人的情感世界的联系，演绎的是人的欲望和需求，表现的是人的意识和观念。广告商品所蕴含的文化内涵已经成为现代广告对消费者产生强大影响力的根本因素。因此，企业的广告定位必须要注重把握广告定位的文化导向，赋予企业产品独特的文化内涵。

**[案例研究5-3]**

### “一股浓香，一缕温情”——南方黑芝麻糊

该广告是在以一片橘黄色为基调的暖色中展开的：典型的南方麻石小巷，橘灯摇晃，随着一声“黑芝麻糊咯”的吆喝，一个身着棉布衫的少年推门探头出来，不停地搓手呵气，眼中充满渴望。慈爱的大婶把一勺浓稠的芝麻糊舀向碗里。男孩急不可耐地搓手、咬唇，一副馋猫的样子。大婶递过香浓的芝麻糊，他迫不及待地大口大口吃，完了还捧着碗舔了又舔，引得一旁碾芝麻的小女孩发出一阵笑声。大婶怜爱他，多舀了一碗给他，男孩吃完，满足地抹了一下嘴角。此时画外音传来男声旁白：“抹不去的记忆，南方黑芝麻糊。”

（资料来源：https://www.fx361.com/page/2019/0625/5242589.shtml）

“一股浓香，一缕温情”为南方黑芝麻糊营造出一个温馨的氛围，构成了蕴含着中华民族特有文化的生活画面，深深感染了每一位观众，引发了现代人的怀旧情怀，激发了消费者的共鸣。

3. 企业广告文化的创意与创作

（1）企业广告创意中的文化运用。

在广告创意中，对于文化的巧妙应用，常常会产生意想不到的效果。广告创意主要有以下几个方面的途径和方法：一是对比式创意。除了直接性的对比方法外，与竞争者的产品进

行比较也是比较式创意的方法之一,这类广告也称比较式广告。比较式广告最易产生效果,也最不好掌握,易引起争端。二是关联性创意。与产品的关联性,关键是找到创意传达的切合点,这种切合点应是消费者认可的,与产品的特性有直接的联系。三是以器物元素进行隐喻的创意。早期平面的器物元素主要是以产品为主体,优劣主要在于把产品拍(画、说)得好还是坏。而现在用与产品无关的器物作“隐喻”或“通感”进行创意的广告越来越多。四是具有民族风格的广告创意。最具有民族风格和特色的创意,会产生意想不到的感染力,最容易被本民族认可和接受。因此,是否讲求民族风格,是评价创意是否优秀的一条更高的标准。五是具有幽默风格的广告创意。幽默可以为广告创意增添一种生活乐趣,可以大大丰富广告创意的蕴含量。无论是滑稽可笑、令人忍俊不禁的,还是含蓄巧妙、令人回味无穷的,都可以最大限度地吸引受众的注意,在令人向往的生活情趣中,产品的性格形象也同时深入人心。因此,幽默风格是评价广告创意的又一项较高标准。

(2) 企业广告文案创作。

广告文案指广告作品的全部,包括广告文字、绘画、照片、色彩运用、布局装饰等。狭义的广告文案仅指广告作品中的语言文字部分,即广告文是指广告的文字,是广告的字句咨询。广告文案的内容大致包括标题、标语、正文和附文四部分。

① 广告标题的撰写。标题是广告的生命,也是广告的“眼睛”。好的标题对广告受众有着无声的吸引力,既能激起读者的好奇心又能唤起读者的兴趣。好的标题总是借助一定的艺术表达形式,体现出独特的文化魅力,如“看楼看尽全港九,太古城更胜一筹”(太古地产公司的广告标题),“长虹,天上彩虹,人间长虹”(长虹广告)。

② 广告标语的写作。广告标语是加强商品印象、树立消费观念的一种手段,因此在广告标语的写作中,除了应注重艺术手段的运用,更应注重对于产品名称的表达,也就是要在广告标语中加进产品的名称,如金龙鱼食用油的广告标语“温暖亲情,金龙鱼的大家庭”。广告标语的写作,还应具有鲜明的语言特色,最好朗朗上口,如“农夫山泉有点甜”(农夫山泉纯净水广告标语),万家乐电器广告标语“万家乐,乐万家”。广告标语的写作还应开拓广告的深远意境,诱导人们的情感与想象,如联想电脑广告标语“人类失去联想,世界将会怎样?”戴比尔斯钻石广告标语“钻石恒久远,一颗永流传”。

③ 广告文案正文的写作。正文是广告文案的中心,是针对广告主题进行的集中细致解说,其结构主要由三部分组成,即导语、主体和结尾三个部分。导语是正文的引言,主要指广告标题之后的一段文字,起承上启下的作用。主体是正文的核心,主要是对商品、企业和服务进行介绍,强调层次分明、条理清晰、语言准确。广告文案正文写作要达到较好的广告宣传效果,必须注重对产品文化意蕴的探求,以唤醒人们的情感和人文诉求。好的广告文案正文往往充满了文化气息和人情意味。广告文案的结尾部分是广告正文的结束部分,对于渲染全文、加深印象有重要的作用,可运用多种表现形式来展现其效果。

4. 企业广告文化的传播

广告宣传的实施实质上是借助于广告媒体所进行的广告文化传播,主要包括广告传播媒体的选择和广告文化传播媒介策略的运用。广告媒体的选择要以最大限度地影响消费者并指导其消费活动为基本宗旨。因此,在媒体的选择中,还要考虑消费者的某些习惯心理及企业所要实现的广告目标等因素。

(1) 广告媒介的选择是企业广告文化传播活动中的重要一环。首先要分析传播媒体的地位与性能。传播媒体类型多样,都能起到传播企业广告文化的作用。但是,不同的传播媒介在发行数量、发行范围、覆盖范围、声誉方面是各不相同的。例如,同为电视传播媒介,中央电视台在覆盖面、节目质量、声誉等方面要明显优于地方电视台,而其广告费用也相应高出地方电视台一截。不仅传播媒介的社会地位会影响广告的效果,传播媒介的性质也会对广告产生不可忽视的作用。例如,专业摄影机在专门的摄影杂志宣传的广告效果要优于在综合性杂志宣传的广告效果。因为对于综合性杂志,尽管读者众多,但广告不一定具有说服力。而对于专业的摄影杂志,尽管受众范围狭窄,但由于杂志的专业权威性从而赋予广告以强大的说服力;其次,应对广告媒体进行优化组合,以尽可能扩大广告对于目标消费者的影响力。每一种广告媒体都有其长处和短处,运用单一广告媒体做广告,其效果远不如多个媒体组合所达到的广告效果。而广告媒体的组合运用,一则可以使各种广告媒体取长补短,相互配合,造成声势;二则可以扩大广告受众的范围。

(2) 广告文化传播媒介策略的运用。媒介策略是现代广告最基本的宣传策略,指的是根据媒介性质、产品定位、公众特性等选择最恰当的宣传媒介,组合出最佳的媒介方案,在恰当时机推出广告宣传产品,以期达到良好的宣传效果。例如,利用社会重大新闻事件,开展搭乘式广告宣传。这种搭乘式广告宣传成功的关键在于所选择的社会事件本身必须具有极大的新闻价值,同时产品的广告宣传应与社会事件相融合。

## 增值阅读

### 蓬勃发展的企业文化展馆

一座优秀的展馆是企业文化的代表,它不但要满足企业对其的功能需求,而且要在企业文化的基础上赋予其文化与精神内涵,在传达和表现企业文化的同时也能体现出企业的人文基调,是塑造企业形象、促进企业精神发展的直接表达,对于企业形象的提升也起到了至关重要的作用。所以,现代的企业经营者越来越开始重视对企业形象的塑造。

在国外,展馆能让企业在推动教育发展的同时宣传企业能力,这也是所有企业想表达和证明的一点。国外很多科普和科学展馆的经费都来自一些有规模的公司,因为很多企业都以自己的展品能进国家科技馆为荣。所以很多企业积极地建立企业展馆,在展馆中不仅仅展示了企业的产品,还不惜花费巨资运用当时各种先进科学技术,表现能力强,给人们展示最近科技动态。

20世纪90年代之后,国外的企业文化得到了大规模的普及,并且得到了众多企业的重视。企业文化关系到企业的未来,是企业的灵魂,在企业每个角落渗透着。企业的经验管理模式与企业文化紧密相关,所以企业开始以企业文化为基础来完善企业的形象。展馆建筑是企业文化的天然载体,企业文化附着在展馆当中,成为企业树立企业形象的不二选择。由于企业文化得到认可,企业展馆在国外的发展格外突出,企业建筑的设计也与企业文化融合,以人为本进行设计,创造了一种良好的生态自然环境和人文内涵丰富、多样化和个性化的新型建筑模式。

企业文化为主题的展馆的功能在国外是最先被发掘出来的,它拥有非常广泛的作用。企业展馆可以将企业的物质、产品战略提升到文化战略中去,给企业产品加载了深厚的文化内涵,企业竞争现在已经是企业文化之间的竞争,另外,建造了企业展馆就可以得到同行企业的关注,使得企业和企业间良性竞争,学会加强企业文化。在展馆设备中,不仅使企业文化得到宣传,其中先进的技术,也让观众得知现代技术发展的迅速,与科技前线接轨。

国外许多企业,也为打造企业文化,提高知名度建造了企业展馆,并且更提倡观众与展馆间的互动。比如丰田汽车展馆,可以让观众驾驶年代久远的汽车,让体验者尽兴;好时巧克力展馆中,观众可以手工制作自己的巧克力。可口可乐企业在展馆里耗巨资打造了一条真实的产品生产线,让参观者有真实愉悦的体验经历,提高了企业内部透明度,并且升华了企业信誉。在这条生产线上,人们不仅可以观摩,还可以得到刚生产出来的可口可乐产品所带来的快乐。同时,参观者还可以自行在外包装上标新立异,使它变成一瓶世界上独一无二的可口可乐。

在20世纪80年代中期,企业文化的塑造在中国开始持续发热,"企业文化"关注度逐步提高。无论是在学术上,还是企业的实际应用中都得到了迅速的发展,并且有了一定成果。但作为一个新事物,在发展过程中遇到问题是必然的,研究层次的表面化,研究速度与实践的脱节都成了企业文化在中国发展的一个滞留点。由此可见,我国今后关于企业文化发展的主要目标将是把理论运用到实践当中。

如今,中国的企业建立了不少展馆,比如,联想集团在2008年奥运会期间建造的以奥运为主题的展馆。温州红蜻蜓集团为了发扬本企业鞋文化,建立了鞋文化博物馆。云南白药集团是国内老字号中药企业,为了更好地传播企业文化,其自主建设了企业博物馆。宁波贝发集团建造了展示文具的展馆。北京自来水集团建造了自来水展馆。青岛啤酒公司为增加品牌的影响力,创建了啤酒展馆,青岛啤酒展馆集青岛啤酒的发展历程、文化底蕴、工艺流程、品酒娱乐和购物为一体,不仅为游客走进青岛啤酒、了解青岛啤酒提供了一个独具魅力的视角,更成为青岛市引以为傲的旅游胜地。这些企业展馆可以增强企业与人们之间的互动和沟通,不仅激发企业外部人群的人气、促进消费,还能增加本企业员工的凝聚力和企业文化向心力。

(资料来源:钟果.基于企业文化的主题展馆设计研究——以长庆油田采油五厂展馆方案为例.西安建筑科技大学,2013.)

## 任务小结

企业物质文化是企业文化的外在表现和物质载体,是企业理念精神层和制度行为层的基础要素。优秀的企业文化是通过重视产品的开发、服务的质量、产品的信誉,以及组织的生产环境、生活环境、文化设施等物质现象来体现的。

(1) 企业物质文化也叫企业文化的物质层,是指由职工创造的产品和各种物质设施等构成的器物文化,是一种以物质形态为主要研究对象的表层企业文化。相对核心层而言,它是容易看见、容易改变的,是核心价值观的外在体现。

(2) 企业的物质文化主要包括三个方面的内容:企业的环境及企业容貌、企业生产的产品和提供的服务、企业广告文化。

(3) 企业建筑及各种设施环境,是企业生产经营活动的物质基础,也是企业物质文化的重要组成部分。良好的企业环境能够充分反映企业的文化品位,折射出经营的价值理念。企业环境是企业物质文化设计中不可忽视的内容,主要包括对企业工作环境、生活环境等的塑造。企业容貌包括企业名称、企业建筑风格、纪念建筑和象征物等,对孕育企业文化环境氛围至关重要。

(4) 企业产品包括生产的产品和提供的服务，是企业生产经营的成果，它是企业物质文化的首要内容。现代市场营销理论认为，产品整体概念包含核心产品、有形产品、期望产品、附加产品和潜在产品五个层次。产品遵循的文化原则包括品质优先原则、技术审美原则、顾客愉悦原则。

(5) 企业广告文化是指企业经过长期的广告实践，受一定的社会文化背景、意识形态影响而形成的广告哲学和价值观念，是企业在执行一系列广告策略基础上形成的一种文化现象。企业广告文化主要表现为企业产品广告文化与企业形象广告文化两大类，具有商业性、导向性、渗透性、时代性、多元性等特征。

## 能力自测

### 一、单项选择题

1. (　　)是指由职工创造的产品和各种物质设施等构成的器物文化。

A. 企业理念文化　B. 企业制度文化　C. 企业行为文化　D. 企业物质文化

2. (　　)是组织的表层文化。

A. 企业理念文化　B. 企业制度文化　C. 企业行为文化　D. 企业物质文化

3. (　　)是企业生产经营的成果，它是企业物质文化的首要内容。

A. 企业建筑　B. 企业环境　C. 企业产品　D. 企业服装

4. (　　)是指消费者购买某种产品时所追求的利益，是顾客真正要买的东西，因而在产品整体概念中也是最基本、最主要的部分。

A. 核心产品　B. 形式产品　C. 期望产品　D. 附加产品

5. (　　)是核心产品借以实现的形式，即向市场提供的实体和服务的形象，如产品质量水平、外观特色、式样、品牌名称和包装等。

A. 核心产品　B. 形式产品　C. 期望产品　D. 附加产品

6. (　　)是指购买者购买某种产品通常所希望和默认的一组产品属性和条件。

A. 核心产品　B. 形式产品　C. 期望产品　D. 附加产品

7. (　　)是顾客购买有形产品时所获得的全部附加服务和利益，包括提供信贷、免费送货、质量保证、安装、售后服务等。

A. 核心产品　B. 形式产品　C. 期望产品　D. 附加产品

8. 在产品文化设计基本要素中，(　　)是产品文化的总纲。

A. 文化功能　B. 文化精神　C. 文化心理　D. 文化情调

9. (　　)是产品文化设计的核心要素。

A. 文化功能　B. 文化精神　C. 文化心理　D. 文化情调

10. 在企业形象要素中，首先要考虑的是(　　)。

A. 企业标志　B. 企业名称　C. 企业建筑　D. 企业服装

### 二、多项选择题

1. 企业的物质文化主要包括(　　)。

A. 企业生产的产品和提供的服务　B. 企业的工作环境和生活环境

C. 企业的容貌　D. 企业广告文化

2. 产品的具体形态包括(　　　)。

A. 有形产品　B. 无形产品　C. 核心产品　D. 形式产品

3. 产品整体概念包含(　　　)层次。

A. 核心产品　B. 有形产品　C. 期望产品　D. 附加产品

4. 产品遵循的文化原则,包括(　　　)。

A. 品质优先原则　B. 技术审美原则　C. 顾客愉悦原则　D. 技术领先原则

5. 企业产品的文化设计包含(　　　)基本要素。

A. 文化功能　B. 文化情调　C. 文化心理　D. 文化精神

6. 企业环境文化设计包括(　　　)。

A. 企业整体环境　B. 企业工作环境　C. 企业生活环境　D. 企业环境保护

7. 企业建筑设计的原则包括(　　　)。

A. 适合需要　B. 坚固耐用　C. 光亮通风　D. 易于扩充

8. 作为一种特殊的文化现象,企业广告文化商业性突出,同时也呈现出(　　　)特征。

A. 导向性　B. 渗透性　C. 时代性　D. 多元性

9. 现代的企业广告文化主要表现为(　　　)两大类。

A. 企业理念广告文化　B. 企业行为广告文化

C. 企业产品广告文化　D. 企业形象广告文化

10. 企业容貌包括(　　　)。

A. 企业名称　B. 企业建筑风格　C. 纪念建筑　D. 象征物

**三、判断题**

1. 产品表层外在的视觉形象对顾客消费行为的影响是持久的。(　　)

2. 物质文化是以物质形态为载体,以看得见、摸得着、体会得到的物质形态来反映出企业的精神面貌。(　　)

3. 企业经营的成果就是企业生产的产品。(　　)

4. 品质优先是企业产品文化所要遵循的基本原则。(　　)

5. 作为最感性直观的要素,文化精神是产品文化设计的切入点。(　　)

6. 现代企业广告文化主要表现为企业产品广告文化与企业形象广告文化两大类。(　　)

7. 企业工作环境中的采光一般有自然采光和人工照明两种形式。(　　)

8. 在企业工作环境中选用适当的色彩,可以调节人的情绪,降低人的疲劳程度。(　　)

9. 工作场地要根据不同的作业性质和季节气候,采取措施保持适当的温度与湿度。(　　)

10. 企业生活环境包括对居住条件、环境卫生、配套服务设施等方面的改善,也包括对企业员工本身及其子女学习条件的创设。(　　)

**四、简答题**

1. 企业的物质文化主要包括哪些内容?

2. 产品遵循哪些文化原则?

3. 简述产品文化设计包含的四大基本要素。

4. 简述企业环境文化的主要内容。

5. 简述企业广告文化的特征。

## 案例分析

### (一)"新可乐"失败,"老可乐"归来

在20世纪80年代,可口可乐在饮料市场的领导者地位受到了挑战,销售量增长速度从每年递增13%下降到只有2%,其原因是竞争对手百事可乐来势汹汹。百事可乐先是推出了"百事新一代"的系列广告,将促销的锋芒直指饮料市场最大的消费群体——年轻人。

因此,1985年,可口可乐秘密进行了代号为"堪萨斯工程"的市场调查行动,它出动了约2 000名市场调查员,在10个主要城市调查顾客是否接受一种全新的可口可乐。问题主要包括以下三个方面:可口可乐配方中将增加一种新成分,使饮用时的口感更柔和,你愿意吗?可口可乐的口味将与百事可乐口味相仿你会感到不安吗?你想尝试一种新饮料吗?调查结果表明只有10%~12%的顾客对新口味可口可乐表示不安,而且其中一半表示会适应新的可口可乐,这表示顾客们愿意尝试新口味的可口可乐。在新可乐的样品出来后,可口可乐组织了品尝测试,在不告知品尝品牌的情况下,请品尝者说出哪一种饮料更令人满意,测试的结果令可口可乐兴奋不已。顾客对新可乐的满意度超过了百事可乐,市场调查人员认为这种新配方的可乐可以将可口可乐的市场占有率提高1%~2%,这就意味着增加2亿~4亿美元的销售额。为了确保万无一失,可口可乐斥资400万美元进行了一次规模更大的口味测试,13个大城市有超过万名顾客参加了测试,55%的品尝者认为新可乐的口味胜过了传统配方的可口可乐,而且在这次口感测试中新可乐再次击败了对手百事可乐。根据这次调查的结果和慎重的考虑,在1985年4月23日,可口可乐董事长罗伯特·伊朱埃塔宣布了一项惊人的决定,经过99年的发展,可口可乐决定放弃它一成不变的传统配方,原因是现在的消费者更偏好口味更甜的软饮料,为了迎合这一需要,可口可乐决定更改配方,调整口味,推出新一代可口可乐。

可口可乐做出改换口味的决定,是希望借此将其饮料王国的强劲对手置于死地。在"新可乐"上市后的一个月,可口可乐每天接到超过5 000个抗议电话,更有雪片般飞来的抗议信,可口可乐不得不开辟了83条热线,雇用了更多的公关人员来处理这些抱怨和批评。有的顾客称可口可乐是美国的象征,改变口味就是改变美国文化;有的顾客威胁说将改喝茶,永不再买可口可乐的产品;更有忠于传统可口可乐的人们组成了"美国佬可乐饮者"的组织,发动全国抵制"新可乐"的运动,而且许多人开始寻找已停产的传统可口可乐。面市后两个月,"新可乐"的销量远远低于公司的预期值,不少瓶装商强烈要求改回销售传统可口可乐。

公司的市场调查部门进行了紧急的市场调查,一个月前有的消费者还声称喜欢"新可乐",可现在一半以上的人说他们不喜欢"新可乐",再过一个月,认可"新可乐"的人只剩下不到30%。"新可乐"面市后的第三个月,其销量仍不见起色,而公众的抗议却愈演愈烈。最终可口可乐决定恢复传统配方的生产,其商标定名为可口可乐古典,同时继续保留和生产"新可乐",其商标为新可乐,但是可口可乐已经在这次行动中遭受了巨额的损失。

(资料来源:乔迪.兰德决策——机遇预测与商业决策.成都:天地出版社,1998.)

**问题：**

1. 请分析新可乐失败的原因。
2. 谈谈产品的文化设计所包含的基本要素。

### （二）索尼公司的“五房间熄火法”

索尼公司为了化解员工之间的冲突，设置了五个房间，创造了“五房间熄火法”——就是当员工间发生矛盾时，闹矛盾的员工需要先后进入五个房间：

第一个叫“哈哈镜室”。满脸怒容的员工进入后，先照哈哈镜，看到哈哈镜中扭曲变形而又怪模怪样的自我，他会忍不住笑起来，一笑解千愁，在笑声中他们自然消了些气，脸色开始有所缓和。

第二个叫“傲慢像室”。这里面有一个橡皮造的塑像斜眼看着你，表示蔑视和看不起你。这时工作人员让闹意见的员工拿橡皮榔头去打那个傲慢像。尽情宣泄还未消尽的气，以达到心理的平衡。

第三个叫“弹力球室”。“弹力球室”墙上绑着一个球体，连着强力橡皮筋。先让闹意见的员工使劲拉开球后放开，球打在墙上马上反弹回来。击中闹意见的员工的身体，然后告诉闹矛盾者，这叫“牛顿定律”，有作用力就有反作用力，你去惹人家，人家就会报复你。

第四个房间，是“劳资、劳工关系展览室”。让闹意见的员工认真观看过去管理者怎样关心员工以及员工之间怎样互相友爱的实例，以加强对闹意见的员工心理的触动，引导他们反思自己的言行。

第五个房间叫“思想恳谈室”。管理人员征求闹意见的员工双方的意见，看矛盾如何解决。经历了四个房间的员工，这时大多已冷静下来，双方一般情况下自然会主动解决矛盾，心平气和地接受批评和做自我批评。妥善地解决了员工之间的矛盾后，管理人员对双方还要勉励一番，并给予物质奖励。

（资料来源：https://www.unjs.com/ziliaoku/gl/35648.html）

**问题：**

1. 请分析索尼五间房的作用。
2. 谈谈企业工作环境的内容。

## 实践与操作

### 项目一 [主题]企业物质文化实地参观和调研

[**内容与要求**]

1. 由学生自愿组成小组，每组 5 个人。
2. 组织学生设计调研方案。
3. 组织学生实地对某企业的物质文化进行调研并撰写调研报告。

[**成果评定**]

1. 各组分别整理好实地调研结果并撰写调研报告。

2. 课堂展示每组的调研报告并讲评。

## 项目二 [主题]企业文化建设员工活动策划方案

[**内容与要求**]

1. 由教师选取一家合作企业，向学生说明其经营范围、员工规模、企业文化建设现状等企业基本情况。

2. 学生由 3～5 个人组成一个小组，到实地进行调查。

3. 根据企业情况撰写企业文化建设员工活动策划方案，包括活动主题、活动目的、活动形式、活动时间、参加人员、活动组织、准备工作、经费预算等。

[**成果评定**]

1. 课堂展示与分析活动策划方案。

2. 在有条件的情况下可以实施活动策划方案。

3. 提交参观与访谈心得体会。

# 任务6　企业文化传播

请扫描二维码
观看视频

**知识目标**

为了完成本任务，你需要的理论知识：

1. 企业文化传播与文化传播的联系
2. 物质文化和精神文化的传播特点
3. 影响企业文化传播的不同要素和规律
4. 适宜企业文化传播的时机
5. 企业文化传播过程和方法
6. 影响企业文化传播的效应

**项目任务**

6.1　企业文化传播的内涵和特点
6.2　企业文化传播的要素与规律
6.3　企业文化传播的条件与时机
6.4　企业文化传播的过程
6.5　企业文化传播的方法与效应

**能力目标**

通过完成本任务，你应该能够：

1. 辨别企业文化传播的特点
2. 恰当传播企业物质文化和精神文化
3. 运用企业文化传播的要素
4. 判断企业文化传播的合适时机
5. 传播企业文化
6. 分析和预测企业文化总体传播效果

任务导入
相关链接
案例研究
增值阅读
任务小结
能力自测
案例分析
实践与操作

## 任务导入

### 趣味阅读

**一杯咖啡传播的文化**

一杯星巴克咖啡的价格大约三倍于纽约普通咖啡店的咖啡，然而这并不影响消费者的慷慨，因为星巴克是消费者在家庭和工作场所之外的“第三场所”。在这里，咖啡豆的醇香萦绕于室内，别致的桌椅、宾至如归的服务令人倍感亲切。而店堂内精心布置的电子插座以及免费的无线网络，可以方便消费者使用各类随身电子设备和上网。这些独到之处令星巴克培养了一大批忠实“粉丝”。

在小资当中流行着这样一句经典的话：我不在办公室，就在星巴克，我不在星巴克，就在去星巴克的路上。泡星巴克，在小资们的生活中是不可或缺的。毫无疑问，这杯名叫星巴克的咖啡,是小资的标志之一。

星巴克人认为:他们的产品不单是咖啡,而且是咖啡店的体验文化,咖啡只是一种载体。而正是通过咖啡这种载体,星巴克把一种独特的格调传送给顾客。咖啡的消费很大程度上是一种感性的文化层次上的消费,文化的沟通需要的就是咖啡店所营造的环境文化能够感染顾客,并形成良好的互动体验。

另外,星巴克更擅长咖啡之外的体验:如气氛管理、个性化的店内设计、暖色灯光、柔和音乐等。就像麦当劳一直倡导售卖欢乐一样,星巴克把美式文化逐步分解成可以体验的东西。以顾客为本:"认真对待每一位顾客,一次只烹调顾客那一杯咖啡。"这句取材自意大利老咖啡馆工艺精神的企业理念,贯穿了星巴克快速崛起的秘诀。注重"one at a time"(当下体验)的观念,强调在每天工作、生活及休闲娱乐中用心经营"当下"这一次的生活体验。

(资料来源:https://www.xiexiebang.com/a10/2019051419/effa5df33bf0490a.html)

企业文化传播是企业通过各种媒介向内部员工和社会大众传递企业文化的过程。在实践中,按照传播范围的不同,企业文化的传播可分为企业内部传播和企业外部传播。其中,内部传播指通过各种手段和方式,在企业全体员工中加强、深化交流和沟通,形成对企业物质文化、制度文化以及行为方式、企业精神和价值观的共识,以减少甚至消除企业内部冲突和分歧,从而便于以一体化的风貌对外展示企业形象。外部传播则是全面、准确地对外展示、传播本企业的文化,塑造兼具文明度、知名度和美誉度于一体的企业形象,促使企业与其他组织间关系的协调,从而保证企业具有良好的运作环境。

## 6.1　企业文化传播的内涵和特点

### 6.1.1　企业文化传播的内涵

1. 企业文化

企业文化,是一种从事经济活动的组织之中形成的组织文化,是一个企业由其员工所共同认可的价值观、信念、仪式、符号、处事方式等组成的特有的文化形象,在企业不同的生命周期和成长阶段呈现出不同的特性,既与时俱进,又保留特色。优秀的企业文化使企业具备不断改进的能力,提高企业组织的综合竞争力;为企业的制度建立和独具特色的经营实践提供道德基础;使员工与工作真正融合,在工作中体会生命的意义。

2. 文化传播

传播是个人或团体主要通过符号向其他个人或团体传递信息、观念、态度和情感。文化传播是指一种文化传递扩散的迁移、继传现象。广义上,传播先于文化产生,在自然界是一种普遍的物理现象。追溯到人类社会产生之前,传播的对象即闪电雷鸣、鸡叫蛙鸣等物理信息和生物信息构成的非人类信息。随着人类的产生、人类社会与文化的形成,社会信息成为传播的主要对象。人类学家泰勒最早将"传播"一词移植到文化现象研究当中,不经由传播的文化是不存在的。文化是连接个体与个体、个体与群体、个体与社会、群体与社会的纽带,文化传播就是文化作用的方式。传播对文化的影响不但是持续而深远的,而且是广泛而普遍的。社会文化在不断影响人类传播活动的内容、方式和方向,任何传播都发生在一定的社会文化环境和物理环境之中。文化模式限制和指导着传播者的行为模式。文化决定在何种环境下,哪种传播行为是适当的。文化背景决定了在某一环境下传播内容和方式的规则。同时,文化传播使文化在历时态上得以沉淀积存、世代相续,并在共时态上与其他文化碰撞、融合,达到与时俱进、不断嬗变。因此,文化传播是人类文化延续发展的基本形式。一种文化的延续和几种文化的交融与冲突都离不开文化传播以及由此而带来的扩散性结果。

3. 企业文化传播

企业文化传播是传播者将特定的文化信息有计划地传递给受众,使其得以共享,即通过传播行为对内影响企业员工,与员工达成共识,使员工遵循企业的价值观、伦理观和行为规范,从而增强企业的凝聚力;对外树立良好、独特的企业形象,协调与社会公众的关系,获得社会广泛的认同,培养忠诚的消费者,以便在竞争中取得优势。

企业文化传播是企业通过各种媒介向内部员工和社会大众传播自己的企业文化的过程。企业文化的传播与一般的文化传播有一定的共性,但也有自己的特殊性。企业文化的传播是企业文化的传递、分享和隐性心理状态的构建过程。企业文化不是静止不变的,而是不断变化积累的。因此,企业文化的传播也不是静止不变的过程,但它没有一个明确的、可观察到的起点和终点。

### 6.1.2 企业文化传播的特点

企业文化综合了物质文化、行为文化、制度文化和精神文化。但其传播的特点总体可归结为两种,即物质文化特点与精神文化特点。这是因为物质文化与精神文化是两种特点截然不同的文化,其传播特点差异巨大,而企业文化中的行为文化层与制度文化层是属于中间层,它介于精神文化与物质文化之间,是文化构成中极具弹性的一部分,所以行为层面和制度层面的企业文化内容可以分别归结到物质文化和精神文化中去。

1. 物质文化传播特点

企业物质文化是企业文化的表层形式,它是通过员工行为方式和创造性劳动成果、企业物质环境和设备表现出来的可观察、可触摸感知的企业文化。企业物质文化具有以下特征:

(1) 物质性。物质文化由厂房设备、物质产品等物质构成,具有明显的物质性。

(2) 显示性。物质文化一般表现为物质形体,可观察和感知。

(3) 可传播性。物质文化通过学习和模仿,易于输入和输出,容易传播。

(4) 可变性。物质文化是企业文化的表层结构,容易受到各种外来文化因素的影响,具有动态特征。

由于以上特征,物质文化在传播过程中表现出容易传播、易于识别、可观察、可触摸感知的直观性特征。

2. 精神文化传播特点

精神文化是企业文化的内在形式,是透过思想、情感和行为表现出来的,通常表现为只可意会难以直接表达的文化特征。企业精神文化传播,终究是人的精神文化传播,会表现出隐形的、默会知识等传播特点。其具体特征表现如下:

（1）默会性。根据英国科学家、哲学家波兰尼（Polanyi）的知识形态分类，精神文化内容中很大一部分属于所谓的“隐性知识”。这类知识很难用语言表达出来，正如波兰尼所言，“我们知道的要比所能表达的多”。事实上，人类的隐性知识在人类知识的各个层次上都起着重要作用，人类的理解活动就是一个隐性知识发挥作用的过程。企业精神文化的隐性知识特征，决定了其传播具有默会性，需要寻找一种方式来传达其“可意会而不可言传性”。

［**相关链接 6－1**］

**大火烧出的奇迹**

1933 年，正当经济危机在美国蔓延的时候，哈里逊纺织公司因一场大火化为灰烬，3 000 名员工悲观地回到家里，等待着董事长宣布破产和失业风暴的来临。在漫长而无望的等待中，他们终于接到了董事会的一封信：向全公司员工继续支薪一个月。在全国上下一片萧条的时候，能有这样的消息传来，员工们深感意外。他们惊喜万分，纷纷打电话或写信向董事长亚伦·傅斯表示感谢。一个月后，正当他们为下个月的生活发愁时，他们又接到公司的第二封信，董事长宣布，再支付全体员工薪酬一个月。3 000 名员工接到信后，不再是意外和惊喜，而是热泪盈眶。在失业席卷全国、人人生计均没着落的时候，能得到如此照顾，谁不会感激万分呢？第二天，他们纷纷拥向公司，自发地清理废墟、擦洗机器，还有一些人主动去南方一些州联络被中断的货源。3 个月后，哈理逊公司重新运转了起来。当时的《基督教科学箴言报》是这样描述这一奇迹的：员工们使出浑身解数，日夜不懈地卖力工作，恨不得一天干 25 个小时，曾劝董事长傅斯领取保险公司赔款一走了之和批评他感情用事、缺乏商业精神的人开始服输。后来，哈理逊公司成为美国最大的纺织品公司，分公司遍布五大洲 60 多个国家。

（资料来源：http://www.360doc.com/content/13/1211/10/2036792_336266489.shtml.）

（2）多样性。从企业精神文化的传播方式、手段方面来说，它具有多样性的特点，这是由企业文化的系统性、长期性特点决定的。首先，企业文化的物质文化、行为文化、制度文化与精神文化是相互联系、相互作用的，精神文化在物质文化、行为文化与制度文化中传播，而物质文化、行为文化与制度文化的传播方式、传播途径是不一样的，这使精神文化的传播出现多样性。其次，企业文化的塑造和重塑需要相当长的时间，是一个极其复杂的过程。作为一种文化现象，组织的群体意识和共同精神以及价值观的形成不可能在短时间内完成，同时精神文化具有丰富的内容和深刻的内涵，随着时间的推移，其传播形式、手段也必然不断与时俱进。因此，精神文化的传播具有多样性特征。

（3）情境性。所谓情境性，是指隐性知识的使用总是与特定的问题或任务情景联系在一起，是对这种特定问题或任务情景的一种直觉综合或把握。由于精神文化在很大程度上是一种“缄默”的、默会的知识，默会知识的传播总是与特定情境相联系，因此精神文化的传播首先要遵循隐性知识的特点，而隐性知识最典型的特点即“实践性”，尤其需要在特定的情境中解决问题。从另一方面来说，以隐性知识为主体的企业精神文化，所要传达的往往是支配人们实际行为的、根植于企业文化的传统“潜规则”,这是显性知识难以表达的。从这个意义上说,企业精神文化的传播需要具体情景的支撑,还需要与实际问题相联系。

(4) 个体性。以默会知识为主体的精神文化是个体根据其实践经验领会和总结出来的。现实生活中,由于每个人所处的环境不同,所经历的人生历程不同,其实践经验也各异,知识、灵感、诀窍、习惯、信念等肯定存在个性差异;同时,由于个体的能力和悟性不同,在精神文化传播中,同一情景不同个体领域的结果也可能不大相同。

## 6.2 企业文化传播的要素与规律

### 6.2.1 企业文化传播的要素

1. 传播者

传播者处于信息传播链条的第一个环节,应具有权威性、可信性、接近性、熟知性等特质,在企业文化传播中,传播的主体主要分为以下几类:

(1) 企业领导层。

无论在何种企业,企业领导者对企业文化传播起着很重要的作用。这是因为从宏观上看,企业主要领导者的形象往往能代表企业的形象;从微观上看,任何群体意识总是先在个别头脑(主要是企业领导者)中萌生,然后依靠所在系统的各要素间的相互作用成长为真正的文化。所以,企业领导者能在企业文化传播中发挥作用,来自两个因素:领导魅力和权威性。

领导魅力是构成传播者可信性的一个重要因素。领导的魅力基于两个条件:一是力挽狂澜的能力;二是公众对其领导能力的接受。马克思·韦伯对于领袖魅力曾做过深入研究,并归纳出领袖魅力作为一个可信性因素的五大特征:① 领导魅力强弱依赖于追随者的信念。当追随者接受领袖时,其魅力增加。② 领袖魅力在环境中体现。危机时方显领袖魅力,正如美国学者法根所言“没有普通的领袖魅力”。③ 领袖魅力来自使命感。一般领导者都具有强烈的使命感,这是感召其他人的必备条件。④ 领袖魅力通过传播活动传递。传播活动的形式可以是多样的,可以是一次激情洋溢的正式动员大会,也可以是非正式的私人活动。⑤ 领袖魅力具有相对不稳定性。随着时间的推移和环境的改变,追随者对领导魅力的认识也会发生改变。

权威性是指传播者具有使受众相信、听从的力量,具有权威和地位的特质。通常,传播者越有权威性,其传播的影响力就越大,受众就越信从。传播者的权威性主要表现在权力和地位上。传播者的权力越大、地位越高,受众就越容易接受其影响。特别是,传播者的权力和地位是通过个人奋斗得来的,尤其是在为社会做出相当的贡献和个人的威信积累到相当的程度后,这时公众的信任往往发自内心。

(2) 专职进行文化传播的宣传机构和部门。

在企业中,专职进行文化传播的宣传机构和部门主要有广告部门、公关部门、传播顾问等。广告部门主要通过产品介绍等方式来提高企业产品的知名度,从而使企业的社会影响扩大。公关部门是以组织内外形象塑造为核心内容的组织边界延伸者。公关人员的工作不仅仅对企业外部,其主要职责还在于企业内部关系协调,从而使企业成员加强凝聚力。另外，对内的工作同样发挥着对外效益，它使企业与环境的传播活动显示出企业独特的形象地位，发挥了组织形象边界延伸的作用。传播解说人也称为说客，负责企业政策和策略的宣传解释工作，在文化传播中也有不可忽略的作用。在传播活动中，传播者多露面、增加与受众接触次数和信息互动的频率，就会使受众产生“熟人”印象，形成亲近的倾向。让受众经常看到、直接与公众接触可以增强熟知性。但这并不意味着无限度增加接触就一定带来好感程度的不断增加。传播学研究表明：传授两者的接触保持在一定的限度内才会有好的效果，接触一旦超过限度，受众厌烦的感觉就会出现，而且，如果第一次接触的印象十分恶劣，以后无论怎样频繁接触也难以奏效。

另外，这部分专职传播者的权威性主要表现在知识特长上和信息掌握上。研究表明，如果传播者在受众的心目中是一个关键问题的专家，那么，在特定问题上，这位传播者就会比不具有专门知识的人更容易取得较好的传播效果。

（3）英雄模范人物。

企业英雄是集中体现企业主流文化而被企业推崇、被广大员工一致效仿的特殊员工，这些人在企业正常的生产经营活动中起着带头作用，是企业先进文化的体现者，是企业价值观的化身。企业英雄使得职工理智上明确方向，感情上奋发向上，行为上有所模仿。他们的观念、品格、气质与行为特征是在企业实践中逐步成长起来的，但最后真正成为人们所敬仰的英雄还需要企业的外在培育，是典型人物良好的素质所形成的内在条件与企业“天时、地利、人和”的客观环境形成的催化力共同造就的。总体而言，企业英雄是企业文化建设成就品质化的最高体现，又是企业文化建设进一步深入开展的最大希望所在。

（4）普通员工。

从一定意义上说，组织设立的所有部门即全体成员具有企业文化边界延伸传播者的意义，其行为是企业文化影响的结果，也代表着企业的价值观和行动导向。同时，任何一个职工，总会参与一定的社会活动。因此，每个职工的素质及其外观、行动实际上都会参与企业形象的客观传播，如零售企业的收银员、导购员、用户服务维修人员、电话总机接线员、门卫等，他们的负责精神、友好态度、热情接待等，无时无刻不在给企业形象增添光彩，相反，他们若不负责任、态度生硬、待人冷淡，就会对企业形象造成伤害。

[**相关链接 6－2**]

### “乡镇企业改革发展先行者”鲁冠球

鲁冠球，万向集团公司董事局原主席。改革开放初期，他以开拓者的胆识，主动与乡政府签订厂长个人风险承包合同，开创了浙江企业承包改革的先河，并首创浮动工资制。在鲁冠球的带领下，万向从一个小作坊发展为第一个进入美国市场的中国汽车零部件企业，并开创乡镇企业收购海外上市公司的先河，向世界展示了中国企业家勇于改革实践的智慧和担当。他曾荣获“全国劳动模范”“全国五一劳动奖章”，被誉为乡镇企业改革发展的先行者。创建于 1969 年的万向集团公司以汽车零部件制造和销售为主业，是年营收超千亿、利润过百亿的现代化跨国企业集团。该集团也是国务院 120 家试点企业集团和国家 520 户重点企业中唯一的汽车零部件企业，是中国向世界名牌进军具有国际竞争力的 16 家企业之一。

1969 年,鲁冠球带领 6 位农民集资 4 000 元创办"萧山宁围公社农机修理厂"。1980 年,鲁冠球将厂门口四块牌子摘掉三块,只保留"萧山宁围公社万向节厂"。鲁冠球判断中国将大力发展汽车业,果断舍弃"多角经营",集中力量专攻万向节,走上专业化发展之路。

1983 年,很多人对改革还处在观望状态,鲁冠球主动提出与乡政府签订厂长个人风险承包合同,开创三项先例:其一,自我加压,承包利润指标翻一番;其二,以个人 2 万多元家产做抵押,现场公证;其三,厂长获得经营自主权。当时社会对"风险"二字普遍陌生,他以开拓者的胆识开了浙江企业承包改革的先河,这份合同成为后来企业承包经营的范本,影响全国。承包以后,鲁冠球首创兼顾国家、企业、员工三者所得的"联利计酬浮动工资制",员工的积极性空前高涨,企业效益大增。

1990 年,万向集团公司组建;1992 年,万向集团公司实施组织机构改革,管理模式实现了从"总厂式"到"集团化"的转变,完成了公司制改造,形成了"人人头上一方天,个个争当一把手"。1994 年 1 月 10 日,万向钱潮股票在深圳上市,是国内 A 股乡企异地上市第一家,开启了现代企业制度建设新阶段。

鲁冠球说,万向创立之前,让家人过上好日子,是他的动力;万向创立之后,带领更多人过上好日子,是他的责任;加入党组织后,共同富裕成了他毕生的信念。他对员工强调,我们是党中央"允许一部分人先富起来"的受益者,作为共产党员,我们不能忘记共同富裕的使命。在鲁冠球带领下,20 世纪 70 年代,万向集团公司每天创利 1 万元;80 年代,每天创利 10 万元;90 年代,每天创利 100 万元;2009 年,每天创利 1 000 万元。

2017 年 10 月 25 日 12 时,被视为第一代浙商群体中"教父级"的鲁冠球在家中逝世,享年 74 岁。2018 年,按照鲁冠球生前遗愿,万向集团公司设立"鲁冠球三农扶志基金",将"三农"产业收益捐赠给社会,为农民致富做实事,为农业现代化做新事,为农村发展做有意义的事。

鲁冠球创建的万向,以年均 25.89%的增长业绩,从田野走向世界,主导产品在国际市场稳居龙头,商业模式被哈佛大学当成中国企业崛起的样本研修,《华尔街日报》称他是"一位国家英雄式人物"。

(资料来源:https://baijiahao.baidu.com/s?id=1640743168536211435&wfr=spider&for=pc)

(5) 意见领袖。

在信息传播中,信息输出不是全部直达普通受传者,有的只能先传达到其中一部分人,而后再由这一部分人把信息传递给他们周围最普通的受众。先接触信息的这部分人通常称为意见领袖,他们在大众传播中担任评论员、传达者的角色。有时信息即使直接传达到普通受众,但要他们在态度和行为上发生预期转变,还须由意见领袖对信息做出解释、评价和在态度上做出导向和指点。

意见领袖作为传播过程中的"中介",在企业文化内部传播中首先扮演着企业文化的受传者,他们在接受企业文化后,在企业内二次传播企业文化,同时扮演了员工的意见导向人物的角色;在企业文化的外部传播中有一部分忠实受众,其中向外进行企业文化、服务经验等宣传的受众就是企业文化外部传播的意见领袖。

2. 受传者

受众是消息产品的消费者、传播符号的“译码者”、传播活动的参与者、传播效果的反馈者。企业文化外部传播是指企业文化尤其是企业形象在企业之外的社会环境中对社会公众进行传播。社会公众一般不会去对企业做长期、全面的观察和研究，而只是就他们和企业发生关系的那个方面去认识企业，并形成关于企业的印象。因此，全面、准确地对外展示、传播本企业的形象，最终在社会公共心目中留下一个优美的，兼具文明度、知名度和美誉度的企业形象至关重要。同时值得注意，企业文化外部传播的受传者不仅仅是顾客，还包括相应的政府管理部门、供应商等和企业有联系的群体。因此，一个成熟的企业文化传播方案不仅仅关注对顾客的传播，而应该是全方位的传播方案。另外，在企业文化内部传播中，普通员工要充当两种角色，由于企业文化是体现在企业活动方方面面中的、一种看不见且具有强大影响力的力量，在员工之间的互动认同和相互传播过程中，员工一方面作为企业文化的接受者，另一方面又作为基层企业文化的传播者，具有双重身份。

3. 信息

信息是指能够反映事物内涵的知识、资料、情报、图像、数据、文件、语言、声音等。简单来说，信息能用如下公式表示，即“信息＝意义＋符号表征”。意义是人对自然事物或社会事物的认知，是人给对象事物赋予的含义，是人类以符号的形式传递和交流的精神内容。符号表征，即信息的外在形式或物质载体，是信息表达和传播中不可缺少的一种基本要素。企业文化传播的信息就是以符号为载体，以媒介为渠道的传播，传播的内容就是企业特定的文化。

4. 传播载体

传播载体是介于传播者与受传者之间用以负载、传递、延伸、扩大特定符号的实体，以各种物化的和精神的形式承载，是企业文化得以扩散的重要途径与手段，具有实体性、中介性、负载性和夸张性等特点。

企业文化传播载体的具体形式有五种。

(1) 企业组织载体：指以整体组织存在的企业、企业内部各种正式的和非正式组织团体以及全体员工。

(2) 企业环境载体：指视觉环境和精神环境。视觉环境有办公环境、营业厅环境、施工现场环境等；精神环境指人际关系、学习风气、员工素质、精神面貌、社会形象、客户口碑等。

(3) 文化活动载体：指企业生产经营服务过程中的业务技能比武、知识竞赛、客户参观体验、客户联谊、公益活动等活动，以及表彰庆典大会、演讲会、故事会、歌咏会、文化研讨会、文化培训会、运动会等富有知识性和趣味性的活动。

(4) 文化媒介载体：传统的媒介载体有企业标志标语、企业之歌、企业报纸、宣传板、办公用品、工作服、企业文化手册等；新兴的媒介载体有企业网站、论坛、电子邮件、班组博客、总经理信箱、视频广播、电子屏幕、电子期刊、手机报、手机短信、手机彩铃、QQ、飞信、微信、微博等借助网络优势的信息化手段，全方位、立体化建立企业文化传播的长效机制。

(5) 文化设施载体：指教育培训设施、标志性建筑物、文化场馆与娱乐设施等。

5. 反馈

反馈是从受传者送回传播者的意见信息。反馈能够帮助传播者检验传播效果,检查媒介信息所反映具体事实的真实度和准确度,从而帮助改进和优化下一步的传播内容、形式和行为;反馈能够激发和提高传播者的传播热情,是链接传播主客体的又一通道,是实现传播双向循环的有力接点,是改善传播的重要途径。在企业文化传播模式中,反馈是实现内外传播主客体转换的重要环节。

企业文化在企业内部传播,反馈来自企业员工。企业文化通过企业的价值观、企业精神、经营理念,共同遵循的规章制度,独特的物质、精神风貌传播给企业员工,在这一过程中,企业员工对企业文化的认同度、执行度并不完全相同,接受或不接受将反馈给传播者,以便进行企业文化传播的调整。企业文化在企业外部传播,反馈主要来自顾客,顾客在接受企业通过产品、服务等方式传播的企业文化时会产生不同的认识,通过提出意见、产生购买或不购买等行为体现出来。反馈不仅意味着不满意的反馈,满意也会形成反馈,美誉和口碑本身就是一种反馈。企业可以根据受传者的反馈来调整企业文化的传播行为。

6. 噪声

噪声被理解为传播障碍,存在于整个企业文化传播过程中,是传播过程中不可回避的干扰,容易导致文化传播内容的失真。噪声存在于编码、媒介、译码、反馈诸多传播过程中,具体到企业文化传播过程,则体现在传播渠道、忽视反馈、个人素质等问题上,影响着企业文化传播的效果。如何降低噪声是实现企业文化有效传播重要的问题。

**[相关链接 6-3]**

**安徽淮北供电公司好人文化助力企业品牌传播**

近年来,安徽淮北供电公司高度重视职工文化建设,在南黎路新办公楼 10 楼形成了系列文化长廊——清风馆、淮北电力史迹馆、职工书屋(心动力氧吧)各具特色,成为职工了解公司发展历程、接受教育、学习休闲的重要场所。安徽淮北供电公司职工书屋被授予“国家电网公司职工书屋示范点”称号,成为安徽省电力公司内唯一一家被表彰的职工书屋。

该公司职工书屋面积约 180 平方米,室内集“图书阅览、先模展示、休闲娱乐”三项功能于一体,成为温润职工心灵的“心动力氧吧”。该公司工会以此为契机,进一步完善职工书屋管理,不断提升服务职工的能力和水平,拓展和深化阅读学习活动,引导、激发和帮助广大职工读书成才,不断增强职工书屋的吸引力、影响力和辐射力,持续提升职工书屋综合化、数字化、便捷化水平,全力打造内聚人气、外树形象的“书香国网”品牌。

安徽淮北供电公司借助“三馆五室”厚植好人文化沃土,涌现出七名中国好人,其中两名还荣获全国学雷锋四个一百先进典型之最美志愿者,通过文字、图片、视频等多种方式全方位宣传好人事迹,讲述企业故事,通过网络、微信、报纸、杂志等多手段立体式传播。

(资料来源:https://www.sohu.com/a/133745295_114731)

### 6.2.2 企业文化传播规律

1. 同构易播规律

同构易播规律是指相同或相近企业结构的企业文化共同体，企业文化在其间的传播速度快，影响大，易于奏效。不论是整体同构或部分同构，这条规律均适用。例如，第二次世界大战以后，美国的企业管理文化在日本、西欧很快风行起来，其原因就在于这些国家的企业面对相同或相近的社会制度、经济体制，具有相同或相近的企业制度文化。推而广之，相同或相近的企业文化环境，如相同或相近的社会制度、经济体制、法律、宗教和民族文化传统，也有利于企业文化的传播。例如，欧洲各国在大的文化背景上具有同一性，在市场上又有着千丝万缕的联系，其企业间的文化互动现象频频发生。

2. 异体或异构抗播规律

异体或异构抗播规律是指相异或者全然不同的企业文化体，企业文化在其间的传播速度慢，影响小，不易奏效。因为，企业作为一个生命体，在其自身精神调理及维系过程中，存在一种自发的排斥异己的功能。企业文化不论是局部还是整体上的异构，这一规律都适用。例如，西方市场经济条件下率先兴起的与现代企业制度相适应的企业文化在非市场经济国家，就遇到了体制和理念上的阻力。要解决文化抗播问题，不能寄希望于改变规律，或绕道而行，只有设法扩大企业文化共同体结构，才能促进企业文化的交流与传播。

[**相关链接 6－4**]

**中国企业“走出去”须“文化先行”**

根据中国商务部发布的数据，2012 年中国境内投资者共对全球 141 个国家和地区的 4 425 家境外企业进行了直接投资，累计实现非金融类直接投资 772.2 亿美元，同比增长 28.6%。其中，对美国的投资已实现两位数的较快增长，达到 66.4%。

中国企业“走出去”的势头惹人瞩目，然而不少业界专家均指出，由于企业对国际市场及通行规则还缺乏全面的把握，因此成功融入国际主流商业规范的仍属少数，中国企业“走出去”总体上仍处于初级阶段。

复旦大学华商研究中心副理事长赵定理指出，近 30 年来中国的开放政策主要是引进，投资也主要集中于单向吸引外商。“中国企业要到美国去投资不是一件简单的事情。有些人认为美国设置了很多障碍，但对企业家来讲更多的是我们没有准备好，我们对美国的法律、法规和规章制度，甚至标准都不熟悉。”赵定理不讳言，“说实在，我们到美国投资现在很少有成功。”复旦大学华商研究中心理事长夏钟瑞也明确指出：“中国在美国号称企业不少，但实力不强，即使是华为和中兴都过得很艰难。”

赵定理认为，中国企业“走出去”的困境源于企业对当地的社会文化、企业文化及商业背景缺乏深入的认知。“是不是我们没有合作的基础呢？不是。说到底还是文化背景（的问题），因此市场要‘走出来’，文化要先行。”

（资料来源：http://finance.chinanews.com/cj/2013/05－08/4799783.shtml.）

3. 优胜劣汰规律

企业文化传播过程,也是企业文化的交流、互动和竞争过程。这一过程是有规律可循的,传播的方向通常是由高到低,由强到弱,即从发达文化的高处传向文化不发达的低处,如全球经济一体化的背景下,西方的企业管理文化逐步被全球接受。同时,在文化传播中也存在互动和竞争现象,文化交流包含着对流、逆流,得到流转、扩散的未必是在各个接收方看来相对发达、先进的企业文化特质,有时劣质的文化也会得到流传和扩散。但最终竞争的结果,必定是优胜劣汰,先进文化同化和改造落后文化。

4. 整合增值规律

企业文化传播过程中不仅存在同质文化的传播,也存在异质文化的传播。具有不同文化特质的企业、群体或员工在文化传播中相互接触,彼此理解,结果就使得不同特质的文化得到同化和整合,产生增值。在企业文化内部传播过程中,具有不同文化背景的企业成员学习到具有本企业特点的工作方法、生活方式和行为准则,以及进行人际交往的态度和方式,从而抛弃自身不适应于本企业的观念、习俗,将适应于或有利于企业的观念、习俗融入企业文化中。同时,根据自身的经验和价值观,重新认识、评价企业文化中的传统成分和特质,从而使企业文化产生增值。美国的企业文化一直被视为比较具有活力的文化,这与美国企业往往由不同种族、不同文化背景的员工所组成的情况密不可分。

## 6.3 企业文化传播的条件与时机

### 6.3.1 企业文化传播的条件

1. 企业文化本身应具备的条件

(1) 企业文化易于理解。

虽然企业文化存在于物质载体中,但企业文化本质是一种精神财富。任何精神财富若无法被理解便不能被享用,更不可能在这种理念、精神的指导下来创造财富、完善企业制度、规范员工行为。因而,企业文化必须易于理解。但受信息接收者的愿望、需要、态度及其他心理因素的影响,理解是一个复杂的过程。如果一个企业生搬硬套其他先进企业的成功理念,不考虑自身的实际情况,这样的企业文化是难以被理解的。因此,企业领导、部门负责人和企业文化的设计者,应该结合企业所处的国家或地域的文化背景,根据本企业的实施情况和本企业员工的特点,采用多重措施,使企业文化的内部传播深入浅出,同时贴近实际。一旦员工理解了企业文化,就能把企业所倡导的价值观念内化为自己的行动指南,从而指导工作行为和生活行为,达到企业文化传播的目的。

(2) 企业文化具有层次性。

企业文化传播的对象不是单一的,无论是企业内部员工,还是企业外部大众,他们的知识层次、教育背景、性格特点、工作任务和理解能力等都是不尽相同的。要求所有的受众对企业文化都能够有深刻、全面的了解是不现实且不可能的。因此,企业文化应该具有层次性,企业文化传播应该是一个由浅入深、逐渐上升的过程。企业文化的理念在不同的层面应该有不同的表现形式。针对不同层面受体的思想实际和理解的深浅,在企业核心精神的引领下，设计不同的企业文化内容，从而使企业文化能够真正影响各个层面的受众。

2. 企业文化传播者应具备的条件

(1) 学习能力。

企业文化不是一成不变的，企业文化同样要根据政治、经济、大众认知等的变化而进行整理和重塑。这要求传播者有较强的学习能力和较强的调查分析能力，从而可以正确地评价自身所处的社会环境和优势条件，了解企业现状、员工思想状况和利益相关者的情况，并能把这些情况与同行业进行比较，以便博采众长，更好地传播企业文化。

(2) 传播能力。

传播能力能理解为传播达到的范围和传播的精度。从企业文化传播的角度看，传播能力主要体现在企业文化传播者对信息传播科学的具体运用上，要求企业文化的传播者掌握企业文化内容、精髓，通过合适的传播媒介，把信息传递给受众，并尽可能达到最佳效果。

(3) 组织能力。

实现企业文化的准确传播是一项复杂的工程。企业文化传播者在内外各种形式的活动中(如典型示范、讲座、培训、典礼、集会、联谊会等)传递企业文化的信息，在这一过程中，传播者既要对本企业负责又要兼顾利益相关者的权益，尊重他们的意见和人格。因此，企业文化传播者要有较高的组织才能，这包括选择、策划活动方面的能力和良好的语言组织表达能力。在传播活动中，组织能力越高，大众越能准确地收到活动的组织者想要传达的信息，企业文化传播效果越好。

**[案例研究 6 - 1]**

### 如何像苹果那样搞一场发布会

你或许从未听说过，曾经有一位听众在史蒂夫·乔布斯的演讲现场晕倒了。当时，苹果的公关代表迅速为医务人员提供引导，将此人抬出会场，以至于几乎没有人注意到这个插曲。作为苹果公关团队的一员，避免任何会议出现中断已经成了必备的技能，因为他们早已对所有突发事件的应对方案了然于胸。这件轶事既证明了苹果在活动规划方面的细致，又凸显出他们高超的公关战略：他们有能力在不被人发觉的情况下，无形地控制各种状况。

在主题演讲期间出现这种危及生命的突发状况实属罕见，但除此之外，苹果的公关人员还会为更为常见的情况制定应对方案，如抑制吵闹的人群和阻止未获邀请的媒体人员入场。苹果公关人员甚至会为库克和苹果全球营销高级副总裁菲尔·席勒等苹果高管充当临时保安，阻止媒体成员询问各种问题。

但苹果的演讲活动，绝不仅仅限于谁在台上呈现什么，以及谁负责保护哪位高管免受记者骚扰这么简单。一位苹果公关员工告诉我们："主题演讲就像一件作品，你必须怀着特殊的心态来欣赏它。"整个演讲的每一处细节都是事先经过精心设计的，从灯光的细微变化，到屏幕摆放方向，再到人员就座的位置。苹果会将一些级别较低的自家员工安插在观众之间，不同的记者也都被安排在特定的位置上，苹果高管无须担心任何的临场变化。一切都在掌控之中。

整个过程始于演讲开始前的两周。苹果的公关和沟通团队以及营销团队都会始终关注媒体报道,以便确定外界预期,并且通过泄露信息来遏制那些无法达到的预期。该公司的高管通常会在总部的礼堂里练习两周时间。而沟通团队则会在演讲开始前一周召开一次冗长的会议,高级公关人员将在会上准备一些特殊的白色手册,分发给团队的其他成员。

这些手册详细阐述了演讲中探讨的内容以及发布的产品,还包括每一部分的演讲者和演示者,以及产品体验区的布置细节和负责人员。

在此次动员会结束后,白色手册会交还给公关团队,有时会当场用碎纸机切碎。苹果在产品开发过程中的保密风格已经众所周知,而演讲活动的规划和筹备也采用了类似的措施。尽管在苹果观察人士看来,每次活动的主题似乎都已经众所周知,但却没有一次主题演讲的详细安排能够提前曝光。

大约就在动员会召开的同时,苹果会向特殊嘉宾发出邀请函,包括为数不多的苹果员工、大型新闻媒体的记者以及一小部分发布积极报道的可靠博主。苹果最坚定的支持者往往能提前获得消息或邀请。例如,就在苹果宣布最近一次发布会的具体日期时,加拿大博主达尔林普尔恰好在库珀蒂诺,拍下了苹果为在弗林特剧院举行的发布会搭建的结构。这很难说是一种巧合。

在活动举办前的周末,苹果公关团队的成员会在演讲现场实地考察,确保从演讲舞台到新品体验区的所有元素都符合最初的规划。与此同时,苹果高管则会在舞台上进行排练,练习那些早已准备良久的"即席"笑话。

尽管很多人批评,库克时代的活动较之于乔布斯时代少了些神秘,多了些呆板,但他们的专注、能量和流程却被越来越多的竞争对手模仿,足以体现出苹果新品发布会的强大组织和传播能力。

(资料来源:http://www.360doc.com/content/14/0910/16/18812677_408440393.shtml.)

企业文化传播者应该具备学习能力、传播能力、组织能力和主体性,苹果产品发布会体现了苹果具有很强的企业文化传播和组织的能力,通过精心策划发布会的所有环节,细心准备各种预案,严格保密、引导和控制舆论等方式使得苹果的文化以其独特的方式被大众接触和接受。

(4) 具有主体性。

企业文化传播的主体性就是传播者的能动性,包括传播者的主动性、主导性、创造性和前瞻性等属性。主动性是指能积极主动地进行企业文化传播;主导性是指在企业文化传播的过程中始终起主导和支配作用;创造性是指企业文化传播过程中勇于探索各种新的途径、方法、开拓创新,具有创新精神和创新能力;前瞻性是指企业文化的传播既要立足现实,又要放眼未来,一方面从受众现实的状况出发,分级分层传播企业文化,另一方面引导受众把与社会未来发展需要相适应的企业文化和价值观内化为自己行动的准则。

在这四种属性中,企业文化具有创造性尤为重要。这是因为在经济全球化和信息技术迅猛发展的背景下,企业文化被视为在竞争中赢得先手的关键因素之一,各企业都竭尽所能地寻求企业文化传播的渠道和手段,想象力和创造性思维在传播活动中就显得非常重要。企业文化传播者需要运用创造性思维把企业文化的精华渗透到各种产品、各种活动中,这样才能不断增强对受众的吸引力,保持新鲜感。

### 6.3.2 企业文化传播的时机

1. 兴奋点

当某件事或某项活动引起受众的特别关注时,会在他们的思想上产生兴奋点,当人们处于兴奋状态时,思维活动更加活跃,思维能力、理解能力也随之增强。兴奋点可能是由于小事引发的,也可能是由于大事引发的,企业还可以有意识地通过国内外企业或本企业最近发生的事情制造一些兴奋点。例如,在奥运会、亚运会等盛事中能成为指定品牌,对企业的品牌文化传播将是非常有利的事情。

2. 危机事件

企业在生存、发展的过程中,不可能一帆风顺,肯定会遇到困难和危机。这些困难和危机可能来自企业自身的决策,也可能来自整个行业所面临的危机,如三聚氰胺危机不仅给三鹿带来灭顶之灾,也给中国整个乳制品行业带来沉重打击。然而,危机也很有可能刺激真善美的觉醒与回归,能够增强人与人之间的凝聚力,促使人的行为和意识往好的方向转变。如果企业能够做到处乱不惊,在处理危机事件时坚持企业的文化并使企业成功度过危机,也就成功地传播了自己的企业文化。

**[相关链接6-5]**

**百度"李彦宏被泼水事件"**

7月3日,2019百度AI开发者大会如期举行。不过,今年火爆的开发者大会现场,发生了尴尬的一幕。百度公司创始人李彦宏上台,在介绍完小度"双全工无唤醒功能"后,正在解读百度自动泊车时,一位不明人士走到台上,来到李彦宏身边,将一瓶矿泉水直直地从李彦宏头顶倒下。李彦宏瞬间完全湿身,此时大会刚刚举行了10分钟左右。"What's your problem?"李彦宏在被泼水后飙出了一句英文。不过,见过各种大场面的李彦宏还是迅速稳住了自己。之后,大会继续。李彦宏一边用餐巾纸擦去面上的水渍,一边又说了一句,"就像人工智能到来的路上,总会遇到一些困难"。此后,李彦宏一直穿着湿透的衣服,演讲超过了35分钟。

百度微博在事发时立刻在微博上做出回应,"今天AI开发者大会上,有人给AI泼冷水。我们想说,AI前进的道路上会有各种各样想象不到的事情发生,但我们前行的决心不会改变。"当天晚上10点34分,百度官微发布长微博回应此事。"今天是百度一年一度的AI开发者大会。为了与到场的7 000多名开发者和合作伙伴,以及场外关心此次大会的朋友们充分交流和分享最新的AI进展,我们无暇顾及其他。但是,这并不意味着,我们对今天在现场发生的事件没有态度。对今天发生在AI开发者大会现场的事件,我们感到愤怒,并强烈谴责肇事者的行为!"

由于泼水事件,对当事人造成的实际伤害较小,使得此次事件虽然获得广泛的传播和讨论,但是公众对此事的情绪并不强烈,甚至不少人对此持调侃、戏谑的态度。

在百度第一次回应时,微博评论中大多数人持同情李彦宏,反对泼水人的态度,当然也是因为李彦宏在遭遇泼水时冷静有风度的反应获得了不少肯定。

(资料来源:https://www.onrmedia.com/news/9678.html)

3. 典型对比

在企业文化的传播活动中凡是能够折射出企业文化精华的,或是与企业文化相悖的事物,包括产品、事件、个人、团队,甚至生产、生活环境等都可以作为典型。在这里,典型应该既包括好的典型,如突出反映企业文化核心理念的人、事、物、氛围、环境等,也包括坏的典型,这种典型与企业文化的核心理念相背离。在企业的传播过程中,通过对比这两种性质相反的典型,可以使受众更清楚、更深刻地理解本企业的文化。

4. 企业变动

企业变动在企业的成长发展中同样是不可避免的,包括企业改革、人员更迭、新产品开发、企业上市、组建企业集团、实施产品战略等重大变动活动,它会或多或少地引起企业的波动,但也是企业文化传播的良机。若企业在变动中能奉行企业文化所提倡的价值观念、行为准则,会使企业文化传播收到事半功倍的效果。

5. 文化网络

文化网络是企业组织内部的、非正式的联系手段,也是企业价值观和英雄人物传奇的载体。对于企业在日常生产和生活中的惯例和常规,企业文化传播者可以在文化网络中通过文字、语言等手段结合灌输、讨论等方式反复向员工表明对企业所期望的行为模式,使员工从各种细节中更深刻地领会企业文化,形成良好的礼仪和礼节。充分利用文化网络的作用,是放大企业理念,传播企业文化的良机。

6. 准确运用传媒

随着信息技术的发展,传媒的形式和种类越来越多,信息的传递也更为及时和迅速,传媒对企业来说是一把“双刃剑”,既可能使企业美名远扬,也可能使企业声名狼藉。因此,企业须要充分了解传媒,把握各种传媒的特点,准确地策划出在何时、何事上运用何种传媒工具,使传媒为企业所用,达到良好的传播效果。

## 6.4 企业文化传播的过程

### 6.4.1 企业文化的内部传播

企业文化的内部传播中,企业领导层、宣传部门、意见领袖扮演了传播者,他们首先自己接受本企业的文化,成为本企业价值观的忠实信徒,然后向普通员工灌输企业价值观和企业精神。在这一传递过程中,噪声是时刻存在着的,其体现在传播渠道简单、传播主客体个人素质差异等多个问题上。而企业的反馈机制是降低噪声的重要渠道,企业员工对企业文化的认同度、执行度并不完全相同,接受或不接受将通过态度、行为传递给传播者,它使企业文化内部传播以连续闭合形式呈现，传播过程形成一个小循环，这一过程使得企业的文化传播在企业内部的循环反复传播中不断调整改进，有利于企业文化在企业内部的不断传播和发展。在内循环中，以下五种机制在企业文化内部传播中发挥重要作用。

1. 激励诱导机制

激励诱导机制是指企业通过创设能满足个人需求的诱因或剥夺个人利益的威胁来改变员工的行为，从而改变员工的态度和观念。企业的任何激励诱导措施都带有导向性，都传达了特定的管理理念，当其所传达的理念与企业价值观一致时，就能传播企业文化，对企业文化有强化作用；当这些信息与企业价值观不一致时，对企业文化就起破坏作用。企业通过制定与企业价值观相匹配的行为规范和规章制度，把执行情况与奖惩挂钩，可以引导员工遵守这些规范，从而深化员工对企业价值观的理解和认同。

2. 群体压力机制

群体压力来自员工所隶属的群体，特别是员工所在部门的同事和上级，其他部门的人员对其也有不同程度的影响。在一个组织中，几乎每个子单位都有自己的潜规则或亚文化，它们可能与企业文化一致，也可能不一致。一致性越高，意味着该群体中认同企业文化的人越多，群体压力对企业文化的传播作用就越大。上升到整个企业的层面，企业文化强度越高，群体压力就越大。正是由于群体压力的存在，企业文化做得好的企业就具有强大的组织免疫力和组织惯性，可以较少依赖制度规范和管理人员的命令，而且企业文化还能得到良好的维护。

3. 环境暗示机制

有关企业文化的暗示在企业中无处不在，各种宣传媒体、象征物、企业的内部环境、管理者的言语和行为、同事的言语和行为、会议和培训的风格等都对员工有暗示作用。因为员工在和这些人、事、物经常接触的过程中会受到潜移默化的影响，而且管理者、同事都是员工的“参照群体”，是员工有意或无意模仿的对象，他们的言行必然受到员工的关注，从而对员工产生影响。

反复的环境暗示使员工对文化要素产生熟悉感，同时，经常性的外部暗示也能激发更多的自我暗示，这有利于让员工了解和认同企业文化。但是，来自不同方面的暗示应具有一致性，彼此冲突的暗示将混淆主题，引起员工思想的混乱，企业文化传播的目标将难以实现。

4. 个体学习机制

员工对企业文化的认知和认同很多是在与企业中的人、事、物的相互作用过程中通过主动学习获得和形成的。为了提高学习的有效性，员工会设计和选择不同的策略。这些策略包括信息搜集、关系构建、非正式的导师关系、改换岗位、积极构想、参与相关活动、自我行为管理以及观察模仿等。在运用这些策略时，员工要借助相关的文化传播渠道去实现有效学习。

5. 人员流动机制

企业文化内部传播的过程是一个不断提高个人—组织匹配度的过程。所谓“个人—组织匹配”，是指雇员和他们所服务的组织之间的兼容性，这种兼容性一般通过个人价值观和组织价值观的一致性来测量。从企业角度出发，个人—组织匹配度的提高可通过聘用和企业价值观匹配的人、重用在履行企业价值观方面做出表率的人、留住认同企业价值观的人、解雇违背企业价值观的人等多种形式来实现。从员工个人角度看,认同企业价值观的人会努力工作,追求晋升,在企业工作的时间比较长;不认同企业价值观的人则可能踯躅不前,甚至选择辞职。这样,在人员流动机制的作用下,认同企业价值观的人被留下,并受到晋升提拔,不认同企业价值观的人则得不到重用,甚至被解雇。

### 6.4.2 企业文化的外部传播

企业文化的对外传播是一种文化交流,不是单向文化输出。全面准确地对外展示、传播本企业文化,希望能最终在社会公众心目中留下一个美好印象。根据格鲁尼哥和亨特于1984年推出的环境划分模式,按组织面对"公众"类型,把组织环境分为四大部分,即职能部门、功能部门、规范部门和扩散部门。职能部门包括工商、税务、公安等各级政府部门;功能部门是指供应商、顾客、人才中心、银行等;规范部门有贸易协会、专业协会、竞争者等;扩散部门是社区与一般公众。而一个企业的文化的对外传播对象就是这些部门,企业将自己的企业文化向这些部门传播,让最具评价力的社会公众来充分认识自己的文化,并塑造良好的公共形象,推进企业发展。

在企业文化的外部传播中,企业宣传部门和员工成为传播者。宣传部门将企业文化信息,即企业文化的精神和企业形象,通过企业文化语录、标记、口号等传播途径,传递给主要受传顾客。员工通过个人言行、态度传递企业文化。受众通过提出意见、不购买行为或是美誉、口碑等正负两方面传播效果将信息反馈给传播者。传播反馈循环过程将企业文化外部传播贯穿为一个闭合的循环体系,也就是第二个循环。

**[案例研究 6-2]**

**希尔顿的微笑服务**

美国"旅馆大王"希尔顿于1919年把父亲留给他的12 000美元连同自己挣来的几千元投资出去,开始了他雄心勃勃的经营旅馆生涯。当他的资产从15 000美元奇迹般地增值到几千万美元的时候,他欣喜而自豪地把这一成就告诉母亲,想不到,母亲却淡然地说:"依我看,你跟以前根本没有什么两样,事实上你必须把握比5 100万美元更值钱的东西:除了对顾客诚实之外,还要想办法使来希尔顿旅馆的人住过了还想再来住,你要想出这样一种简单、容易、不花本钱而行之久远的办法去吸引顾客。这样,你的旅馆才有前途。"

母亲的忠告使希尔顿陷入迷惘:究竟什么办法才具备母亲指出的"简单、容易、不花本钱而行之久远"这四大条件呢?他冥思苦想,不得其解。于是他逛商店、串旅店,以自己作为一个顾客的亲身感受,得出了准确的答案:"微笑服务"。只有它才实实在在地同时具备母亲提出的四大条件。从此,希尔顿实行了微笑服务这一独创的经营策略。每天他对服务员的第一句话是"你对顾客微笑了没有?"他要求每个员工不论如何辛苦,都要对顾客投以微笑,即使在旅店业务受到经济萧条的严重影响的时候,他也经常提醒员工记住:"万万不可把我们的心里的愁云摆在脸上,无论旅馆本身遭受的困难如何,希尔顿旅馆服务员脸上的微笑永远是属于旅客的阳光。”

为了满足顾客的要求，希尔顿“帝国”除了到处都充满着微笑外，在组织结构上，希尔顿尽力创造一个尽可能完整的系统，以便成为一个综合性的服务机构。因此，希尔顿饭店除了提供完善的食宿外，还设有咖啡厅、会议室、宴会厅、游泳池、购物中心、银行、邮电局、花店、服装店、航空公司代理处、旅行社、出租汽车站等一套完整的服务机构和设施，使到希尔顿饭店投宿的旅客，真正有一种宾至如归的感觉。当他再一次询问他的员工们：“你认为还需要添置什么？”员工们回答不出来，他笑了：“还是一流的微笑！如果是我，单有一流设备，没有一流服务，我宁愿弃之而去，我喜欢住进虽然地毯陈旧，却处处可见到微笑的旅馆。”

（资料来源：http://wenku.baidu.com/link? url=qusUmSzVBJHAt2jqlv07StDvbQF2gAUCPAiU3eEWvtULwyuCGDU79P6ju-vgLDJBdp7jhxOrpk1mI5HsJgtIA-xu40vST9kppY6dbKun-Mq.）

希尔顿通过“微笑服务”实现企业文化的对外传播，通过微笑让顾客感觉宾至如归，因为希尔顿坚信酒店的服务永远比酒店的设备重要。通过全体员工的微笑，用行动把企业所推崇的文化传递给顾客，就是希尔顿的企业文化传播方式。

### 6.4.3　企业文化从内部传播到外部传播的循环

企业文化从内部传播到外部传播的循环是这样的一个过程：企业文化外部传播的传播者——企业员工，首先是企业文化传播的受传者，在接受并认同企业文化后，员工将企业文化内化为一种信念和行为准则，通过提供企业所要求的标准服务，或与顾客进行直接或间接的接触等传播渠道，将企业文化信息传递给顾客；而顾客对这一传播的反馈会通过多种方式，如直接反馈给员工或者反馈给企业其他对外部门，从而形成一个循环。

企业文化从内部传播到外部传播的循环使得企业文化对外界的传播不是单向过程，外界的反应通过反馈机制影响企业文化的改进和调整，外界通过对企业文化的不断认识，也在持续修正对企业的印象，双方通过循环找到相互适应的最佳配合点。这样的循环过程存在于企业的整个生命周期阶段。

## 6.5　企业文化传播的方法与效应

### 6.5.1　企业文化传播方法

在对传播内容进行美化与包装的过程中，可以采用比喻法、假借法、引证法、明示法等方法。

1. 比喻法

比喻法是指借助具体感人的形象来表达抽象的理念。一般采用人们熟悉而又容易接受的具体事物，来表达某种文化思想或观点。比如，华为用“狼”来解释自己的企业文化内涵，这是因为狼有三种特性被华为人利用:一是嗜血,反映出对市场信息的敏感性;二是耐寒,反映出百折不挠的精神和不畏艰难的意志;三是结群,反映出团队合作的精神。又比如,西安杨森制药有限公司提倡的"鹰"文化,大力宣传以"鹰"为形象代表的企业文化,他们自己这样解释:"鹰是强壮的,鹰是果断的,鹰是敢于向山巅和天空挑战的,它们总是敢于伸出自己的颈项独立作战。在我们的队伍中,鼓励出头鸟,并且不仅要做出头鸟,还要做搏击长空的雄鹰。作为企业,我们要成为全世界优秀公司中的雄鹰。"

2. 假借法

假借法是指企业文化传播者有目的地把企业文化理念与大众普遍接受或喜爱的美好的事物联系起来,使人由于对假借事物有美好感情而对本企业文化产生美好认识。比如,蒙牛公司选择与航天员合作,就是借助了受众对航天员所用产品要求规格高这一美好认知,进而使消费者对蒙牛产品产生良好的联想。

3. 引证法

引证法是指企业文化传播者引用实事材料和数据理论资料来证实自己的企业文化价值。运用引证法所选取的材料必须真实可靠,不能任意编造,不能过分夸大事实造成对受众的误导。例如,舒适达牙膏的广告词中会提到"舒适达专业修复牙膏,它含有 NovaMin 专利技术,会释放和我们牙齿相同的天然成分,修复牙齿敏感部位",以此说明该牙膏对牙齿敏感的作用。

4. 明示法

明示法是指将所要传播的核心思想进行提炼浓缩总结,采用直接表述的方式来表明这种核心思想。例如,百事可乐好几年都是以"打垮可口可乐"为全企业要实现的目的;日本本田企业提出的口号是"挤垮、捻碎、消灭雅马哈"等。

### 6.5.2 影响企业文化传播的效应

1. 威信效应

威信效应是指传播个人或群体的权威性、可信性对受众的心理作用以及由此产生的对传播效果的影响。传播学研究认为,当受众把传播者或者信息来源确定在高权威性、高可靠性的位置上时,这种认定就会转变为对信息内容的相信。一项心理实验表明,一篇关于某种疾病治疗方法有效或无效的报道,以联合国医学报告的形式告诉被试和以通俗报刊文章的形式告诉被试,前者对被试的影响力明显大于后者,因为前者被认为具有崇高威望和较大可信性。在企业文化传播中,受众威信效应的产生主要取决于文化传播者、传播机构或信息来源在内部受众员工及外部受众心目中的威望和地位,这种威望和地位不是靠权力获得的,而是由受众授予的。

2. 名片效应

名片效应指在交际中,如果表明自己与对方的态度和价值观相同,就会使对方感觉到你与他有更多的相似性。名片效应有助于消除受众的防范心理,缓解他们的矛盾心情,也有助于减少信息传播渠道上的障碍,形成传授两者情投意合的沟通氛围。在企业文化传播中,传播者摸准受众的预存立场和基本态度,恰当地运用"名片",能有效地施加影响,并顺利地完成企业文化的传播。

3.“自己人”效应

“自己人”效应也称同体效应，是指对“自己人”所说的话更信赖、更容易接受。在人际交往中，彼此会相互影响。在企业文化的传播过程中，传播者应该具备哪些条件才能对受众产生“自己人”效应呢？一是立场相同，传播者与受众在世界观、阶级立场、信仰、理想等方面大致相同，容易建立起一种特殊的、亲近的“自己人”关系。二是背景相同，传播者与受传者在民族、籍贯、经历、职业、年龄等方面相同点越多，就越容易形成“自己人”效应。三是个性相投，传播者和受传者之间的兴趣、爱好、性格、气质等相近或投合，也容易产生好的沟通效果。四是观点一致，传受两者对社会事务和面临的问题看法一致、观点相同，也容易产生“自己人”效应，提高文化传播效果。

4.晕轮效应

晕轮效应是指受传者在接收活动中将认知对象的某种印象不加分析地扩展到企业方面去的接收倾向，从而得出全部好或全部坏的整体印象，就像晕轮一样，从一个中心点逐渐向外扩散成越来越多的圆圈，本质上是一种以偏概全的认知上的偏误。它是相关先行经验对其后接收活动的影响，包括“光环作用”和“扫把星作用”。光环作用指的是一位传播者由于被标明具有好的品质，他及他的传播便笼罩在受众“爱屋及乌”的积极肯定的光环（评价）中。但是，如果传播者被标明具有坏的品质，“扫把星作用”便会出现，人们会产生不公正的对待，认定他具有一切坏的品质，连同他传播的内容。在企业文化传播活动中，不仅传播者的名称和形象会产生晕轮效应，其人格特点也具有同样作用。晕轮效应具有使信息接收变简单、便捷的特点，因而合理地加以利用可以迅速取得传播优势，获得即时的、短期的文化传播效果。

**[相关链接6-6]**

**三星手机光环效应助推美国市场份额飙升**

三星电子智能手机的全球热销，正帮助该公司在家电市场赢得信誉。过去几年，该韩国巨头在全球第一大家电厂商惠而浦的美国本土市场迅速扩大市场份额。另一家同时做智能手机和家电的韩国公司LG电子也是如此。

“我们总是听到，‘噢，我有一款它们的品牌手机。’”匹兹堡的一名家电经销商Rocco Perla表示。在他的展厅里，三星和LG的产品均被放在显眼位置。

在美国，三星对其一款可制造苏打水的高端冰箱的营销推广引起了住在丹佛的留学生顾问Michelle Jackson的关注。“我想要那种冰箱，”她说，“我真的很喜欢那个理念。”她也指出，她相信韩国产品质量很高。

根据TraQline的调查数据，按照销售额计算，三星在美国主要家电市场的份额已经从五年前的2.3%飙涨至2013第二季度的10.5%；LG的市场份额则从8.5%攀升至14%。惠而浦（旗下品牌还包括美泰格Maytag、Jenn-Air等）的份额则从35.9%下降至30.4%，通用电气公司从18.9%降至15.9%，伊莱克斯从9.6%降至8.4%左右。

（资料来源：http://tech.163.com/13/0807/13/95M91S32000915BE.html.）

5. 投射效应

投射效应是指将自己的特点归因到其他人身上的倾向。在企业文化传播过程中,当受传者处于相对封闭状态,而接收对象本身又具有模糊、含混、多义的特点时,受传者往往以自己的特性与心理为依据来理解和推断传播内容的含义,这就是投射效应。这一效应也是受传者的一种自我呈现或“自画像”。值得注意的是,投射效应往往会歪曲文化传播者的本义,使其对传播的文化内容本身的理解发生畸变与错位。因此,企业文化的传播应该尽可能明确,非歧义,这样才能减少企业文化在传播过程中的失真。

6. 从众效应

从众效应,也称乐队花车效应,是指当个体受到群体的影响(引导或施加的压力),会怀疑并改变自己的观点、判断和行为,朝着与群体大多数人一致的方向变化。企业文化传播中,从众效应常有以下表现:一是受众已经有了定论的职业传播者和文化传播内容,几乎没有人会提出反对的意见;二是从众能够规范人们接收文化传播内容的模式,使之成为一种接收习惯;三是一致性的群体行为能够形成接收“流行”;四是会对那些真正富有独创意义的企业文化内容加以拒绝,从而挫伤少数传播者探讨的积极性;五是多少抑制了受传者理解文化传播内容的主观能动性。因此,在企业文化传播过程中,从众效应也是优点与缺点并存、有利与不利同在。

## 增值阅读

### 企业怎样运用好自媒体宣传企业文化

互联网时代的到来,人们可以零距离沟通,畅通无阻。网络媒体随之顺应时代应运而生,随着时代的发展,科技的日新月异,以网络媒体为代表的新媒体随之突飞猛进,它们集印刷媒体、电子媒体于一身,具有很强的竞争力。同时新媒体的快速、便捷、内容丰富,使得它在各行各业的竞争中都取得了领先优势。从最开始的传统纸媒体、户外数字媒体、网络媒体,发展到现在的全民媒体——“自媒体”。自媒体是指为个体提供信息生产、积累、共享、传播内容兼具私密性和公开性的信息传播方式。

自媒体有别于由专业媒体机构主导的信息传播,它是由普通大众主导的信息传播活动,由传统的“点到面”的传播,转化为“点到点”的一种对等的传播概念,具有平民化、个性化、低门槛易操作、交互强传播快、良莠不齐等特点。

企业分析到底都是由个人组成,每个个体都可以从企业的整体利益出发,每个员工都能够成为自媒体。企业的创始人或管理者,在全民皆博的时期,不少处于创业时期的公司领导人开通了博客,阐述自己关于某个领域的观点。员工和企业主开博客本身是顺应市场发展需要的行为,企业做自媒体不是以组织的形式去实行,而是以组织中的个体去实行。

但企业领导人决定做自媒体之前,需把下自己公司的脉,有没有实力和信心去执行。任何事情都存在正反两面,自媒体对企业有利亦有弊。一方面,利用自媒体进行宣传成本低,覆盖面广,能够与受传者直接接触等;另一方面,控制自媒体的传播与传统媒体相比更困难,负面消息一旦传播难以及时制止,同时传播效果也更难以衡量等。但总体来看,鼓励员工去做自媒体,实质上就是鼓励员工去不断学习、分享,使企业能够形成学习型组织的氛围。

所以，企业在鼓励员工去做自媒体的同时，必须保证员工自媒体矩阵，是有机会、有组织的。例如，自媒体名称可以不带企业的名称，但自媒体的身份说明就需要烙上企业的印。员工可以从兴趣或专业出发自由发挥创造内容，前提是保障企业利益，维护企业利益，有适合的时机就适当地去曝光企业。当然，这不是要求员工本着营销目的去做自媒体。企业做自媒体要做到形散神不散，分权的同时也在集权。当每个员工自媒体形成一定影响力之后，企业再进行整合，其传播力量就会大增。

当下，多数企业在使用自媒体时大多采用微信公众号来实现，自媒体的内容绝对是微信公众号运营者的核心。企业自媒体将公司的信息、价值、理念传播出去，靠的是内容，而不仅是文字、视频、音频等传播介质。但在互联网时代，信息已经没有稀缺性，因此仅有一个公众号的企业自媒体是不够的，如果没有员工自媒体的支持，企业文化难以通过一个公众号准确地传达给受众。自媒体不会成为企业宣传自己的唯一途径，但必然会成为企业信息、价值、理念与受众直接接触的重要方式，但通过自媒体宣传不再仅靠高的广告投入，而是要靠全体员工对企业价值的认同，发挥每个员工的人格价值，因为在自媒体时代“不是好内容带来好传播，而是好人格带来好传播”。

（资料来源：http://www.yingsheng.com/pxzx-hydt/67480.html.）

## 任务小结

在市场竞争激烈的今天，企业的竞争，表面看来是产品和服务的竞争，深一层看是管理水平的竞争，再深一层看就是文化的竞争。企业文化建设需要通过有效的传播方式，将理念转化为认知与行动，从而确保文化的“落地”，这就离不开文化的传播。

（1）企业文化是物质文化、行为文化、制度文化和精神文化的综合体。其传播的特点可归结为物质文化特点与精神文化特点两种。企业物质文化传播具有以下特征：物质性、现实性、可传播性、可变性。企业精神文化传播具有以下特征：默会性、多样性、情境性、个体性。

（2）企业文化传播要素包括传播者、受传者、信息、传播载体、反馈和噪声，其中传播者包括企业领导层、专职进行文化传播的宣传机构和部门、英雄模范人物、普通员工和意见领袖。

（3）企业文化传播规律包括同构易播规律、异体或异构抗播规律、优胜劣汰规律和整合增值规律。

（4）企业文化传播要满足两个条件，一是企业文化本身应具备易于理解和层次性两大特性；二是企业文化传播者应具备学习能力、传播能力、组织能力和具有主体性。企业文化传播的时机包括兴奋点、危机事件、典型对比、企业变动、文化网络和准确运用传媒。

（5）企业文化传播的过程包括企业文化的内部传播、企业文化的外部传播和企业文化从内部传播到外部传播的循环。企业文化从内部传播到外部传播的循环是这样的一个过程：企业文化外部传播的传播者——企业员工，首先是企业文化传播的受传者，在接受并认同企业文化后，员工将企业文化内化为一种信念和行为准则，通过提供企业所要求的标准服务，或与顾客进行直接或间接的接触等传播渠道，将企业文化信息传递给顾客；而顾客对这一传播的反馈会通过多种方式，如直接反馈给员工或者反馈给企业其他对外部门，从而形成一个循环。

（6）企业文化传播技巧包括比喻法、假借法、引证法和明示法。影响企业文化传播的效应包括威信效应、名片效应、“自己人”效应、晕轮效应、投射效应和从众效应。

## 能力自测

### 一、单项选择

1.(　　)不属于精神文化传播特点。

A. 默会性　B. 多样性　C. 情境性　D. 现实性

2.(　　)被理解为传播障碍,存在于整个企业文化传播过程中,是传播过程中不可回避的干扰,容易导致文化传播内容的失真。

A. 传播者　B. 受传者　C. 噪声　D. 信息

3. 企业领导者对文化传播所起的作用很大。他们能在企业文化传播中发挥作用,来自两个因素:(　　)和权威性。

A. 领导魅力　B. 权力　C. 职位　D. 能力

4.(　　)作为传播过程中的"中介",在企业文化传播中首先扮演企业文化的受传者。他们在接受企业文化后,在企业内部二次传播企业文化,同时扮演了员工的意见导向人物。

A. 企业领导层　B. 英雄模范人物　C. 普通员工　D. 意见领袖

5.(　　)不属于企业文化传播时机。

A. 兴奋点　B. 危机事件　C. 典型对比　D. 企业成立

6.(　　)是指企业通过创设能满足个人需求的诱因或剥夺个人利益的威胁来改变员工的行为,从而改变员工的态度和观念。

A. 激励诱导机制　B. 群体压力机制　C. 环境暗示机制　D. 个体学习机制

7. 传播的方向通常是由高到低,由强到弱,即从发达文化的高处传向文化不发达的低处,这符合文化传播(　　)。

A. 同构易播规律　B. 异体或异构抗播规律

C. 优胜劣汰规律　D. 整合增值规律

8.(　　)属于企业文化传播技巧。

A. 兴奋点法　B. 假借法　C. 优胜劣汰法　D. 暗示法

9.(　　)是传播者首先向受众传播一些他们所能接受和熟悉并喜欢的观点或思想,然后再悄悄地将自己的观点或思想渗透进去,使受众产生一种印象,似乎传播者的思想观点与他们已认可的思想观点是接近的。

A. 威信效应　B. 名片效应　C. "自己人"效应　D. 晕轮效应

10.(　　)是相关先行经验对其后接收活动的影响,包括"光环作用"和"扫把星作用"。

A. "自己人"效应　B. 晕轮效应　C. 投射效应　D. 从众效应

### 二、多项选择

1. 物质文化传播的特点包括(　　)。

A. 默会性　B. 物质性　C. 现实性　D. 可传播性

E. 可变性

2.(　　)等是企业文化传播者。

A. 企业领导层　B. 专职进行文化传播的宣传机构和部门

C. 英雄模范人物　D. 普通员工

E. 意见领袖

3. 文化活动载体包括(　　)。

A. 知识竞赛　B. 文化研讨会　C. 视频广播　D. 文化场馆

E. 娱乐设施

4. 属于企业文化传播规律的是(　　)。

A. 同构易播规律　B. 异体或异构抗播规律

C. 由近及远规律　D. 优胜劣汰规律

E. 整合增值规律

5. 企业文化要顺利传播，本身应具备的条件是(　　)。

A. 企业文化要体现潮流　B. 易于理解

C. 要具备明确的标语　D. 层次性

E. 充满个性

6. 企业文化传播者应具备的条件包括(　　)。

A. 学习能力　B. 传播能力　C. 组织能力　D. 挖掘能力

E. 具有主体性

7. (　　)属于企业文化传播的时机。

A. 兴奋点　B. 危机事件　C. 典型对比　D. 企业变动

E. 文化网络

8. 企业文化传播技巧包括(　　)。

A. 比喻法　B. 假借法　C. 引证法　D. 暗示法

E. 明示法

9. 企业文化内部传播中的主要影响机制有(　　)。

A. 激励诱导机制　B. 群体压力机制　C. 环境暗示机制　D. 个体学习机制

E. 人员流动机制

10. 影响企业文化传播的效应包括(　　)。

A. 威信效应　B. 名片效应　C. “自己人”效应　D. 从众效应

E. 投射效应

**三、判断题**

1. 企业文化的传播与一般文化的传播有一定的共性，但也有自己的特殊性，无论是传播内容，还是传播方式、传播媒介、传播目的，都有很大的不同，因此不能照搬或套用一般文化传播规律，而是要研究发现其特有的规律。(　　)

2. “我们知道的要比所能言传的多。”这体现了企业文化传播的多样性。(　　)

3. 权威性是指传播者具有使受众相信、听从的力量，具有权威和地位的特质。(　　)

4. 意见领袖是企业文化建设成就品质化的最高体现，又是企业文化建设进一步深入开展的最大希望所在。(　　)

5. 企业文化传播具有主体性是指传播者的主动性、主导性、创造性和前瞻性等属性，即传播者的能动性。(　　)

6. 任何一个职工，总会参与一定的社会活动。因此，每个职工的素质及其外观、行动上都会参与企业形象的客观传播。(　　)

7. 企业变动在企业的成长发展中是不可避免的，它会或多或少地引起企业的波动，此

时不宜进行企业文化的传播。（ ）

8. 西安杨森制药有限公司提倡的“鹰”文化，大力宣传以“鹰”为形象代表的企业文化，这是在应用企业文化传播技巧中的假借法。（ ）

9. 在企业文化传播中，受众威信效应的产生主要取决于文化传播者、传播机构或信息来源在内部受众员工及外部受众心目中的威望和地位，这种威望和地位主要靠权力获得。（ ）

10. “自己人”效应指受众在信息接收活动中感到传播者在许多方面与自己有相似或相同之处，并且心理上将其定位为“自己人”，因而，提高了传播者的影响力。（ ）

**四、简答题**

1. 简述企业文化传播的特点。
2. 领袖魅力作为一个可信性因素的特征有哪些？
3. 传播载体具体形式有哪些？
4. 什么是企业文化传播因素中的“噪音”？
5. 企业文化从内部传播到外部传播是一个怎样的过程？

## 案例分析

### （一）埃尔德集团小鞋匠的故事

瑞士的埃尔德集团，是目前全球最大的收银机销售公司。但在公司成立的最初几年，因业务代表的消极心态，曾让公司面临全盘溃败的窘境。在这关键时刻，是一个小鞋匠稚嫩的“演讲”，激活了所有销售代表颓废的心境。从此，濒临倒闭的公司走上了强盛之路。

那年，公司陷入了空前的财务危机之中。总裁查菲尔先生亲自来到业务代表中间探访。他深知业务代表是公司最重要的资产，而保护这些资产的最好办法，就是要激发他们的活力。

查菲尔对这些神情沮丧的业务代表们说：“我们的竞争对手，正在散布一些小道消息，说我们公司出现了无法克服的财务危机；还盛传谣言，说我们将削减业务代表。这些都不是事实。我今天来，就是召集各位，请大家如实地为自己辩护，诚实地说出自己的困惑。”

有位销售代表说：“我的销售成绩下降，是因为我负责的那个区域正遭逢干旱，大家的生意都受到影响，没有人愿意购买收银机。还有，今年是总统大选年，每个人都在关心选举结果，大家的注意力都在总统身上，没有人有兴趣购买收银机。”

话音未落，第二位业务代表就站了起来，他的理由甚至比第一位更消极，言词中充满了茫然和颓废：“我感觉公司快要完蛋了，就像一座岌岌可危的大厦，我承认我正准备跳槽。”此时，业务代表中的一半人都坦承自己确实在另谋出路。

查菲尔“腾”地跳到了椅子上，他打断了业务代表们的话，激动地说：“现在休会5分钟，让我来擦擦鞋子，但请大家仍各就其位，后面将有精彩的内容。”

一分钟后，公司门口那个每天替员工们擦鞋的小鞋匠被人叫来了。查菲尔毫无顾忌地把鞋子伸了过去，并在大庭广众之下，与小鞋匠聊了起来。

“你几岁了？在我们公司门口，擦鞋有多久了？”查菲尔问他。

“我9岁，来了6个月了。”小男孩回答。

“很好。你擦鞋一次赚多少钱？”

“擦一次5分钱。”男孩回答，“但有的时候，我会得到一些小费。”

“在你来之前是谁在这里擦鞋？他为什么离开？”

“是一位叫比尔斯的男孩，他已经17岁了。我听说，他觉得擦鞋无法维持生活而离开了。”

“那你擦鞋一次只赚5分钱，有办法维持生活吗？”

业务代表们都惊异地听着男孩下面的回答。

“可以的，先生。我每个星期五给我的妈妈10元钱，存5元到银行，再留下2元作零花钱。我想我再干一年，就可以用银行里的钱买辆脚踏车了，但妈妈并不知道这件事，我要给她一个惊喜。”小男孩一边卖力地擦着鞋子，一边微笑着回答问题。

看着油光锃亮的皮鞋，查菲尔掏出5分钱给了小鞋匠，男孩高兴地说：“谢谢您，先生。”查菲尔又掏出1元小费递给男孩，男孩面露迷人的微笑，还是那样欢快地说：“谢谢您，先生。”

查菲尔感慨地摸着男孩的头，说：“小家伙，谢谢你，你给我们做了一次很好的演讲。”接着，查菲尔转向业务代表们说：“这位男孩现在做的工作过去是由一个比他大8岁的男孩负责的。他们的工作相同，索取的费用相同，服务的对象也相同。”

“但是，”查菲尔十分激动地说，“两个人的结局不一样！这个小鞋匠内心充满着对生活的希望，当他工作时，他脸上总是面带微笑。他期待成功，所以成功也就走向他。而原来那个男孩性情非常冷漠，悲观失望，心情不稳定。而且，当顾客给他5分钱时，他也不会说声‘谢谢’，因此，他的顾客也不会再给他小费，自然也就不愿再看到他冷淡的脸，所以，他的生意越来越惨淡，当然无法赖此为生。”

这时，小男孩抢着说：“我相信，我的努力会让很多人需要我。”这时，第一位演讲过的业务代表顿悟了，他说：“我明白了，我们之所以销售得不好，就是因为我们光接受了别人的困难，被对方的困难吓退了，而没有在销售收银机的时候，用我们的快乐和胜利的信念感染对方并消除他的恐惧心理。其实，不管对方有多少困难，当你把自己的乐观和自信带给他时，他自然就会接受你。”

（资料来源：http://www.doc88.com/p-737752846626.html.）

**问题：**

1. 埃尔德集团遇到了什么危机？
2. 总裁查菲尔先生与小鞋匠的对话传递了怎样的企业文化？
3. 埃尔德集团危机时进行企业文化的传播是合适时机吗？为什么？

### （二）郭明义——鞍钢精神楷模

郭明义，1977年1月参军，并于1980年6月在部队加入中国共产党，曾被部队评为“学雷锋标兵”。1982年1月，他复员到鞍钢集团矿业公司齐大山铁矿工作，先后在矿用大型生产汽车驾驶员、车间团支部书记、矿党委宣传部干事、车间统计员兼人事员、矿扩建工程办公室英文翻译等岗位工作。1996年至今，任齐大山铁矿生产技术室采场公路管理员。他20年无偿献血，累计献血6万多毫升，相当于自身总血量的10倍；他先后为身边工友、特困学生和灾区群众捐款12万元，资助了180多名特困生；他8次发起捐献造血干细胞的倡议，有1 700

多名矿业职工参与;他7次发起无偿献血的倡议,共有600多名矿业职工参与,累计献血15万毫升;他发起的捐资助学活动,有2 800多名矿业职工参与,资助特困生1 000多名,捐款近40万元;他发起成立的遗体和眼角膜捐献志愿者俱乐部,已有200多名矿业职工参与。

郭明义每天早上4点多起床,步行40多分钟到达采场,比正常上班时间提前2小时,这一习惯已经坚持了十多年,安排值班的职工对生产的关键道路进行抢修。8点钟,白班职工到岗后,他集中指导整修全采场的道路。矿山生产设备耗电量大,为了躲峰限电,下午才是生产的高峰期。为了保证生产,郭明义几乎每天都是和职工抢在下午1点钟之前,把道路修好后才能吃午饭。之后,他还要在采场主要道路上,再步行检查一遍,仔细观测每一处道路的平整度、坡度和宽度,然后赶回办公室制订下一步修路计划。齐矿生产压力大,采场道路调整特别频繁。会战时,郭明义常常要在采场里工作到天黑,才能回到办公室,回家就更晚了。

在艰苦工作的同时,郭明义坚持文化学习。1982年参加工作后,他每天骑自行车来回20多千米,到市内上夜校。1984年,他参加了国家人事部组织的全国统一录用干部考试并顺利通过。1991年,他参加了统计员全国统考,是当时矿山公司唯一获得资质证书的人。1992年,他又通过自学考入了齐大山铁矿在鞍钢干部管理学院举办的英语培训班,进行了一年的英语强化学习。1993年,国家重点建设项目齐大山铁矿扩建工程开工了,矿长点名让郭明义负责33台154吨电动轮汽车组装的现场翻译和资料翻译工作。

近几年,由于铁矿石价格大幅上涨,许多不法分子都把盗抢矿石作为生财之道。而齐矿采场又与鞍山、辽阳的多个村子接壤,守护任务非常艰巨。2007年,齐矿成立了两个护矿队,开展了声势浩大的矿产资源保卫战。郭明义主动报名参加,每天晚上在采场巡逻。一日5时,郭明义在采场沟底发现两个不法分子在偷盗柴油。他大喝一声,一边喊一边往前冲,两个歹徒吓得想开车逃跑,他一个箭步冲上去挡住了去路,并大声说:"要跑,除非从我的身上压过去。"两个歹徒一看真是遇到了不怕死的人,丢下车辆和柴油后,慌忙逃跑。

工友们称他是"郭菩萨""活雷锋",矿业公司领导则称郭明义使整个"矿山人"的精神得到了升华。

(资料来源:http://dalian.runsky.com/2010-09/03/content_3685551.htm.)

**问题:**

1. 郭明义在企业文化传播中担当什么角色?这个角色在企业文化传播中的作用是什么?
2. 郭明义传播着怎样的企业文化?

## (三) 361°联动全球品牌代言人龚俊开启公益救助计划

日前,国内知名运动品牌361°与全球品牌代言人龚俊共创的轨迹系列3.0发售,产品一经上市便受到了众多年轻人的追捧,销售表现出色,好评如潮。

据了解,轨迹系列是361°专为代言人推出的ICON款,ICON标识使用了"龚俊"姓名的首字母"G""L",并在造型上进行了重构设计,整体形似莫比乌斯环的徽章,极具现代感。轨迹系列至今已推出第三代,最新上市的轨迹系列3.0无论是在产品版型设计上还是ICON元素方面相比前两代均进行了全新升级。此次轨迹系列3.0 ICON将"GJ"与微笑天使萨摩耶相结合,同时产品中也多次加入"萨摩耶"元素,之所以运用到萨摩耶,一方面是因为361°

全球品牌代言人龚俊对萨摩耶的喜爱,因此轨迹系列3.0将萨摩耶作为主要设计元素;另外一个层面,则是因为萨摩耶是微笑天使,361°也想将这份祝愿带给大家,“让时刻微笑的萨摩耶帮助更多消费者驱散烦恼,感受生活当中的热爱”。

值得一提的是,在轨迹系列3.0发售之际,361°携手全球品牌代言人龚俊与中国小动物保护协会,共同发起了“GoGo救助计划”。活动期内,每售出1件轨迹系列3.0产品,361°都将以龚俊之名向中国小动物保护协会捐出3.61元作为流浪狗狗救助基金。不仅如此,361°也向工作人员捐赠御寒装备,给他们的流浪狗救助工作提供支持。为实现公益计划的有力传播,361°还在社交媒体平台与消费者进行互动,有效促进了活动的曝光。

此外,代言人龚俊的加持也提升了本次公益的影响力,号召更多年轻人群加入活动当中。361°以产品为媒介,呼吁人们用行动表达态度,让消费者能真正参与到公益中来,实现了产品与公益的高度契合,增强了年轻群体的获得感与体验感,践行了国民品牌的社会责任,在传递品牌社会价值之余也展现了民族企业的担当。

(资料来源:https://www.163.com/dy/article/HMMQG6470538KIN5.html)

**问题:**

1. 361°为什么邀请明星代言?

2. 361°为什么积极投入公益活动?

3. 请根据案例并结合自己的认识总结361°的企业文化。

## 实践与操作

### 项目一　综合实训:企业文化传播案例研讨

[**目的**]

国内外凡是成功的企业必然具有自身独特的企业文化,虽然其传播要素和传播过程具有一定的共性,但在具体传播时,由于各自的特点,企业文化传播的侧重点并不相同,特别是在传播时机、应用技巧等方面各有特色,通过国内外成功企业的企业文化传播情况分析、辩论,加深对企业文化传播的认识。

[**内容与要求**]

1. 由学生自愿组成小组,每组8～10个人,小组与小组之间两两成对,形成辩论对手。

2. 成对小组的研究对象相同,不同辩论组之间的研究对象应不相同。

3. 通过图书馆、网络查询、实地调研等方式了解研究对象的企业文化和传播方式,具体要包括以下内容:

(1) 企业文化的发展过程;

(2) 企业文化对内传播方式;

(3) 企业文化对外主要传播载体;

(4) 企业文化在传播过程中发生的重大事件。

4. 成对小组要提出研究对象企业文化传播过程中的改善方案,并且相互辩论,讨论哪一方提出的方案更优。

每个小组最终要形成一份不少于1 000字的总结报告。

[**成果评定**]

1. 根据报告内容,指导教师给予评分,占40%。

2. 根据辩论的情况,其他小组进行评分,占60%。

## 项目二　讲故事:企业文化传播的影响力体验

[**目的**]

通过讲故事的形式,分享一个自己或身边亲友所经历的,被企业文化所感动的故事,让同学们感受企业文化传播的影响力。

[**内容与要求**]

1. 具体描述该企业的企业文化传播手段和传播用语。

2. 分析其感人至深的原因。

3. 分享自己被其文化感动的体验。

[**成果评定**]

1. 故事讲述完整、表达清晰、感受真实。

2. 其他同学认同其体验。

# 任务7 企业文化建设

请扫描二维码
观看视频

## 知识目标

为了完成本任务，你需要的理论知识：

1. 企业文化建设的内涵
2. 企业文化建设的目标
3. 企业文化建设应遵循的原则
4. 企业文化的分析及评估方法
5. 企业文化的要点和关键推进体系

## 能力目标

通过完成本任务，你应该能够：

1. 区分企业文化和企业文化建设
2. 明确企业文化建设的目标
3. 掌握企业文化建设的规律
4. 分析设计、实施和评估企业文化
5. 促进企业文化落实

## 项目任务

7.1 企业文化建设的含义和目标
7.2 企业文化建设的原则
7.3 企业文化建设的步骤
7.4 企业文化的落实

任务导入
相关链接
案例研究
增值阅读
任务小结
能力自测
案例分析
实践与操作

## 任务导入

### 趣味阅读

**企业文化与生产力**

被誉为20世纪最成功的企业领导人的美国GE公司前首席执行官杰克·韦尔奇堪称企业文化的伟大缔造者和建设者。自1981年执掌GE的帅印后，他大胆创新，从企业文化变革入手，创建了一整套企业文化管理模式。为了使企业能更具竞争力，能更好地沟通，在“硬件”上，韦尔奇通过他著名的“数一数二”论来裁减规模，进而构建扁平化组织结构，重组GE；在“软件”上，则尽力试图改变整个企业的文化与员工的思考模式。韦尔奇指出：“如果你想让列车再快10千米，只需要加大油门；而若想使车速增加一倍，你就必须要更换铁轨了。资产重组只可以提高一时的公司生产力，只有文化上的改变，才能维持高生产力的发展。”

（资料来源：http://www.doc88.com/p-782447499054.html.）

实践证明：企业文化建设对企业新思想、新观念的传播，企业活力的增强，员工积极性、智慧力和创造力的发挥,员工和企业整体素质的全面提高,企业凝聚力和竞争力的提升,企业生存和发展根本战略的实现等方面都有很大的影响和帮助,成功的企业都非常重视企业文化建设工作。

# 7.1 企业文化建设的含义和目标

## 7.1.1 企业文化建设的含义

1. 企业文化建设的内涵

企业文化建设是企业所进行的一种有目的、有计划地培育具有自己特色的企业文化的活动过程。具体来说,就是挖掘、提炼一套符合企业实际、有利于企业生存和发展的价值观系统,并在企业内部采用各种行之有效的途径和方法,使这一系统得到全体人员或大多数员工的认同和接受,形成企业共有的价值观,乃至逐渐沉淀为全体或大多数员工心理习惯和整个企业共同的价值判断标准、行为准则,即形成全体员工共同的积极向上的做人做事的原则和方式,充分发挥每个员工工作的主动性、积极性和创造性,形成员工之间的沟通精神和团队精神,以实现企业组织的经济及社会目标。同时,企业的经营活动使企业价值观系统被社会大众和目标市场接受,从而认同并接受企业的产品和服务,企业产品和服务也会反向引领社会大众的需求,使企业文化与社会大众和目标市场的文化保持和谐。

2. 企业文化与企业文化建设的区别

企业文化是一种客观现象,而企业文化建设则是一种自觉行为。企业文化是企业全体人员所共同认同的价值观念和自觉遵循的行为准则的总和。符合企业特点并被员工所认可的企业文化,能够给予员工非物质性满足,促使员工愿意顺应该企业文化的要求,并且员工的行为进一步强化该种企业文化在企业内的根植,由此形成企业文化与员工需求满足间的良性互动,这种良性互动使得企业文化能够很好地发挥其引导、约束、凝聚和激励的功能,促使企业进一步发展。企业文化作为企业组织中存在的一种客观现象,是任何企业都有的,但企业文化建设作为一种自觉行为,不是任何企业都有的。企业文化建设的目的是要塑造和培育企业文化,这种自觉的行为决策往往是建立在对企业文化的功用有了比较充分的认识和理解的基础上的。没有文化自觉的企业,不可能进行企业文化建设活动。

## 7.1.2 企业文化建设的目标

1. 提高企业的适应力

企业的首要使命和最主要的使命就是存活,要存活就必须适应周边的环境,并且当环境发生变化时,企业也能及时适应,企业文化建设主要通过让企业提高对企业成员的凝聚力和对外部环境的影响力来实现这个目的。在企业文化建设中,主要通过共同价值观及理念的贯彻落实来增强对内部的凝聚力,通过企业形象及产品、服务文化的塑造来形成对外部环境的影响力。

2. 提高企业的经营绩效

企业适应环境的方式可以分为两种,即主动的适应和被动的适应,主动适应环境能促进经营绩效的提高,并且适应能力越强经营绩效就提高得越多,被动适应则会造成经营的停滞或危机。企业要想主动适应环境变化,就必须时刻保持企业文化的开放和创新,通过不断完善和更新企业理念来推动企业战略和管理变革，不能等到环境逼迫改革的时候才有所动作，那样容易丧失主动权。

3. 延长企业生命周期

任何事物都有生命周期，我们无法改变这个规律，但可以把周期延长。企业文化主要通过两种方式延长企业的生命周期：一是通过企业文化的不断创新来长期保证企业对环境的主动适应，从而保证企业提供的产品和服务能一直满足社会大众和目标市场的期望；二是通过企业文化的传承使企业避免受到个人及其他生命周期较短事物的影响，特别是企业创始人离开后，企业需要长期保持生命力，必须要靠全体员工都认同的企业文化。

## 7.2　企业文化建设的原则

### 7.2.1　与企业战略目标一致的原则

企业战略是实现企业愿景目标的阶梯，若企业文化能辅助、补充企业战略的实现，那么企业战略会为企业文化的建设指明方向；反之，企业文化也会因为缺乏企业战略的导航而偏离企业的目标，甚至导致发展的不可控，从而影响到企业的可持续性发展。所以两者是互相促进、互相影响的。

一方面，企业战略是企业文化的重要组成单元，是企业文化的反映，有什么样的企业文化，便会产生什么样的企业战略，没有企业文化支撑的企业战略也难以最终得到实现；同时企业战略又反映着企业宗旨和核心价值观，有着深刻的企业文化烙印；优秀的企业文化往往会指导企业形成有效的企业战略，并且是实现企业战略的驱动力与重要支柱。另一方面，企业文化应该服务于企业战略，企业要创建有利于企业战略实现的优秀企业文化；企业文化在指导企业制定战略的同时，又是调动企业全体员工实施战略的保证，是“软”管理的核心；企业要实现战略目标，必须利用企业文化来导航和支撑，用文化树立企业信誉，用文化传播企业形象，用文化打造企业品牌，用文化提升企业竞争力。因此，有效的战略和优秀的文化相匹配是企业成功的基础，其匹配关系如表7－1所示。

**表7－1　企业文化与战略类型的匹配关系**

| 文化类型 | 文化特征 | 战略类型 |
| --- | --- | --- |
| 内向型文化 | 精神上古板服从、过于理智；<br>缺乏主动和激情，纪律性强；<br>不易变革，缺乏创造性；<br>行为上回避风险，遵循惯例等 | 总体成本领先战略<br>技术研发战略<br>质量改进战略 |
| 外向型文化 | 精神上灵活善变、富于创造性；<br>能动性强、易受环境左右；<br>精力充沛，行为上寻求冒险；<br>勇于变革，开展多元化经营等 | 差异化战略<br>并购扩张型战略 |
| 平衡型文化 | 精神上遵循常规、有条不紊；<br>合作友善，平稳发展；<br>行动上追求冒险；<br>善于计划，致力于内部事物的平衡协调等 | 集中化战略<br>品牌战略 |

### 7.2.2 坚持以人为本的原则

人是企业文化系统的核心,坚持以人为本,才能培育出独具特色的优秀企业文化,提升企业竞争能力。打造优秀的企业文化,就是要把企业的优良传统、价值观念、品牌形象、服务理念、经营目标、行为准则等有关方面,都融入每个员工的思想和行为之中,体现在企业的各项工作之中。

理想的企业文化,应该是使员工感到宽松与和谐的,既有一定的压力,也有更多的动力,能够使员工感受到获得成功感和成就感的愉悦的工作氛围,使客户感受到优质服务、细微服务和温馨服务的氛围。提升企业文化建设水平,既要通过企业品牌予以展现,更重要的是,要通过员工的精神风貌、工作效率、服务水平、组织纪律性、创新能力以及企业的向心力和凝聚力等各方面得到体现。由此可见,企业文化在本质上属于"人的工作"的范畴,因而必须"以人为本",围绕人(内部员工和外部客户)的需求来建立,并根据人群需求的增长而不断予以完善和发展。

[**案例研究 7-1**]

**如何让员工快乐高效工作?Google、Facebook 各有妙招!**

有研究表明,员工工作起来越快乐,那么他们的效率就会越高,贡献就会越多。怎么样才能让员工觉得工作是一件快乐的事情呢?

**Google:20%自由支配时间**

在谷歌,工程师们拥有20%的自由时间去研究自己钟爱的项目。在他们看来,可以去研究和发明自己热爱的东西时,往往就产生了创新。而如谷歌邮箱,谷歌新闻等许多著名的产品,都是源自这项20%政策。费德里克是谷歌创新中心的负责人,2012年,他在谷歌总部的一栋大楼里,开辟了一个训练创造性头脑的地方。在这个空间里面可以容纳170人,每周约4、5个团队会来到这里参观,他们可以随意地使用这间车库。"车库"被设计成一个真车库的样子,提供不同的工具,在这里可以用这些工具,动手实践工作,可以围绕自己的想法进行实践,制作出直观的产品的原型,让头脑中的想法变得更加现实。

车库代表了一种环境,在这种环境里,最重要的事情是给人们自由,不要设置障碍,要让他们去追逐自己的梦想。让人们可以做自己感兴趣的事情,这实际上是一种创新文化。创新不应该是昙花一现的潮流,也不应该仅仅是少数人思考的问题。并不是只有价值上亿,带来丰厚的经济效应,才能被算作创新。创新也有着不同的层次,不同的形式。

**Facebook:最实惠的还是零食**

在Facebook,厨房提供免费的美食和饮料已经不算什么了,除此之外,它还提供各种各样的健康美味的零食供员工免费享用。在这个人人都是吃货的世界里,即使在工作也能吃到这么多零食,既能满足口腹之欲,缓解工作压力,还不用担心吃出不健康,你说在这样的企业上班员工能不快乐吗?

(资料来源:https://www.sohu.com/a/283233816_100195450)

### 7.2.3　突出企业个性的原则

不少企业一提到企业文化建设，马上找出一大堆口号，譬如“团结、奉献、拼搏、创新”或者“与时俱进、争创一流”。这些口号所有企业都用，但结果可能什么用都没有，一是高度雷同，二是大而无用，其实什么价值观也体现不出来。每个企业的发展历程不同，企业的风格与形成的传统就不同，面对的竞争压力也不一样，所以对环境做出反应的策略和处理内部冲突的方式都会有自己的特色，不可能完全一致。同样属于日本文化，索尼公司的企业文化强调开拓创新，尼桑公司的企业文化强调顾客至上；同样属于美国文化，惠普公司的企业文化强调对市场和环境的适应性，IBM公司倡导最佳服务意识。这说明，企业文化是在某一文化背景下，将企业自身发展阶段、发展目标、经营策略、企业内外部环境等多种因素综合考虑而确定的独特的文化管理模式，是企业的个性化表现。

### 7.2.4　不断追求卓越的原则

卓越是一种心理状态，也是一种向上精神。追求卓越是一个优秀的人，也是一个优秀的企业之所以优秀的生命和灵魂。竞争是激发人们卓越精神的最重要动力，一种竞争的环境，促使一个人或一个企业去努力学习、努力适应环境、努力创造事业上的佳绩。显而易见，坚持卓越原则是企业文化的内在要求，因为无论任何企业在竞争的环境里都不甘于做平庸者，构建文化的目的都是为了创造卓越的精神，营造卓越的氛围。

贯彻卓越原则首先要善于建立标准，建立反馈和激励机制。当人们知道什么是最好、最佳的标准并树立了相应的价值判断时，才能克服平庸和知足常乐的惰性心理，为实现组织倡导的目标而不懈努力；否则，尽管卓越文化的倡导者天天在喊口号，但缺乏对“卓越”应该达到的理想状态的具体描述，人们的行为像不知道终点的赛跑，因此即使有一定的卓越意识也不会保持长久。当然，反馈与激励也非常重要，反馈时由组织告诉每个人：你在卓越的路上跑到什么地点，与别人的差距有多大；激励时应及时奖励领先者，鞭策后进者，这些都能够增强人们追求卓越的动力。其次，造就英雄人物也是必不可少的，企业英雄是体现卓越文化的典型代表，这些人物为实现企业理想目标取得了显著的工作业绩，并且得到了企业在物质与精神上的奖励。在具有这类英雄人物的企业中，人们自觉不自觉地受企业英雄人物卓越精神的感染，进而仿效英雄人物的行为。

## 7.3　企业文化建设的步骤

### 7.3.1　企业文化分析与设计

1. 企业文化分析

建设企业文化关键在于量体裁衣，建设适合本企业的文化体系，达到这一目标的大前提就是要深入分析企业文化的现状，对企业现有文化进行一次调查，对企业文化进行全面了解和把握。当一个企业尚处于创业阶段时，需要了解创业者的企业目标定位，如果是已经发展了一段时间的企业，需要了解企业发展中的一些问题和员工广泛认同的理念。

常用的调研方法主要包括访谈法、问卷法、资料分析法、实地考察法等。可以是自上而下、分层进行,也可以是一次全体员工的总动员,因此,最好是在开展工作之前,由公司主要领导组织召开一次动员大会。在调研期间,可以采取一些辅助措施,比如,设立员工访谈室、开设员工建议专用信箱等,调动员工的积极性,增强参与意识。企业文化建设是全体员工的事情,只有员工乐于参与、献计献策,企业理念才能被更好地接受。

企业文化的调研要有针对性,内容主要围绕经营管理现状、企业发展前景、员工满意度和忠诚度、员工对企业理念的认同几个方面。一些企业内部的资料往往能够反映出企业的文化,可以从企业历史资料、各种规章制度、重要文件、内部报刊、人员基本情况、先进个人材料、员工奖惩条例、相关媒体报道等方面获得有用信息。为了方便工作,最好列一个清单,将资料收集完整,以便日后检阅。

在企业文化的调研中,匿名问卷形式比较常用,它可以很好地反映企业文化的现状和员工对企业文化的认同度。可以根据需要设计问卷内容,设计原则是调查目标明确、区分度高、便于统计。对于价值观类型的调查,又不能让被调查者知道调查目的,比如,在分析员工的价值取向的时候,可以提问:"如果再次选择职业,您主要考虑以下哪些方面",然后列出工资、住房、个人发展等许多因素,规定最多选择三个,经过结果统计,就不难发现员工普遍性的价值取向。

经过一系列的企业文化调研后,要进行分析,得出初步结论。分析主要集中在以下几个方面:

(1) 分析企业经营特点,搞清楚企业在行业中的地位和企业生产经营的情况。

(2) 分析企业管理水平和特色,研究企业内部运行机制,重点分析企业管理思路、核心管理链、现有管理理念和主要弊端。

(3) 分析企业文化的建设情况,领导和员工对企业文化的重视程度。

(4) 逐项分析企业文化方面的内容,包括企业理念、企业风俗、员工行为规范等具体内容。

根据对以上四个方面内容的综合分析,可以判断目前企业文化的状况,了解员工的基本素质,把握企业战略和企业文化的关系,分析企业急需解决的问题和未来发展的障碍,这就为下一步企业文化设计做好了准备。

**[相关链接 7-1]**

**浙江万里扬变速器股份有限公司企业文化调查问卷**

您好,现在正在针对万里扬公司的企业文化进行调研,希望得到您的支持。

一、基本信息

您的性别:男/女

您的年龄:18岁以下/19~30岁/31~50岁/51岁以上

文化程度:初中/高中/中专或技校/本科/硕士及以上

您的工龄:6个月以内/6~12个月/1~3年/3年以上

二、具体内容

(一) 选择题

1. 您对企业文化方面的知识或理论了解多少?(单选)

A. 很多　　B. 一般了解　　C. 较少　　D. 还不知道

2. 一般来讲,企业文化主要是指什么?(单选)

A. 企业的宣传标语　　B. 企业的简介

C. 企业的产品说明　　D. 企业自身的精神理念

3. 您认为企业文化的形成主要是通过哪些途径?(单选)

A. 由企业领导制定　　B. 根据管理需要制定

C. 对企业自身经营管理的总结凝练　　D. 不知道

4. 您认为万里扬公司是否已有自己独具的企业文化?(单选)

A. 有自身突出的企业文化　　B. 有一些

C. 还没有形成　　D. 不知道

5. 您认为企业文化都包含哪些内容?(选出您认为正确的)

A. 企业的精神文化　　B. 企业的制度文化

C. 企业的物质文化　　D. 企业的发展规划

E. 其他(请注明):__________________

6. "企业文化建设的成效如何主要责任不仅在于公司老总、管理部门,而且与每个普通员工也有着极其直接的关系,每个员工不仅在创造价值,同时也在创造和实践着企业文化。"您同意这个观点吗?(单选)

A. 同意　　B. 不同意　　C. 不完全同意

7. 您对我们这个企业的历史和传统了解多少?(单选)

A. 很多　　B. 一般　　C. 不多

8. 您认为万里扬公司发展到今天,我们这支队伍最基本的特点是什么?(选出您认为最重要的2项)

A. 具有很强的凝聚力和战斗力　　B. 自强拼搏,乐于奉献

C. 吃苦耐劳,勇于创新　　D. 其他(请注明):______________

9. 在万里扬公司的发展历程中,企业文化的精髓主要体现在哪里?

A. 团结　　B. 敬业　　C. 学习　　D. 创新

E. 以上都是

10. 我们的企业制度与倡导的企业文化是否融合?(单选)

A. 完全融合　　B. 有部分融合　　C. 不融合　　D. 说不准

(二) 简答题

11. 请您用最简练的一个词或一句话来概括总结万里扬公司的企业文化:__________

______________________________________________

12. 您对万里扬的企业文化建设还有什么建议?______________________

______________________________________________

谢谢您的配合!

(资料来源:http://wenku.baidu.com/link? url=sihgRCjDGjAO5Jbp1jGwLAOWVjnxIvMELJsms49wGrTCgfJYOYJpOKttb41_uivx4EZPUtBNZsaluJRjbKkjN9J7isF_hRKH1fkkPA3XOrO.)

2. 企业文化设计

企业文化的设计中最重要的是企业理念体系的设计,它决定了企业文化的整体效果,也是设计的难点所在。理念体系一般包括以下几个方面:企业远景(或称企业理想)、企业使命(或称企业宗旨)、核心价值观(或称企业信念)、企业哲学、经营理念、管理模式、企业精神、企业道德、企业作风(或称为工作作风)。企业制度层主要为了贯彻企业的理念,日常管理的每一项制度都是企业理念的具体体现,同时,有必要针对企业理念的特点制定一些独特的管理制度,尤其是在企业文化的导入期,十分必要。物质层的设计主要包括标志设计、服装设计、办公用品设计等,核心是企业标志和企业标志的应用设计,这些设计都是为传达企业理念而服务。这些内容大家已经学习和掌握了,这里不再赘述。

### 7.3.2 企业文化实施

1. 企业文化实施的阶段

企业文化的实施阶段,实际上也就是企业的一次变革,通过这种变革,把企业优良传统发扬光大,同时,纠正一些企业存在的问题。一般来讲,企业文化变革与实施需要经历导入阶段、变革阶段、制度化阶段、评估总结阶段四个阶段。

导入阶段的主要任务是从思想上、组织上、氛围上做好企业文化变革的充分准备。在此阶段内,要建立强有力的领导体制、高效的执行机制、全方位的传播机制等几个方面的工作,让企业内部所有人认识到企业文化变革的到来。为了更好地完成这一阶段的工作,可以建立领导小组来落实,设立企业文化建设专项基金来开展工作,在人力、物力上给予支持。

变革阶段是企业文化建设工作的关键,在这个阶段,要全面开展企业文化理念层、制度层、行为层、物质层的建设,即进行由上而下的观念更新,建立健全企业的一般制度和特殊制度,形成企业风俗和员工行为规范,做好企业物质层的设计与应用。这一阶段可谓是一个完整的企业形象塑造工程,中心任务是价值观的形成和行为规范的落实,至少需要一年的时间。

制度化阶段是企业文化变革的巩固阶段,该阶段的主要工作是总结企业文化建设过程中的经验和教训,将成熟的做法加以固化,建立起完善的企业文化体系。在这一阶段,企业文化变革将逐渐从突击性工作转变成为企业的日常工作,领导小组的工作也将从宣传推动转变成组织监控。这一阶段的主要任务是建立完善的企业文化制度,其中包括企业文化考核制度、企业文化先进单位和个人表彰制度、企业文化传播制度、企业文化建设预算制度等。这一阶段常见的问题是新文化立足未稳、旧习惯卷土重来,尤其对于过去有过辉煌的企业,往往会坚持旧习惯,这一点要求管理者做好足够的思想准备。

2. 企业文化实施的方法

企业文化建设是一项系统工程,其方法多种多样,因企业而异。企业要善于根据自身的特点,具体问题具体分析,结合实际,综合运用各种方法有效地建设和实施本企业的文化。

(1) 宣传教育法。

宣传教育法是实施企业文化的基本方法。企业只有通过完整系统的、长期的、多形式、多层次、多渠道的宣传教育,形成强烈的企业文化氛围,才能把企业文化转化为员工的自觉意识,成为企业和员工的行为指南。宣传的方式和手段如下:

① 企业史教育。即向新员工介绍企业的优良传统、道德风尚和价值准则,讲解企业的

发展历史，增强员工对企业的荣誉感、自豪感和责任感。

② 企业内刊、网站传播企业文化。编辑出版企业文化简讯、刊物、纪念册等，建立企业网站，将企业文化内容向员工灌输，向社会传播。

③ 企业学校传播企业文化。大型企业可以办企业员工大学或员工学校，大张旗鼓地宣传企业的特点、风格和企业精神，激发员工的工作热情。

④ 会议宣传。通过各种会议对员工宣传企业文化，如举办读书会、演讲会、茶话会、对话等形式，沟通企业内部经营管理信息，增进员工了解，使员工了解企业的政策和行为，参与企业事务。

⑤ 开展企业文化活动。开展各项活动，如在企业内部召开多层次的企业文化研讨会，开展丰富多彩的娱乐体育活动、企业精神训练活动等，寓企业文化教育于丰富多彩、生动活泼的业余文体活动之中，使员工在参与这些活动的过程中陶冶情操，提高文化修养。

**［相关链接7-2］**

**华为大学**

为了把华为打造成一个学习型组织，华为进行了各方面的努力，2005年正式注册了华为大学，为华为员工及客户提供众多培训课程，包括新员工文化培训、上岗培训和针对客户的培训等。

华为是全球领先的下一代电信网络解决方案供应商，华为致力于向客户提供创新的满足其需求的产品、服务和解决方案，为客户创造长期的价值和潜在的增长。华为的营销及服务网络遍及全球，为客户提供快速、优质的服务。目前华为的产品和解决方案已应用于28个全球前50强的运营商，服务全球超过10亿用户。

坐落在中国美丽深圳的华为大学是一个系列建筑群，总占地面积27.5万平方米，分为教学区和生活住宿区，教学区占地面积15.5万平方米。建筑面积超过9万平方米，绿化覆盖率超过85%；拥有近9 000多平方米的机房、100多间教室、500多个办公座位，能同时容纳2 000多名客户和员工进行培训；华为大学百草园生活区拥有三星级酒店、西餐厅、咖啡厅、网吧、祈祷室、超市、健身房、游泳池、美容中心等各种休闲健身场所，配套服务，设施齐全，能充分满足不同国度、不同宗教信仰的学员学习和生活需要。华为大学是华为发展战略的重要组成部分，它不仅是企业内部人才培养体系的重要一环，还超越这一职能成为企业变革的推手以及外部企业（包括顾客、供应商、合作伙伴等）培训和咨询服务不可缺少的支柱。

（资料来源：https://baike.baidu.com/item/%E5%8D%8E%E4%B8%BA%E5%A4%A7%E5%AD%A6? fromModule=lemma_search-box）

(2) 环境优化法。

环境与人是密切相连的，人能造就环境，环境也能改造人。按照行为科学和心理学研究，优化企业的向心环境、顺心环境、荣感环境，是企业文化建设的重要方法。现代心理学认为，共同的生活群体能产生一种共同的心理追求，这种心理追求一旦上升为理论并被群体成员公认,就会产生为之奋斗的精神。这种精神就是人们赖以生存和发展的动力。一个企业也是这样,也需要有一个蓬勃向上的指导企业整体行为的精神,从而把员工的生活理想、职业理想、道德理想纳入企业乃至社会的共同理想的轨道上来。这种能使企业员工产生使命感,并为之奋斗的精神状态,称为“向心环境”。理想的价值观也只有在这种向心环境中升华,才能使企业产生向心力和凝聚力。

(3) 充分激励法。

激励就是通过科学的方法激发人的内在潜力,开发人的能力,充分发挥人的积极性和创造性,使每个人都切实感到力有所用,才有所展,劳有所得,功有所奖,自觉地努力工作。企业文化激励体系主要通过引导、约束、奖励、惩罚的方法促使企业文化建设真正落地实施。下面介绍几种最常用的激励法。

① 强化激励。

所谓强化激励,就是对人们的某种行为给予肯定和奖励,使这个行为巩固,或者对某种行为给予否定和惩罚,使它减弱、消退。这种工作过程称之为强化,前者称为正强化,后者称为负强化。正强化的方法主要是表扬和奖励。表扬就是表彰好人好事、好思想、好经验。奖励可分为物质奖励和精神奖励,两者必须配合得当,有机结合。负强化的主要方法是批评和惩罚,批评的方法有直接批评、间接批评、暗示批评、对比批评、强制批评、商讨批评、分阶段批评、迂回批评等;惩罚的主要方法有行政处分、经济制裁、法律惩办等。

**[相关链接 7-3]**

**海尔集团的正负激励**

海尔集团在正负激励方面做得比较成功,比如,海尔集团开始宣传“人人是人才”时,员工反应平淡。他们想:我又没受过高等教育,当个小工人算什么人才?但是当海尔把一个普通工人发明的一项技术革新成果,以这位工人的名字命名时,在工人中很快就兴起了技术革新之风。比如,工人李启明发明的焊枪被命名为“启明焊枪”,杨晓玲发明的扳手被命名为“晓玲扳手”。这一措施大大激发了普通员工创新的激情,后来不断有新的命名工具出现,员工的荣誉感得到极大的满足。对员工创造价值的认可,是对他们最好的激励,及时的激励能让员工觉得工作起来有盼头、有奔头,进而也能激发出员工更大的创造性。另外,海尔集团每月还对所有的干部进行考评,考评档次分表扬与批评,表扬得1分,批评减1分,年底二者相抵,达到负3分的就要淘汰。同时,通过制定制度使干部在多个岗位轮换,全面增长其才能,根据轮岗表现决定升迁。

(资料来源:http://www.docin.com/p-84255149.html.)

② 支持激励。

支持下级的工作,是对下级做好工作的一个激励。支持激励包括尊重下级,尊重下级的人格、尊严、首创精神、进取心、独到见解、积极性和创造性;信任下级,放手让下级工作,为下级创造一定的条件,使其胜任工作,支持下级克服困难,为其排忧解难;增加下级的安全感和信任感,主动为下级承担领导责任等。

③ 情趣激励。

有情方能吸引人、打动人、教育人，也就是说，只有激发人的同情心、敬仰心、爱慕心，才能产生巨大的精神力量，并影响人们的行为。实践证明，许多效果显著的讲话、谈心，都离不开流露于语言中的激励，同时还要注意有情与有趣的结合，员工除了紧张工作外，还有更广泛的兴趣。因此，企业应采取多种措施开展丰富多彩的活动，培养和满足员工的乐趣和爱好，从而激发其工作热情。

④ 榜样激励。

榜样的力量是无穷的。它是一面旗帜，具有生动性和鲜明性，说服力最强，容易在情感上产生共鸣。有了榜样，可使企业员工学有方向，干有目标，所以，树立榜样是一种有效的激励方法。

⑤ 数据激励。

用数据标识成绩和奉献最有可比性和说服力，也最能激励人们的进取心。例如，球赛时公布的比分能激励队员去取胜，各种统计报表的数据能激励人们比、学、赶、帮、超。运用数据激励的主要方法有：逐月公布企业内部各部门、各班组，甚至是员工的各项生产经营指标；公布员工考核的成绩，激励员工努力学习科学技术和掌握业务技能；设立光荣册，公布各种劳动竞赛成绩，激励员工争当先进。

### 7.3.3　企业文化建设情况评估

企业文化建设是一个不断积累、沉淀、创新与提升的过程。通过开展企业文化评估，客观检验企业文化建设的工作和成效，一方面是为了总结成功经验，提炼研究与实践成果；另一方面是为了及时发现企业文化建设中存在的关键问题和不足，并及时予以改进，保证企业文化建设能力与综合管理水平，为推动企业战略目标实现提供强大的文化支撑。

1. 确定评估内容

评估内容一般包括企业文化建设工作评估和企业文化建设效果评估两部分。工作评估是指对企业文化建设过程中的计划与落实情况进行评估，评估内容涵盖建设规划、理念提炼、形象规范、行为规范、文化宣传、文化评估、宣传队伍建设、保障措施等。效果评估是指对企业文化建设所取得成效的评估，评估内容涵盖员工对文化的认同度、员工队伍凝聚力与执行力、经济效益、管理水平、组织的学习与创新能力、企业社会形象等。具体可从凝聚力、领导力、执行力、成长力、形象力五个维度进行评估。

2. 制定评估方案

(1) 评估方式。

评估方式通常分为自我评估与外部评估两种形式。自我评估是指自行设计或者在外部专家的指导下设计企业文化建设评价考核标准，并依照方案进行自我评估、诊断分析。这种方式所应用的评估工具相对简单实用，涉及工作量不大且相对固定，可灵活进行月度、季度、年度评估，甚至不定期以抽查形式进行，适合针对企业文化建设日常工作的评估。外部评估是指借助外部专家的力量，对企业文化建设的实施措施、实施效果、文化适应性、员工满意度、运行机制等方面进行系统评估并形成诊断分析报告和改进提升方案。这种方式所应用的评估工具相对专业、复杂（如企业文化四层次分析模型、丹尼森组织文化模型、奎因企业文化导向诊断分析模型等),调研涉及面广、深入且工作量大,通常是根据企业自身需要,不定期进行,适合针对企业文化现状全面、深度的测评。

(2)评估具体实施方案。

① 确立组织机构、明确职责分工。设立由企业领导、企业文化专业人士、企业文化专员、宣贯员等组成的企业文化建设评价考核小组,同时要求对评估队伍进行专业的培训与指导,并明确各成员的职责与具体分工。

② 明确评估目标、任务与内容范围。依据企业文化建设所处的阶段、目标和任务,确定企业文化评估的目标、侧重点、对象及具体内容范围。

③ 确立评估方式与评估周期。根据企业文化建设的需要,并针对评估对象,选择合适的评估方式与评估周期。例如,针对日常企业文化建设工作,应定期开展自我评估工作,同时还需要不定期开展随机抽查性的评估工作;而针对企业文化建设存在的一些瓶颈问题,应该引进外部专家的力量,设立联合课题组共同进行评估、改进、提升。

④ 拟定评估工作进度安排。依据评估工作目标,可阶段性分解目标或者按照部门进行目标分解;依据评估方式与评估周期,明确每一阶段的具体工作安排,包括人员分工、具体职责、分解的目标任务、具体评估内容与对象、具体评估办法、时间推进等;同时,在工作进度安排中,要求明确各项工作的具体要求与注意事项。

3. 实施评估方案

实施评估方案的具体工作包括培训评估工作人员、问卷调查、座谈访谈、现场评审、召开协调会、记录评估进展情况、整理有关数据和信息、分析评估报告、反馈评估报告、讲解评估报告等。在实施的过程中,应该严格按照工作进度安排或者相关工作流程予以实施,并对日常企业文化建设工作的评估要做到客观、公平、公正;对系统的企业文化测评工作,要做到科学、深入、全面,而有关系统的企业测评工作,通常需要借助外部专家的指导来完成。图7-1为系统的企业文化评估改进工作实施流程。

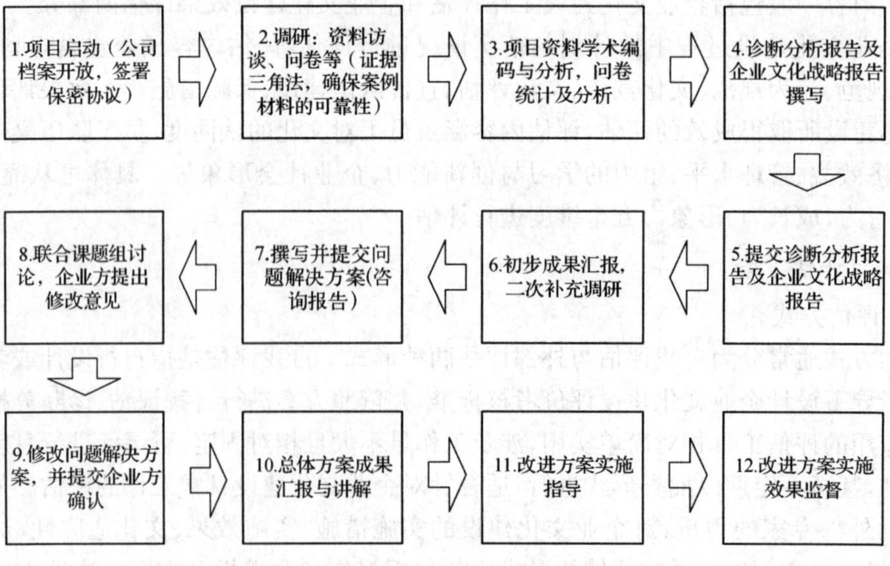


**图7-1 企业文化评估改进实施流程示例**

4. 应用评估结果

企业文化评估结果的应用主要体现在两个方面：一是根据评估结果，总结企业文化建设成功经验，形成企业文化建设实践成果总结报告、企业文化建设成果实践案例，甚至是进行理论成果提炼，形成创新的企业文化建设理论成果。二是根据评估结果反馈的主要问题与不足，明确未来改进方向并提出具体的改善措施，形成企业文化建设改进提升方案，通过评估企业文化现状—总结经验与改进计划　制定创新提升方案　实施方案、评估效果，构建企业文化建设的良性闭循环，不断优化企业文化建设体系，促进企业文化建设的持续改进、创新提升，实现螺旋式上升。

**[案例研究7-2]**

**基于精益生产的文化管理模式的评估与改进**

L公司是我国中部地区最大的生产制造企业之一，通过多年的企业文化建设，已经形成了较成熟的企业文化建设体系，其中包括富有特色的企业文化理念体系、规范的行为标准、统一的企业形象、系统的宣传措施、有效的企业文化建设评价办法等，但是如何使企业文化进一步融入生产管理，如何由企业文化建设向企业文化管理迈进，是L公司企业文化建设面临的瓶颈问题。为此，L公司提出继续探索"完善基于精益生产的文化管理模式"这一课题，而且将其纳入企业的总体战略规划，列为年度工作重点，并组织各部门全面、深入地开展此项工作。

1. 明确目标与方向

L公司首先明确该课题的目标与方向，即诊断L公司企业文化建设现状，并与精益生产企业文化体系进行对标分析，界定企业文化建设中的薄弱点，通过文化提升，最终形成基于精益生产的文化管理模式，提高效率，减少耗费，提升品质，增强竞争力。

2. 成立联合课题组

L公司与外部的企业文化研究机构共同成立联合课题组，并明确各自的职责与具体分工。外部专业结构成员由企业文化专家、项目经理、研究员、研究助理等6人组成；公司内部成员则由核心领导、主管领导、企业文化负责人、企业文化专员、重要部门负责人等组成。

3. 制订课题实施方案

课题实施方案主要由外部专业机构拟定，但需与L公司共同协商、确认后方可实施。具体内容包括研究思路、研究方法、研究工具、标杆分析案例、角色分析、工作进度、各阶段输出成果、相关负责人等。

4. 项目启动及全面调研

项目实施前，L公司组织公司中层骨干人员召开了课题项目启动会，进一步明确了课题项目目标、组织设置及职责分工以及详细的实施计划。基于此，联合课题组从企业上下、内外进行全面深入的调研，具体方式包括二手资料收集、历史文献研究、问卷调查、现场观察、座谈访谈等，调研对象涉及领导、中层、基层、客户、供应商、合作机构、物理环境等，共达六百余人次，基本覆盖全体员工。

5. 科学诊断分析

该阶段,L公司运用各种研究方法和工具,就调研分析获取的数据与信息进行编码、统计与分析,联合课题组非常注重与各部门负责人以及基层员工的互动沟通,通过反复的意见征求、问题确认,最终形成科学准确的诊断分析报告。

6. 提炼成果与提出解决方案

基于诊断分析结果,L公司一方面就前期企业文化建设取得的经验与成果进行了总结和提炼,形成了L公司企业文化管理成果总结报告以及企业文化建设典型案例库,为后期的企业文化对内传播以及对外输出奠定基础;另一方面针对企业文化建设现状与标杆企业相比存在的差距与问题,提出了详细问题解决方案,形成了L公司企业文化管理提升对策与建议以及L公司基于精益生产的文化建设三年规划,该规划严格按照“企业文化目标体系”构建的要求进行拟定,以确保后期改进工作落到实处。

7. 辅导方案实施

新的规划的实施,是L公司基于精益生产的企业文化管理模式改进与完善的过程。因此,该项工作主要是由L公司的企业文化建设领导机构、牵头部门组织以及全体员工来实施的。但是,为了提高改进工作实效,L公司仍坚持定期向外部专业机构反馈改进成果与问题,获取外部专业力量的智力支持,以便及时调整改进方案并解决新的问题。

(资料来源:https://www.docin.com/p-972121276.html)

基于精益生产的文化管理模式的评估和改进,是L公司在已经形成的较成熟的企业文化建设基础上提出的课题,需要从企业文化建设的过程及效果出发,就企业的精神、制度、行为、形象等各个层面进行全面深入的诊断分析,准确找出差距、问题及其原因,而诊断分析结果的科学性与准确性将直接影响整个评估工作的质量,因此,诊断分析是该项评估工作的关键点之一;另外一个关键点是评估的目标与方向,目标与方向看似简单,但不可小觑,必须结合企业的实际需求来拟定,不可目标分散或过于追求全面,更不可好高骛远、不着边际,否则只会徒劳无获。

## 7.4 企业文化的落实

### 7.4.1 企业文化落实的基本要求

1. 根植于企业实际

根植于企业实际是企业文化落地应坚持的最基本实施要点。因为企业文化建设最终是为企业的发展服务的,如果不立足于企业实际,一味追求哲理化、深奥性,并束之高阁,搞形式主义,那么一切都将是华而不实的玄虚品,建设再好的企业文化体系,也都会付诸东流,更无法实现落地。

根植于企业实际,就是企业文化不仅应根据企业实际情况进行建设,更重要的是在实施企业文化落地时,要切实立足于企业发展的现状和存在的现实问题,结合企业内部运营的程序和流程,与企业的管理模式合理对接,实事求是,与时俱进,不断完善提升。针对不同的受众群体，采取适应性的措施，有效激发团队活力，并能充分调动和利用不同岗位员工的积极性，形成以点带面、以小聚大、全面辐射的原子核裂变链式反应格局，从而能更有效地实施企业文化落地工程。

2. 领导群体带头示范

管理学大师彼得・圣吉在《变革之舞》中提出，“领导是指塑造未来的能力，特别是持续不断地进行必要变革的能力”。他还指出，“我们应该更关注领导者群体而非单个英雄式的领导人”。企业的任何变革都需要一个领导群体，不是一两个主要领导者所能完成的。领导群体在企业的发展中起着核心作用。

企业文化建设作为企业的一项重大变革，关系着企业的长远发展，牵动着全体员工的精神链条，影响着企业员工的道德习俗。在客观上，一个组织和人群对某种文化的需要往往交织在各种相互矛盾的利益之中，羁绊于根深蒂固的传统习俗之内，因而一开始总是只有少数人首先觉悟，他们提出反映客观需要的文化主张，倡导改变旧的观念及行为方式，成为企业文化的倡导者和先驱者。这部分人往往就是企业的领导者。通过领导群体和先进分子的示范，启发和带动了企业的其他人，进而形成了企业新的文化模式。领导群体对新文化的塑造不但可以起到很好的倡导和推动作用，还可以起到很好的宣传和激发作用，同时可以起到很好的表率和示范作用。坚持领导群体带头示范的原则，将大大有利于企业文化落地工作的有效实施。

[**相关链接7-4**]

**东芝的节约**

日本前经联会会长土光敏夫，是一位地位崇高、受人尊敬的企业家。土光敏夫在1965年曾出任东芝电器社长。当时的东芝人才济济，但由于组织庞大，层次过多，管理不善，员工松散，导致公司绩效低下。土光敏夫接管之后，提出了“一般员工要比以前多用三倍的脑，董事则要多用十倍，我本人则有过之而无不及”的口号来重建东芝。

他的口头禅是“以身作则最具说服力”。他每天提前半小时上班，并空出上午七点半至八点半的一小时时间，欢迎员工与他一起动脑，共同讨论公司的问题。土光敏夫为了杜绝浪费，借着一次参观的机会，给东芝的董事上了一课。

有一天，东芝的一位董事想参观一艘名叫“出光丸”的巨型油轮。由于土光敏夫已看过九次，所以事先说好由他带路。那一天是假日，他们约好在樱木町车站的门口会合。土光敏夫准时到达，董事乘公司的车随后赶到。董事说：“社长先生，抱歉让您久等了。我看我们就搭您的车前往参观吧！”董事以为土光敏夫也是乘公司的专车来的。土光敏夫面无表情地说：“我并没乘公司的轿车，我们去搭电车吧！”董事当场愣住了，羞愧得无地自容。原来土光敏夫为了杜绝浪费，使公司车辆使用合理化，以身作则搭电车，给那位浑浑噩噩的董事上了一课。这件事传遍了整个公司，上下立刻心生警惕，不敢再随意浪费公司的物品。由于土光敏夫以身作则，东芝的情况逐渐好转。

（资料来源：http://read.dangdang.com/content_781231.）

3. 全体员工广泛参与

广泛参与,是确保各项政策措施落到实处的有效保证。企业是由广大员工组成的,文化体系的最终完成与实现有赖于他们的认可、积极配合与行为上的支持,因此,企业文化建设只有从多样的群体及个人价值观中提炼出一些基本理念,然后再由企业在全体成员中强化这种价值理念。只有以全体员工的整体愿望为基点达成共识,才能使企业产生凝聚力,才能确保文化建设的有效性。

实施企业文化落地更要以广大员工为主体,强调和鼓励全体员工广泛参与。首先应强调员工观念的转变,转变观念的过程是一个需要企业与员工互动,需要员工积极主动作为的过程。其次要形成全员创建氛围,搭建全体员工参与的平台。再者需突出广大员工满意的评价标准,作为文化落地的效果指标。这样,可以使员工广泛地参与,有尊严地参与,高质量地参与,持久地参与,把文化的自觉与他觉更好地结合起来,通过文化整合,从而塑造与改变员工的思维习惯与行为方式。实施企业文化落地,只有不折不扣地贯彻全体员工广泛参与的原则,才能真正内化于心、固化于制、外化于行、美化于物,并最终统摄于魂,企业文化落地工作才能产生长效和广效。

4. 形象管理有机结合

企业形象是企业内外对企业的整体感觉、印象和认知,是企业状况的综合反映。企业形象是企业在与社会公众(包括企业员工)通过传播媒介或其他方式的接触过程中形成的。企业形象的组成因素虽然非常复杂,但主要可以将其归纳为三个层次,即理念形象、行为形象和视觉形象,而这也是企业文化建设的主要内容。企业形象的好坏,直接关系着企业的经济效益和长远发展。

企业文化是企业形象的内在根基,企业形象是企业文化的外在表现。企业形象蕴含着企业的内在精神,而内在精神指的是企业的精神风貌、气质,是企业文化的一种综合表现,它是构成企业形象的脊柱和骨架。因此,企业形象管理不仅是企业文化建设的核心,也是企业文化落地的重心。企业文化落地过程中,价值理念的认同、行为的转化、物质环境的美化等,都需要利用一些必要的传播工具和渠道,而这是企业形象管理的主要内容,最终都是为了塑造更好的企业形象。因此,企业实施文化落地,理所当然地应与企业形象管理有机地结合起来。

5. 母子文化有效衔接

对于很多大型企业,尤其是跨国企业集团来说,一般都有多家控股或全资子公司,其面临最重要的管理问题就是如何有效地进行集团管控。做好集团管控最重要的是做好母子公司的战略管控,而实施战略管控最重要也最基本的却是进行有效的文化管控。因此,文化管控是一个企业集团不断壮大规模和保持生机活力的基础保证。

企业文化建设不仅需要考虑企业内部单元部门之间的文化诉求,还要做好母子公司文化有效衔接。只有这样,企业文化的成果才适用于企业发展,才能广泛被认同、接受和践行。因此,实施企业文化落地,就必须要认识到母子文化有效衔接的重要性,坚持集团文化在核心内涵上要统一,同时尊重子公司文化的活力个性,竭力促进企业母子文化共性与个性的有机融合,消除过多差异,增强企业核心凝聚力,实现企业文化的一脉相承,相得益彰,永葆生机。

[案例研究7-3]

## 从“本田哲学”的三个喜悦到“达康文化”的服务喜悦

广州市达康经济发展有限公司(下称达康)是由广州本田汽车有限公司(下称广本)和东风本田发动机有限公司(下称东本)共同合资的一家大型服务型公司。作为两家大型汽车企业的服务公司,公司董事长程劲民认识到,如何在母公司战略与文化的基础上传承与创新出独特的子公司战略与文化系统,是公司未来发展的决定性因素。

长期以来,达康的战略和文化都是紧紧跟随广州本田的滚动性战略而进行动态调整,缺乏自身作为独立运作组织的中长期战略规划与个性化的企业文化建设。与其他本田系公司一样,达康也是以“本田哲学”为信条,将其管理哲学的精髓运用于达康的经营管理中。但随着市场化进程的不断拓展、母公司对于达康管理升级的要求以及达康自身组织发展壮大的需要,达康迫切需要系统梳理和总结企业发展历程,提炼企业管理的核心思想以对自身未来中长期发展做出明确的指导。而摆在面前的一道难题就在于如何既充分体现达康对“本田哲学”及广本战略的延承与统一,又能提出符合达康自身特色及行业特性的理念体系。

母子公司文化管理中,往往要求既要与母公司文化保持一致,又要体现子公司文化的差异性和独立性。往往这里面需要考虑的是导致文化差异的原因在于行业背景的问题。母子公司往往处于不同的价值链环节中,也决定了各自文化特点的不同。

“本田哲学”所倡导的本田精神中最核心的是“尊重个性”与“三个喜悦”,它所表达的信念是,希望根据“尊重个性”同所有和本田的企业活动发生关系的人们建立一种能够共同分享喜悦的相互信赖关系,立足通过企业活动,“使购买商品的人(购买的喜悦),从事商品的销售,服务的人(销售的喜悦)、从事创造商品的一系列企业活动的人(创造的喜悦),彼此能够互相分享喜悦。”正是这样的富于人性化的、顾客导向的企业哲学,指引着本田企业的一步步发展壮大。但是,这样的理念是源自汽车制造企业,如果没有融会贯通和消化实践,那就很难切实贯彻到达康这样的服务型企业。

服务业与制造业最大的区别在于服务业提供更多的是无形的服务,相对于制造业所提供的有形产品所给顾客带来的物质价值而言,服务业最注重的是带给顾客精神价值,比如关怀、贴心、热情、尊重、享受等情感性诉求。而这其中,购买服务与从事服务形成了高度互动的过程,从“本田哲学”出发,其最终的目的无非就是要达成被服务者与服务者双方的喜悦,购买服务的顾客在达康人的服务中享受喜悦,达康人在为顾客提供服务中体验喜悦。因此,达康的文化应当是在服务中实践喜悦的文化。

“为顾客提供满意与喜悦的服务”是达康公司使命的表述,是对达康企业立身之本的高度概括,而在喜悦的服务文化正式确立为达康文化个性之后,我们可以看到达康服务的境界远不是仅仅让顾客满意的基础层次,而是让顾客喜悦的更高层面。可以说,达康的喜悦型服务文化既实现了从“本田哲学”到“达康文化”管理思想精髓的无缝链接,又大大提升了服务文化的本质内涵,个性盎然地将达康文化与其他服务型企业文化进行了区隔。

正是通过“达康文化”的提炼整合,真正解决了母子公司管理的基本难题。从广本和东本的角度,在其宣传“本田哲学”、推动本田文化建设的过程中,需要二级公司能够结合该公司的实际情况来落实基本价值理念,才能有助于本田精神的生根发芽;从达康的角度,在近十年的发展壮大中,追求在执行母公司经营哲学的实践中应当有达康自主的文化个性和结合企业行业特点的指导原则。而"达康文化"这样一个企业根本行动纲领的梳理和确立,就平衡了母子公司处理各自关系的基本尺度,保证了母子公司共同的目标追求和终极价值认同,也解决了子公司在根本准绳的基础上如何寻求自身存在价值的方向。

(资料来源:http://www.cnbm.net.cn/article/vr45815386.html.)

达康属于广本的子公司,在建立之初必然要继承母公司的企业文化才能为母公司提供符合期望的服务,这也使母公司与子公司在合作过程中能有更多的共识,保持合作顺畅。但如果子公司只是一味地继承母公司的文化,没有自己的创新,也会逐渐失去特色,沦为附庸,因此,母公司与子公司的文化需要的是衔接而不是丝毫不变的继承。达康也正是对此有所认识后逐步确立自己的企业文化,最终找到自身存在价值。

### 7.4.2 企业文化落实的关键推进体系

1. 保障体系

企业文化保障体系构建是指坚持系统化、规范化、制度化和科学化原则下,通过不断优化企业内外部环境、创造良好实施条件,为企业文化建设提供全方位的支持,确保企业文化建设扎实、有效推进。

(1) 组织保障。

组织保障是企业文化落地的坚强后盾和主力军。企业文化落地离不开全体员工的参与和执行,但由于多种因素的制约,一般都是由企业文化的倡导者和先驱者等少数人员负责实施,组成领导小组和执行机构,进而带动和鼓励其他员工参与到企业文化落地的实施工作中。

根据企业文化建设要求,以及结合企业组织结构实际,组织保障应包含四个层面:第一,要专门组建企业文化落地领导小组。该小组的组长应由企业的"一把手"担任,直接对小组成员负责,其主要职责是引领、监督、控制和协调等。小组成员应主要包括企业文化部、宣传部、企管部、人力资源部以及市场销售部等与企业文化建设直接相关部门的负责人,直接对落地工作负责,主要职责是组织实施、严格执行、管理对接等。第二,除领导小组之外的每个业务单元都至少要有一名管理者负责对接企业文化落地工作。该负责人是本部门的 CCO,即"首席文化官",负责本部门成员的理念宣传、培训及引领示范等工作。第三,每个岗位上的杰出员工都要参与进来,明确自己的职责。他们既是企业文化的先行接受者,也是最好传播者,还是企业文化的践行者和"卫道士",对自己和周边同事负责。第四,组建专门的考核人员,及时考核,责任追究直接到人。只有这样,企业文化落地工作才会有坚强后盾,组织效能才能实现最大化。

(2) 制度保障。

制度保障是企业文化落地的严格手段和动力源。为保障企业文化落地的有效实施,必须制定与企业文化推广紧密相关的各项制度。这些相匹配的制度建设是企业文化建设的主要内容之一,而对企业文化落地来说,它不仅能严格制约员工的不自觉行为,还能有效激励员工去认识、认知和认同企业文化,进而切实去贯彻和践行企业文化的精髓,因此,它不仅是非常必要和十分有效的手段，同时又是一种动力源。

企业文化落地的制度保障，不仅包含以往企业执行的管理制度，还应完善补充与企业文化落地切实相匹配的具体可执行的制度。要结合企业文化理念进行原有制度的审查，比如企业运营管理制度的提升，企业薪酬制度、企业员工教育培训制度的完善，企业考核机制、奖惩激励机制的量化，企业员工培养晋升机制的建设等，这其中都要考虑到与企业文化落地的有机结合，比如制定企业文化培训传播制度、企业文化落地预算制度、企业文化考核制度、企业文化表彰制度、企业文化长效激励机制，等等。这些制度或机制，都为企业文化落地提供了坚实可靠的保障。

（3）物质保障。

物质保障是企业文化落地的有力支撑。企业文化落地不仅需要组织和制度保障，还需要充足的物质保障来支撑。就像没有物质基础，人的精神活动就不可能得以延续和丰富一样，如果没有物质保障，企业文化落地工作就没法展开和持久，更谈不上生根和开花结果。

企业文化落地的物质保障，根据实际工作的需要，主要由以下几个方面构成：一是管理经费，主要为支付人工成本和举办活动，比如邀请企业文化专家、机构进行的项目咨询和培训，奖励优秀员工以及活动支出等费用；二是实物供给，主要为建设传播载体和美化环境，比如宣传栏、文化墙以及雕塑和厂区设施配置等；三是公关费用，主要为利用媒介资源和塑造形象，比如处理政府关系、媒体广告以及公益活动等。还有一些日常需要的额外经费等，都需要保障充足，促进企业文化落地。

2. 培训体系

企业文化培训体系，主要是指从培训内容、培训对象、培训方式、培训队伍、培训实施与管理（含培训效果评估）等方面进行系统性的规划与建设。企业文化培训是提高员工对企业文化理念的认知、认同，促使员工由知到行的重要方式，同时也是构建学习型队伍的重要途径。企业文化培训体系构建流程如图7-2所示。

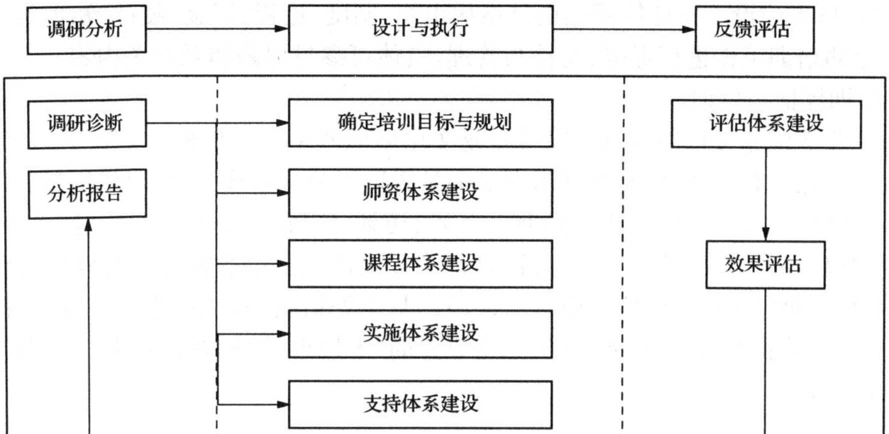


**图7-2　企业文化培训体系构建流程**

(1) 培训调研分析。

主要通过访谈、问卷调查、文献研究等研究方法,针对企业文化培训的师资队伍、课程内容、培训活动点形式、员工培训需求、培训满意度、当前培训效果等进行调研与分析,并就现状分析,需求预测形成企业文化培训诊断分析报告。

(2) 培训设计与执行。

① 师资队伍建设。师资队伍包括内部企业文化培训师和外部企业文化讲师两类群体。内部企业文化培训主要通过内部招募选拔,组建一支内训师、宣传员队伍,在不影响本职工作的前提下,定期组织培训,并承担自己所在部门的宣传工作,授课师资可以是企业高层领导、中层领导、企业文化专员,甚至普通员工。外部企业文化讲师是通过与高校、研究机构、管理顾问公司和培训咨询机构等外部机构构建长期合作关系,引进或者聘请国内外企业文化、管理方面的知名专家定期或者不定期来企业对员工、内训师队伍进行培训,同时建立一套针对外部企业文化培训师的评估机制,科学把握师资质量,并不断丰富师资资源,建立外部专家信息库。

② 课程体系建设。课程体系的建设是指根据不同层级培训对象、不同业务性质、不同学科性质,进行分类研究,建设成科学、系统、实效的企业文化培训课程体系。一般课程包括企业文化基础知识、核心理念体系、员工行为规范、管理制度、企业文化典型案例(故事)、企业历史与荣誉、管理经验总结、企业成果、企业文化与人力资源管理、企业文化与战略、企业文化与班组建设、团队建设、创新等。

③ 实施体系建设。实施体系建设主要指根据不同的层级培训对象、不同部门(企业部门、车间、班组等)、不同岗位、不同业务性质,对各类培训形式进行系统梳理并有效开展多样化的培训活动。常见的培训形式包括管理会议、集中授课、主题演讲会、文化研究会、文化讲座、传帮带、观看专题影片、案例故事学习、角色扮演、拓展培训、参观学习等。另外,根据培训时间频率安排及其与管理活动的融入程度,将培训形式分为定期专题培训、不定期专题培训和嵌入式培训三大类。

④ 支持体系建设。支持体系建设是指从组织、制度、流程、资金、硬件、知识管理等方面对企业文化的培训工作进行保障、支持与管理,具体可参见保障体系相关内容。

(3) 培训评估与反馈。

评估主要从企业文化培训过程以及企业文化培训效果两个层面开展评估,目的在于检验培训方案实施的有效性,分析开展培训活动是否取得相应的成绩,找出培训过程中的差距并发现新的培训需求。评估方式包括问卷调研、访谈、实际观察、360 度反馈等。具体的评估机制通常包括两个方面的内容:一是针对企业文化培训公司实施过程及效果的监督与评估;二是针对企业文化培训队伍的监督与评估。基于评估结果,从课程内容设计、授课质量(师资水平)、教学服务、后勤服务、教学环境等方面,予以改善,同时适当调整培训计划或制订新的培训计划。

3. 融入体系

企业文化融入体系构建,主要是指通过制度梳理与完善、部门与个人改进计划、班组文化建设、子系统文化建设等措施,从战略、团队、采购、生产、服务、营销及品牌、创新等七个方面深度植入文化理念,实现企业文化与企业经营管理的全面融合。企业文化融入体系的构建,直接促进企业文化融入每一个岗位、每一个环节,推动管理变革与创新,切实提高企业经营管理水平。

（1）制度梳理与完善。

根据企业文化核心理念，公司战略目标与规划，全面梳理和审视各项制度，在征求员工意见、科学论证的基础上删除或合并重复、多余的制度和规定，并进行相应的调整、修订，维护制度体制与文化理念体系的一致性。过程中征求部门及员工的意见，并与各部门达成一致，努力做到公平、公开、透明。

（2）部门与个人改善计划。

部门改善计划的实施，是企业文化融入各个岗位、各项工作的具体体现和要求，要求各部门根据企业文化理念、企业文化建设相关要求、公司发展战略目标及总体规划，基于自身职责和分管领域，提出改进思路、计划以及具体的实施方案，并组织员工基于所在岗位提出个人改进计划，督促实施。部门改进计划则由上级领导部门或者机构予以监督、考核与指导。

（3）班组文化建设。

班组是企业从事生产经营活动和管理工作最基层的组织单元，是企业实现战略目标的前沿阵地，也是企业最活跃的细胞，一般的生产或服务活动都要在班组中进行，班组工作的好坏直接关系到产品质量、服务质量和企业形象。因此，班组文化建设是企业文化融入日常工作，实现企业文化与经营管理深度融合的有效途径。班组文化建设实施过程如图 7－3 所示。

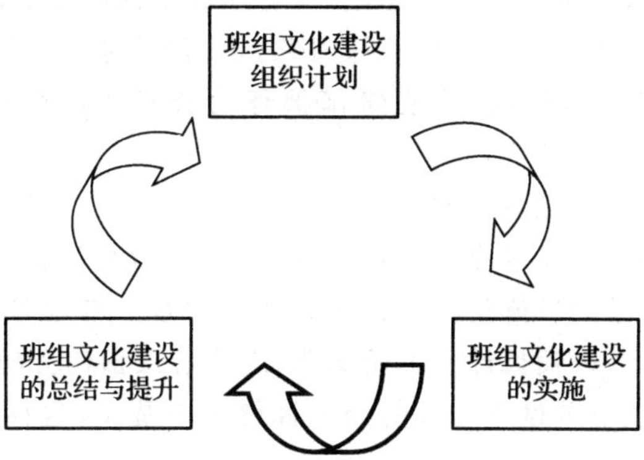


**图 7－3　班组文化建设实施过程**

（4）子系统文化建设。

这里所指的子系统文化，主要包括两个方面：一方面是基于部门纵向形成的子系统文化，如相对独立的车间文化；另一方面是针对管理重点横向形成的子系统文化，如质量文化、安全文化、服务文化、创新文化、感恩文化等方面，由某个部门负责，但是文化影响的范围可能是多个部门甚至整个公司。子系统文化建设是对企业文化建设的有力支撑，也是企业文化推行的有效途径之一，但是需要注意与主文化保持高度一致，并发挥协同效应，避免出现文化背离、工作重复、资源浪费等现象。

## 增值阅读

### 有效批评的原则

每个人都不愿意出现差错,却又不可避免地会出现差错。正确对待员工的差错,做好批评工作是每个管理者应有的工作技能。员工出现了差错,把握批评的尺度与分寸,往往能使坏事变成好事,收到意想不到的效果。

但批评员工是一种很难掌握分寸的艺术,批评不恰当会引发彼此的不信任,对工作的顺利开展有百害而无一利。反之,批评恰当得体,会使犯错误的员工汲取教训,使其他员工引以为鉴,在今后的工作中避免失误,提高工作效率和质量。

下面介绍几条批评员工应遵循的原则。

1. 批评的出发点和动机必须正确

批评是说服人的一种方式,目的是帮助人改正错误,更好地工作。管理者对员工的批评能否取得良好的效果,关键是出发点是否正确,动机是否纯正。如果带有个人成见,即使批评的内容正确,也往往不能被员工所接受。同时,管理者在批评员工时,不能厚此薄彼,而要一视同仁、公平合理、公道正派、实事求是,真正做到批评面前人人平等。

2. 批评必须对症下药,有的放矢

批评是十分严肃的问题,一定要抓住错误的实质,有针对性地进行批评,不能凭臆断和想当然,更不能听信谗言,捕风捉影。因此,管理者在实施批评之前,一定要做深入细致的调查研究,找出问题的症结,并对产生问题的原因做出具体的分析,找出问题的主观因素及客观因素,然后再进行批评。这样做,才能保证批评的公正性,做到有的放矢,收到预期的效果。

3. 批评必须分场合,抓住最佳时机

批评的场合非常重要,一般不应该当众批评,否则会增加被批评员工的心理负担,降低他们在同事面前的威信,增加了他们以后开展工作的难度。有些批评如果必须当面或在公众场合进行,也应当事先做好被批评员工的工作,或事后做出适当的解释。如果两位员工心存芥蒂,情绪对立,就不能当着这个员工的面去批评那个员工,这样容易使一方认为上司是在支持自己,而另一方则认为上司是在贬低自己,以致激化矛盾。一般说来,对于工作中出现的共性问题或习惯性错误,要及时对员工提出批评,这样可以避免问题复杂化,同时,也便于员工总结和改正。对于不宜立即进行批评的问题,可先放在一旁,等到开民主生活会的时候,或者班子考察、年度总结的时候,再提出忠告,这样做员工将更能接受。

4. 批评要区分对象,选择合适的批评方式

管理者对员工的缺点和错误给予批评指正是完全必要的,但批评时一定要区别对待,针对员工的不同性格,采用不同的批评方式。只有这样,才能增强批评的效果。

对于脾气暴躁、性格内向、爱钻牛角尖、爱发牢骚的员工,宜采用商讨式的批评;

对于性格开朗、知错就改、谦逊豁达的员工,应该采用一针见血的直接式批评;

对于固执己见、自尊心、虚荣心、依赖心理、试探心理都比较强的员工,宜采取循序渐进的梯次式批评;

对于好胜、头脑灵活、反应敏捷、接受能力快的员工,宜采用提示性的批评;

对于员工所犯错误与管理者布置工作要求过高、脱离实际、指导不及时有关时，宜采用自我批评，在自我批评的同时，达到教育员工的目的。

除此之外，批评的方式还有许多，如先扬后抑的褒贬兼容式批评，参照性的对比衬托式批评，"冷处理"式批评。这些都是被实践证明的行之有效的批评方式。管理者要结合实际，区分不同对象，灵活地运用这些方式，切不可机械地照搬照抄。

（资料来源：http://www.360doc.com/content/12/0117/10/2563128_179849561.shtml.）

## 任务小结

企业文化建设是指企业文化相关的理念的形成、塑造、传播等过程，要突出在"建"字上，切忌重口号轻落实，重宣传轻执行。企业文化建设是基于策划学、传播学的，是一种理念的策划和传播，是一种泛文化。

（1）企业文化建设是企业所进行一种有目的、有计划地培育具有自己特色的企业文化的活动和过程。企业文化是一种客观现象，而企业文化建设则是一种自觉行为。企业文化建设的目标包括提高企业的适应力、提高企业的经营绩效和延长企业生命周期。

（2）企业文化建设的原则包括与企业战略目标一致的原则、坚持以人为本的原则、突出企业个性的原则、不断追求卓越的原则。

（3）企业文化分析的主要内容：分析企业经营特点，搞清楚企业在行业中的地位和企业生产经营的情况；分析企业管理水平和特色，研究企业内部运行机制，重点分析企业管理思路、核心管理链、现有管理理念和主要弊端；分析企业文化的建设情况，领导和员工对企业文化的重视程度；逐项分析企业文化方面的内容，包括企业理念、企业风俗、员工行为规范等具体内容。

（4）企业文化设计包括企业理念层设计、企业制度层设计和企业物质层设计。企业理念层的设计是企业的灵魂，是企业持续发展的指南针。企业制度层的设计主要包括企业制度设计、企业风俗设计、员工行为规范设计，这些设计都要充分传达企业的理念。企业物质层的设计主要包括企业标志、名称及其应用。

（5）企业文化实施需要经过导入阶段、变革阶段、制度化阶段，实施的方法包括宣传教育法和环境优化法。

（6）完整的企业文化建设评估过程包括确定评估内容、制定评估方案、实施评估方案以及应用评估结果。

（7）企业文化落实的实施要点：根植于企业实际、领导群体带头示范、全体员工广泛参与、形象管理有机结合和母子文化有效衔接。

（8）企业文化落实的关键推进体系：保障体系、培训体系和融入体系。

## 能力自测

### 一、单项选择题

1. 企业文化作为企业组织中存在的一种（　　），是任何企业都有的，但企业文化建设作为一种（　　），不是任何企业都有的。

A. 客观现象，自觉行为　　　　B. 自觉行为，客观现象

C. 自觉行为,自觉行为　　D. 客观现象,客观现象

2. (　　)与外向型文化相匹配。

A. 总体成本领先战略　　B. 技术研发战略

C. 质量改进战略　　D. 差异化战略

3. 理想的企业文化,应该是使员工感到宽松和谐的,有一定的压力,也有更多的动力,能够不时取得成功感和成就感的愉悦的工作氛围,也应该是使客户能够感受到优质服务、细微服务和温馨服务的氛围。这体现了企业文化建设的(　　)。

A. 与企业战略目标一致的原则　　B. 坚持以人为本的原则

C. 突出企业个性的原则　　D. 不断追求卓越的原则

4. (　　)不属于企业文化设计的内容。

A. 理念层设计　B. 制度层设计　C. 物质层设计　D. 标语设计

5. (　　)是指自行设计或者在外部专家的指导下设计企业文化建设评价考核标准,并依照方案进行自我的评估、诊断分析。这种方式所应用的评估工具相对简单实用,涉及工作量不大且相对固定,可灵活进行月度、季度、年度评估,甚至不定期以抽查形式进行,适合针对企业文化建设日常工作的评估。

A. 自我评估　B. 外部评估　C. 混合评估　D. 日常评估

6. 企业文化落实需要(　　)示范带头作用。

A. 底层员工　B. 中层管理者　C. 个别领导　D. 领导群

7. (　　)不属于企业文化落实的保障。

A. 制度保障　B. 组织保障　C. 行为保障　D. 物质保障

8. (　　)就是对人们的某种行为给予肯定和奖励,使这个行为巩固,或者对某种行为给予否定和惩罚,使它减弱、消退。

A. 支持激励　B. 情趣激励　C. 强化激励　D. 数据激励

9. 管理会议、集中授课、主题演讲会、文化研究会、文化讲座、传帮带、观看专题影片、案例故事学习、角色扮演、拓展培训、参观学习等属于培训设计与执行中的(　　)里面的内容。

A. 师资队伍建设　　B. 课程体系建设

C. 实施体系建设　　D. 支持体系建设

10. (　　)不属于融入体系中的内容。

A. 制度梳理与完善　　B. 个人文化素质提升

C. 班组文化建设　　D. 子系统文化建设

**二、多项选择题**

1. 企业文化建设的目的包括(　　)。

A. 提高企业的适应力　　B. 提高企业的经营绩效

C. 延长企业生命周期　　D. 提高营销能力

E. 提升企业形象

2. (　　)与平衡型文化相匹配。

A. 集中化战略　　B. 总体成本领先战略

C. 技术研发战略　　D. 差异化战略

E. 品牌战略

3. (　　)与内向型文化相匹配。

A. 集中化战略　　B. 品牌战略

C. 总体成本领先战略　　D. 技术研发战略

E. 质量改进战略

4. 企业文化建设的原则包括(　　)。

A. 与企业战略目标一致的原则　　B. 坚持以人为本的原则

C. 突出企业个性的原则　　D. 不断追求卓越的原则

E. 保持企业平稳的原则

5. 企业文化建设的步骤包括(　　)。

A. 企业文化分析与设计　　B. 企业文化实施

C. 企业文化评价　　D. 企业文化总结

E. 企业文化对外传播

6. 企业文化实施的方法包括(　　)。

A. 调研法　　B. 宣传教育法　　C. 环境优化法　　D. 激励法

E. 暗示法

7. 企业文化评估的内容包括(　　)。

A. 企业文化建设工作评估　　B. 企业文化建设组织评估

C. 企业文化建设效果评估　　D. 企业文化建设预算评估

E. 企业文化建设队伍评估

8. (　　)属于常见的激励法。

A. 强化激励　　B. 支持激励　　C. 关心激励　　D. 情趣激励

E. 榜样激励

9. 企业文化落实的实施要点包括(　　)。

A. 根植于企业实际　　B. 领导群体带头示范

C. 全体员工广泛参与　　D. 形象管理有机结合

E. 母子文化有效衔接

10. 企业文化落实的关键推进体系包括(　　)。

A. 评估保障　　B. 保障体系　　C. 培训体系　　D. 激励体系

E. 融入体系

**三、判断题**

1. 企业文化建设是企业所进行一种有目的、有计划地培育具有自己特色的企业文化的活动和过程。(　　)

2. 企业文化是一种客观现象,而企业文化建设则是一种自觉行为。(　　)

3. 与平衡型文化相匹配的企业战略是总体成本领先战略。(　　)

4. “打造优秀的企业文化,就是要把企业的优良传统、价值观念、品牌形象、服务理念、经营目标、行为准则等有关方面,都融入每个员工的思想和行为之中,体现在企业的各项工作之中。”这反映了企业文化中追求卓越的原则。(　　)

5. “分析企业管理水平和特色,研究企业内部运行机制,重点分析企业管理思路、核心管理链、现有管理理念和主要弊端。”这属于企业文化分析的工作内容。(　　)

6. 企业文化评估结果的应用主要体现以下一个方面:根据评估结果,总结企业文化建设成功经验,形成企业文化建设实践成果总结报告、企业文化建设成果实践案例,甚至是进行理论成果提炼、形成创新的企业文化建设理论成果。 ( )

7. 根植于企业实际是企业文化落地应坚持的最基本实施要点。 ( )

8. 要做到母子文化有效衔接要求子公司要完全继承和接受母公司的文化。 ( )

9. 激励就是通过科学的方法激发人的内在潜力,开发人的能力,充分发挥人的积极性和创造性,使每个人都切实感到力有所用,才有所展,劳有所得,功有所奖,自觉地努力工作。 ( )

10. 企业文化融入体系构建,主要是指通过制度梳理与完善、部门与个人改进计划、班组文化建设、子系统文化建设等措施,从战略、团队、采购、生产、服务、营销及品牌、创新等七个方面深度植入文化理念,实现企业文化与企业经营管理的全面融合。 ( )

**四、简答题**

1. 简述企业文化与企业文化建设的区别。
2. 为什么企业文化要与企业战略目标一致?
3. 简述企业文化建设评估的步骤。
4. 简述企业文化落实的实施要点。
5. 简述培训体系设计与执行的主要内容。

## 案例分析

### (一) IBM 重塑企业价值观

20 世纪 90 年代初期,IBM 经历了公司有史以来最严重的倒退,在郭士纳的领导下,公司扭转了逆境,从一家单纯大型主机制造商,转变为一家同时提供硬件、网络及软件系统的整体解决方案供应商。到新一任 CEO 彭明盛上任时,公司已经经历了近 10 年的励精图治,此时的 IMB 摆脱了困境,正处于稳定中。此时,彭明盛认为,以前的“基本信条”还能继续为公司服务。但是,为了员工不再回到自满和安于现状的老路上,现在要以“基本信条”为基础,建立一套新的价值观,这套新的价值观要激发员工奋发向上的精神,并且要比公司濒临倒闭的困境更能激发人们的斗志。为了找到符合公司情况的价值观,彭明盛首先征询了公司 300 多位高管的意见,接着通过对 1 000 多名员工的调查,了解来自不同部门、不同工作地点以及不同职位的员工对 IBM 价值观的具体看法,以及他们对公司抱有的期望。通过这项调查,Values Jam 论坛中所讨论的有关价值观的主题就产生了。

约有 5 万名 IBM 员工(包括彭明盛本人)上网查看了讨论内容,并对所提议的公司价值观发表了近万条评论。虽然论坛中也有一些令人担忧的、不和谐的声音,其中有一条评论的标题是“如今 IBM 公司唯一的价值观就是股票价格”,有一些高层经理建议终止讨论,但彭明盛不同意。接着,论坛中的气氛渐渐发生变化。一些人就管理方面的重大问题发表了意见。一位员工写道:“我觉得,我们一方面大谈信任和敢于承担风险,而另一方面却没完没了地审计,工作出错便受到惩罚,而不是将错误视为学习过程中必然发生的现象,经理们(和其他人)的工作不停地受到检查。”另一位员工则说:“在我们低层经理中间,大家似乎都极力避免与高层主管的意见相左,因为我们会听到‘难道你要告诉我们 CEO 的战略错了吗?’诸如此类的话。”他们认为公司虽然存在不足,但 IBM 的企业文化和价值观还是有很多值得保留的。“十八年前我加入公司，被邀请参加一个陪审团。当我走到法官面前回答问题时，我惊讶地听到法官说：‘你们可以挑选任何你们中意的人，但我一定要这位IBM的员工参加陪审团。’当时，我感到前所未有的自豪。法官一语道出了IBM所代表的一切：诚信、卓越和高尚品质。”类似这样的评论越来越多，批评意见也更富建设性，Values Jam论坛的对话逐渐走向正轨。

在论坛结束后，公司仔细研究了所有的讨论内容，希望从上百万字的内容中搜索出关键的主题。最后，彭明盛所参加的一个工作小组，提出了一套修订后的公司价值观。2003年11月，彭明盛以CEO的身份通过公司内部网向员工宣布了新的价值观：“成就客户、创新为要、诚信责任”。这是惊天动地的口号吗？不是，但这些价值观对IBM具有重大的意义和深远的影响。

为了证明新的价值观并非只是装点门面，彭明盛立即采取了一些变革措施。他要求一位大事业部（为美国工业企业提供电商托管服务）的负责人找出公司的业务操作与新价值观之间存在的差距。彭明盛还直截了当地告诫他的15位直接下属要紧跟变革的步伐。2004年10月，公司开设了另一个名为Log Jam的网上论坛，要求员工对公司在创新和收入增长方面可能存在的问题发表见解。

（资料来源：宋抒宸，安琪煮.企业文化激活沟通.北京：电子工业出版社，2014.）

**问题：**

1. IBM为什么要在摆脱困境、处于稳定后进行企业价值观的重塑？
2. IBM用了什么方法分析企业存在的价值观？为什么要进行分析？
3. “成就客户、创新为要、诚信责任”如此平实的口号对落实新价值观有什么好处？
4. 彭明盛为了推行新价值观做了哪些事情？

### （二）甲公司的文化建设烦恼

甲公司准备开展企业文化建设的消息发出后，多家咨询公司参与了项目争夺，甲公司的企业文化部在经过了形式上的竞标后，聘请了老板知名度较高的一家咨询公司，该公司项目建议书中，开列了包括该老板在内的多名知名专家和一名据介绍有十年咨询经验的从知名学府MBA毕业的分析师（以下称为A君），但在这些名单后包含了一个甲公司没有注意的“等”字。

甲公司付出首付款后，项目组一行七人浩浩荡荡进驻了甲公司，七个人中包括了名单中的老板、一名专家和那名A君，余下四个人都是年轻人。项目组进驻当天，咨询公司的老板、专家、A君和两名助手对甲公司董事长、总经理分别进行了各90分钟的访谈。次日，按计划，召开了“甲公司企业文化项目启动誓师会”，由专家进行了两个小时的专题报告，咨询公司老板进行了“企业文化建设”的讲座，据甲公司企业文化部部长讲，两位的报告内容他已经在不同场合听过多次。午餐过后，因有其他要务，专家和老板启程奔赴机场，A君和其他四个年轻人继续访谈。

接下来，企业文化部不断收到对咨询人员水平的质疑。部长开始坐不住了。经过旁敲侧击，私下交流，很快，部长得知，留下的五个人中A君是32岁，在大学本科毕业设计时，参与了一个小公司的人力资源管理软件实施，工作五年后考取MBA，毕业后进入咨询行业，主要从事人力资源咨询，所谓十年咨询经验是从毕业设计开始计算的；其他四个人，两个是新的MBA毕业生,一个是人力资源专业在读研究生(那位专家的研究生),另一个是新闻专业本科毕业生。

部长开始着急了,频繁和咨询公司老板联系,希望调整咨询人员,但被老板告知,一线人员只是收集资料,初步分析,结论还是专家和他自己把关,让部长安心,配合好项目组工作。

一个月后,诊断报告出来了,公司的问题点说得很清楚,得到董事长肯定,部长开始有些欣慰,特意请咨询组去当地的名胜旅游了两天。

又一个月过去了,项目组提交了一份企业文化体系报告,部长拿到这份报告后又开始头痛了,看着这份文字华丽、引论古今中外的企业文化体系,感觉怎么也和自己的企业联系不上。

体系在讨论、修改、提交、再讨论、再修改、再提交中反复了多次,部长感觉项目组的每一次修改其实只是按照意见在动文字,对于一个新的价值观能够在企业中带来什么反应,和企业的生产实际是否联系得上似乎没有考虑。

部长开始催问项目组:"老板和专家什么时间来"。A君一再表示,每一次的修改稿都是经过老板和专家肯定的,并开始暗指甲公司不懂企业文化。

部长也和咨询公司老板通了电话,老板感觉了部长的不满,委婉表示:最近公司业务很忙,许多知名公司都主动找他们做项目,自己对甲公司项目的关心不够,但专家一直在关心,希望甲公司能够相信专家的意见。部长又和专家沟通,专家讲:"我在开会,我的学生在项目组,请部长将意见通过学生转达。"

此时,部长开始明白,所谓每次修改都有老板和专家审定是A君的谎言。

项目开始三个月后,企业文化理念体系还没有确定,甲公司董事长在和A君进行了一次交流后决定终止项目。

(资料来源:http://wenku.baidu.com/link?url=jJ_6Dvl2KwTMjHJH0C5pG5138Lv_GirO1yNsUtD6ivQDZBvLZQqGnUUmc2M7g2O778PcbSYCo8MYeKXAwVwUIJVM6SLwGw2WQpqmkEtAJaO.)

**问题:**

1. 甲公司采取什么方式进行文化建设?遇到了哪些问题?
2. 为什么甲公司的文化建设项目最终要终止?
3. 如果你是部长,你会采取什么方式进行文化建设?

## (三) AT&T转型失败的文化思考

1984年,美国联邦通信委员会(FCC)通过法院裁决的方式将贝尔电话电报公司分解为只能在长话领域开展业务的AT&T和只能在市话领域营业的七家小贝尔公司。为了寻找新的利润增长点,AT&T于1994年以115亿美元高价收购了无线电话公司McCaw,AT&T无线也由此成为全国最大的无线电话运营商。但由于竞争和技术制式选择方面的问题,AT&T的竞争优势不再明显,AT&T开始向"全业务提供商"转型,提出了"信息服务企业"的战略转型目标。为了实现这个目标,AT&T采取了一系列兼并、收购措施,如收购市话公司TCG以进入商业客户市话市场,收购两家大型有线公司TCI和Mediaone组成AT&T宽带,这几笔收购总耗资超过了1 100亿美元,同时,AT&T还投入了350亿美元升级了原有网络，初步建立起全球第一个具有本地、长途、无线、有线电视和高速互联网接入等多种业务能力的综合服务提供平台。该公司的CEO阿姆斯特朗还被人誉为“信息企业的梦想家”。2004年年初把移动子公司AT&T Wireless出售给Cingular后，AT&T在VOIP市场采取了较为激进的策略，不仅在美国本土市场不断扩大VOIP的服务范围，更把VOIP作为未来面对跨国企业客户的主要服务方式，但这些策略带来的却是获利的下滑，AT&T的转型最后失败了。2005年1月30日，西南贝尔(SBC)宣布以160亿美元收购AT&T，上演了一场“子”吞“父”的并购大戏。

AT&T的转型失败主要是由于其发展过程中的战略和策略失误造成的，如AT&T片面追求大而全，缺乏有效的商业模式；当时技术发展未获得突破，转型的时机不成熟；AT&T采取的这种拼盘式的兼并势必会导致“消化不良”，内部未实现有效的整合等。除了以上这些原因，企业文化在AT&T的转型失败中也起到了很大的作用。

首先，AT&T确定了转型战略后，只注重了确定成为“信息服务企业”的战略转型目标，而没有为企业确立共同的企业使命与价值观，忽视了企业战略中企业文化对企业战略的影响。只有该公司的CEO阿姆斯特朗被人誉为“信息企业的梦想家”，但这一理念并未贯彻到企业的各级管理层及广大员工心中。加上AT&T是通过一系列的兼并、收购来达到全业务经营的目的，使员工认为全业务经营就是企业经营所有的电信业务，从而忽视了内部资源的整合与重塑整个企业在价值链中的位置，企业员工没有共同的目标、价值观与共同的行为规则，各业务部门仍在为本部门的效益打拼，没有考虑到企业的整体利益，导致了企业内部各业务之间互相竞争，使公司的整体利润水平下降。

其次，企业文化是一个企业的价值观和行为理念，包括企业战略在内的企业各项行为必须与企业文化相一致，才能使企业协调地运转。对于AT&T来说，进行各项业务的整合实际上是为了提高企业的核心竞争力，但在这一过程中他忽视了企业文化在提高企业核心竞争力方面的作用，没有在进行业务整合战略部署的同时进行企业文化的建设与部署，员工没有感受到成为“信息服务企业”的文化的影响，其思想理念、工作方式并没有受到企业整合战略的影响，工作热情没有提高，甚至因为企业不断的兼并、整合而人心惶惶，无心工作。

最后，企业被并购后各方的企业文化不能很好融合，也是AT&T转型失败的重要因素之一。并购企业与被并购企业如果在企业文化上存在很大的差异，企业并购以后，被并购企业的员工不喜欢并购企业的管理作风，并购后的企业便很难管理，这将严重影响并购后企业的有效运作和最终企业的经济效益。AT&T在完成并购后，并没有整合原有各企业长期奉行的决策偏好和参照系统，这时往往会发生文化冲突，使企业内部不能形成合力，产生大量内耗，严重影响了并购后的企业的最终运行效果。企业文化在AT&T的转型战略中没有起到积极的作用，反而成了企业发展的阻力。

综上所述，虽然AT&T公司由曾经的辉煌到最终的落败，其原因是多方面的，但不可否认的是，企业文化在AT&T衰败的过程中扮演了重要的角色。虽然企业文化更大程度上表现为一种无形的东西，但对企业的影响却是无处不在，也是最深远的。我们可以做出这样的判断：企业文化是企业发展的灵魂，重视企业文化的建设可以促使企业的顺利发展，而忽视企业文化建设却会导致企业的衰落，甚至会带来毁灭性的惨败。

(资料来源：http://www.docin.com/p-242880588.html.)

问题：

1. 结合案例分析企业文化建设的重要性。

2. AT&T 公司的失败主要违背了企业文化建设的哪个原则?

3. 你从案例中得到哪些启示?

## 实践与操作

### 项目一　综合实训:班级文化建设方案设计

[目的]

要对某一企业或组织进行文化建设,必须要对该企业或组织有比较深入的了解。通过班级文化建设,使学生能感受一个组织文化建设的分析、设计和实施过程,锻炼实际操作能力,把理论知识应用到实际。

[内容与要求]

1. 由学生自愿组成小组,每组 8～10 个人,利用课余时间调研班级的文化现状,这一过程可以通过多种调研方法相结合的形式来完成。

2. 调研完成后,梳理当前班级文化中正面的价值观和负面的价值观,基于正面的价值观提炼班级的精神,然后根据精神进行班级理念层设计、制度层设计和物质层设计。包括但不限于以下内容:

(1) 班级的口号;

(2) 完整的班级管理制度;

(3) 班徽和班服的设计。

3. 每个小组最终要形成一份不少于 1 000 字的报告,报告中要列明每个成员的具体分工,并且准备班级文化设计的展示,每小组的展示时间为 10～15 分钟。

[成果评定]

1. 根据报告内容指导教师给予评分,占 50%。

2. 根据展示的情况,各小组互评分,占 30%。

3. 得分最高的小组,结合其他小组的文化建设方案中可取的内容,形成班级最终文化建设方案并实施,期末每小组对实施情况进行总结,并形成不少于 800 字的报告,占 20%。

### 项目二　观看企业文化建设专题视频

[目的]

通过网络搜索某知名企业的企业文化宣传片或专题视频,如同仁堂等企业发展专题片,了解该企业发展和企业文化建设历程,分析其成功的经验和其他企业可以借鉴的地方。

[内容与要求]

1. 学生分组,各组利用课余时间上网搜索知名企业的视频资料一份,并由全班学生自主选择一个企业的宣传视频,组织全班同学观看。

2. 看完视频后,学生分组梳理该企业的发展历程及企业文化演化过程和特点,思考其成功的原因和其他企业可以借鉴的地方。

3. 每个小组最终要形成一份观后感,并由小组成员共同推荐代表与全班同学分享。

[**成果评定**]

1. 视频选择贡献度:根据各组搜索视频与主题切合程度情况由指导教师评分,占30%。
2. 小组成员参与度:根据观后感中记录的学生发言内容由指导教师给予评分,占40%。
3. 小组分享情况:根据小组展示的情况,各小组互评分,占30%。

# 任务8 企业文化变革

请扫描二维码
观看视频

**知识目标**

为了完成本任务，你需要的理论知识：
1. 企业文化变革的含义与内容
2. 企业文化变革的动因与阻力
3. 企业文化冲突的含义与根源
4. 企业文化冲突的过程
5. 企业文化融合的内涵与模式

**能力目标**

通过完成本任务，你应该能够：
1. 认知企业文化变革
2. 判定变革的时机
3. 分析企业文化冲突的原因
4. 处理企业文化冲突
5. 推进企业文化融合

**项目任务**

8.1 企业文化变革概述
8.2 企业文化冲突
8.3 企业文化融合

任务导入
相关链接
案例研究
增值阅读
任务小结
能力自测
案例分析
实践与操作

## 任务导入

### 趣味阅读

**蝴蝶化蛹**

蝴蝶化蛹是一个激动人心的过程，同时又充满危险与痛苦。

不同的蝴蝶蛹期也不同，有的几个星期，有的几个月。蝴蝶化蛹的地点一般在树皮下、土块下、卷叶中等隐蔽处，因为这是它一生中最危险的时期和不利的季节。蛹在外表上静止不动，但其内部进行着剧烈的变化，身体内部的器官要重新调整：一方面破坏幼虫的旧器官，另一方面组成成虫的新器官。担任这个任务的是血液中的血球细胞。这种破坏同时伴随着创新的过程，在完成痛苦的变化改造后，可以看到翅膀的雏形。

当蛹体破裂，成熟的蝴蝶小心翼翼地从蛹壳中艰难地爬出来。它们不断扑打翅膀，等待身体表面的液体被风吹干，最终慢慢地展开了美丽的翅膀，飞向阳光明媚的新天地。

（资料来源：http://www.360doc.com/content/11/1230/16/6085160_176097250.shtml）

企业文化与此何其相似。变革是痛苦的过程，且往往与失败相伴，但却是每个企业延续和壮大的必经之路。这种变革是否成功将决定企业新旅程的方向。在企业的生命周期中，有时候我们必须做出困难的决定，开始一个更新的过程。我们必须把旧的、不良的习惯和传统彻底抛弃，可能要放弃一些过往支持我们成功而今天已成为我们前进障碍的东西，使我们可以重新飞翔。正是这种周而复始、永不停止的变革，促使企业成长。

## 8.1 企业文化变革概述

### 8.1.1 企业文化变革的含义

在管理实践中，企业处于不断发展变化的环境之中，当企业原有的文化价值体系难以适应企业内部发展及外部经营环境的变化而使企业经营陷入困境时，变革原有企业文化，创建一种适应形势发展要求的新文化，就成为一种必然。而如何进行企业文化变革成为摆在管理者面前的一道难题。

企业文化变革，是指企业为适应外部生存环境和内部组织发展的变化，而引发的企业文化自身某些本质特征的改变。企业文化变革的根源在于企业生存、发展的客观条件发生了变化，企业只有变革，才能适应不断变化的环境和企业持续发展的要求。

**[相关链接 8－1]**

**革故鼎新**

革故鼎新，源出于《周易》的《革卦》与《鼎卦》，后世将其合二为一作为成语，表达除旧用新的意思，与因循守旧相对。按照《周易·序卦》的记载，《革卦》在《鼎卦》之前，《井卦》之后，“《井》不可不革，故受之以《革》，革物者莫若鼎，故受之以《鼎》”。而所谓革、鼎，根据《周易·序卦》的描述，“革，去故也；鼎，取新也”，寓意改革、创新的有为精神。无论是《周易·革卦》中“天地革而四时成”的说法，抑或是《周易·鼎卦》提出的“君子以正位凝命”，都旨在强调要顺天应人，柔进而上行，而非陈陈相因，故步自封。自兹以来，这种改革创新精神便融入了中华民族的血脉，成为中华民族共同坚守的理想信念，深刻地影响了中国历朝历代发生过的或大或小的变法、改制与改革。

革故鼎新作为一种精神，是亘古不易的。但若想将其彻底地贯彻实施，则必须落实到具体的改革与创新路径之上，需要辩证地看，不能一概而论。既要看到改革创新作为变的一面，有其存在的合理性和必要性；更要看到支撑改革创新背后的不变的东西，也即维系人类社会稳定和有序的大道至理，而不是一谈到改革创新，就盲目认定是对旧有事物的全面排斥和否定，对新鲜事物不加拣择的依从和顺随。

（资料来源：https://mp.weixin.qq.com/s?__biz=MzI0ODQyMDc3Ng==&mid=2247493187&idx=4&sn=1901fcc7f63bd44d37e2abe664d22553&chksm=e9a3a684ded42f9280906a0a80cfcb61fdf1519979d629805b9eb68d063e433e1f09489d1f0d&scene=27）

### 8.1.2 企业文化变革的动因

与其他组织变革的发生相似,企业文化变革的动力来源可以分为外部原因和内部原因。政治、经济、技术、人口、行业文化等都是影响企业文化发展变化的外部环境因素。影响企业文化变革的内部因素有企业自身的经营危机、成长的推动和领导人的变更等。

1. 企业文化变革的外部原因

(1) 法律法规及政策导向。

国家的一些关于经济发展政策的转变,一些法律调整,都可能给企业带来有力的甚至是强制性的文化变革。例如,劳动法的修订、珠三角规划纲要的出台、中小微企业扶持的相关政策、反垄断法的实施进展等,这些政策法规在坚持市场化导向的基础上,加强规范化的力度,促使企业文化必须遵循这些法律和政策的变化进行变革。2012 年 11 月 29 日,中共十八大上,习近平总书记提出的"中国梦"也为企业文化变革提供了很好的指引。

**[相关链接 8-2]**

**健全创新市场化经营机制,国企活力更充沛**

党的二十大报告提出,深化国资国企改革,加快国有经济布局优化和结构调整,推动国有资本和国有企业做强做优做大,提升企业核心竞争力。

当前,国企改革三年行动主要目标任务已经完成。"党的二十大为国资国企改革发展指明了新方向、做出了新部署。"国务院国资委党委书记、主任张玉卓表示,下一步将巩固深化三年行动成果,谋划新一轮深化国企改革行动,推动国有企业为以中国式现代化全面推进中华民族伟大复兴做出新的更大贡献。

三年行动开展以来,三项制度改革全面破冰破局,以经理层成员任期制和契约化管理为核心的新型经营责任制基本建立。

——搬走"铁交椅",管理人员能上能下。

1 471 位子企业经理层成员全部签订年度/任期经营业绩责任书;细化 18 项具体落实措施,提出奋斗目标,明确规定 7 种退出情形……前不久,2022 年中远海运管理人员"考核榜"揭晓,末等调整和不胜任退出比例达到 6.93%。

能者上,庸者下。目前,开展经理层成员任期制和契约化管理的中央企业和地方各级子企业比例均提升到 99.6%以上,覆盖 8.4 万户企业共 22 万人。截至 2022 年 11 月底,中央企业和地方国有企业的管理人员竞争上岗比例分别达到 57%、56.3%。

——打破"铁饭碗",员工能进能出。

安徽省属企业全面实行公开招聘,近 3 年累计聘用各类人员 4.14 万人;中铝集团对存量富余人员通过转岗培训、跨企业转移安置等方式找出路……通过改革,中央企业和地方国有企业新进员工公开招聘比例均上升到 99.9%以上。

——不搞"大锅饭",收入能增能减。

绩效与电量挂钩,岗位由业绩决定。在国家电投旗下的吉电配售电公司,30 多名员工组建的电量市场开发营销队伍中,每人都签订了市场化薪酬协议书,员工积极性进一步提升。

持续推进国有企业工资决定机制改革，灵活运用股权激励、分红激励、超额利润分享、虚拟股权、跟投等中长期激励措施，国有企业市场化薪酬分配机制持续优化。目前，具备条件的中央企业和地方国有企业子企业中已开展中长期激励的比例分别达到94%、88.8%，惠及49.1万名骨干员工。

国务院国资委有关负责人表示，下一步将持续深化三项制度改革，全面落实“三能”机制，常态推进改革考核评估，分类打造百户改革样板。（记者 刘志强 侯琳良 丁怡婷 窦皓）

（资料来源：http://www.gov.cn/xinwen/2023-02/18/content_5741995.htm）

（2）经济环境的变化。

经济基础决定上层建筑，迅速增长的经济背景可以给企业带来不断扩充的市场，而整个国民经济的萧条则可能降低对企业产品的购买能力，还有国家货币政策等方面的不断调整，这些都可能通过市场对企业文化变革施加影响。如今世界经济正处于持续复苏但难以有较大改善的阶段，经济中的风险性、不确定性因素仍较多。我国经济结构继续优化、就业与居民收入增长较快，但投资增长后劲不足、融资瓶颈约束凸显、企业经营依然困难。

（3）技术的进步。

随着信息化浪潮席卷全球，社会技术的进步已经深刻地影响企业的生存与发展。技术的力量不仅体现在加速企业生产率提高，同时还影响着人们的工作态度和工作方法。在这一过程中，社会的人际关系和沟通方式发生着显著的变化，企业的经营理念和管理思想也都发生了深刻变化。

（4）劳动力的转变。

企业员工是承载企业文化的重要基础，员工在年龄、性别、教育程度、民族、技能水平、出生地等方面的差异与转变，将给企业文化的管理带来新的挑战。近年来，90后员工的管理问题得到了社会的关注。而新颁布的“二胎”政策又进一步引发了中国人口结构变迁及其对未来劳动力市场影响的探讨。另外，随着社会受教育水平的明显提升及对外交流的日益增长，员工的个性化倾向越来越明显，这也为企业文化变革提供了新的课题。

（5）行业文化的变迁。

文化既有国家、民族文化内涵所赋予的共性，又有地域、行业的特性。由于各个行业在生产工艺和管理模式上存在很大的差异，导致文化形态上也必然存在很大的差异。因此，行业的整体态势，行业道德规范，竞争对手的力量对比，供应商及销售渠道商的理念变化，以及业内员工流动渗透所携带的文化符号，都有可能引发企业文化变革。

2. 企业文化变革的内部原因

（1）企业经营危机。

当企业陷入重大危机，除了个别不可抗力或偶然因素以外，多半都是因为自身经营中存在重大缺陷，因此往往使管理者认识到变革的必要性。并且，由于危机的结果将会触动企业所有人的意识，所以员工期待公司摆脱危局的意识强烈，也更容易接受企业的新变革，这就为企业变革过程提供了心理基础。而企业变革必将伴随着企业文化的改造或重塑。

(2) 企业成长推动。

今天企业所面临的经营环境是瞬息万变的,既没有所谓的常胜将军,也没有所谓的万能战略。企业在竞争日益激烈的情况下必须主动地进行战略调整。不同时期的企业战略规划需要不同的企业文化来做支撑。不同于企业经营危机,员工对企业可能发生的变革存在一定的心理预期;企业成长推动的变革往往是在企业还没有面临危机时的一种自我矫正,因此往往正处于企业发展滞涨或仍然兴盛的阶段,这一阶段的员工沉浸在对企业的良好感觉中,缺乏变革的心理准备。因此,由于企业成长而推动的企业文化变革往往会遇到更多的阻力。

(3) 企业领导人的更替。

企业领导人是企业文化的缔造者和管理者,企业文化是企业领导人的人格和思想的外在表现,不同类型的领导人可能需要和造就不同的企业文化。因此,高层管理者的更迭是引起企业文化变革的一个因素。

总的来说,企业文化变革的外部原因和内部原因并不是完全独立的,而是相互作用共同推进了企业文化的变迁。企业文化对企业的发展起着重要的作用,因此企业文化不可能一成不变。只有适时创新企业文化,才能让企业永葆青春。

### 8.1.3 企业文化变革的阻力

变革是对现状的改变,只要是改变就必然有所利弊,并且关联到相关利益方的重新平衡。大多数人憎恨不能给他们自己带来利益的变革,更何况"江山易改,本性难移",旧有的企业文化已深植于企业各个成员心中和行为中,要改变是痛苦与艰难的。企业文化变革的阻力主要体现在以下五个方面。

1. 变革的不确定性

变革使已知的东西变成模糊不清和不确定的。不可否认,变革最终会引发一部分人权力和利益的调整。部分管理层担心自己的利益受损、权力丧失、在新文化中的不适应,使得他们对变革一开始就持否定态度,对企业变革产生抵触行为或进行谋权活动等,从而阻碍了企业变革。员工则由于看不清楚变革后对自己是否有利,往往会产生失去原有职位的恐惧,因此对变革持怀疑态度,这就导致变革很难被推动。

另外,从投入产出的角度来讲,变革威胁到人们在现状中已做出的"投资"。人们对现有工作岗位的投入越多,就越会阻挠变革。他们担心失去地位、收入、权势、友谊、个人便利或其他重要的福利。这点说明了为什么年老员工比年轻员工更加抵制变革,因为年老的员工一般说来对现有工作岗位的投入更多,因而调整到变革状态后失去的也更多。

2. 守旧的思维惯性

在生活和工作中,人们对固定的工作内容和组织结构会形成习惯或模式化的反应,这对应付工作和生活的复杂性有一定的作用。对于长期处在某一组织架构中的成员来说,他们对组织架构、上下级关系和职位会自然而然地产生依赖性,形成一种行为习惯乃至深层的意识文化假设。因此,企业绝大多数员工都喜欢按习惯的方法思考、分析和解决问题,对熟悉的事物有一种亲切感,越是目前效益比较好的企业,员工的创新意识越差。管理层和员工具有守旧的思维惯性,其结果是表现出安于现状的惰性和对学习新知识的抵触、对改变原有工作习惯的恐惧，缺乏学习和创新的积极性。当变革来临的时候，他们会依照习惯的心理和行为应激性去抵制外部的刺激，从而成为变革的阻力。因为企业变革不只是企业领导的事，它需要企业全体员工的积极参与。

3. 不认同变革的目标及方向

阻力的另一个原因是顾虑变革并不符合组织的目标和利益。变革是一项从已知跨向未知的运动，这种转向可能将带领企业往更广阔的方向发展，也可能引导企业坠入深渊。如果员工认为企业文化变革推动者所倡导的目标和方向本身就是错误的，则极有可能反对这项变革。这种反对可能表现为两种状态：其一，如果企业文化变革的方向确实有误，员工能正面地表达其反对意见（清楚地告知变革推动者，并提出证据），则这种形式的阻力可以对组织产生积极影响。其二，如果企业文化变革的方向正确，但员工对变革的目标和方向理解有误，则会提出各种质疑"企业运转得好好的，为什么还需要变革？"或将原因归于外界环境的变化，而不会居安思危深入分析企业深层问题，这种形式的阻力将对组织产生消极影响。

4. 缺少创新精神

传统企业文化中缺乏创新精神。由于企业文化的形成本身就是观念和思维方式的同一化，新聘任的员工在原同事的影响、要求或者约束下，会逐渐适应或者效仿企业共同的思维及行为方式等，这种同一化会扼杀员工个性的发挥，也可能间接损害其创造精神。这实际上就是企业共同价值观与个体理念文化的冲突所导致的排斥创新。

5. 跨文化冲突

经济全球化使企业越来越多地开展跨国经营活动，跨文化管理已经成为中国企业管理的新趋向。随着市场竞争的加剧，企业也在向跨地区行业的横向联合方面发展，同样存在跨文化管理问题。在跨文化企业中，员工的观念、态度和行为上存在差异，这些差异无形中就会导致企业管理中的混乱和冲突，使决策和执行活动变得更加困难。融合新的企业文化、平衡冲突的过程将遇到原有群落文化的阻碍。

**［相关链接8－3］**

**如何评价企业文化变革的作用？**

在一家有25 000名员工的公司，副总裁支持在一个2 000人的部门实行一项企业文化改革计划，旨在促进公司与员工之间更加开诚布公地沟通。通过三年的努力，该部门管理班子团队变得十分开放。部门主管们欣喜地看到，吸引一线工人参与决策后，工伤和不满情绪减少了。同时，随着跟工会领导和工会会员的关系得到改善，生产力迅速提高。

此时，公司高层团队发生了变化，一位新来的副总裁（会计师）对这项改革计划提出了疑问，质疑致力于员工参与的各项企业文化变革活动的投资能否得到回报。虽然部门经理们相信，生产力迅速提高等情况的改善是文化变革的结果，但是他们拿不出直接的证据。于是，那位会计师出身的副总裁终止了对文化变革的各项活动的财务支持。虽然该部门的企业文化没有后退到三年前的状态，但经理和主管们已经不再继续推动扩大员工参与计划。

企业文化对企业业绩的提升作用并不能显著地体现于某些特定的指标中。因此,在一位寻求狭隘的因果关系的高管眼中,难以看到文化变革的效果。

(资料来源:根据网络资料整理改编而来。)

### 8.1.4 企业文化变革的内容

企业文化变革的主体是企业中的成员(包括管理者及员工)。企业文化体现在员工的价值观、行为方式和态度表现上,因此企业文化的变革体现为员工价值观的变革和行为方式的转变。具体来讲,主要包括以下几个方面。

1. 企业理念体系的变革

这种变革既涉及对企业整体的深层把握,也涉及对企业环境变化的重新认识。在企业价值观中,管理哲学与管理思想往往随着企业的成长和对外部环境的不断适应而变化。以联想集团为例,在联想并购 IBM 的 PC 业务并全面推进国际化后,其原有价值观中的"以产业报国为己任"等口号显然无法适应美国分公司,其新的价值观体系中,联想把"求实"两个字放在了非常高的位置,也就是要"说到做到",想清楚再承诺,承诺了就要兑现。

2. 企业制度文化的变革

企业制度和风俗变革包括员工和管理者行为规范的调整,企业一些特殊制度和风俗的设立与取消。比如,有些企业在建立学习型组织的过程中制定了从员工到管理层的学习制度。

3. 企业行为文化的变革

企业行为方式是员工对企业价值观的认同和接受,表现在日常的工作风格与态度上。行为方式的变化有助于实现企业文化的核心价值观的落地。华为就是以"狼性"文化为核心,早期表现为公司的"床垫文化"所代表的加班行为,这些行为使华为跻身"世界 500 强"。

4. 企业物质文化的变革

企业物质文化是由职工创造的产品和各种物质设施等构成的器物文化,是一种以物质形态为主要研究对象的表层企业文化。比如,部分企业为了促进员工交流沟通,将封闭式办公室改造成开放式办公室,配合企业文化氛围的改观。

总的来讲,企业文化变革的核心是理念层面的改变,制度层、行为层和物质层主要体现为配合作用,是精神层变革的外在表现。

**[相关链接 8-4]**

**索尼公司失败的转型**

索尼董事土井利忠于 2012 年在《IT 时代周刊》上撰文《绩效主义毁了索尼》,详述了失败的目标型文化如何毁掉企业创新意识,并导致其连续四年严重亏损。文章大意如下：

日本公司普遍实行“年工制”，企业把员工“包养”起来，员工在组织中论资排辈，是比较典型的“情感型文化”。正面的情感型文化凝聚力强，并能给予员工以较大的创新空间。但在20世纪90年代以后，日本公司开始引进美国注重“绩效考核”的管理模式，致使公司出现各种问题。

所谓绩效主义，是指“业务成果和金钱报酬直接挂钩，员工为了拿到更多报酬而努力工作”。从1995年左右开始，索尼逐渐实行绩效主义，不仅成立了专门机构，制定非常详细的评价标准，并根据对每个人的评价确定报酬。绩效主义试图把人的能力量化，以此做出客观、公正的评价。但是，衡量业绩首先必须把各种工作要素量化，而很多工作是无法简单量化的。因为实行绩效主义，索尼内追求眼前利益的风气蔓延。这样一来，短期内难见效益的工作，比如产品质量检验以及“老化处理”工序都受到轻视。

索尼不仅对每个人进行考核，还对每个业务部门进行经济考核，由此决定整个业务部门的报酬。它的最大弊端是搞坏了公司内的气氛。上司不把部下当有感情的人看待，而是一切都看指标，用评估的目光审视部下。过去，即便部下做得有点出格，上司也不那么苛求，工作失败了也敢于为部下承担责任。而如今，在看上去很合理的绩效制度管理下，大家都极力逃避责任。另外，业务部门相互拆台，想方设法从公司的整体利益中为本部门多捞取好处。公司丧失了整体的团队精神。

最终，“绩效考核”所代表的目标型企业文化瓦解了原来索尼在公司的宗旨中强调的“自由、豁达、愉快”的同时，也摧毁了员工的主观能动性。

（资料来源：http://info.ceo.hc360.com/2014/10/311459288068.shtml.）

### 8.1.5 企业文化变革的流程

企业文化变革是企业为了适应形势的变化，而对原有的企业文化进行的革新，是一项异常复杂的任务。对于企业来说，如果没有一个可操作的模型，变革就会复杂且难以实施。这里将针对这种情况提出文化变革的五步流程。

1. 评估目前的企业文化

通过组建企业文化变革工作组，通过对员工进行私下访谈、集体访谈及书面问卷调查等方式，识别出公司员工目前持有的价值观、信仰和设想，确认进行企业文化变革的主要机会，探究进行企业文化变革可能存在的障碍。

2. 进行外部文化环境和内部文化需求分析

一方面，公司是更大范围的地区、国家的一部分，因此公司（企业）文化及员工会受到更大范围文化的影响。因此，在进行企业文化变革的时候必须考虑到这些文化的影响。另一方面，需要分析公司战略。因为企业文化必须同公司的使命、目标和战略相适应，所以必须分析公司的战略及其对企业文化的需求。

3. 制订新的愿景、核心价值和指导原则

构建清晰的变革愿景及核心价值，并将它传达给所有员工，让所有人员达成共识，建立责任感和信任感。在这个过程中,公司的最高领导必须积极参与,与企业文化变革工作组进行坦诚且深入的讨论。

4. 实施新的企业文化

(1) 启动会议及营造危机感。启动会议主要用来启动一个新的企业文化或企业文化的重大变革,从而使公司在企业文化变革上有一个快的起步。在启动会议中,需要营造危机紧迫感,改变员工对待变革的态度,激发他们适应变革的内在动力。另外,由于现存文化往往具有较大的抵制力,必须采用强有力的干预措施从而促进改革。因此,必须由高层领导启动文化变革的力量。

(2) 定期部署及持续创造短期成果。定期部署活动可以持久及高效地促使企业文化的变革,在这个过程中领导应该鼓励他人承担在他们各自领域执行新的公司使命、愿景、价值和原则,让每个人设定目标和行动计划并贯彻它们;建立多种常规的沟通渠道从而使主管与员工能进行深入讨论。同时,变革推进者要尽可能在变革实施后的最短时间里创造突出业绩和成果,使参与者得到激励,并进一步持续创造阶段性成果,使员工产生信心和动力。

(3) 针对性的特别会议。召集那些有着一定可信度、技能、关系、声誉和权威的员工参与针对性的特别会议,有利于推进变革。但应当注意,并非仅仅靠几个会议就足以完成企业文化的变革。

5. 巩固企业文化变革成果

企业在文化变革中所面对的最大挑战,就是如何避免员工退回过去功能不良的惯例当中。变革取得成功后,领导者还需要用相对较长的一段时间来巩固成果,整个组织还需要不断取得新的成果,以证实变革措施的有效性。巩固企业文化变革成果的途径有:① 领导者以身作则,提供指导与支持。② 给员工提供机会,以重复练习巩固理想的行为。③ 建立相应的激励机制,强化行为。

**[案例研究 8-1]**

### "新"诺基亚变革进行时

如今,再提及"诺基亚",它已经不是世界知名手机厂商的标签,而是一家正致力于成为"互联世界的技术领导者"的企业。2013 年 9 月,在诺基亚将手机业务全部出售给微软之后,公司彻底转型,业务重点从手机转向网络、HERE 地图和创新技术。诺基亚的转型初见成效,财报显示 2014 年第三季度诺基亚净营收为 33 亿欧元,同比增长 13%;运营利润达到 4.57 亿欧元,同比增长 33%。诺基亚是如何重新起航的呢?

1. 赢得员工信任

变革管理的第一步是必须让员工认知变革的必要性。除了向员工通报销售数字下滑、糟糕的财务状况、令人担忧的客户满意度调查等信息外,为了背水一战,诺基亚首次采取了极端的成本控制——休息室里不再供应咖啡和茶叶,办公室的纸巾取消了,降低差旅酒店等级。极端成本控制让员工直观地感觉到了巨大危机降临,公司里到处弥漫着惴惴不安的气氛。

变革依赖于员工对公司的信心和信念,相信公司战略调整方向是对的。变革中,中国区的管理层始终反复跟每个下属交流，分享想法，传达信息：不能后退，坚持在一起。时任大中华区副总裁的薛瑞感慨道："虽然变革带来的冲击让很多人心生抱怨，但公司没有回避，而是通过各种会议反复阐述变革的必要性。比如关于成本控制，当员工了解成本控制是为了最低限度地减少裁员以确保身边的更多同事能够并肩走下去后，抱怨不仅很快消失，还成功地唤醒了危机意识，让大家把劲儿使在一起，危机被转化成了催化剂。"

2. 守住外部信任

除了公司内部的信任，成功的变革更需要客户的信任并予以支持，而外部的支持恰恰需要建立在内部信心的基础上。为了更好地维持客户信任关系，变革中的诺基亚当时有一种默契——客户不变则销售人员不变。即使在最困难的时期，诺基亚也很少裁减销售团队成员。"一线的销售人员是维持客户信任的直接力量。而且天天跟客户在一起的人，其正面形象和心态很重要，因为员工的负面情绪会直接反馈到客户面前，所以越是在困难时候，越要确保一线销售和服务人员专业敬业，勤奋快乐。"时任集团客户总经理的刘新回忆道，"最困难的时候，是号召销售人员用自己的人品帮公司顶过变革之初的艰难时间。确保客户期望没有下降。"

3. 调整过程中让员工时刻感受到被支撑着

变革中，需要在组织内部营造出一种心理暗示，让所有人都认为适应并执行变革战略是合乎逻辑的。因此，诺基亚要求领导者或者管理者，不仅自身对变革要有很好的理解，还要帮助员工寻找和看到变革带来的积极影响，更要让员工在变革中感到被支持着。虽然有的结果可能一时不被接受或理解，但员工能感到有意义的价值体现，能得到领导的支持和帮助。

4. 恰如其分的沟通

在诺基亚，透明开放的沟通包含着三重内涵：第一是平等，第二是尊重，第三是没有隔阂。诺基亚的高管没有单独的办公室，即使是 CEO 本人也和普通员工一样坐在开放的办公空间，造就透明沟通的基础。诺基亚要求管理层在变革中，首先要帮助员工理解和消化变革，必须第一时间告诉员工变化将要到来，即使有时候变化意味着坏消息。

为了确保有效沟通，诺基亚形成了一整套标准的裁员沟通流程：从总裁信开始，到各级经理信，向员工解释清楚每个疑惑和方案，坚持把每次裁员都说得特别清楚，过去的几次变革中，诺基亚往往是一边裁员，一边招聘。但由于坚持诚信透明，让员工和外界理解公司的战略思路和处理方式，因此不会被单纯地鄙视为裁员行为。某中国区高管表示："诺基亚人一向坚持在动荡时也要站在镁光灯下。"

5. 舍弃昨天才能创造明天

对出售移动业务这个敏感话题，高管章旗很中肯地说："虽然感情上，诺基亚人现在无法隔离诺基亚手机，但是当面临生存与荣耀的两难抉择时，诺基亚选择的一向是前者。"

（资料来源：http://bmr.cb.com.cn/shangyeanli/2015_0106/1106048.html.）

诺基亚的成功变革展现出：在变革开始时，要让人们相信变革是必需的。为了让组织的变革准备得顺利，公司需要从核心部分开始——挑战信仰、价值观、态度和现有定义的行为。

信任和文化能够帮助企业推动变革顺利开始,而时间和沟通则是变革获得最终成功的两个关键因素。

## 8.2 企业文化冲突

### 8.2.1 企业文化冲突的含义

文化冲突是不同特质的文化或者文化要素之间相互对立、相互排斥的过程。企业文化冲突的产生主要是由不同类型、不同模式、不同行业、不同区域、不同历史阶段的企业文化的不同特质所构成的基本价值观之间的悬殊造成的。企业文化冲突并不能简单地理解为企业文化之间的冲突,企业文化冲突实质上是人与人之间、群体与群体之间、组织与组织之间在价值观和行为上的冲突。

### 8.2.2 企业文化冲突的根源

企业文化差异存在于文化的各个层次,包括企业的外部环境、组织机构和个人,每个层次的文化差异都可能成为文化冲突的来源。

1. 外部环境文化因素

企业生存发展不能脱离外部社会文化背景。国别、民族、产业及地域文化上的差异,传统文明与现代文明之间的差异以及不同性别、年龄、阶层群体的特性,都将反映在企业文化的具体表现上。例如,美国企业文化与中国企业文化迥然不同,与东西方文化差异是紧密相连的;信息产业企业与农业产业企业文化的差异,与新兴产业与传统产业的内在机制要求不同相关。

2. 内部组织文化因素

(1) 企业主文化与亚文化的冲突。

这种冲突指企业居于核心地位的、正宗的文化与企业处于非核心地位的、非正统的文化之间的冲突。所谓企业亚文化,相当于企业的副文化,即企业在一定时期里形成的非主体的不占主导地位的企业文化,是企业文化的补充文化、辅助文化,也可能是企业的对立文化、替代文化。当主文化与亚文化之间处于对立关系时,由于亚文化会受到主文化的打压和限制,主文化会受到亚文化的冲击,就会带来文化冲突。

(2) 并购所引发的组织文化冲突。

不同的企业在发展过程中会形成不同的管理方式,并购后不同的管理方式之间很可能就会发生冲突。一方面,并购企业认为,自己是优势企业,被并购方是劣势企业,因此被并购企业需要按并购企业的管理方式行事。另一方面,被并购企业则因为原来的处事方式和权力被剥夺而产生抵触情绪,从而产生内耗甚至严重的文化冲突。

3. 个体文化因素

企业文化虽然是企业成员共同遵守的价值观和行为规范,但企业文化作为群体文化并不是个体文化的简单叠加,因此个体文化与群体文化的冲突是普遍存在的。主要表现在:① 外来的文化个体在尚未熟悉企业文化、尚未被企业文化共同体认同时的文化冲突。

② 由于利益要求造成的企业个体文化与企业群体文化的冲突。③ 当企业群体文化落后、保守、陈旧时，群体文化将不能适应活跃的、先进的企业个体文化需要。④ 当个体文化出现错误基点，无视企业整体利益和他人利益，从而形成与企业群体文化的冲突。⑤ 由个人的情感和直觉意识造成的冲突和对立。

总的来说，引发企业文化冲突的原因多种多样，但由并购所引发的组织文化冲突往往比其他因素演化出来的文化冲突更为猛烈，因此更容易受到各方关注。

[**相关链接 8-5**]

**戴姆勒-克莱斯勒超级合并危机重重**

1998年5月7日，戴姆勒-奔驰和克莱斯勒两家公司宣布合并，这一举措震惊了全世界。一时间，谣言四起。这个消息一传出，立即就成了报纸的头条新闻。这是世界上第一次两大跨国公司的合并案，此举让戴姆勒-克莱斯勒成为世界上轿车和轻型卡车的第五大生产商。

1998年11月17日正式合并。戴姆勒和克莱斯勒各占新公司50%的股份。合并的本身是正确的，当时被人们称作"郎才女貌"的天赐良缘，但合并的方法和程序却是错误的。合并时，两家公司对资本、技术、管理、营销和运营方法考虑得相当成熟，但对于两个国家的文化，似乎根本不在准备之列，以至于后来内部的文化冲突占据了主导地位，出现"一个公司两个总部"的局面。

在两家公司联合董事会中，德国人和美国人的比例为5∶3。合并宣布之后，独立意愿很强的美国人(克莱斯勒的员工)发现德国人控制着戴姆勒-克莱斯勒公司的命运，他们开始反感了，受不了德国人对他们发号施令。美国人觉得公司不是"对等合并"，而是已经卖给了外国人。克莱斯勒的总裁伊顿说话也失去了权威。一场文化冲突无法避免。

戴姆勒-克莱斯勒的总部设在德国，由德国人掌握大权，可公司的通用语言规定为英语，造成高层管理者间沟通上的困难。合并不久，习惯于美国式经营作风的美国人在以严谨刻板著称的德国人的管理下，纷纷离开了戴姆勒-克莱斯勒公司。有些人是因为文化冲突而被逐出了公司，更多的美国员工，特别是中高级管理或技术人员是自行离去的。

对待津贴的态度两国员工也不一样。公司内德国人对美国同事干活少拿钱多忧心忡忡。原克莱斯勒经理人员工资普遍比德国同级管理人员高出2～4倍，而对工作的投入恰与德国人相反。克莱斯勒领导层每周工作五天，戴姆勒的则工作六天。在德国工作的美国人星期五早早下班赶回美国，更有甚者，在星期五早晨就乘坐公司往返飞机回美国去了。而在美国工作的德国同事，则总在星期五下午5点准时下班然后回国。但是德国人在享受公款方面却较美国人擅长。德国人出国开会动辄坐头等舱，开完会还住宾馆的套房里度起假来了。而且德国人喜欢开会，繁文缛节也多得惊人，美国人对此不能理解。

在经营理念上，两家公司也有所不同。克莱斯勒的生产模式是按计划生产，然后供给经销商;而戴姆勒的生产模式是依顾客的订单进行生产。两家公司的产销模式完全相反。双方合并的另一目的是意欲经由合并共享先进技术以体现整合的优势,但目前建立共享的汽车生产平台还无法实现。克莱斯勒公司希望以新奇的汽车造型和低廉的价格来赢得市场。而戴勒姆公司则把先进的技术、精密的制造、一流的质量和昂贵的价格作为其基本的市场形象。相差悬殊的市场定位和消费者对两家市场的消费定势,决定了两家公司的技术与市场整合的艰难。

正因为存在这样多的差异,使得戴姆勒-克莱斯勒公司从高层的领导到基层的技术工人,对合并后的公司没有达成一致的认同。最终这段超级合并案在 2007 年走到了尽头。

(资料来源:http://finance.sina.com.cn/j/36074.html? from=wap.)

戴姆勒-奔驰公司和克莱斯勒公司合并的案例表明,跨国并购的成功与否在很大程度上取决于对企业文化差异和冲突的处理。文化差异给并购后的整合带来相当大的困难,只有文化的合并与成功整合,才是真正意义上的合并。

### 8.2.3 企业文化冲突的过程

人们遭遇企业文化差异时,并不是马上就发生企业文化冲突,也不是一直处于文化冲突中,而是在不同的阶段表现出不同的企业文化冲突水平。企业中的文化冲突一般会经历四个发展阶段:① 感知差异。个体感受到领导行为、经营方式、员工特征、产品信誉甚至其他细微方面与自身理解的差异,是文化冲突的初始阶段。② 放大差异。随着时间的推移,个体乃至群体感知到的差异越来越多并逐渐呈现尖锐化趋势,一些表层文化的差异反映了价值观和经营理念等深层次文化的根本分歧。③ 典型化。用主观色彩很浓的短语刻画差异方的典型形象。④ 压制。处于劣势一方的文化被压制,文化冲突爆发。

### 8.2.4 企业文化冲突的后果

企业文化冲突是企业客观存在的现象之一,不可避免。但值得指出的是,企业文化冲突可分为两种,既有建设性的冲突,也有破坏性的冲突。相应地,企业文化的冲突既有积极的后果,也有消极的后果。

1. 企业文化冲突的积极效果

如果能够把企业文化的冲突控制在一定的范围和程度内,并有效妥善地处理企业文化冲突,可以增强企业内部活力和创造力,使企业更加多元,更能适应外部环境。主要体现为:① 企业文化冲突有利于暴露企业存在的问题。② 企业文化冲突有利于文化的交融。③ 企业文化冲突有利于企业重新确定自身的文化。

2. 企业文化冲突的不良后果

如果企业当中的一系列文化冲突不能得到有效解决与防御,必将给企业的经营和管理造成多方面不利影响,导致不良后果。主要体现为:

(1) 降低企业决策效率。由于各方都有自己的价值观、思维方式和行为方式,协调各方的分析、判断、评价需花费较多时间，有时甚至难以达成最终决策。

(2) 降低企业执行效率。不同的价值观和行为规范，在日常工作中往往容易各行其是、各自为政，使组织不能处于正常状态。整个组织犹如一盘散沙，管理者不能将其统合起来，使组织各项工作散乱，无法形成集中统一、标准化、规范化的管理。

(3) 难以形成有效沟通。由于各方的价值观、思维方式和文化背景各不相同，所以彼此之间难以相互理解。当双方在不同的方向上越走越远时，管理层如不能正确对待文化冲突，容易引起员工非理性的报复，结果误会越多，矛盾越深，熬成怀恨心理。

**[案例研究8-2]**

### 戴姆勒-克莱斯勒汽车公司企业文化冲突

德国戴姆勒-奔驰汽车公司与美国克莱斯勒汽车公司于1998年5月合并，组建戴姆勒-克莱斯勒汽车公司。在短短的几年合作中，文化冲突现象日益突出，公司发展出现明显衰退，公司的总市值也由最高时的1 083亿美元(1998年5月6日)缩减至273亿美元(2003年3月12日)，还不如合并前的戴姆勒一家的市值。2007年，戴姆勒-克莱斯勒集团公司无奈地以74亿美元的价格，将克莱斯勒公司80.10%的股份出售给了美国瑟伯勒斯资本管理公司，正式宣布两家公司分道扬镳。

戴姆勒-克莱斯勒公司的文化冲突主要体现为两种国家民族文化差异所引起的企业文化冲突。美国和德国虽然都属于西方国家，但美国属于强个人主义文化的国家，德国属于弱个人主义文化的国家。

在管理上表现为德国企业决策较慢，每一个决策都需要经过不同管理层的多次讨论之后才能做出决定。而美国企业决策的速度则很快，因为每一部门经理在其职权范围内都可授权做决定，不必与上级商量或让部下讨论。德方经理与员工的工资差距不大，因为德方经理认为经理与员工的工资应相对平等，工资的悬殊差异会扩大贫富差距，危害社会安定。同样，德方以奖励集体成绩为主，而不是个人成绩。而美方认为经理应按业绩取酬，既然他对自己所做的决定负责，就理应对每一成功的决策取得回报，所以经理与员工的工资应有差距。

在分析美国人与德国人对公司的忠诚度时发现，当公司目标与个人的利益相吻合时，美国员工会为公司效劳；当公司目标与个人利益相矛盾或是觉得个人发展空间渺茫时，美国员工会毫不犹豫地离开公司寻求个人的发展。在戴姆勒-克莱斯勒公司突出表现为美国高层管理人员在与德方合作发生困惑之时纷纷跳槽，以谋求新的发展，致使公司合并后不出几年便出现德方高层一统天下的局面。

在个性差异上，德国人较为固执、执意和傲慢；美国人过于自信，总认为他们的方法是最好的，对任何事情要么赞同要么否定，而不会考虑其他选择。因此，双方往往会各持己见，缺乏灵活性，这种争执和正面冲突既会伤害彼此良好的初衷，又不利于问题的解决。于是，美国人选择扬长而去，而德国人对此会不做任何让步和妥协，这也证明了美国人和德国人个性难以融合。

企业营销理念方面，美国人喜欢尽快推出价廉而实用的新产品，有时宁可牺牲一点产品质量;而德国人对质量极其重视,即使耽误新产品问世也在所不惜。而且由于双方对自身的文化都有一种优越感,迥然不同的营销理念和民族心态,影响了双方人员的交流与合作,更破坏了合并后可能发挥的协同效应。

(资料来源:https://www.docin.com/p-913027551.html)

据研究报告显示,有超过60%的并购未能实现预期目标,这其中有三分之二是缘于文化整合的失败,企业文化冲突已经成为导致并购失败的主要诱因之一。

## 8.3 企业文化融合

### 8.3.1 企业文化融合的含义

文化融合是不同特质的文化或者文化要素之间通过相互接触、交流进而相互吸收、渗透、融为一体的过程。这个过程首要解决的就是文化认同问题,文化认同得不到真正解决,企业就隐藏着各种隐患,一旦碰到合适的环境,这种隐患就将爆发出来。所以,企业文化的融合过程实际上是文化的提升和再造过程。

### 8.3.2 企业文化融合的内容

企业文化融合不是将两个或多个文化简单叠加和拼凑,而是将其优秀的部分进行融合和升华,是在共性认识的基础上建立起的具有连续性和一致性的新文化。

1. 企业理念体系的融合

将文化冲突双方(或多方)的价值观、处世哲学和行为方式规范为一种适应新企业、新文化的统一的价值观体系中,是企业文化融合的核心和关键。如果员工在价值观上存在很大分歧,就无法达到优势互补、协同合作的目的。在企业并购中,并购双方的原有理念可能相距甚远。

2. 企业制度文化的融合

在新的理念体系得到确认之后,还有赖于建立一整套新的组织结构和规章制度来保障企业文化融合进程。对并购的企业而言,并购后各子系统会有新的分工协作的安排,因此必然有一套新的制度结构。

3. 企业行为文化的融合

在企业文化融合中,需根据新理念体系的特点形成新的员工行为准则。以明确的行为指引确定文化融合的外部表现方式。这些指引不宜过繁,以免挫伤员工的积极性和创造性。

4. 企业物质文化的融合

作为企业文化变革的一种特殊形式,企业文化融合也需要通过表层企业文化的改观促进深层次变化。物质文化融合在企业并购中尤其明显。首先,企业并购表现为资本结构的变更、员工的增减、产品甚至行业的转变、设备的更新等企业资源的整合;其次,企业并购还会带来员工结构的变化,由此员工的工作条件、福利待遇、文化生活等都会发生相应变化。

另外，并购后的企业要对公司形象、产品形象等进行新的整合设计，以便给社会公众和内部员工形成一种新的印象和风貌。

### 8.3.3　企业文化融合的模式

文化融合需要充分地认识到促进和制约新企业文化建立的各种力量，小心地勾画出新建企业的文化特点，科学地制定出文化整合的合适模式。总的来说，企业文化整合模式主要有以下三种模式。

1. 凌越模式

所谓凌越，是指组织内一种文化凌驾于其他文化之上，而扮演着统治者的角色，组织内的决策及行为均受这种文化支配，而持其他文化的员工或外部成员的影响力则微乎其微。这种凌驾于其他之上的文化即为强势文化，被凌驾的即为弱势文化。这种模式的好处是能够在短期时间内形成一种"统一"的组织文化，其缺点是不利于博采众长。

具体来说，按弱势文化对强势文化的接纳态度可分为两种状态：① 同化式。弱势文化群体自愿地完全接受或采用强势文化群体的个性、文化和实践的过程，对强势文化有较高的认同感。② 弱势文化群体拒绝接受强势文化，但原有文化又被强制瓦解，这种模式的实施过程往往会伴随着大量的混乱、沮丧、愤怒和紧张的情绪。

2. 妥协模式

所谓妥协，是指两种文化之间有意忽略、回避文化差异，从而做到求同存异，以实现企业组织内的和谐与稳定。这种模式的好处是能够尽快实现企业组织内的和谐与稳定，其缺点是这种和谐与稳定的背后往往潜伏着危机。

具体来说，按照两种文化之间的差异大小可分为两种状态：① 文化差异小。由于不同文化之间比较相似，有相互认同的基础，因此容易做到忽略差异，求同存异。② 文化差异大。当不同群体均拥有优质强势文化，不愿意放弃原有文化，且这不同群体之间的接触机会很少，文化差异并不会引起太大的矛盾冲突时，保持各方文化的相对独立，避免文化冲突被激化，反而更有利于企业的发展。例如，发生在非相关产业的并购（如纵向一体化兼并战略和多元化兼并战略），容忍多元文化可以有效避免文化冲突，更有利于并购双方的发展。

3. 融合模式

所谓融合，是指不同文化间在承认、重视彼此间差异的基础上，相互尊重、相互补充、相互协调，从而形成一种你我合一的全新统一文化。这种模式的好处是能够实现文化间的相互学习、扬长避短，且具有较强的稳定性，其缺点是融合过程相对漫长。

具体来说，按照融合的操作方式可分为两种状态：① 渐进渗透式。各方在相互学习和吸收他方文化优点的基础上，各自进行不同程度的调整，相互渗透、相互融合，使各种不同背景的文化最终融合成一种能被各方认同的新型企业文化。② 积极改造式。通过探讨各方企业文化优缺点，制定新的企业文化体系，通过内部改革转变员工观念，积极推进新文化体系的落实。

这三种文化融合模式并非完全独立，而是可以相互转化、相辅相成，甚至可以多管齐下加以运用。

［案例研究8-3］

## 达能乐百氏乱局

广东乐百氏集团曾经是闻名全国的大型食品饮料企业,先后推出了乐百氏乳酸奶、牛奶、饮用水、茶饮料、果冻布丁等五大系列的优质产品,畅销全国。2000年3月,国际食品巨鳄法国达能收购乐百氏后,这个中国市场饮用水领域曾经的王者一路走低,2005年乐百氏亏损达1.57亿元,2006年继续亏损1.5亿元。并购前乐百氏销量一度在中国市场达到30%的份额,但截至2006年,这一数字已变为5%,旗下的各个子品牌市场处于不断萎缩状态。达能乐百氏乱局的症结在于并购后文化融合缺失。

1. 拿来主义与怀疑主义

达能收购乐百氏的初衷是希望通过乐百氏的渠道,搭建一个属于达能的销售平台,这个平台不仅销售乐百氏的产品,同时也销售达能的其他产品。与此同时,达能又总是在信任与不信任原创业团队间游移,对何伯权等乐百氏创业元老层心存戒备。为了架空元老层权力及打散原有乐百氏文化,达能想当然地将乐百氏进行全方位的组织结构重组。最终,元老层集体辞职,核心成员纷纷离职或被调离到陌生岗位。事实证明,达能在破坏式摧毁乐百氏企业文化的同时,并没有为企业树立新的文化精神,导致各个部门茫然无措,原有的销售渠道体系也变成"一盘散沙"。最终,达能欲将乐百氏变成自己销售平台的构想也宣告失败。

2. 价值观无法融合

在老乐百氏时代,创业家何伯权身上体现出广东民营企业家实干的风格,其骨干也耳濡目染,企业上下,"创业""建渠道""抢市场",是大家一致认同的工作氛围。当时销售一线与后方决策沟通随意,形式多样,除了开会,打牌、唱歌都可以,齐心协力做市场。老乐百氏人最熟悉乐百氏理念,把公司当成自己的事业在做,有忠诚度。刚进来时,哪怕工资只有600元,也能拿出200元打车、跑业务。

而在新达能时代,职业经理人更倾向于对结果的考核,而对过程并不太关注,让老乐百氏人感情上难以接受,最终造成沟通困难。造成员工即使收入3 000元,如果公司不报销,员工也不会自己贴上哪怕10元钱的交通费。空降到乐百氏的主管们收入越来越高,总经理300万元年薪,大区经理20多万元年薪,而普通销售人员的收入越来越低,基本月工资只能在1 000～1 500元。从一家土生土长的民营企业到跨国公司子公司的转变,创业激情的丧失以及随之而来的标准化管理模式,使得老乐百氏人再也找不到以前"做事"的感觉,不同理念加上不同的表达方式,使得矛盾不断累积。

3. "数据"与"经验"之争

公司管理层将业绩下滑的责任归咎于销售不力,而销售人员则认为空降而来的香港人和外国人根本不了解中国内地市场。市场部的职业经理人只懂数据,不与销售部门讨论市场情况,而是被广告公司牵着鼻子走。老乐百氏时代是市场部告诉广告公司该怎么做,达能时代变成了广告公司告诉市场部该怎么做。2006年巨额亏损的一个原因就是巨额的广告无效,管理层声称投了1亿多元的广告,但是销售人员的反馈是,没有看到广告效果。另外,"V飙""清蓝""动动茶""营养酷""泽心堂"这些走马灯式推出的新品，通常在上市三四个月后，就被市场部依据数据分析判了“死刑”。但是，销售人员说，数据分析背离了实际，有些被判“死刑”的产品，再坚持一段时间，就要被消费者接受了。可是销售一线的意见很难被高层接受，达能的职业经理人总觉得，老乐百氏人只会从操作层面考虑，不会从战略角度理解，他们固执地想彻底改造乐百氏。

另外，达能在乐百氏发展速度上有很大分歧。老乐百氏人认为，中国的经济发展速度比国外快，需要重点抢夺市场空间，提高市场占有率，这样不仅日后获利可观，也是企业的长远打算。但是，达能追求的是每年的收益，不惜削减成本，收缩编制，而最终导致的是市场份额一路下滑，连年巨额亏损。

（资料来源：http://manage.org.cn/Article/200803/56953.html.）

中外企业文化的巨大差异，使得跨国并购必须进行适当的文化融合。企业文化不是一成不变的，并购操作可以在较短的时间内完成，但文化的融合和员工对新文化的适应却是一个长期的过程。尤其值得注意的是，跨国并购中目标企业的无形资产不容忽视，如商誉、非专利技术、企业资产价值的增值、企业人力资源价值、企业家价值等。

### 8.3.4　企业文化融合的过程

企业文化融合的过程，是企业群体的共同意识、共同价值观调整、再造的过程，具体如下：

(1) 接触。两种文化由传播而发生接触，这是文化融合的前提。在这一阶段，首先要识别文化差异，分析产生冲突的原因及协调的可能性，从而得出融合是否具有可行性的结论。

(2) 撞击和筛选。每种文化都具有顽强地表现自己和排斥他种文化的特性，两种文化接触后必然发生撞击。在撞击过程中进行社会选择，即选优汰劣。这一阶段应该加强文化沟通和适应性训练，促进不同企业文化背景下员工与员工之间、员工与企业之间的沟通和理解。可以进行多渠道、多形式的培训；也可以通过轮岗、人员重组、机构调整等方式，改变原来分离的人际环境；还可以通过举办各种文化活动，开展技术竞赛、群体讨论等方式，转换角色和调整心理位置，打破员工的心理障碍和心理约束，加强每个员工对新文化环境的适应性。

(3) 整合。进一步消除文化冲突，实现多方的文化趋同。这一过程中需要重视双方文化。为了避免或缓解文化冲突，并购双方应对自己以及对方企业的经营历史、管理风格、员工特征以及企业形象等方面有一个清楚的认识。在此基础上，建立有效的信息渠道，加强员工之间的沟通与交流，修正错误认识，明晰双方文化。最后，在重视双方文化和明晰双方文化的基础上，促进相互适应。这一过程需要制定稳定的人力资源政策，出台一些具有实质意义的激励措施，尽快使员工进行角色定位并适应新的环境。减少人员震荡是实施文化融合的一项重要内容。

**[案例研究8-4]**

**东风日产：从“貌合神离”到“同舟共济”**

2002年9月19日，东风、日产正式签署长期全面战略合作协议。2003年6月9日，新的东风汽车有限公司在武汉举行创立大会,国内最大规模的中外合资汽车公司宣告诞生。

文化融合是企业合资合作所面临的一个世界级难题,尤其是跨国合资企业不仅面临两种企业文化的摩擦与冲突,也面临由不同国家文化差异所带来的碰撞。东风日产高层深刻认识到,合资双方必须正视在文化价值观、经营理念和工作方式上的差异,积极推进文化的深层融合。为此,东风日产组织了专门班子,采用问卷和访谈的方式进行调查,共搜集到210个具体问题,而后筛选归纳出以下几个方面:① 缺乏共同目标追求和价值立场。没有确定中日双方共同的使命和愿景,因此双方员工都缺乏对企业的归属感,都缺乏相互的认同感,基本上还是站在“各自利益”的立场上思考问题。② 未能形成双方文化的优势互补。合资双方不能正视差异、理解差异、尊重差异并超越差异,在求同存异基础上实现优势互补。③ 员工沟通不畅,未能实现信息与知识共享。日方有意见喜欢在会上说,中方有意见愿意单独交谈。而且由于语言上的障碍,中日员工交往较少。④ 尚未建立起基于客户价值导向的组织和流程。中日双方50∶50的股权结构,使得双方决策权、管理权与话语权均等,中方主管的部门与日方主管的部门各自为政。⑤ 领导体制机制有待完善。从总经理到各部门都是“双长官”模式,并且由于没有得到双方母公司的充分授权,影响了决策效率和市场反应速度。

面对这些问题,双方以企业生存和发展为宗旨,以文化融合为核心,创制并实施《东风日产共同行动纲领》(以下简称《共同行动纲领》),在企业未来发展的基本规则上达成了共识,从而使双方超越了文化差异,实现了文化融合,创新了企业文化,推动企业驶入了健康快速发展的轨道:

(1) 以创制《共同行动纲领》为载体,对企业文化理念进行系统整合。首先,明确了共同的愿景、共同的使命和行为价值观。其次,提出了清晰的战略思维和经营原则,把“品牌经营”纳入了企业战略核心内容;提出了“全价值链的成本控制”。最后,在“多层次本土化”上达成共识,即逐步实现零部件的国产化、核心技术开发的当地化以及人才的本土化。

(2) 以文化融合为前导,推进营销变革和管理创新。双方高层针对文化融合存在的问题进行深度沟通并最终达成共识,顺利调整了组织架构和决策权限分配,熟悉市场的中方总经理开始主管市场营销,日方总经理则转向生产与研发。文化融合实实在在地推动了企业的营销变革与管理创新。

(3) 为排除沟通障碍,搭建员工交流协同的组织平台。双方总经理都明确指出,所有员工都要参与《共同行动纲领》的创制工作,要使创制过程成为一个揭示问题、研讨问题、达成共识、寻求解决、促进行为改进的过程,将文化沟通、交流、融合的过程贯穿其中。

(4) 将共同的文化理念融入价值链的各个环节。在商品规划上,提出了企划的基本行为准则:“要参与并融合日产的全球商品企划过程和先进的商品理念,将符合中国目标消费需求的最新车型导入中国市场”。在研发上,明确提出要把研发作为东风日产重要的生存和发展之本,针对中国市场开发适用产品,鼓励员工为企业创造价值。在生产制造上,明确规定逐步推行日产生产方式,引进日产精益制造模式。在营销上,提出将东风模式与日产模式有效融合，构建东风日产全球品牌战略及销售体系。在采购上，提出在协商基础上高效选择供应商，建立有竞争力的供应商平台，采取公平、公正、科学的评价体系和淘汰机制，确立和规范供应商的选择标准。在管理上，强化高层核心力量，建立精简高效机构。

（资料来源：https://www.docin.com/p-2130120792.html）

东风日产文化融合的过程体现了双方高层的智慧和勇气，他们能够站在企业发展战略的高度，总揽全局，系统设计，积极促进达成共识，并亲自参与变革实践，这是文化融合得以成功的关键。全员参与《共同行动纲领》创制的全过程，使这个过程取得了全员相互沟通、增进了解、化解矛盾的实效。并且，他们没有把形成共识当作文化融合的终结，而是以共识变革企业经营管理制度，以共识引导全员的工作行为，最终落实在企业绩效的提高上。

## 增值阅读

### 基于企业生命周期的企业文化变革方向的判定

企业文化的发展变化受许多因素的影响，其中之一即是企业所处的生命周期阶段。美国学者伊查克·爱迪思将企业的发展过程分为两大阶段十个时期，其中成长阶段从孕育期开始，经历婴儿期、学步期、青春期、盛年期，直到稳定期；老化阶段分为贵族期、后贵族期、官僚期、死亡期。爱迪思研究了企业在不同生命周期阶段的管理特征，认为企业的成长与老化同生物体一样，主要是通过灵活性和控制性这两大因素之间的关系来表现的，较高的灵活性可以反映企业在成长阶段的主要特征，较强的控制性可以反映企业在老化阶段的主要特征。另一位学者罗伯特·奎因提出的“竞争性文化价值模型”将企业文化指标按照内部外部导向和控制授权两个维度进行分类，将组织文化分为目标、规则、支持、创新四种文化导向，用于实证分析各种导向的文化对企业竞争力的影响。

根据爱迪思的生命周期理论和奎因的竞争性文化价值模型对企业生命周期中成长阶段、盛年期和老化阶段的文化特征进行归纳总结，从而得到不同时期的文化导向，如图 8－1 所示。

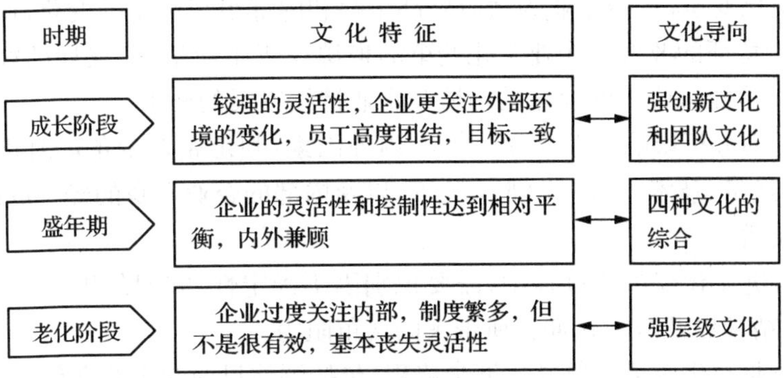


**图 8－1　企业不同发展时期的文化特征和文化导向**

企业进入盛年期以后,企业的灵活性和控制性达到了平衡。企业既关注内部员工的需要,又关注外部顾客的需要和市场变化,此时企业发展平稳。因此,盛年期是所有企业追求的理想状态,而企业文化变革正是旨在使企业平稳成长或返老还童,步入盛年并永葆青春。

当企业处于成长阶段时,企业具有极高的灵活性。企业员工普遍具有创新精神,企业的组织结构较为松散,缺乏控制力。此时,企业要逐渐开始建立和完善自身的组织结构,在控制权上,要求企业培养战略眼光,适当放权,在组织中形成一种民主决策的氛围,激励员工积极参与决策。

当企业处于老化阶段时,企业过度关注内部的控制。此时,企业有大量的制度和规章,管理机构极其庞大,企业的灵活性和创新性丧失,企业内部弥漫着官僚式的组织文化。因此,处于老化阶段的企业要继续发展,必须摒弃旧的理念、鼓励创新,尽可能调动员工的积极性,只有这样,才有可能使企业重新拥有活力。

综上所述,企业文化变革方向的选择如图8-2所示。

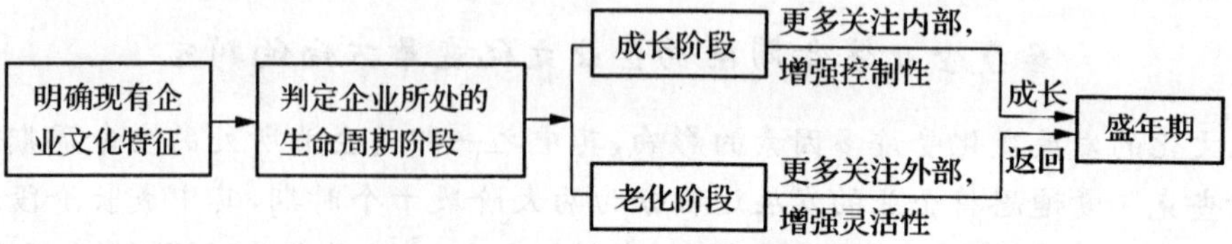


**图8-2 企业文化变革方向的选择**

(资料来源:https://xueshu.baidu.com/usercenter/paper/show?paperid=cfed36886c657c42257873737dfdfb52&site=xueshu_se)

## 任务小结

企业文化变革是每个企业生存与发展的必经之路。企业处于不断发展变化的环境之中,当企业原有的文化价值体系难以适应内外部变化而使企业经营陷入困境时,创建一种适应形势发展要求的新文化,就成为一种必然。

(1) 企业文化变革,是指企业为适应外部生存和内部组织环境的变化,而引发的企业文化自身某些本质特征的改变。企业文化变革的根源在于企业生存、发展的客观条件发生了变化,只有变革,才能适应不断变化的环境和企业持续发展的要求。

(2) 需要借助分析影响企业文化发展的内外因素,判定企业变革的时机。这些因素包括外部的政治、经济、技术、人口、行业文化等,以及内部的企业自身的经营危机、成长的推动和领导人的变更等。

(3) 企业推进文化变革的过程中,需要识别因不确定性、守旧的思维惯性、不被认同的目标、缺少创新精神以及跨文化冲突所带来的变革阻力。

(4) 开展企业文化变革需要经过五步流程,包括评估目前的企业文化,进行外部文化环境和内部文化需求分析,制定新的愿景和核心价值,实施新的企业文化以及巩固企业文化变革成果。

(5) 文化冲突是不同特质的文化或者文化要素之间相互对立、相互排斥的过程。企业文化差异存在于文化的各个层次，包括企业的外部环境、组织机体和个人。每个层次的文化差异都可能成为文化冲突的来源。企业文化的冲突既有积极的后果，也有消极的后果。

（6）文化融合是不同特质的文化或者文化要素之间通过相互接触、交流进而相互吸收、渗透、融为一体的过程。企业文化整合模式主要有三种模式：凌越模式、妥协模式、融合模式。企业文化融合的过程包括三个部分：接触过程、撞击和筛选过程、整合过程。

## 能力自测

### 一、单项选择题

1. “管理层担心自己的利益受损、权力丧失、在新文化中的不适应”说明了企业文化变革的阻力中的（　　）。

A. 变革的不确定性　　B. 守旧的思维惯性

C. 不认同变革的目标　　D. 缺少创新精神

2. 企业文化变革的核心是（　　）的改变。

A. 理念层面　　B. 制度层面　　C. 行为层面　　D. 物质层面

3. 企业文化变革的主体是企业中的（　　）。

A. 管理者　　B. 员工　　C. 管理者及员工　　D. 以上皆不是

4. 企业文化变革流程的第一步是（　　）。

A. 评估目前的企业文化

B. 进行外部文化环境和内部文化需求分析

C. 制订新的愿景、核心价值和指导原则

D. 实施新的企业文化并巩固成果

5. 企业文化冲突的外部环境文化因素包括（　　）。

A. 国别及民族　　B. 产业及地域　　C. 阶层群体　　D. 以上所有选项

6. 企业文化冲突的过程是（　　）（以下顺序正确的是）。

① 典型化　② 放大差异　③ 压制　④ 感知差异

A. ④①②③　　B. ④②①③　　C. ④③②①　　D. ①④③②

7. “由于各方都有自己的价值观、思维方式和行为方式，协调各方的分析、判断、评价需花费较多时间，有时甚至难以达成最终决策”属于企业文化冲突的（　　）。

A. 有利于暴露企业存在的问题　　B. 降低企业决策效率

C. 降低企业执行效率　　D. 难以形成有效沟通

8. “一种文化凌驾于其他文化之上，而扮演着统治者的角色”属于企业文化融合模式中的（　　）。

A. 凌越模式　　B. 妥协模式　　C. 融合模式　　D. 以上皆不是

9. “两种文化之间有意忽略、回避文化差异，从而做到求同存异”属于企业文化融合模式中的（　　）。

A. 凌越模式　　B. 妥协模式　　C. 融合模式　　D. 以上皆不是

10. “文化间的相互学习、扬长避短，形成一种你我合一的、全新的统一文化”属于企业文化融合模式中的（　　）。

A. 凌越模式　　B. 妥协模式　　C. 融合模式　　D. 以上皆不是

## 二、多项选择题

1. 企业文化变革的外部原因包括(　　)。

A. 经济环境的变化　　B. 技术的进步

C. 劳动力的转变　　D. 行业文化的变迁

2. 企业文化变革的内部原因包括(　　)。

A. 企业经营危机　　B. 企业成长推动

C. 企业领导人的更替　　D. 劳动力的转变

3. 企业文化变革的阻力主要体现在(　　)。

A. 变革的不确定性　　B. 守旧的思维惯性

C. 不认同变革的目标　　D. 具有创新精神

4. 企业文化变革的内容包括(　　)。

A. 企业理念体系的变革　　B. 企业制度文化的变革

C. 企业行为文化的变革　　D. 企业物质文化的变革

5. 企业文化冲突的根源包括(　　)。

A. 外部环境文化因素　　B. 行业文化变迁因素

C. 内部组织文化因素　　D. 个体文化因素

6. 企业文化冲突的积极效果包括(　　)。

A. 有利于暴露企业存在的问题　　B. 有利于文化的交融

C. 有利于企业重新确定自身的文化　　D. 有利于提高决策效率

7. 企业文化冲突的不良后果包括(　　)。

A. 不利于文化的交融　　B. 降低企业决策效率

C. 降低企业执行效率　　D. 难以形成有效沟通

8. 企业文化融合的内容包括(　　)。

A. 企业理念体系的融合　　B. 企业制度文化的融合

C. 企业行为文化的融合　　D. 企业物质文化的融合

9. 企业文化融合的模式包括(　　)。

A. 凌越模式　　B. 妥协模式　　C. 融合模式　　D. 渗透模式

10. 企业文化融合的过程包括(　　)。

A. 接触　　B. 撞击　　C. 筛选　　D. 整合

## 三、判断题

1. 企业文化变革,是指企业为适应外部生存环境和内部组织发展的变化,而引发的企业文化自身某些本质特征的改变。(　　)

2. 企业成长推动的变革往往是在企业还没有面临危机时的一种自我矫正,因此一般会遇到较少的阻力。(　　)

3. 在启动会议中,需要营造危机紧迫感,改变员工对待变革的态度,激发他们适应变革的内在动力。(　　)

4. 现存文化往往具有较大的抵制力,因此必须由高层领导启动文化变革的力量。(　　)

5. 企业文化冲突实质上是群体与群体之间在价值观和行为上的冲突。(　　)

6. 亚文化是企业的一种对立文化、替代文化。 ( )

7. 如果能够把企业文化的冲突控制在一定的范围和程度内，并有效妥善地处理企业文化的冲突，可以增强企业内部活力和创造力，使企业更加多元，更能适应外部的环境。 ( )

8. 文化融合是不同特质的文化或者文化要素之间通过相互接触、交流进而相互吸收、渗透、融为一体的过程。 ( )

9. 弱势文化群体接受强势文化的过程往往会伴随着大量的混乱、沮丧、愤怒和紧张的情绪。 ( )

10. 当两种文化差异很小时，才可以使用妥协模式进行文化融合。 ( )

## 四、简答题

1. 企业文化变革的内部动因有哪些？
2. 企业文化变革的阻力有哪些？
3. 简述企业文化变革的流程。
4. 简述企业文化冲突的后果。
5. 简述企业文化融合的三种模式。

## 案例分析

### （一）反思惠普企业文化变革内伤

惠普人不会忘记，1999年7月，惠普宣布高薪聘请朗讯女将卡莉任CEO。2000年9月，惠普董事会加封卡莉为董事长、总裁兼CEO。2001年9月，卡莉宣布惠普将并购PC巨头康柏，目标是超过IBM。2002年3月，惠普全球股东公决，支持派险胜反对派，新惠普诞生。2003年5月，新惠普“周岁”业绩超过预期，卡莉宣布并购完全正确。2004年8月，惠普季度业绩连续低于预期，卡莉随即解雇3位高管。2005年2月，惠普董事会紧急罢免卡莉所有职务。此时，惠普股价缩水过半，惠普员工得知卡莉去职后居然纷纷举杯相庆“这一天总算来了!”卡莉时代的惠普内部到底发生了什么？

卡莉自从1999年刚上任时，就有一个强烈的欲望：改变有口皆碑的“惠普之道”！首先，卡莉积极推动惠普改名，将原来带有明显创业者印记的英文标志“Hewlett-Packard”(两位创业者惠列特和普卡德的名字)压缩成字母“hp”，极力淡化惠普的家族色彩。继而，她大刀阔斧地对备受各界尊崇的原惠普核心价值观“惠普之道”进行删改。

所谓“惠普之道”的核心，就是相信员工、尊重员工。已创办66年的老惠普是一家“员工至上”的公司，与崇尚客户和股东的典型美国公司有很大不同。因为老惠普坚信：只要员工满意了，他就会让客户满意！因为员工有归属感、自豪感，有忠诚与敬业的激情，这自然而然会让客户感知到，并最终感染客户。与此同时，在老惠普时代，特别是两位老创业者在世时，公司上下有一个信念，那就是：我们为什么要走到一起？就是为了我们能愉快地一起做事！因此，当时惠普虽然工资不高，但惠普员工的满意度、忠诚度都非常高，离职率极低，因为大家觉得在惠普干有意义。于是乎，在惠普有这样一个不成文的习俗，那就是员工内部交流时首先爱说：“我已经在惠普工作了××年……”这些对于忠诚、资历的追求，在讲求实际的西方公司里是很少见的。老惠普认为公司的客户相对来说是稳定的，如果企业的员工也能够相对稳定，双方在熟悉中共同成长，这种成长未见得是最迅速的，但却是最稳健的。也因此，老惠普并不是一家追求高速增长的企业,而认为最佳增长率为15%~20%。因为这个速度,与人才的培养节奏、文化的渗透节奏都是相吻合的。

但是,卡莉驾临后,首先要改变的,恰恰就是惠普的价值观和做事方式,用"速度""变革""市场"取代原来的"稳健""协作""人本",而原来作为核心的"尊重员工"被排在了最后。对此,惠普中国区某高管有一个生动却苦涩的比喻:"她在试图让一个60岁的人改练百米短跑!"接着,卡莉一改老惠普平民、低调的作风,俨然一个演艺明星,在惠普CEO历史上破天荒地为自己购买了专机,四处张扬,令人可望而不可即。这一切都在惠普内部引起了很多不满。卡莉入主惠普仅一年多,很多员工就开始怀念与前CEO一起吃工作餐的时光,喜欢回忆惠列特的微笑。他们不愿仅仅通过电视会议见到CEO,因为这样的场景缺乏真实感。

于是问题出现了。卡莉发现自己的变革进展缓慢,阻力很大。因为对于卡莉的说教,大家嘴上虽然不反对,但心里却不信,这就是文化的力量。特别是在惠普这样以白领知识员工为主的企业,当员工目视电脑时,唯一能决定他去积极思考工作而不是走神儿的,就是内心所笃信的企业文化。初步领教了老惠普强大力量的卡莉,意识到了自己的势单力孤。她也曾寄希望于通过培训给大家"洗脑",希望大家跟她一起不厌其烦地改变。但很显然,不被信赖的变革思想不可能产生实效。卡莉小看了员工对"惠普之道"的效忠,小看了她所面对的这群积淀了60年文化的人。

几年过去,由于内部"洗脑"效果不佳,卡莉决心孤注一掷,借助外力来达到改变惠普原有企业文化的目的。2001年惠普并购PC巨头康柏,卡莉希望通过并购康柏,用康柏文化"稀释"掉浓郁的惠普之道。一个不广为人知的局面发生了:康柏人在高层管理中的比例被严重放大。例如,在新惠普的亚太区里,除了中国区是老惠普占主导,其他分区(包括亚太区自身)均是原康柏的人!中国区高管回忆道:"当时我们的日子很难过,到亚太区开会,发现在座的全不认识,而他们之间都很熟,自己反倒像被隔离的外人"这与外界印象中的惠普"吃掉"康柏大相径庭。人变了,文化形态自然发生了变形,原来在惠普,如果谁业绩不好,主管会以帮助者的姿态出现,而现在则劈头就问:"你最近怎么回事?!"接着,被隔离且无法认同新文化的老惠普管理层和员工纷纷离职。卡莉显然寄希望于用新文化来带动业绩增长,一再向股东们承诺"1+1>2"的道理。并购完成后,"惠普之道"确实受到了冲击,但业绩增长却没有实现,市场份额反而在萎缩。原来仅康柏就能压倒戴尔,而并购了康柏的新惠普,却在完成并购的次年就将冠军宝座让给了戴尔,被外界笑话为"业界第1+业界第2,反而成了第3名"。

除了并购,使惠普文化走向迷茫的另一方面,就是卡莉频繁地进行组织结构调整。先是将原先惠普近80个业务单位,重组为企业系统(ESG)、个人信息系统(PSG)、打印及成像系统(IPG)、专业及支持服务系统(HPS)四大集团,接着又不停地把部门拆分合并。新惠普诞生以来,"特殊时期"就从未间断过。"每半年折腾一次,这任何人也受不了!"在老惠普员工看来,卡莉的频繁重组,产生了很大的破坏力:首先,它彻底打乱了原先清晰、稳健的职业提升方向。每个人都不知道自己努力之后将会获得什么,失去了归属感与安全感。其次,它彻底泯灭了员工对于工作长远规划的热情。因为在卡莉不可捉摸的"改变"面前,一切计划都失去了意义,导致即便是优秀员工也只能做到完成好"今天"的工作,而不考虑"明天"。当年老惠普员工参观惠普实验室时看到公司早已准备好10年后的高科技产品时所油然而生的自豪,再也没有了。于是,整个群体一点一滴的"短视"被积累下来,其弊端在几年后就开始显现出来了。特别是像惠普这样的技术型企业,当它失去前瞻性时,其后果将是灾难性的。

而在此关键时刻,卡莉不是检讨自己,反而选择了接连向下属集团高管们开刀,再度换血,但业绩依然如故!看似是业绩、股价等硬指标激怒了股东们,最终撤换掉卡莉,其实根源是其强行改造惠普文化的浮躁,将惠普整体引向了一个更大的迷茫。老惠普的文化与它坚实的运营创新机制是相一致的,而新惠普文化却在不伦不类中找不到经营硬功夫的根基,呈现出的只是一种"看似紧张的低效状态"。于是,多年积攒下来的文化矛盾,终于在2004年年末开始迅速升温,并在2005年年初进行了总爆发。而此时,惠普已经元气大伤,再难恢复到昔日盛景。事实证明,卡莉的改革对于惠普文化的破坏性大于建设性。

(资料来源:http://en.wenzhouglasses.com/Small,401875.htm.)

**请根据案例回答下面问题(单选题):**

1. 从案例来看,卡莉在进行企业文化变革中遇到的最大阻力是(　　)。

A. 变革的不确定性　　B. 守旧的思维惯性

C. 不认同变革的目标及方向　　D. 跨文化冲突

2. 卡莉为自己购买专机属于(　　)层面的企业文化变革。

A. 企业理念体系的变革　　B. 企业制度文化的变革

C. 企业行为文化的变革　　D. 企业物质文化的变革

3. 卡莉频繁地进行组织结构调整属于(　　)层面的企业文化变革。

A. 企业理念体系的变革　　B. 企业制度文化的变革

C. 企业行为文化的变革　　D. 企业物质文化的变革

4. 在惠普并购康柏之后的文化融合过程中,卡莉主要使用了(　　)模式改造原有"惠普之道"。

A. 凌越模式　　B. 妥协模式　　C. 融合模式　　D. 以上皆不是

5. 卡莉与老惠普员工文化冲突的主要后果是(　　)。

A. 降低企业决策效率　　B. 降低企业执行效率

C. 难以形成有效沟通　　D. 以上皆是

### (二) 联想并购IBM PC的文化整合路径

2004年12月,联想收购了IBM PCD,在并购8年后,联想已由世界电脑排名第9的出货商变为排名第1的出货商,并购前几乎可以忽略不计的海外市场销售额在并购后占联想整体销售额50%。联想的并购整合取得如此巨大的成效与文化整合的成功是分不开的。

1. 整合前的企业文化背景

联想成立于20世纪80年代,是一家由中国科学院(以下简称为中科院)出资20万在一个传达室中起步的民营企业。联想以销售任务为主导,员工吃苦耐劳,勇于开拓并承担责任。联想的领导精于中国本土战略,善于利用关系进行业务经营。领导和员工以企业为家、以企业利益为先。由于脱胎于中国一流的科研教育机构,其企业文化兼有比一般民营企业更深的人文情怀和研究热情。

IBM于1911年由Thomas J.Watson在美国创建。在IBM的百年历史中,IBM一直致力于信息技术相关领域的研发和生产。与联想相比,IBM更强调企业流程的规范性、用户的重要性。IBM的领导及员工习惯于在明确的职责和流程下进行规范的工作,在任期内及自己所负责的部门中创造优秀业绩。IBM的员工喜欢将生活与工作完全分开,在工作时间内做好自己的本职工作,而工作之外不希望被与工作相关的事情打扰。

联想与IBM除了在国家文化、民族文化方面存在差异外,两者的最大区别还在于联想仍处于创业文化氛围中。联想的高管和员工多数喜欢以任务为导向进行工作,更注重企业的整体长期发展,将个人成长与企业成长紧密联系在一起。而IBM经过百年发展之后,企业的创始人几乎都已经离世,掌管企业的大多数是拥有多家企业工作经验的职业经理人,因此IBM的员工更喜欢以流程为导向,在明确的职责分配及清晰的流程下进行工作。例如,同样去拜访客户,来自联想的销售人员首先会问"客户是谁、客户的特点是什么、我能拿到多大的订单",而来自IBM的销售人员首先问"我在这项任务中承担什么样的角色、有什么部门配合我、任务流程是什么"。表8-1列示了并购前联想和IBM的企业文化对比情况。

**表8-1　并购前联想与IBM的企业文化对比**

| 企业名称 | 企业文化导向 | 企业文化模式 | 文化特点 |
|---|---|---|---|
| 联想 | 任务导向 | 创业文化 | 以企业为家,重视企业的长期整体发展,与企业共同成长 |
| IBM | 流程导向 | 职业经理人文化 | 以流程为准,重视责权分明,曾在多家企业供职 |

2. 第一阶段:规避文化整合

在2005年年初联想宣布并购时,IBM PCD的竞争对手Dell、HP等已在国际市场中特别是美国本土市场中对IBM的原有市场份额开始了全面进攻。而在IBM内部,由于IBM PCD的员工的工资福利待遇大大超过联想的员工,因此IBM员工担心在并购后出现大规模的裁员及降薪,很多员工出现情绪波动,无法全身心地投入工作。在这种情况下,联想的首要任务不是进行文化整合,而是尽量稳定IBM员工的情绪、保留IBM的客户资源。原IBM和原联想在关键的业务职能方面(包括供应链、产品、生产、销售等业务单元)都保持各自独立、分别运作。在这段时期内,联想除了将IBM PC部门改名为"联想国际"之外并未进行任何实质性的整合,在文化方面更是采取规避整合的方式,保持双方高度独立运作。联想在并购初期的规避整合方式起到了正面效果。在并购整合初期的5个月中,联想稳定了IBM原部门员工的情绪,并成功地将IBM PC原部门纳入联想并保留了大部分客户,原IBM全球电脑业务的员工顺利地实现了平稳过渡,并购成功后的一年内离职率不到2%。

3. 第二阶段:准备文化整合

2005年10月,联想的整合工作正式开始。联想的高层管理者成立了一个专门应对文化整合的文化融合团队。文化融合团队由原联想和IBM PCD的不同部门的人员组成,负责收集和整理来自不同部门的意见和信息。董事长和CEO亲自就其中的文化问题进行解答。文化融合团队对每位IBM PCD的高管进行了1个小时以上的面对面会谈,并以会谈所收集的信息为基础,形成员工文化信息调查问卷。联想向双方抽取的2 000名员工进行问卷发放。通过问卷调查、分析和探讨,联想和IBM PCD将双方的文化信息进行了收集和梳理。在此基础上,双方认为,在下一步的文化整合中应引入国际通用的企业文化,将联想从中国本土性企业改变为国际性企业。此外，为了确保信息沟通顺畅，联想和 IBM PCD 确认了双方的信息沟通建立在坦诚、尊重和妥协的基础上。同时，作为联想传统的内部刊物，《联想》杂志开始以中英文两种文字向双方员工发布，并积极鼓励原 IBM PCD 的员工进行投稿。通过一系列的准备工作，并购双方开始大致了解了对方的企业文化结构、文化差异。虽然所掌握的多是宏观的文化信息，但这些信息已足够使联想的管理层有信心实施下一步的文化整合。

4. 第三阶段：职业经理人文化整合

2006 年，联想从 Dell 招募了原 Dell 亚太区总裁 William J.Amelio 担任联想的新 CEO。Amelio 根据前期收集的文化整合相关信息，决定将欧美大型企业所流行的职业经理人文化引入联想。这种职业经理人文化强调部门及个人的清晰授权及清晰绩效，公司的成功建立在部门成功的基础上。它与过去联想赖以生存的、以企业整体为家和全心全意为企业整体服务的创业文化并不相符，更强调清晰的责权分配及任期内的绩效成果。这一阶段过程中，中国籍员工认为职业经理人的企业文化过分强调局部和短期的利益，实际上妨碍了公司的整体和长期发展。欧美籍的员工则认为这种职业经理人文化才是一家国际性公司应具有的企业文化。Amelio 对联想中国及联想国际的部门领导、员工的授权进行了清晰的定义，理顺了公司各阶层员工的权利和工作职责，同时确认了员工的工作绩效与工作权利和职责之间的关系，所有奖惩结果都与职责内的工作绩效相联系。

Amelio 将职业经理人文化引入联想的代价是联想的资深职员因无法适应新的企业文化而离开公司或一线工作岗位的例子比比皆是。一大批适应职业经理人文化的欧美籍高级管理人员加入联想，担任了各级管理职务。联想的文化整合实施大大加深了联想的国际化程度。然而，职业经理人文化也给以中国为根的联想带来了一定的隐患。

5. 二元文化整合

受经济危机的影响，联想在 2008 年年底至 2009 年年初开始连续巨额亏损。更可怕的是，经济危机背后隐藏的是巨大的文化隐患。联想发现 Amelio 太职业经理人了，而不是把自己当作企业的主人来经营，他是在运营联想，而不是考虑发展联想。因此，他考虑更多的是短期的业绩，更多关注的是现成的业务。为此，Amelio 辞职，杨元庆重新担任 CEO。

此时的联想有两种文化：一种是老联想的创业文化——进取、求实、富有激情，适合中国经济环境；一种是职业经理人文化，讲究流程，重视责权分明且具有国际化的视野。更为可贵的是，联想发现，这两种文化力量实际上可以并行在联想内部，而非一种文化取代另一种文化，关键的整合点是需要在合适的区域采取合适的文化策略而非强势整合。

经济危机后新一届的联想领导层在文化方面采取了二元制文化整合的方针，即老联想的创业文化和职业经理人文化同时在联想内部存在。首先，联想采取行动，试图减小前期的职业经理人文化在中国区造成的负面影响。杨元庆等人认为，之前的文化整合带来了非常严重的职业经理人的短视心态，这与联想中国的“以企业整体为家、与企业共同成长”的创业文化严重不符。为此，新 CEO 积极将老联想核心价值观重新在联想中国区部进行推广。而在欧美等成熟市场区域，联想仍采取职业经理人文化，而并没有进行中国企业文化的推广。

表 8-2 二元文化整合后的联想企业文化

| 企业名称 | 企业文化导向 | 区 域 | 企业文化模式 | 文化特点 |
|---|---|---|---|---|
| 联想 | 任务导向 | 中国本土及周边区域 | 创业文化 | 以企业为家,重视企业长期整体发展,与企业共同成长 |
| | 流程导向 | 欧美区域 | 职业经理人文化 | 以流程为准,重视责权分明,在多家企业中成长 |

进行新的二元文化整合后,联想集团成功应对危机,扭亏为盈。

(资料来源:苏敬勤,孙华鹏.中国企业跨国并购的文化整合路径——以联想并购 IBM PC 为例.技术经济,2013(9).)

**问题:**

1. 联想在和 IBM 公司的文化整合中有哪些值得借鉴的地方?

2. 联想在和 IBM 公司的文化整合的各个阶段分别用了哪些企业文化融合模式?请分阶段说明为什么选择这些融合模式?

## 实践与操作

### 项目一 综合实训:模拟制定企业文化变革方案

[**目的**]

了解企业文化的现实状况,加深对企业文化变革管理的认识;训练对企业文化变革的分析能力及应对能力。

[**内容与要求**]

1. 由学生自愿组成小组,每组 5~8 个人,利用课余时间,了解一家企业的企业文化现状,搜集相关外部环境信息,分析如何推进企业文化变革。

2. 分析过程中建议使用角色扮演的模式:

(1) 1~2 个人扮演高层领导;

(2) 2~3 个人扮演中层管理;

(3) 2~3 个人扮演基层员工。

要求在进行小组讨论的时候,各位学生要以自己所扮演角色的立场考虑问题,模拟企业高、中、基层之间的冲突与和解过程。

3. 每组根据角色扮演的讨论结果写出一份 800 字左右的企业文化变革方案分析材料,需要包括该企业变革的原因、遇到的阻力、变革的具体步骤及内容等信息。

[**成果评定**]

1. 由组长和每个成员根据各成员在调研、模拟讨论与撰文过程中的表现互相进行评估打分。

2. 由小组代表就讨论成果进行班级演讲,小组成绩由教师根据各组完成情况进行评估打分。

**项目二**:访问自己的长辈,通过长辈叙述所在单位的文化氛围和文化变迁过程,感性了解文化在组织的变迁过程及可能存在的问题。

# 任务9　企业识别系统

请扫描二维码
观看视频

**知识目标**

为了完成本任务，你需要的理论知识：
1. CIS 的含义及构成
2. CIS 的导入条件、时机及程序
3. MIS 的概念及要素规划
4. BIS 的概念及建设内容
5. VIS 的概念及系统设计

**能力目标**

通过完成本任务，你应该能够：
1. 识别并描述 CIS
2. 判断 CIS 导入时机
3. 规划 MIS 要素
4. 建设 BIS 系统
5. 设计 VIS 基础系统

**项目任务**

9.1　企业识别系统概述
9.2　企业理念识别系统规划
9.3　企业行为识别系统建设
9.4　企业视觉识别系统设计

任务导入
相关链接
案例研究
增值阅读
任务小结
能力自测
案例分析
实践与操作

## 任务导入

### 趣味阅读

**星巴克的品牌 VI 设计**

在国内咖啡市场竞争激烈、新兴咖啡品牌迅速扩张的大环境下，提到“咖啡”，多数人脑海中出现的第一个词依然是“星巴克”。星巴克的 VI 设计成为无数品牌设计参考的优秀案例。近日，星巴克正式对外发布了品牌 VI 系统指南。指南分为理论、案例参考和核心元素拆分三大部分，其中核心元素拆分部分分为 logo、色彩、声音、字体、插图、照片几个板块，指南对每个板块进行了单独细致的说明。

星巴克的品牌 VI 创造性涵盖了声音和设计中从功能到表达的所有领域。以线上社交媒体和线下门店两个对外窗口为例，考虑到媒介与实际观感，星巴克的线下门店选择保留其基础经典颜色，只加入些许花纹作为点缀，保持其在消费者印象中一贯的“高贵冷艳”感。社交媒体上，星巴克选择多样化花纹和配色，在吸引用户注意力的同时通过独特花纹给人留下深刻印象。

logo部分,星巴克设计团队在指南中这样描述:The Siren是整个品牌的缪斯女神。她的形象和独属的文字标记是星巴克最容易被识别的品牌标识。

星巴克的logo自1971年开始不断优化,删繁从简。从最开始的以咖啡色为底色到1987年更换绿色为底色。1992年后logo延续白字绿底的设计调整,到最近一次更新直接去掉品牌名称,仅使用白、绿两色表达The Siren的形象。

和Muse形象同样出名的还有品牌的色彩。星巴克的绿色是标志性的。大到店招小到产品包装,从围裙颜色到标志,绿色的logo是整个品牌最容易被识别的部分。星巴克建立了整个绿色"家族"集合来形成其独有的品牌识别度,添加更多辅助色彩适应不同季节主题的视觉应用场景,让消费者入店后从视觉上就能直观感受到季节变化。

除了原有的绿色之外,星巴克还将绿色逐步延伸,巧妙地将绿色环保的理念引入其品牌视觉设计中,为品牌赋予更深层含义。

星巴克的字体也是其品牌VI设计的一部分。目前星巴克主要使用Trade Gothic LT、Sodo Sans和Lander三种字体,其中Sodo Sans用于品牌宣传文案,是最通用的字体;Lander更具表现力,因此多数使用在社交媒体上。

插图作为星巴克线下门店内装饰和产品包装部分,也纳入整个品牌的VI设计中。星巴克的插图多数选用艺术家作品,内容涉及从咖啡到其他行业、从农民到咖啡烘焙师、从作家到插画家。星巴克品牌设计让咖啡与艺术将人与人、群体与群体联合起来,融入整体,从整体中体现创意灵感。

星巴克在进行品牌视觉识别系统设计的时候主要强调了三点:

1. 视觉识别的诉求:功能性VS感染力;
2. 善用颜色为品牌创造记忆点;
3. 字体的易读性最重要,华丽次之。

星巴克在其VI升级设计上抓住了其现有品牌logo是其最具辨识度的品牌视觉资产和品牌色彩突出记忆点强烈这两个特点,强调视觉识别的功能性和感染力,将星巴克品牌拆分渗透到每个设计细节内,让其他人参考其VI设计进行创作时,依然有星巴克的影子。

(资料来源:https://zhuanlan.zhihu.com/p/97949614)

中国经济正在融入世界市场经济循环,一个纵横时空的信号是形象力时代的到来。市场在变化,时代在变化,企业要想不被市场与时代所抛弃,就要把企业形象放到至关重要的地位。而CIS正是当今全球企业步入信息时代,走向成功的基本手段和有效工具。

## 9.1 企业识别系统概述

### 9.1.1 企业识别系统(CIS)的含义

企业识别系统(Corporate Identity System,CIS或CI),又称企业形象设计系统,是指将企业经营理念与精神文化,运用整体传达系统(尤其是视觉传达设计),传达给企业周围的关系或团体,并使其对企业产生一致的认同与价值观。

CIS 是现代企业形象传播的枢纽，就像一座空中立交桥，把企业、市场、公众连接起来并融为一体。其作用具体表现为：① 充分体现现代企业科学的管理和经营水平，展示企业的完美形象；② 充分利用一切手段达到增加和展示企业竞争能力的目的；③ 让公众识别和记忆企业，赢得更多的用户；④ 促使企业各方面更加趋于正规化、秩序化，在企业管理上发挥辅助作用；⑤ 激励员工士气，改善员工意识；⑥ 强化企业广告和传播效果等。

### 9.1.2　企业识别系统（CIS）的构成

企业识别系统（CIS）包括理念识别系统（MIS）、行为识别系统（BIS）和视觉识别系统（VIS）三个子系统，是将企业文化和经营理念系统化、规范化地融入现代商业策划设计和企业管理活动中。

1. 企业理念识别系统

理念识别系统（Mind Identity System，MIS 或 MI），是指以企业为主体的、得到社会普遍认同的、体现企业自身个性特征的、促使并保持企业正常运作以及长足发展而构建的、明确反映企业经营意识的价值体系。MIS 是企业识别系统的灵魂，提炼出企业独特的文化品质和企业价值观念，决定着企业的行为识别和视觉识别。

2. 企业行为识别系统

行为识别系统（Behavior Identity System，BIS 或 BI），是指在 MIS 指导下的以企业为主体的各类活动识别，即企业通过个性化的经营管理活动、风尚习俗以及社会公益活动等，将企业理念转化为有别于其他企业的动态行为识别符号并展示、传播给员工和社会，使之得到企业员工的认可、支持和被社会公众所接受，进而营造良好的企业形象，创造更加有利于企业深化发展的内外部环境。

3. 企业视觉识别系统

视觉识别系统（Visual Identity System，VIS 或 VI），是指在 MIS 指导下的以企业为主体的各种器物识别，即企业以独特的图形、色彩等识别码，将抽象的理念转化为具体可见的视觉传达符号，并形成一整套象征化、同一化、标准化、系统化的符号系统。视觉识别系统在 CIS 中是最具有传播力和感染力，最容易被社会大众所接受的表象识别，是提高企业知名度的最直接手段。

企业在导入 CIS 时必须以 MIS 为核心，三个子系统并重。另外，随着人们对 CIS 战略研究的不断深入，有的学者提出了大 CIS 战略，即 CIS 的构成要素还包括环境识别系统、听觉识别系统、嗅觉识别系统等，但 MIS、BIS 和 VIS 依旧是 CIS 战略最基本的要素。

### 9.1.3　企业识别系统（CIS）与企业文化

1. 企业识别系统（CIS）与企业文化密切相关

企业文化是以企业管理哲学和企业精神为核心，凝聚企业员工归属感、积极性和创造性的人本管理理论，通常是由企业的精神文化、制度文化、行为文化和物质文化等四个层次构成的。按照上述四个层次划分的企业文化理论，每一个层面的企业文化都与 CIS 战略体系相关。

(1) MIS与企业文化的精神文化层次。与MIS在CIS体系中的地位一样,精神文化是企业文化的核心,企业文化理论将核心的精神文化阐释为五个方面:企业经营哲学、企业宗旨、企业伦理道德观、企业精神和企业价值观。而这些企业文化的核心部分,正是CIS理念识别设计的主体部分。

(2) BIS与企业文化的制度文化和行为文化层次。制度及行为文化包含了企业员工生产经营和人际关系中产生的“活动文化”,这些均是CIS战略体系中“行为识别系统”构建的内容。包括对内和对外规范全体员工的一切经营管理活动、规划、组织、教育与管理。

(3) VIS与企业文化的物质文化层次。物质文化一方面包括产品的造型特点、商标特点、包装设计、品牌理念及价格定位、服务水平等;另一方面包括企业的各种物质设施,如企业名称、标志、象征物、环境氛围等。而上述这些方面,正是VIS设计和应用着重解决的问题。

2. 企业识别系统(CIS)与企业文化的区别

CIS和企业文化有非常紧密的联系,在内容上也有一定的交集,但两者不能等同。

(1) 目的性有着根本性区别。企业文化是员工共同的价值理念和行为习惯,企业文化建设的重心是提高企业的整体素质和修养,是一种柔性的管理方法。而CIS策划设计的目的是以企业战略为根本、以企业文化为核心、以企业形象(包括活动形象和静态形象)为手段的企业识别,是将企业的经营理念和企业的精神文化,运用统一、整体的传达系统传给社会公众,并使他们产生对企业的一致的认同感和价值观,达到让公众了解企业、认识企业并在消费的过程中选择企业产品的目的。CIS侧重对外传达企业价值观和树立形象,企业文化侧重对内凝聚归属感和激励员工。

(2) 实践方式各有侧重。企业文化体现的是企业的管理,借助于企业的培训教育、树立榜样及企业的仪式表现出来。CIS则是通过策划活动,利用专业的视觉设计、公关活动表现出来,可以看作企业文化实践化的一种方式。

3. 企业识别系统(CIS)与企业文化的有机融合

当明白CIS与企业文化的区别之后,更应该认识和理解CIS在企业长远发展战略中的地位和作用,更应该自觉做到将CIS与企业文化建设有机融合,从整体上提高企业素质,从形象和文化的角度提升企业竞争力。

### 9.1.4 企业识别系统(CIS)的导入条件

(1) 合格的产品质量。产品质量是企业生存与发展的根本,只有在保证质量的前提下,企业所提供的产品才能谈得上产品形象或企业形象的问题。

(2) 基本的经营服务。只有为消费者和顾客提供良好的服务,才能增强企业的知名度、美誉度和信赖度,从而在消费者和顾客心目中树立起代表着无形资产价值的企业形象。

(3) 优质的企业商誉度。良好的企业商誉本身就是企业宝贵的无形资产。企业商誉是企业及其产品的知名度、美誉度和信赖度的最好体现,是构成企业形象的基础。

(4) 良好的顾客满意度。企业形象最终是消费者和社会公众对企业自身形象的一种认识和评价,企业假若没有顾客的理解和支持,就毫无形象可言。企业的一切经营活动都是为了最大限度地使顾客达到满意,即使再先进的技术、再良好的产品,如果不能满足顾客的意愿，不为顾客着想，这样的企业及其产品都是不会有生命力的。

总而言之，企业的质量、服务和基本商誉构成了 CIS 的基础，而这个基础又是以顾客满意度为核心和灵魂的。可以这样说，塑造企业形象的基础，就是打牢群众基础，就是要赢得消费者和社会公众的心，在日益激烈的市场竞争中，唯有顾客满意的企业才是不可战胜的。

### 9.1.5　企业识别系统（CIS）的导入时机

导入 CIS 是一项策略性极强的系统工程，人力、物力和财力的投入量很大，仅凭企业和策划公司的满腔热情是不够的，还要讲究 CIS 导入时机。企业适宜在以下时机导入 CIS。

1. 企业成立、变更或重组时

企业成立、变更或重组对于企业来说是一个新起点，新起点需要新形象。

（1）新企业成立。新企业成立是企业导入 CIS 的第一个时机，因为企业刚刚成立，一切从零开始，新公司可能没有任何知名度，通过运用 CIS 集中资源，集中视觉焦点，能够快速建立（品牌）形象资产。不过，由于此时市场基础近于零、知名度为零、实践经验相对较弱，所以所需投入较大。

（2）企业名称的变更。随着企业的发展，经营范围的扩张、产业的不断延伸、企业法人的变更等因素都可能导致企业名称的变更，可能导致企业理念的变化，这时淘汰旧有的识别因素，塑造全新的企业形象，可以让社会大众认识公司的新定位，有利于企业面对新形势下的挑战。

（3）企业并购重组。企业并购重组时重新导入 CIS，可以让社会大众认识到企业重组后的企业形象和企业定位。通过研究新的企业宗旨、发展战略、运行机制，建立统一的企业识别系统，有利于融合企业间在文化上的差异，并推动重组企业向着共同目标前进。

（4）企业设立分支机构。企业发展到一定阶段，通常会衍生分支机构，有些分支机构与母公司距离遥远，通过运用统一的 CIS，可以使母子公司之间遥相呼应，以此维系企业的向心力和凝聚力。

2. 突破经营瓶颈、战略变更时

（1）突破经营瓶颈。企业的成长如同人生旅程起起伏伏，战略环境的剧变以及企业体制、结构、企划政策等方面的原因，企业处于类似停滞的状态，这应是全面导入 CIS 战略、创造战略出路、实现企业再生的契机。

（2）变更企业经营理念。企业更换领导人，或是原有经营理念已不适应，这时可运用导入新 CIS 的办法，重塑理念创建活力企业。

（3）旧形象已不适应新形势。市场竞争愈演愈烈，品牌越来越多，而良好的品牌形象是企业竞争获胜的保障，因为品牌形象关系到产品或服务的知名度、信任度和美誉度。形象处于劣势的企业要积极导入 CIS，使品牌形象得到强化，为品牌脱颖而出奠定基础。

（4）迎接挑战和进军海外。在中国与国际社会经济接轨的新形势中，一方面外资产品在精心策划的推广计划和现代广告的配合下“攻城略地”，蚕食着本土企业日积月累的国内市场；另一方面，部分国内企业积极迎战于国内，努力出击于国外。因此，导入并建立“国际范”的企业 CIS，已经是中国企业迫在眉睫的新课题。

(5) 实现多元化经营。大批企业正朝着多元化、综合性的经营目标发展,出现企业原有的识别系统与今后的经营内容、生产性质等不相符合的现象,因此需要修正以往的CIS。

(6) 推新品,创造新市场。新产品往往是对某一种或某一批产品的否定,代表着技术的进步,象征着该企业的生命活力。推出一代新产品,本身也是提升企业声誉的一种市场广告行为。所以,借某一新产品的诞生之际导入CIS,是展开企业新的一章的良好时机和重要契机。

3. 消除负面影响,修复企业形象时

企业在生产经营过程中,难免有来自企业内部或企业外部的各种意外事故或灾难,诸如消费者投诉、劳资纠纷、媒体恶意炒作等。事故或灾难一旦发生,将给企业造成巨大的损失,尤其企业商誉、形象等受损。这时,需要企业以崭新的形象出现于消费者或公众面前,让消费者或公众对企业重新认识,让消费者或公众看到新的希望,而忘却过去的负面影响。

**[案例研究9-1]**

### 松屋百货——日本CIS范例

在20世纪70年代,百年老店松屋百货曾经陷入经营困境。那时候,正是日本零售业连锁经营昌盛的时期,每年的营业额都以20%～35%的速度增长,而百货店却处于2%～3%的停滞阶段。百货公司面临生死抉择。为了改变经营困境,松屋开始导入CIS系统,目的是使松屋成为有个性与特色的百货公司。

松屋重新分析顾客需要和增加符合时代的商品,并改善员工服务态度,振兴员工士气。新的形象识别与长期的行为变革并肩前进,这些行为规范有:① 向顾客建议新的生活方式(顾客试穿衣服或购物时,售货员必须当场介绍这些服饰商品如何适于新时代的生活)。② 让顾客了解优秀的商品机能并且认为价格不昂贵(员工了解各商品的机能和感觉,才能向顾客说明)。③ 以符合潮流的服装、日用品、礼品为特色。④ 成为日本服务第一的公司(每一位员工均有良好的礼貌及服务态度)。

**图9-2　松屋旧标志及新标志**

另外,通过公司新外观形象、招牌、包装纸、购物袋、装饰、宣传、推销等手段展示松屋百货新的形象定位。松屋百货旧标志的形象是传统的"松"和"鹤"所组成的衣料店式标志,有浓厚的重工业形象(见图9-2)。对此,松屋决定以"创造松屋新文化"的概念设计标志,标志设计的关键语是"能满足都市进步中成人感的需求",含有华丽与纤细的形象。

为了使员工知道什么是CIS,松屋在导入CIS的同时由PAOS咨询顾问公司的设计师对员工进行有关CIS的讲座,松屋内部刊物也登载说明并利用早会等时机以幻灯片形式进行介绍。

1978年9月30日,松屋在印发的海报上印着"新感觉、新松屋",带着新感觉而变化为新时代百货店的松屋确实令人耳目一新,公司在导入CIS后起死回生,营业额翻番(见图9-3～图9-5)。

图 9-3　松屋百货原样

图 9-4　首次翻新外观(1978)

图 9-5　手提袋及包装设计(1978)

2001 年，松屋百货顺应潮流发展，导入 CIS 二次设计，主题为“白色松屋”，进一步强调其时尚及纤细的形象(见图 9-6～图 9-8)。设计师在建筑的外墙大量运用了白色、玻璃、墙上的原点等纹理表现质感，采用现代的设计手法刺激消费者的感官；重新塑造了百货的时尚尊贵品牌形象。

图 9-6　二次翻新外观(2001)

图 9-7　手提袋及卡片设计(2001)

图 9-8　二次翻新橱窗(2001)

借助不断的 CIS 创新，松屋银座引领着日本社会的消费品位，始终敏感地捕捉最前沿的时尚元素，建立良好的企业形象定位，保障了松屋银座的持续繁荣发展。

(资料来源：https://www.zhihu.com/question/26821391/answer/34470013? utm_source=qq&utm_id=0)

松屋百货在经营困境中，大胆地选择导入 CIS，通过 CIS 改变陈旧落后的企业形象，树立崭新的企业形象，带动企业整体运营调整，使企业迅速起死回生。这是非常典型的一个运用 CIS 走出经营困境的成功案例。

### 9.1.6　企业识别系统(CIS)的导入程序

1. 准备阶段

分析导入 CIS 的动机，明确 CIS 导入的目的，拟定 CIS 导入提案，组建 CIS 工作小组。小组成员一般由创意策划专家、设计人员、市场调研人员、文案人员构成。

2. 调查研究阶段

调查可在企业内部、外部分别进行。对内调查内容主要包括企业内外形象、基本概况、员工素质、产品质量、经营观念、规章制度、视觉标志、信息传递渠道等。对外调查内容主要包括企业外部形象、市场环境调查、公众消费情况调查、企业产品质量、销售及其形象调查、公众对企业的认知程度和综合评价等。

3. 创意策划与设计阶段

这一阶段是对企业的理念识别系统、行为识别系统和视觉识别系统进行定位设计。① 构建企业理念识别系统。设计企业理念应结合企业的实际,突出个性,从哲学和文化的高度把握住企业经营的内在精髓,兼顾企业的经济使命、文化使命和社会使命。理念识别系统应文字精练,简洁易记,富有情感,具有民族特色、时代精神和战略意义。② 构建企业行为识别系统。由策划专家与企业的管理人员共同研究、合作完成。行为识别系统的创意策划既要有个性,又要科学规范,并能够被员工所接受。③ 构建视觉识别系统。这一阶段需要将理念识别、行为识别转换成具有强烈视觉冲击力的视觉标志。

4. 实施与反馈阶段

这一阶段主要是依据设计内容逐步地实施 CIS 战略,由内到外地策划 CIS 发布活动。对内 CIS 发布活动的主要目的是使员工认同企业 CIS 定位,能以行动支撑 CIS 的真正建立,具体形式主要有培训、宣讲、讨论等。对外 CIS 发布活动的主要目的是让公众对企业新形象有所了解和认识,逐步强化 CIS 导入效果,具体形式主要有广告、宣传资料、新闻媒介、专题活动、装潢装饰等。特别注意的是,在实施过程中策划者需要不断听取反馈意见、建议,不断修正完善 CIS 设计。

**[案例研究 9-2]**

## 中小企业导入 CIS 的困惑

公司的总经理冯小卫昨天参加一个联谊会的时候,听到出席会议的其他公司老总兴致勃勃地谈论着 CIS。由于自己以前没有接触过 CIS,因此没有像往常一样参与谈论,只是坐在一旁静静地听。冯总对他们说出的一些名词并不是很明白,也不好意思仔细询问,但是感觉这些老总对 CIS 很有兴趣,似乎 CIS 是增加企业竞争力的一剂良方。

今天一到办公室,冯总就让秘书叫企划部经理刘鸣立即到自己办公室来。刘鸣一进办公室,冯总就发问:“刘鸣,你知道 CIS 吗?”

刘鸣一愣,他没有想到冯总会突然提到 CIS。刘鸣很快就从意外中回过神来,回答道:“当然知道了,CIS 就是企业的识别系统。冯总,您怎么突然提起这个问题? 我们企划部门正在起草一份在本公司导入 CIS 的报告,您要能够支持就真的太好了。CIS 是……”刘鸣侃侃而谈,但被冯总打断了。

“你说得太快了,我一时跟不上。这样吧,你简单告诉我应当怎么做?”冯总说道。

“这个问题一句两句话很难解释清楚。”刘鸣迟疑了一下说道,“导入 CIS 是一个复杂的过程,国外有的企业通常要用几年的时间。”

“有那么长吗?”冯总不敢相信地说道,“我昨天听刘总说他们企业只用了三个月就完成了。刘总好像说找一家广告公司就可以了,也花不了多少钱。”

“不会吧,”刘鸣想了一下又说,“他们肯定是简单地进行了一下视觉形象设计,这不是真正的CIS。”

“这样吧，刘鸣，”冯总产生了自己了解CIS的念头，就对刘鸣说，“你给我找两本CIS的资料，我先学习学习，然后再用共同语言沟通。”

刘鸣很快就给冯总送来了两本CIS的书籍。冯总看一遍之后，越发觉得CIS对于自己的企业十分有用，但按照书上的说法，自己的企业也很难实施。

冯总想了几天之后，决定到刘总的公司去看一下，看看刘总是怎样做的。

刘总听了冯总的来意，一边从柜子里拿出一大本东西一边对冯总说：“CIS其实也很简单，我也是听朋友介绍，觉得不错，就照着他们的样子搞了一套。您瞧瞧我公司的CIS。”

冯总一看，这确实是一套很漂亮的设计图纸，但感觉似曾相识，与另外一家公司的东西很相似，就问到：“老刘，您这个CIS是不是从李总那里搞来的？”

“对，”刘总回答道，“我看老李搞得不错，就问他是怎么一回事。老李就介绍我去了一家广告公司，参照老李的很快就搞定了。如果您也想搞，我这就带您去。”

冯总这几天的突击学习还是有点效果，觉得这样不对劲，又问到：“老刘，那您又是怎样导入的呢？”

“导入？”刘总有些不解，“CIS不就是广告吗？交给广告部，让他们去弄好了。”

“是这样的。”冯总明白了老刘的CIS观点，觉得不妥又说不出哪里有问题，并且觉得自己与刘总一起去广告公司并不好，就向刘总要了对方的电话，然后回公司了。

回到公司，冯总马上打电话让刘鸣过来。

几分钟后，刘鸣拿着一份厚厚的文件走了进来，说道：“我们企划部将公司导入CIS的报告完成了，想向您汇报一下。”刘鸣意识到冯总已经对CIS有了基本的认识，因此就没有回避一些专业名词，详细介绍了企划部门的计划。冯总听后，觉得刘鸣的方案与书上介绍得很像，的确是一套十分复杂的计划，其时间跨度是三年的时间，初步的前期预算是120万元。

冯总除了对预算吃惊之外，其他的感觉很满意。刘鸣走后，冯总又打了电话给那家广告公司，广告公司很快就来了一个人，并带来了几份设计资料。

来人表示，他们是专业的CIS设计公司，已经给本市很多企业设计了CIS。冯总仔细看了带来的CIS资料，发现十分雷同，无论是食品公司还是服装厂，CIS都大同小异。而且，广告公司拿来的CIS设计看起来更像是平面广告设计，因此就告诉对方自己要考虑一下。

冯总现在觉得十分迷惑：书上的CIS和刘鸣的计划确实很好，但预算太高，自己的企业仅仅是一家中小型企业，实施这样的CIS计划，冯总觉得过于复杂和昂贵；而广告公司的做法又太简单，除了一本CIS手册，好像也没有其他作用。自己到底该怎么办呢？

（资料来源：http://www.hgzz.net/post/1433.html.）

从实务的角度，CIS并不是大型企业的专利，CIS实际上适合所有类型的企业。对中小型企业而言，由于只能投入有限的资源导入CIS，因此企业应当将CIS计划与企业的发展战略规划内部整合联系起来，与员工的培训、与正规化管理市场营销联系起来，并要同时解决

企业的知识产权问题,包括企业的商标注册、企业名称等。一般来讲,中小企业型导入 CIS 可以视具体情形而定:

(1) 对资源非常有限的企业而言,可以导入 VIS 的基础部分,也就是将企业视觉形象的基本要素进行统一,并在产品包装等领域广泛应用。一方面节约费用,另一方面可以达到立竿见影的"正规公司产品"形象效果。

(2) 对资源略宽裕的企业而言,可以全面导入 VIS,借此在消费者心中树立良好的形象。消费者通常不会了解特定企业的全面资讯,如果接触到的都是统一的资讯,很容易认同特定的企业。当然,具体的实施也是一个渐进的过程。

(3) 对资源相对充裕的企业而言,全面导入 CIS 才是最理想的状态。

## 9.2 企业理念识别系统规划

### 9.2.1 企业理念识别系统(MIS)概述

理念识别就是对企业的精神理念进行定位。企业的理念识别系统全面地、系统地反映企业的经营哲学、企业精神等,是企业的灵魂。在形式上,企业理念属于精神和道德的理念。在内容上,企业理念是反映指导行为识别和视觉识别的理念。在性质上,企业理念属于付诸实践的理念。将企业理念要素提炼设计成为独特的理念标语,并发挥其在企业经营中的行销作用,国外称之为"关键语"(Keyword)。例如,"IBM 就是服务";佳能的"你好,色彩";红塔集团的"山高人为峰"等。

只有做到文化传统与管理思想相结合,企业历史、现状与未来发展要求相结合,才可能提炼和设计出具有企业特色、立足时代又超越时代的企业理念。因此,在进行企业 MIS 提炼设计时应该遵循下列原则。

1. 实践性原则

企业愿景、哲学、精神、价值观、道德、作风、宗旨等不是从天上掉下来的,也不是企业领导者或策划者脑海中凭空臆造出来的,而是对企业长期经营发展过程中不断总结、提炼并积极吸收外部先进因素的结果,是企业实践的产物。脱离企业实践的"企业理念"不是真正的企业理念。

2. 独特性原则

企业需要通过精心的企业理念设计、展示企业的独特风格和鲜明个性,从而体现本企业与其他企业的理念差别的设计原则。没有个性、没有差别的企业理念,必将导致缺乏活力的企业行为识别和企业视觉识别。另外,独特性并不是排斥对优秀的行业或社会共性文化观念的采纳和吸收,而是强调在共性的基础上保持个性,力争与竞争对手产生识别性。

3. 概括性原则

概括性原则是指企业理念提炼设计应遵循的简洁明了和高度概括的原则。在高度概括的同时,还需保证提炼设计的企业理念要素应构成完整和谐的理念体系。

4. 持久性原则

企业理念应该能够在今后相当长时间内具有生命活力,而不是昙花一现。频繁更换企业理念，会导致外部识别混乱。具有持久性，就要求 MIS 提炼设计时能够把握社会前进的脉搏、预见企业未来的发展趋势。

### 9.2.2　企业理念识别系统（MIS）的要素规划

业界学者对企业理念的构成要素表述不一，本书重点介绍企业愿景、企业哲学、企业核心价值观、企业宗旨、企业精神、企业道德、企业作风等七个要素。

1. 企业愿景

企业愿景主要包含三个方面的内容，即对组织存在使命的认识、组织未来发展的规划和组织达到目标的手段。企业愿景的设计与确立没有严格统一的路径和步骤，应根据不同企业的自身特点和内外环境（如所在行业、员工状况、企业规模等因素）来设计。可供参考的设计路径如下：① 将高层个人愿景作为共同愿景的基础。② 企业上下反复酝酿，不断提炼、充实和分享。③ 不断沟通及进行说服教育。当共同愿景和个人愿景确实出现不协同现象，经过反复说服、沟通均无效时，也可请个别人重新考虑在企业中的前途，或请其“另谋高就”。

2. 企业哲学

企业哲学是从企业实践中抽象出来的、关于企业一切活动本质和基本规律的学说。企业哲学不是对企业每项工作的具体规定，也不是企业领导口头的要求，而是作为工作的最高原则和基本规律，成为员工思考问题、采取措施、开展工作时自觉遵循的原则和规律。企业哲学的来源主要有下述四个方面：① 企业家自身的哲学思维，特别是其世界观、人生观、价值观。由于被企业家自觉和不自觉地用来指导行为，因而容易在企业范围内达成共识而被确定为企业哲学。这种来源是企业哲学最主要的来源。② 企业英雄模范人物和优秀群体的世界观、人生观和价值观，如大庆油田的王进喜的“铁人精神”。③ 多数员工共同的哲学思维和他们的世界观、人生观和价值观。④ 社会公众的世界观、人生观、价值观等哲学思维及其他企业的经营哲学。分析企业哲学的直接来源，其实就是指出提炼企业哲学的基本方法。

3. 企业核心价值观

价值观是人们判断事物重要性先后次序的标准。企业多数员工的价值观被称为企业群体价值观或者共同价值观。企业核心价值观的设计步骤为：① 在分析社会主导价值观的基础上，根据企业的最高目标初步提出企业的核心价值观，并在企业决策层以及管理层和员工代表中反复进行讨论。② 确定企业的核心价值观以后，进一步酝酿提出企业的主导价值观和整个价值观体系。③ 把企业价值观（体系）与企业文化各个层次的其他要素进行协调，并做文字上的提炼，形成全面、准确的企业价值观表述。④ 在员工中广泛宣讲和征求意见，反复进行修改，直到为绝大多数员工理解并得到他们的支持为止。

4. 企业宗旨

企业作为从事生产、流通、服务活动的社会经济单位，对内、对外都承担着义务。企业宗旨（或称经营宗旨）是就根据这种义务而向社会做出的公开承诺，反映了企业对待社会义务的基本态度，从而反映企业存在的社会价值。企业宗旨，对内是为履行企业的社会职责而对全体员工发出的总动员，是引导和规范企业及员工行为的强大思想武器；对外是企业向社会发出的宣言，是引导消费者和社会公众的一面鲜艳旗帜。

5. 企业精神

企业精神是随着企业的发展而逐步形成并固化下来的,是对企业现有观念意识、传统习惯、行为方式中积极因素的总结、提炼和倡导,是企业文化发展到一定阶段的必然产物。提炼设计企业精神,首先要尊重广大员工在实践中迸发出来的积极的精神状态,要恪守企业共同价值观和最高目标、不背离企业哲学的主要原则。以此为指导思想提炼设计出来的企业精神,才能成为鼓舞全体员工为实现企业最高目标而奋斗的精神动力。

6. 企业道德

道德规范是企业员工的重要行为规范。道德对行为的软约束与企业制度对行为的硬约束相配合,能够使企业员工的行为自觉地促进企业目标的实现。

企业道德体系的设计,一般可按下述方法和步骤进行:① 确认企业的行业性质、事业范围,这是设计符合企业特点和行业特征的道德体系的必要前提。② 考察企业的每一类具体工作岗位,分析其工作性质及职责要求,在此基础上分别提出各类岗位最主要的道德规范要求。③ 汇总所有岗位的道德规范,选择出现频率最高的几条作为初步方案。④ 根据已经制定的企业愿景、企业哲学、核心价值观等,检查初步方案与已有理念是否符合。⑤ 在管理层和员工代表中征求意见,反复推敲后确定。

7. 企业作风

企业风气所形成的文化氛围对一切外来的信息具有筛选作用。不良社会风气在企业文化贫乏、企业风气较差的企业里很容易乘虚而入,造成工作积极性下降、人际关系紧张,从而产生恶劣后果。而在企业文化完善、企业风气健康的企业里,员工群体会积极抵制其不良影响,保证企业的健康发展。因此,要随时对企业现实风气进行认真区分,其中哪些现象是个别现象、哪些现象有可能形成风气、哪些现象已经形成了风气,其中哪些风气是企业要提倡的优良风气、哪些是企业反对的不良风气,并分析这些现象出现、风气形成的原因。对于其中的不良风气,企业应相对地提倡良好风气来加以克制,这是设计企业作风的关键。

**[案例研究 9-3]**

### 中国国际航空公司——服务品牌型 CI

中国国际航空公司于 2003 年 11 月委托亚太 CI 战略研究所导入 CI,以创新企业文化,建立独特、鲜明、高品位的服务品牌形象,提升国际竞争力为主要目标;同时,通过行为识别(BI)系统进一步规范企业管理,实现以人为本的文化管理升级。

中国国际航空股份有限公司(简称"中国国航"),英文名称为"Air China Limited",简称为"Air China",其前身中国国际航空公司成立于 1988 年。国航的视觉识别(VI)系统已经比较规范。现有企业标志是一只艺术化设计的凤凰,象征百鸟之王;公司全称"中国国际航空公司",是中国改革开放的总设计师邓小平手书字体,具有特殊的意义和个性化识别效果;国航的英文简称"AIR CHINA"。上述三大元素,加上现有标准色,构成了国航视觉识别(VI)的核心元素。在导入 CI 的规划中,只需进一步系统规范即可,无须重新设计。

国航导入CI的重头戏，是理念识别(MI)和行为识别(BI)设计。

亚太为国航导入CI制定的策略如下：

(1) 重新定位企业愿景：一家以优质服务著称的国际主流航空公司；

(2) 以建立和提升具有明显区别性的国航高品位服务品牌为主导方向进行CI设计；

(3) MI、BI和VI系统的完整统一，共同体现“百鸟之王”的形象个性和品牌地位；

(4) 加大推广力度，给外界以全新的国航新形象概念和文化品位。

亚太为国航设计的理念识别(MI)的部分条文：

企业愿景：一家以优质服务著称的国际主流航空公司。

核心价值观：服务至高境界。

经营理念：爱心服务世界。

服务理念：“五心”(真心、诚心、热心、细心、耐心)服务。

企业精神：创新导航未来。

服务模式：共享式满意服务。

人才观：激情、活力、品质、业绩。

……

国航通过全面导入CI系统设计，对公司形象进行整合传播，取得显著效果。特别是“凤凰标志”与“服务至高境界”“爱心服务世界”理念的组合传播，有力地提升了公司国际品牌形象和行业主导地位。2008年北京奥运，国航被选为合作伙伴。亚太提供的上述设计作品理念，与国航标志和奥运标志一起，广泛地应用在国航户外广告、杂志广告、报纸、会议、宣传品等各种宣传媒体上。

与此相关，国航的品牌影响力明显扩大，品牌地位和品牌价值显著提升。品牌影响力急剧提升的同时，国航管理水平同步提高，综合实力进一步增强。

(资料来源：http://www.ap-cis.com/corpculture/detail.php? id=634.)

全面导入CI，为国航注入新鲜活力，提升了品牌竞争力，为国航的企业形象、品牌、文化建设和经济运行带来无形的推动力。

### 9.2.3 企业理念识别系统(MIS)的表达方式

如何使简洁规范的文字从“死”的“CIS手册”走出来，变成生动形象的“活”灵魂进入人们的思想深处，还必须辅之以一系列的表达技巧，达到科学和艺术的有机结合。

1. 企业理念口号化

口号是供口头呼喊的有纲领性和鼓动作用的简短句子。口号具有以下主要特点：① 内容精炼，中心突出；② 常采用祈使句、感叹句等句式，有比较强的感染力和号召力；③ 句子较短，通常只有一二十个字，便于阅读、记忆和传播；④ 能够随社会发展经常变化，充分体现时代精神。口号是对所要表达的企业理念内容的高度浓缩和概括，是企业文化精神层的生动再现，最能够反映时代要求，因此正确地掌握和运用口号技巧，对于企业理念的传播、树立企业观念形象有很大的帮助。

2. 企业理念人格化

企业理念一定要靠企业中的广大员工达成共识,才能成为企业持久的精神动力。企业英雄模范人物最能体现企业的精神理念,通过讲述他们的故事、宣传他们的事迹、赞扬他们的思想和精神,能够使企业理念形象化并被赋予一种人格化的力量。另外,企业家作为企业文化的主要倡导者,要自觉成为体现企业先进理念的“英模人物”。这种示范作用能有效地促进企业文化建设和企业形象塑造。

3. 企业理念艺术化

企业理念的艺术化是指将企业理念要素用音乐、美术等艺术手法表达出来,借助艺术的美来传播和推动。① 企业歌是最常见的艺术形式之一,歌词一般是对企业理念的直接反映,音乐则通过其旋律、节奏等来间接体现企业理念。② 漫画是人们普遍喜爱的一种艺术形式,漫画以其独具的幽默把企业理念从死板的条文变成了生动的图画形象,不但方便大家理解,而且会给员工和公众留下深刻的印象。③ 把企业精神等通过吉祥物来表达,设计出活泼可爱或强健刚猛的动物形象,是企业理念的又一种艺术化形式。

## 9.3 企业行为识别系统建设

### 9.3.1 企业行为识别系统(BIS)概述

企业行为识别系统是以企业理念为核心而制定的企业运行的全部规程策略。它将企业理念由抽象的理论落实到具体的可操作的措施,要求全体员工共同遵守并身体力行。它是企业良好的管理制度、管理方法和员工良好的行为规范的显现。企业行为识别具体体现在员工的日常工作行为中。也就是说,员工们的每一个对内或对外的行为动作都是一种企业行为,能反映出企业的经营理念和价值取向,而不是单独的个人行为。因此,可以把 BIS 划分为企业内部行为识别系统和企业外部行为识别系统。良好的 BIS 应具有如下特点:

(1) 行为识别的统一性。统一性首先表现在企业的一切行为要与企业理念(MIS)保持高度一致性,不能与企业的经营理念相违背。其次表现为企业的一切行为应当做到上下一致,即全体职工以及企业各部门所开展的一切活动都要围绕一个中心,即为塑造企业良好形象服务,任何与这一目的相违背的行为,都会有损或者破坏企业形象的统一性。

(2) 行为识别的独特性。企业要在对手如林的商战中取胜,就应当在企业理念的指导下,使企业的行为识别体现出与其他企业不同的个性,而这种独特的个性,正是社会公众识别企业的基础。没有个性的服务,容易让企业淹没在商品的海洋之中,陷入无差别的境界。

### 9.3.2 企业行为识别系统(BIS)内部识别建设

企业内部行为识别子系统是通过企业内部行为要素的策划而构建起来的,使员工对企业理念达成共识,并在企业理念的指导下形成全体员工共同遵守、自觉执行的行为准则,增强企业的凝聚力和向心力,根本上改变企业的运营机制,树立良好的企业内部形象。BIS 内部识别战略就是要争取员工对本企业的认同,并且在实际工作中无时无刻不在传播着企业信息，塑造着企业或好或差的形象和品牌。常见的内部行为建设途径包括建立员工行为规范、培训并引导员工行为、员工考评及激励、提升领导素质与领导艺术以及加强内部沟通等。

1. 建立员工行为规范

制定严格的员工行为规范是企业 BIS 策划的重要组成部分。其主要内容包括仪表仪容规范、岗位纪律、工作程序规范、待人接物规范、环境与安全规范、素质与修养要求等。

2. 培训并引导员工行为

企业行为识别，是企业群体所养成的习惯(即企业习俗)。企业习俗既离不开个人习惯，同时，又要建立在企业组织长期培养和促成的基础上。如果每个员工都养成了按企业价值观要求而行动的习惯，并汇聚成整个企业的习惯，那么，企业行为就获得了体现价值观的要求，忠于价值观的巨大动力。在企业员工教育培训方面的策划可以通过开展以下活动来实现：印刷"CIS 说明书"和"员工手册"；制作员工教育录像带、幻灯片；利用企业内部的刊物、通讯、简报、海报有线电视等宣传媒体宣传导入 CIS 动机、意义和对企业未来发展的积极作用；开展全员公关；倡导各种有意义的活动等。

3. 员工考评及激励

及时、确切的考评与激励，对于改进员工的工作行为、保证行为准则的落实贯彻、改善企业的绩效具有非常重要的意义。对员工的激励方式多种多样，比较常用的有物质奖励、关怀激励、荣誉激励、榜样激励、目标激励、参政激励、职位升迁。

4. 提升领导素质与领导艺术

一方面，领导行为是企业行为识别系统的有机组成部分。另一方面，领导行为的科学与否在很大程度上决定着 BIS 否能得到彻底贯彻执行。

5. 加强内部沟通

在企业中，若能正确运用正式沟通和非正式沟通两种途径，形成一种良好的氛围，可以推进 BIS 更有效地得以实施。

**[相关链接 9-1]**

**BIS≠规章制度**

在我国，长期以来，有这样一个错误的认识，即认为建立企业行为识别就是建立企业规章制度。但事实往往不尽如人意。例如，从制度上可以要求员工在接客户电话时要及时响应，甚至在接待的时候要充满热情。但是，怎么样才算充满热情？员工在接客户电话的时候是不是真正充满热情？这些都是制度难以考核到的。只有员工自己从心里认同这样的规定，他才会表现出这样的行为，甚至是更为优秀的行为。行为背后，是员工对企业价值观等理念的认同。当然，BIS 也有其条款和制度的规范，然而这种制度规范与规章纪律的约束全然不同，它指的是用条款形式来确保企业行为的识别性得以统一和持续。

(资料来源：陈洪涌.CIS 策划教程.上海：复旦大学出版社，2010.)

### 9.3.3 企业行为识别系统(BIS)外部识别建设

企业外部行为识别子系统建设,是指企业在市场调研的基础上,根据市场竞争情况和企业条件,通过一系列客户服务活动、公共关系活动、社会公益活动等,向社会公众进行有别于其他企业的信息传播活动,其目的是通过个性化的行为识别方式传播企业理念,以求得社会公众的认可,从而提高企业的知名度、信誉度,从整体上塑造企业的形象,为企业的经营活动营造一个理想的外部环境。

[**相关链接 9-2**]

**东方医院护理部导入BIS案例**

东方医院护理部导入BIS后大大提高了患者的忠诚度。其具体做法是:患者入院时,接诊护士必须站立热情接待,微笑服务,送上一句亲切的问候,双手接纳患者入院病历,以示尊重,也缩短了与患者的心理距离,创造和谐、温馨、良好的氛围。患者入院后,护士长到床前问候,做自我介绍,告知护理服务承诺,接受患者的监督。护理人员仪表端庄,语言温柔、文明、礼貌,使用温馨称谓,不直接呼其名及床号。患者出院后,由责任护士随同患者家属送达患者回家或至长途车站,并将“医院/家庭护理联系卡”交给患者。卡片上印有病区主任、主治医生、护士长、责任护士的单位电话、家庭电话及手机号码。患者回家后如果有什么不适感,可随时给医院打电话。护理部也会对出院后的患者进行家庭随访或电话随访。这种服务活动的目的性、独特性和专业性已经决定着企业形象的塑造效果。

(资料来源:陈洪涌.CIS策划教程.上海:复旦大学出版社,2010.)

外部识别子系统建设具体包括以下两个方面:

(1) 企业营销公关策划。

营销公关不同于与顾客以外的大众有所联系的公共关系,而是指直接支援企业营销的公共关系活动。企业营销公关策划是企业外部行为识别子系统的重要组成部分,也是企业BIS的重要内容之一,具体包括产品形象规划、服务活动规划(制定服务规范)、广告活动策划、免费咨询等。营销公关的核心是争取社会各方面的理解、信任和支持,在公众中树立良好的企业形象和产品信誉,达到促进销售的目的。它的着眼点不是企业的眼前利益,而是从企业战略目标实现及长期影响出发的。营销公关活动本身不是做买卖,而是通过公关活动促进销售。

(2) 企业公共关系策划。

企业公共关系策划,是企业公关人员根据企业现有公共关系状态和目标要求,构思和设计实现公共关系目标的行为和活动方案的过程,是开展公共关系活动的基础和保证。作为企业外部识别子系统的重要内容之一,企业公共关系策划是公共关系活动中的最高形式。公关活动的主要内容有专题活动、公益广告、社会公益活动、文化性活动、展示活动、新闻发布会等,其中最为常见的就是社会公益活动。通过这些活动,企业在社会公众中树立企业注重社会责任的形象,提高企业的美誉度。

**[相关链接9-3]**

## 松下电器的"销售服务三十条"

松下是日本电器行业的佼佼者,他们一条成功的经验,就是为用户提供良好的服务。他们制定了"销售服务三十条",以提高服务质量。这些服务规范,既是一种理念,又是一种完整的服务方式和服务艺术,同时也具有很现实的可操作性。具体内容如下:

(1) 销售贩卖是为社会人类服务,获得利润是当然之报酬。

(2) 对顾客不可怒目而视,亦不可有讨厌的心情。

(3) 注意门面的大小,不如注意环境是否良好;注意环境是否良好,又不如注意商品是否良好。

(4) 货架漂亮,生意不见得好;小店中虽较杂乱,但使顾客方便,反而会有好生意。

(5) 对顾客应视如亲戚,有无感情,决定商店的兴衰。

(6) 销售前的奉承,不如销售后的服务,只有如此,才能得到永久的顾客。

(7) 应把顾客批评视为神圣的语言,任何批评意见都应乐于接受。

(8) 资金缺少不足虑,信用不佳最堪忧。

(9) 进货要简单,能安心简单地进货,为繁荣昌盛之道。

(10) 应知一元钱的顾客胜于百元钱的顾客,一视同仁是商店繁荣的基本。

(11) 不可强行推销,不可只卖顾客喜好之物,要卖顾客有益之物。

(12) 资金周转次数要增多,百元资本周转十次,则成千元。

(13) 遇有调换商品或退货时,要比卖出商品更加客气。

(14) 在顾客面前责备小职员,并非取悦顾客的好手段。

(15) 销售优良的产品自然好,将优良产品宣传推广而扩大销售更好。

(16) 应具有"如无自己推销贩卖,则社会经济不能正常运转"的自信。

(17) 对批发商要亲切,如此则可以将正当的要求无所顾虑地向其提出。

(18) 虽然一张纸当作赠品亦可使顾客高兴,如果没有随赠之物,笑颜也是最好的赠品。

(19) 为公司操劳的同时要为职员的福利操劳,可用待遇或其他方法表示。

(20) 不断用变化的陈列(橱窗)吸引顾客止步,也是一种方法。

(21) 即便是一张纸,若随意浪费,也会提高商品价格。

(22) 缺货是商店不留心,道歉之后,应询问顾客的住址,并说:"马上取来送到贵处"。

(23) 言不二价!随意减价反会落得商品不良的形象。

(24) 儿童是福禄财神——带着儿童的顾客,是为了给孩子买东西,应特别注意。

(25) 时时应想到今天的盈亏,养成今天盈亏不明,则无法入睡的习惯。

(26) 要赢得"这是××公司的产品吧"的信誉和赞赏。

(27) 询问顾客要买何物,应出示一二种商品,并为公司充当宣传广告。

(28) 店铺应造成热烈气氛,具有兴致勃勃的工作、欣欣向荣的表情和态度的商店,自然会招徕大批顾客。

(29) 每日报纸广告要通览无遗,有人订货而自己尚且不晓,乃商人之耻。

(30) 对商人而言,没有繁荣萧条之别,无论如何必须要赚钱。

这30条就是松下公司积累60年经验写成的一本营销服务生意经,也是员工的行为指引。

(资料来源:http://xuewen.cnki.net/CJFD-JZGC198902026.html.)

## 9.4 企业视觉识别系统设计

### 9.4.1 企业视觉识别系统(VIS)概述

视觉识别系统是指企业根据其理念和行为所设计的具有视觉感知性和冲击力的统一的企业标志系列。VIS是一种直观传达企业理念与行为的方法。根据研究,不同信息对感官影响程度存在较大差异,其中视觉信息感觉占83%,听觉信息接收占11%,嗅觉信息感受占3.5%,触觉信息感受占5%,味觉信息感受占1%。因此,视觉是人类五种感官中最重要的一种感官,视觉识别系统也是CIS中分列项目最多、层面最广、效果最直接的一个子系统。

1. 企业视觉识别系统的构成

企业VIS由基础系统和应用系统构成。VIS的基础系统要素主要包括企业名称、专用品牌标准名称、标准字体与图形、标准色彩、标准组合等。VIS的应用系统要素包括办公用品、设备、器具、生产环境、建筑外观、橱窗、产品内外包装、交通工具、展示场所、工作服及其饰物。

2. 企业视觉识别系统的设计特征

(1) 有效传达企业理念。企业VIS的各种要素都是向社会公众传达企业理念的重要载体,脱离企业理念的VIS只是一些没有生命力的视觉符号而已。最有效、最直接地传达企业理念是VIS设计的核心原则。

(2) 强化视觉识别效果。VIS是通过设计使社会公众对企业产生鲜明、深刻的印象,因而所设计的视觉形象必须给人以强烈的视觉冲击力和感染力,达到引人注目和有效传播的目的。

(3) 保持统一的设计风格。设计风格的统一性是充分体现企业理念,强化公众视觉的有效手段。强调风格统一并不是要求千篇一律,没有变化,而是一种有变化的统一,是在基本原则不变的前提下的统一。

(4) 具有独特的艺术魅力。虽然VIS视觉符号的主要功能在于识别,但这种识别毕竟是通过视觉传达来完成的,它与人的情感有着密切的关联。视觉符号是一种视觉艺术,而接收者进行识别的过程也是审美过程,因此,VIS必须根据美学特性,使视觉识别系统具有独特的艺术魅力,从而使接收者—社会公众产生强烈的美感冲动,自然而然地接收视觉符号传递的信息,最终达到在社会公众心目中树立起良好企业形象的目的。

### 9.4.2 企业视觉识别系统(VIS)基础系统设计

VIS的基础系统要素主要包括企业名称、专用品牌标准名称、标准字体与图形、标准色彩、标准组合等。在所有视觉识别的要素中，企业标志、企业标准字、企业标准色是企业地位、规模、力量、尊严、理念等内涵的外在集中表现，是视觉识别的核心，构成了企业的第一特征及基本气质，也最能表现设计能力。

1. 企业名称设计

在国际经济一体化的新经济时代，企业名称设计一般应符合下列要求：

(1) 彰显个性。企业名称是构成企业的基本元素，是企业重要的无形资产，是一家企业区别于其他企业的根本标志。所以，在设计企业名称时，应尽可能将企业的个性强调出来，以便于迅速在市场中拥有清晰的识别。另外，企业名称一旦注册，便受到法律的保护。因此，在确定企业名称时，首先要考虑不得与其他企业名称相同或相似。

(2) 名副其实。企业名称不但要与企业规模、经营范围等相一致，而且必须与企业目标、企业宗旨、企业精神、企业道德、企业风气等相协调，切不可好大自夸、哗众取宠。

(3) 考虑民族文化。一方面，中国企业置身于民族文化的土壤，设计的企业商号可以体现民族特点，获取国人认同。另一方面，当我国企业进军海外市场，企业名称译为外文时，也必须充分考虑所在国的民族性，尊重该民族的文化传统和风俗习惯。

(4) 简洁易记。简洁易记是企业商号设计的另一个原则。要做到易读易记，一般要注意两点：一是中文商号命名要避免生僻字，英文商号命名则要注意便于拼读；二是企业商号字数不宜过长。据有关调查资料显示，2～6 个字最容易记忆，而且还要符合民族语言结构的句式特点和阅读习惯。

**[相关链接 9-4]**

**Legend 联想改名 Lenovo**

1984 年 11 月 1 日，20 万元，11 个人开启了“联想”的梦想，当时的名称为“中国科学院技术研究所新技术发展公司”。1985 年，随着第一款具有联想功能的汉卡产品“联想式汉卡”的推出，“联想”品牌也由此诞生。1988 年，香港联想开业，采用英文名称“Legend”，并且“联想”首次成为公司的名称。此时的联想完全没考虑到国际化的问题。

到了 21 世纪，联想集团转型并开始向海外发展，这时才发现“Legend”这个名字在欧洲几乎被所有国家都注册了，注册范围涵盖了计算机、食品、汽车等各个领域。联想要想在国外发展就一定要有一个能受到法律保护、能合法销售产品的商标，而联想进军国际市场时“Legend”竟成为绊脚石。

2003 年 4 月 28 日，联想宣布换掉沿用了 19 年的、价值 200 亿元的标志“LEGEND”(传奇之意)，而采用新的标志“LENOVO”(创新之意)与公众沟通。承担联想新标志设计的是香港 FutureBrand 公司。“Lenovo”是一个创造出来的单词，由 le 和 novo 组成。“le”取自原先的“Legend”，承继“传奇”之意，“novo”是一个拉丁词根，代表“新意”，整个单词寓意为“创新的联想”。打江山时需要缔造“传奇”，想基业长青则需要不断“创新”，在品牌标志更迭的过程中，联想将“Legend”更名为“Lenovo”，成为进军国际市场的第一步，象征着联想从“传奇”走向“创新”的里程。

联想品牌标志的更迭让人联想到“日本索尼”的更名。20世纪50年代末期,日本“东京通信工业公司”创始人盛田昭夫认为,原来的公司名称外国人不容易念,决定将其改名为自创单词“Sony”,结果家喻户晓。

(资料来源:http://www.zh-hz.com/html/2011/04/20/8815.html.)

2. 企业标志设计

企业标志是表达企业理念图腾的象征图形,是企业整体形象的浓缩和集中表现,是企业目标、企业哲学、企业精神等的凝聚和载体,现代生活中泛称Logo。企业标志设计,在整个视觉识别系统设计中具有重要的意义。因此,企业标志设计必须考虑如下设计准则:

(1) 识别性。识别性是企业标志的基本功能。通过整体规划和设计的视觉符号,必须具有独特的个性和强烈的冲击力。在VIS设计中,标志是最具有企业视觉认知、识别的信息传达功能的设计要素。

(2) 领导性。标志的领导地位体现为其他视觉要素都以标志构成整体为中心而展开。

(3) 同一性。只有企业的经营内容或企业的实态与外部象征企业的标志相一致时,才有可能获得社会大众的一致认同。

(4) 造型性。企业标志设计体现的题材和形式丰富多彩,标志图形的优劣,不仅决定了标志传达企业情况的效力,而且会影响到消费者对商品品质的信心与企业形象的认同。

(5) 延展性。企业标志是应用最为广泛、出现频率最高的视觉传达要素,在各种传播媒体上广泛应用。标志图形要针对印刷方式、制作工艺技术、材料质地和应用项目的不同,采用多种对应性和延展性的变体设计,以产生切合、适宜的效果与表现。

(6) 时代性。现代企业面对发展迅速的社会、日新月异的生活和意识形态、不断的市场竞争形势,其标志形态必须具有鲜明的时代特征。

企业标志设计不仅仅是一个图案设计,而是要以企业文化为基础创造出一个具有商业价值的符号,并兼有艺术欣赏价值。设计师须以自己的审美方式,用生动、具体的感性形象去描述它、表现它,促使标志主题思想深化,从而达到准确传递企业信息的目的。

[**相关链接9-5**]

**阿里巴巴新版logo设计含义**

阿里巴巴英文名alibaba中,a是开始,也是结束,象征着阿里巴巴能够有始有终;而在西方,a代表着第一、优秀和卓越。a还有一层含义,就是用户满意的笑脸。

盛一飞说:“设计要以用户为第一。”于是他想到了人脸,在很多设计中,人脸是最能让人接受并留下深刻印象的。“我渐渐地有了现在这个Logo的雏形。”盛一飞首先画了一个a,在阿里巴巴的英文名中,a是开始,也是结束,象征着阿里巴巴能够有始有终;而在西方,a代表着第一、优秀和卓越。而在他看来,a还有一层含义,就是用户满意的笑脸,他希望这个Logo传达用户用过产品之后的感觉。

从“a”开始，盛一飞在互联网 UED 的事业打开了一扇窗，这个设计理念成为他后来极力推崇的 UED 的雏形。

(1) 阿里巴巴的标志是一个笑脸，代表人人开心，生意顺利，同时又是一个小 a，希望从小做起。

(2) 一个笑得很开心的人头！阿里巴巴以用户为中心，让他们的员工每天都笑着工作，亦笑着面对他们的客户。

(3) 这个 Logo 是一张笑脸，象征着快乐工作。alibaba 开头和结束的字母 a，也有在 26 个字母里领衔的意思。是一个@的符号，也就是大家邮件中常用的那个符号，象征着网络。

(4) 这是一个英文字母的 a，寓意我们从 a 开始，做到 A；这是一张笑脸，阿里的文化就是微笑文化；这是一个满意的笑容，我们的努力将让客户满意，让员工满意，让股东满意。

(资料来源：https://www.sohu.com/a/489611184_100186311，有删改)

3. 企业标准字设计

标准字是指将企业名称或品牌名称经过特殊设计后确定下来的规范化的平面(乃至立体)表达形式。作为企业视觉形象的核心要素之一，标准字与企业标志一样，能够表达丰富的内涵。同样的企业理念和行为，如果借助不同形式文字的视觉识别，就可能使人产生有差别甚至完全不同的理解，即形象差异。因此，标准字一旦确定，不能随意改动，企业要在各种正式场合和传播媒介中广泛使用。只有这样，企业和反复出现的标准字一样，才能在公众心中形成稳固、可靠的良好形象。

一般认为，标准字的设计原则包括易辨认原则、艺术性原则、协调性原则、传达性原则。

[**相关链接 9-6**]

**字体及其视觉效果**

研究表明：内容完全相同的文字，若采用不同的字体表达，会使人产生不同的联想和感受。甲骨文、篆书(大篆、小篆)、隶书、魏碑等字体表示历史久远，而宋体、仿宋、黑体等字体则表明预示现代、当代，有一些美术字则给人前卫的印象，代表流行、时髦或未来。

从另一个角度看，不同字体的轻重感、质感等也不相同。例如，隶书、魏碑、黑宋、琥珀体等字体笔画较粗，给人以沉重、凝重的感觉；而楷体、宋体、细圆等字体则让人觉得比较轻巧。又如，甲骨文具有龟甲、骨头粗朴的质感，隶书带有羽毛、麻、竹等质感，魏碑体则有石头、岩石的冷、重的质感，行书、草书具备纸张、绢绸等轻、软的质感。

此外,字形及笔画构成不同会给人正式与不正式的印象。宋体、黑体等让人感到比较正规、正式,而草书、行书、楷书则让人觉得比较随意。字体的上述不同视觉感受甚至还导致它们具有不同的感情色彩。

学者发现企业名称、品牌名称等字体的不同,竟然会在公众心中留下商品种类的不同印象。例如,棱角分明、笔画粗重的“角形字体”,易让人联想到矿石、钢铁、机器等重工业类组织和现今的电子科技类产品;纤细的曲线或长直线构成的“曲线字体”,易让人联想到香水、化妆品、时装以及纤维制品组织;笔画饱满、字形圆润的“圆滑字体”,易让人联想起糖果、糕点、玩具、香皂等儿童用品和食品,如图 9-10 所示。字体的上述特征是中西文所共有的,也正是我们在考虑企业标准字设计时必须重视的因素。

三一重工(机械制造业)　　玉兰油(化妆品业)　　乐高(玩具业)

图 9-10　不同行业的标准字对比

(资料来源:https://www.zhangkongseo.com/article/307201.html)

4. 企业标准色设计

标准色是用来象征公司或产品特性的一种或多种颜色的组合,是标志、标准字体及宣传的专用色彩,被广泛应用于企业广告、产品包装、经营环境及其他公共关系用品中。在企业信息传递的整体色彩计划中,具有明确的视觉识别效应,因而具有在市场竞争中制胜的感情魅力。企业标准色彩的确定是建立在企业经营理念、组织结构、经营策略等总体因素的基础之上的。标准色设计尽可能单纯、明快,以最少的色彩表现最多的含义,达到精确、快速地传达企业信息的目的。

5. 其他辅助要素设计

(1) 印刷体:企业在不损害原有标志的设计理念和视觉结构形式的原则下,针对印刷方式的不同表现和印刷技术、制作程序的限制,制作标准字的各种变体设计,并以规范的形式固定下来。

(2) 辅助图形:包括特形图案和象征图案。辅助图形设计应注意与企业标志和标准字的搭配,并力求简洁,不致喧宾夺主。

(3) 辅助色:一般在标准色的对比色系中选取一种颜色,也有个别情况采用同色系的色彩。辅助色在彩度、明度、饱和度等方面要低于标准色,这样才能既衬托出标准色,又不至于产生太强烈的反差。

### 9.4.3　企业视觉识别系统(VIS)应用系统设计

VIS 应用系统设计是以基础系统要素为基础,通过各种媒介将基本要素的设计运用到与企业相关联的各个领域，从而形成规范、统一的企业形象。具体包括办公用品、企业外部建筑设计、企业内部建筑设计、交通工具、服装服饰、广告媒体、产品包装、公务礼品、陈列展示、印刷品等。本节对其中比较重要的几项进行介绍。

1. 办公事务用品设计

办公用品虽然都是一些比较琐碎和繁杂的小东西，却往往以小见大，是企业高水平管理的具体体现。因此，它是企业视觉识别有力的传播手段，很多企业将其排在应用设计部分的第一位。而且，在办公事务用品的使用过程中可以造就和强化员工的荣誉感和自豪感，对员工的精神状态、工作作风、办事效率会产生积极的正面影响，也能给客户及供应商等以严谨、可靠、正规和信任的感觉。

办公用品的项目包括信封、信纸、便笺、名片、徽章、工作证、请柬、文件夹、介绍信、账票、备忘录、资料袋、公文表格等。企业可根据经济规模和经营状况进行取舍和增减。

2. 环境系统设计

对美的追求是人内在的心理需求，在优美的企业环境中，员工能够心情舒畅、精神饱满地投入工作，有利于劳动效率的提高。更重要的是，美化的环境系统还能够给用户、经销商、供应商及各种公共关系对象留下美好的印象，有助于塑造良好的企业形象。

企业环境系统分为企业外部环境系统和企业内部环境系统。企业外部环境系统包括建筑造型、企业招牌、公司旗帜、室外指示牌等。企业内部环境系统包括作业场所设计（大到生产资料的空间布局，小到机器设备的安置等）和办公室设计（员工办公室、会议室、接待室、资料室等）。

3. 交通运输系统设计

交通运输系统是流动的广告媒体，具有活动范围广、流动次数多的优点，这样就可以通过空间和时间上多次出现，给受众留下深刻印象。交通运输系统包括汽车、飞机、船舶等。以汽车为最常见的载体，一般可分为企业专用车、公交媒体车。在设计交通运输系统时，应该考虑其移动速度快的特点，标志和字体应醒目，色彩应突出，使之具有强烈的视觉冲击力，以吸引受众的眼球。

4. 企业服饰系统设计

企业服饰是应用系统设计的重要组成部分，它可以区分企业内部不同岗位、职务。整洁美观的企业服饰，对内可以增加员工对企业的责任感和归属感，提高工作效率；对外可以体现企业员工的气质形象，从而直接体现企业的性格与文化。企业服饰系统设计包括制服设计、衣扣设计、领带设计、帽子设计等内容。

5. 展示系统设计

(1) 专卖店设计：专卖店是市场与销售的第一线，如何将企业标志、企业名称等基础元素合理地运用到专卖店室内外环境中至关重要。专卖店设计必须符合视觉流程和消费心理的一些原则，既要醒目，又不使消费者觉得突兀，只有这样才能完美充分地传达企业信息，展示自身产品的功能以及优势。

(2) 展销会设计：展销会为企业提供了一个展现企业实力与形象的舞台。展销会设计中，产品形象要通过空间去表达，而其空间的最大特点就是流动性很强，如何运用空间设计的一些原理,合理安排视觉流程和引导受众,这就对设计者提出了很高的挑战。

6. 产品造型及包装系统设计

产品是公众了解工业企业的主要渠道,产品形象在很大程度上代表着整个企业形象,因此产品的造型、包装设计是企业 VIS 策划特别重要的一项内容。产品包装一般分为三个层次:基本包装(即产品的直接容器)、次级包装(指产品基本包装的保护层)、运输包装(指为了便于存储、运输、携带的外加包装)。在包装设计中要遵循保护产品原则、方便使用原则、个性鲜明原则、新颖独特原则和协调统一原则。

7. 公务礼品系统设计

公务礼品系统设计可以理解为是通过实物产品宣传企业形象的一种广告形式。它主要包括雨伞、纪念章、钥匙扣、打火机、T 恤衫、CD 等。

8. 吉祥物设计

吉祥物是企业的"形象代言人"。它是为了强调企业性格、增加企业亲和力,从而将事物拟人化的设计。它的优势在于能以动感形态引起受众的注意,进而在消费者心中建立亲切感,拉近企业与受众之间的距离。企业吉祥物设计题材一般包括动物、人物、植物以及产品器物等。例如,人物类造型的典型代表有海尔小王子、麦当劳叔叔等;动物类造型的典型代表有腾讯公司吉祥物 Q 哥 Q 妹、瑞星公司的吉祥物小狮子卡卡等;产品造型类的典型代表有法国米其林轮胎人必比登、中国种子公司的植物种子等。

**[相关链接 9-7]**

### 可口可乐经典"脚伴裙"

可口可乐是享誉世界的饮料,它的成功除了应归功于绝密配方的奥妙之外,同时也不得不归功于可口可乐瓶子的不断改进。如今,这个盛满美国人所追求的激情、活力、自由、享受的梦想瓶子已经成为经典。

1886 年可口可乐诞生的时候,其瓶子的形状采用了直桶形玻璃瓶子,同其他饮料一样的玻璃瓶子,并无新意和魅力,如果不看瓶贴是难以把它同其他饮料区别开来的,这对可口可乐的销售造成了很大不便。早期的可口可乐包装,由于不断被轻易仿冒而备受困扰。1900 年,公司决心重新进行造型设计,但一直没有令人满意的方案。

在 1913 年公司的创意概念记录中这样写道:"可口可乐的瓶型,必须做到即使是在黑暗中,仅凭手的触摸就可认出来。白天即使仅仅看到瓶的一个局部,也要让人马上知道这是可口可乐的瓶"。本着这一设计理念他们举办了比赛,Root Glass 公司的 Earl R. Dean 设计师的"脚伴裙"瓶子在 1916 年被选中并在当年进入市场,1920 年成为可口可乐公司的标准瓶子。但它至少给予人的是它犹如一位有着曼妙曲线身材的美女的直观印象,第一时间抓住了消费者的眼球。

专家认为,理想的瓶子应该具备下列条件:握住瓶子颈时,不会有滑落的感觉;感觉盛的液体比实际分量多;外观精巧别致。Root Glass 公司制作的这种瓶子完全具备了上述优点。1923 年,这项专利权被以 600 万美元卖给可口可乐公司。这种造型的 192 mL 的玻璃瓶,在玻璃上带有棱带或花纹,带着它的特有标志,使顾客一眼就能认出它来,直到今天仍在世界各地使用,它不但造型优美,也给消费者带来很强的心理作用。可口可乐公司做过大规模调查,许多消费者都认为,正是由于这种玻璃瓶,才使人们觉得这种饮料具有极好的口感。这种改进使可口可乐的瓶子在消费者中增强了牢固感、易握感和美感。

(资料来源:https://www.sohu.com/na/455330722_100028727)

## 增值阅读

### 多维感官识别系统

**辨音识品牌:听觉识别系统**

古人云"听其言,观其行",借助企业形象与听觉识别系统提高企业在市场中独特清晰的品牌形象的识别力,可以强化企业的核心竞争力。

听觉识别系统(Audio Identity System,AIS或AI),是通过听觉识别刺激传达企业理念、品牌形象的系统识别。听觉识别着重于听觉识别符号的标准化设计、制作的艺术结晶。据有关研究表明,与视觉相比,听觉刺激在公众头脑中产生的记忆毫不逊色,听觉识别一旦与视觉识别相结合,产生的有效记忆将会更持久。表9-1是听觉识别与视觉识别不同时间后的记忆保持率比较。

**表9-1　视听识别后的记忆保持率对比表**

| 项目 | 3小时后 | 3天后 |
|---|---|---|
| 听觉 | 70% | 10% |
| 视觉 | 72% | 20% |
| 视听结合 | 85% | 60% |

如果说品牌的视觉形象是通过人的视觉功能而建立起来的一个有形的实体,品牌的听觉形象就是利用人的听觉功能而建立起来的一个无形的实体。正是有形的实体和无形的实体二者结合才产生了具体可感的品牌形象。品牌听觉形象在传播过程中,引起受众的情感的交流,甚至比视觉形象更具有亲和力。

比较有特点的案例是著名品牌脑白金广告片的主题曲。两个卡通老人在唱"今年过节不收礼,收礼只收脑白金"。广告词以及老人的动作都是配合着音乐的节奏,结合收礼的概念,让人们迅速记住了产品,再通过众多电视媒体的长期宣传,流传甚广,成功地促进了品牌形象在消费者心中的建立。可见,音乐在品牌传播上的作用是强大的。

听觉识别的应用虽然要依赖于相应的设备,但是由于听觉识别的穿透性较强所以应用范围也十分广泛。一般来讲专卖店、展销场所、电话待机、候客区、接洽室等场所需要且方便建立听觉识别。在具体应用时所采用的具体形式可参照多媒体作品声音分类方法分为三类。

(1) 音乐类:包括主题音乐(如企业团队歌曲、企业形象歌曲等)、标志音乐(如广告音乐等)、主题音乐扩展(如轻音乐等)以及集团彩铃(多被使用在员工手机)等。

(2) 语音类:人们最喜欢的品牌导语是发自内心的感受,可以脱口而出的短语,如雀巢咖啡的"味道好极了"以及人头马 XO 的"人头马一开,好事自然来"等。

(3) 音效类:在广告中采用一些现实中的音效也会使产品更加吸引受众,如伊利纯牛奶广告结尾处,别出心裁地加上了用吸管意犹未尽地吸空奶盒的效果音响,听后令人垂涎。

**闻香识品牌:嗅觉识别系统**

视觉传播手段已经有了很长的发展历史。虽然有创意的视觉刺激还是能触动消费者的,但在不断翻番的视觉信息量面前,消费者的视觉感官在开始"钝化"。与单一视觉传播相比,视觉与听觉的二维传播能对消费者产生更强烈的影响,也为品牌带来了更清晰的品牌辨识度。但如果将嗅觉加入,一定会产生比单维感官及二维感官更大的效用。美国有研究报告指出,人们回想一年前的气味准确度为 65%,而回忆三个月前看过的照片准确度仅为 50%,品牌必须同时刺激消费者的多维感官,方能赢得消费者的注意,建立品牌忠诚度。

嗅觉识别系统(Sense of smell Identity System,SIS 或 SI),是通过反映品牌内涵和特质的气味在各个传播渠道与营销要素中的应用及传播,从而达到构建品牌,识别、增加品牌资产的目的。建立 SIS 首先需要实施者深刻理解品牌文化、品牌特质,然后寻找能够反映企业这种独特精神的个性化气味,最后通过各种渠道对外进行传播。

在我国台湾知名的诚品书店,消费者一踏进大门,就能闻到店内浓浓的咖啡香和书香,明亮开阔的空间,具有欧洲图书馆风味的书城给消费者带来视觉冲击,四处手捧书籍、席地而坐的人们发出的"哧哧"翻书声给消费者带来听觉享受,三位一体的感官享受让人流连忘返。

亚太地区最大的豪华酒店集团——香格里拉,旨在为繁忙的商旅人士营造出全球奢侈温暖家庭的味道。酒店期望顾客在步入酒店的最初 10 分钟里,就能感受到香格里拉的温馨和舒适。为了实现这一目标,香格里拉在 2001 年与一家澳大利亚公司合作开发了"香格里拉香氛",以香草、檀香和麝香为基调,而带有些许佛手柑、白茶和生姜味的别致香气,则是它与众不同的前调。因此,"香格里拉香氛"不仅有着亚洲独具的清新淡雅气息,还能起到安抚情绪和舒缓心情的功效。历经十余年,香格里拉并没有丝毫更换香型的打算,酒店希望客人能将这种稳定、亲切的香氛与"香格里拉"这个品牌联系起来:当他们踏入大门,闻到熟悉的香味,从而得到宾至如归的感觉;而当他们看到香格里拉几个字时,或许会情不自禁地回忆起那种美妙的香氛。

新加坡航空公司最负盛名的感官体验点来自一种名为"斯蒂芬·佛罗里达之水"的香氛。它不仅被当作新航空姐专用的香水,还被喷在发放给每个顾客的热毛巾上,并散发至机舱的各个角落。当你一踏入新航的班机,你就发现自己已经置身于一个弥漫着"能使人感到平静,并能代表亚洲女性雅致之美"的美妙空间之中了,这款特质香味也已经成为新航的注册专利香味。

对很多人来说,购买新车时闻到的那股混杂了皮革香气、令人兴奋的"新车味"是促使其购买决策的潜在原因之一(他们自己未必意识得到)。于是,不少汽车制造商会在新车出厂之前,让工人们在座位底下喷上这种"新车味"以刺激销售。2004 年,三菱汽车公司在两份主流报纸中植入了 Lancer Evo X 赛车的"新车味",结果,这款车在两周内被抢购一空,整个公司的销售额随之上涨了 16%。

德国一家 DIY 商店每半个小时会喷洒一种独特的气味——新割的青草气息。据调查，此举使得消费者对该门店的好感率上升了 50%，除此以外，消费者还倾向于认为该店店员比其他店铺的店员更勤奋，且更有学识。

美国学者在全球数百名研究者和数千名消费者之间展开了调查，调查显示：消费者忠诚甚至沉迷于某个品牌，最大的原因在于情感的触动与归属，而非理性的推理及判断。感官是激发情感纽带形成的最佳通道。人类的五种感官在任何形式的传播中，重要性不分上下。而且，给消费者提供的感官接触点越多，就越有益于在其心中建立稳固的情感维系。在左右人们对产品质量及品牌价值的判断上，多维感官诉求比二维感官的效果显著得多。因此，在听觉识别和嗅觉识别被逐步开发的今天，触觉识别和味觉识别也逐渐成为企业形象识别的关注点，可以断定，未来成功品牌必定是全方位感官体验品牌！

（资料来源：孙福良、舒伟．听觉识别在 CIS 中应用的研究．艺术与设计（理论），2009(10)．谈伟峰，黄文华．闻香识品牌．北京：清华大学出版社，2014．）

## 任务小结

市场竞争越来越激烈。企业要想在市场竞争中争得一席之地，就需不断地创造品牌、维护品牌。而品牌的创立除了不断地改进产品质量，还应不失时机地创造并形成自身独特的企业形象和产品形象，建立良好的企业信誉和品牌信誉，争取消费者的认同。CIS 正是现代企业有效地掌握与占领市场，自下而上谋发展的利器。

(1) 企业识别系统（CIS）是指将企业经营理念与精神文化，运用整体传达系统（尤其是视觉传达设计），传达给企业周围的关系或团体，并使其对企业产生一致的认同与价值观。企业识别系统（CIS）包括理念识别系统（MIS）、行为识别系统（BIS）和视觉识别系统（VIS）三个子系统。

(2) CIS 与企业文化既有区别又有联系，将 CIS 与企业文化建设有机融合，可以从整体上提高企业素质，从形象和文化的角度提升企业竞争力。

(3) 企业导入 CIS 需要具备以下基本条件：合格的产品质量、基本的经营服务、优质的企业商誉度和良好的顾客满意度。导入的时机可以选择在企业成立或变更重组时、突破经营瓶颈时和消除负面影响时。

(4) 理念识别系统（MIS）是指以企业为主体的、得到社会普遍认同的、体现企业自身个性特征的、促使并保持企业正常运作以及长足发展而构建的、明确反映企业经营意识的价值体系。MIS 的规划要素包括企业愿景、企业哲学、企业核心价值观、企业宗旨、企业精神、企业道德、企业作风等。表达技巧上需要注意口号化、人格化及艺术化。

(5) 行为识别系统（BIS）是指在 MIS 指导下的以企业为主体的各类活动识别。BIS 可分为企业内部行为识别系统和企业外部行为识别系统。常见的内部行为建设途径包括建立员工行为规范、培训并引导员工行为、员工考评及激励、提升领导素质与领导艺术以及加强内部沟通等。外部行为建设途径包括客户服务活动、公共关系活动、社会公益活动等。

(6) 视觉识别系统（VIS）是指在 MIS 指导下的以企业为主体的各种器物识别。企业 VIS 由基础系统和应用系统构成。VIS 的基础系统要素主要包括企业名称、专用品牌标准名称、标准字体与图形、标准色彩、标准组合等。VIS的应用系统要素包括办公用品、设备、器具、生产环境、建筑外观、橱窗、产品内外包装、交通工具、展示场所、工作服及其饰物等。

## 能力自测

### 一、单项选择题

1.(　　)是企业识别系统的灵魂。

A. CIS　　B. MIS　　C.BIS　　D. VIS

2.(　　)在企业识别系统中是最具有传播力和感染力,最容易被社会大众所接受的表象识别,是提高企业知名度的最直接手段。

A. CIS　　B. MIS　　C.BIS　　D. VIS

3. 按照四层次划分的企业文化理论,每一个层面的企业文化都与CIS战略体系相关,其中MIS与(　　)相关。

A. 精神文化层次　　B. 制度文化层次　　C. 行为文化层次　　D. 物质文化层次

4. 按照四层次划分的企业文化理论,每一个层面的企业文化都与CIS战略体系相关,其中VIS与(　　)相关。

A. 精神文化层次　　B. 制度文化层次　　C. 行为文化层次　　D. 物质文化层次

5. 哈药集团制药总厂提出“团结、务实、创新、争先”属于(　　)层面的企业识别。

A. CIS　　B. MIS　　C.BIS　　D. VIS

6. 大庆油田的王进喜“铁人精神”属于(　　)层面的企业识别。

A. CIS　　B. MIS　　C.BIS　　D. VIS

7.“建立员工行为规范”属于(　　)。

A. BIS内部识别建设　　B. BIS外部识别建设

C. VIS基础系统建设　　D. VIS应用系统建设

8.“营销公关”属于(　　)。

A. BIS内部识别建设　　B. BIS外部识别建设

C. VIS基础系统建设　　D. VIS应用系统建设

9.(　　)是表达企业理念图腾的象征图形,是企业整体形象的浓缩和集中表现,是企业目标、企业哲学、企业精神等的凝聚和载体,现代生活中泛称Logo。

A. 企业名称　　B. 企业标志　　C. 企业标准字　　D. 企业标准色

10. 吉祥物设计属于(　　)。

A. BIS内部识别设计　　B. BIS外部识别设计

C. VIS基础系统设计　　D. VIS应用系统设计

### 二、多项选择题

1. 企业识别系统包括(　　)几个子系统。

A. CIS　　B. MIS　　C. BIS　　D. VIS

2. 按照四层次划分的企业文化理论,每一个层面的企业文化都与CIS战略体系相关,其中BIS与(　　)相关。

A. 精神文化层次　　B. 制度文化层次

C. 行为文化层次　　D. 物质文化层次

3. 企业导入 CIS 需要具备(　　　)。

A. 合格的产品质量　　B. 基本的经营服务

C. 优质的企业商誉度　　D. 良好的顾客满意度

4. 企业适宜在(　　　)导入 CIS。

A. 企业成立、变更或重组时　　B. 突破经营瓶颈时

C. 企业战略变更时　　D. 消除负面影响，修复企业形象时

5. CIS 的导入程序包括(　　　)。

A. 准备阶段　　B. 调查研究阶段

C. 创意策划与设计阶段　　D. 实施与反馈阶段

6. (　　　)属于 MIS 的要素规划。

A. 企业愿景　　B. 企业核心价值观

C. 员工行为规范　　D.企业标志设计

7. 为了让文字变得生动形象，MIS 的表达方式需注意(　　　)。

A. 企业理念口号化　　B. 企业理念形式化

C. 企业理念人格化　　D. 企业理念艺术化

8. 良好的 BIS 都应具有(　　　)。

A. 行为识别的统一性　　B. 行为识别的非统一性

C. 行为识别的独特性　　D. 行为识别的非独特性

9. 所有视觉识别的要素中，(　　　)是企业地位、规模、力量、尊严、理念等内涵的外在集中表现，是视觉识别的核心。

A. 企业名称　　B. 企业标志　　C. 企业标准字　　D. 企业标准色

10. (　　　)属于 VIS 应用系统设计。

A. 企业名称设计　　B. 办公事务用品设计

C. 展示系统设计　　D. 公务礼品系统设计

**三、判断题**

1. 企业识别系统，又称企业形象设计系统，是指将企业经营理念与精神文化，运用整体传达系统，传达给企业周围的关系或团体，并使其对企业产生一致的认同与价值观。(　　)

2. 企业在导入 CIS 时必须以 MIS 为核心，以 VIS 设计为重点。(　　)

3. 企业导入 CIS 的过程，就是建设企业文化的过程。(　　)

4. 新企业成立是企业导入 CIS 的第一个时机。(　　)

5. 独特性并不是排斥对优秀的行业或社会共性文化观念的采纳和吸收，而是强调在共性的基础上保持个性，力争与竞争对手产生识别性。(　　)

6. 企业愿景就是企业高层的个人愿景。(　　)

7. BIS 建设途径包括建立员工行为规范、培训并引导员工行为、员工考评及激励、提升领导素质与领导艺术以及加强内部沟通。(　　)

8. BIS 就是通过建立规章制度来规范员工行为。(　　)

9. 企业 VIS 由基础系统和应用系统构成。(　　)

10. 在所有视觉识别的要素中，企业名称、企业标志、企业标准字是企业地位、规模、力量、尊严、理念等内涵的外在集中表现，是视觉识别的核心。(　　)

## 四、简答题

1. 简述 CIS 的含义及其构成。
2. CIS 的导入时机有哪些?
3. 简述 MIS 的含义及其要素构成。
4. 简述 BIS 的含义及其识别分类。
5. 简述 VIS 的含义及其构成。

## 案例分析

### (一) 维珍品牌如何在多元延伸情况下保持人格化活力

理查德·布兰森(Richard Branson)是英国维珍(Virgin)品牌的创始人,一位极具传奇色彩的亿万富翁,叛逆、大胆、高调是他的标签。布兰森 15 岁创办杂志,在 20 世纪 70 年代从一间电话亭大小的办公室白手起家。后进军唱片业,让滚石乐队等成为其旗下歌手。80 年代,布兰森通过维珍航空一举成功。现在,布兰森的企业王国触角广泛,维珍品牌旗下拥有维珍航空、维珍唱片、维珍可乐、维珍手机等公司,业务跨越空运、服装、软饮料、游戏、电信运营、金融服务、唱片等各行各业,布兰森在商业上取得了一系列巨大成功。

仔细想来,布兰森的创业风格确实可谓大胆叛逆,且违背常理。“维珍”品牌在营销领域非常特别,因为通常来说,一个品牌向外延伸越多,越容易被消费者的认知所“稀释”。营销大师特劳特在《重新定位》一书中就有“心智会丧失焦点”的论述,他说:“丧失焦点完全是由品牌延伸造成的。一个品牌代表的产品越多,越容易失去焦点。”很多企业遵循了特劳特的指引,当他们进入一个新市场,就会选用一个全新的品牌,以免和原先的品牌形成认知混淆。但布兰森的做法完全相反!他的“维珍”品牌疯狂延伸,所做的事情看起来比地球上任何一个企业都多!如果说乔布斯只有一个苹果,那布兰森可能同时有几十个!

维珍的出现让我们不得不反思,究竟是特劳特错了,还是布兰森“碰巧”成功了?要弄清楚这个问题,还是需要回到布兰森如何看待“品牌”这件事情上。比如,布兰森并不是一味地盲目扩张,他曾苦苦思索维珍品牌所代表的意义。在他看来,任何维珍的新产品或服务,必须具有以下属性:① 最佳品质;② 有创意;③ 较高的金钱价值;④ 对现有其他选择具有挑战性;⑤ 能增添一种趣味或顽皮感。换言之,能创造出符合这些条件的产品,他才会考虑进入这个领域。对此,布兰森说:“如果将维珍的名号误用于任何达不到品牌要求的产品,整个公司的名誉将受到很大的影响。”因此,布兰森强调:“好好照顾你的品牌,它就能历久不衰。只有符合或日后能符合我们所定的非常严格标准的产品和服务,我们才能运用我们的品牌。”

而更为重要的是,维珍在战略上并不是将品牌等同于某一项产品或服务,正如他们自己所宣传的:“它是一种(与用户的)终身关系。”这样的定义就不会限制品牌跨越多个行业,相反,每一次产品延伸都将是对维珍品牌的再一次注解。将品牌定义为一种与用户的终身关系,围绕“关系”而非“产品”创造品牌,这是布兰森能够进行品牌延伸的首要前提。

第二个重要方面是,布兰森很可能是我们现在所能发现的,最早对“品牌人格化”进行实践的营销先驱。成功的人总是时代的先行者,在这方面,布兰森把自己的性格特质:叛逆、充满创意、喜欢冒险,带一点玩世不恭的嘻哈,完美地嵌入了维珍的品牌之中。从而达到了这样一种效果:维珍即布兰森、布兰森即维珍,于是他天然地成为自己品牌的完美代言人。

因此,与其说是布兰森创造了维珍品牌,还不如说布兰森早在上个世纪,就成功地实现了从自媒体到自商业的成功实践:将品牌定义为与用户的终身关系,其实也就定义了自己与用户的终身关系,做自己最擅长的事——自我营销,也就成了一种顺理成章的选择。

布兰森的自我营销(也即品牌营销)可谓缤纷多彩:

(1) 极具娱乐精神。在建立维珍航空公司的时候,布兰森因打赌输掉,于是自愿剃掉腿毛,化身空姐,上飞机为乘客提供服务;再早前,维珍航空宣布开通新航线时,布兰森身着一袭传统的苏格兰红裙妖娆出镜!类似惊世骇俗的举动在布兰森身上早非一两回。布兰森极具娱乐精神,坚持恶搞自己、娱乐大众,这种“不把自己太当回事”的定位,实际上就是拒绝了传统的“CEO声誉管理”,它帮助维珍品牌以娱乐话题的方式,走进了全体英国人的普通生活。有记者曾单刀直入地问布兰森为何这么喜欢作秀,他回答:“我觉得做人不必太严肃。维珍现在名列世界最受人尊敬的五大品牌之一,它和好玩画上了等号,我觉得假如能逗大家笑,就算让自己出丑,也对品牌无害。”

(2) 热衷冒险。有时候,布兰森的举动确实远远超出了“作秀”应有的程度!比如,他曾在波斯湾战争期间斡旋于英国与伊拉克之间,开着飞机直接进入巴格达接回人质。1986年,他的“维珍大西洋挑战者二号”以有史以来最快的速度穿越大西洋。一年后,“维珍大西洋飞行者”号热气球成为第一个飞越大西洋的热气球。1991年,布兰森驾驶更大的热气球从日本飞越太平洋至加拿大北部,再破所有记录。2004年,他驾驶一辆詹姆士·邦德式的水陆两栖车在两小时内穿越英吉利海峡,创造了全新的世界纪录!这种种惊世之举,与布兰森娱乐作秀的举动一道,让维珍品牌以极低成本就获得了大范围的传播,并将“反传统,标新立异,不拘一格”等个性深深烙印于其中,持续吸引着那些“不循规蹈矩、时尚、反叛的人”忠实于维珍品牌。

(3) 热情写作。在布兰森的人格标签里,除了“商人”“冒险家”“行业颠覆者”和“嘻哈资本家”之外,还有一个很重要的身份是“作家”。布兰森的充沛精力让人羡慕,他是一个勤奋而高产的专栏作者。除此之外,他还是多本畅销书的作者。对于一个要践行品牌人格化,以强烈个人魅力感召人的“太阳型”CEO来讲,没有比写作这件事更简单、成本更低而性价比更高的方式来帮你达到目的了。布兰森早就勤于并精于内容营销之道,他的思维开阔,语言丰富多彩,懂得将自己完美地嵌入能带给读者价值的故事当中。写作帮助布兰森成功地延伸出与用户的情感联系,让他更有可能与用户发生他所期待的那种“终身关系”。

(4) “免费”教练。在与用户建立情感联系方面,布兰森还有非常务实的一招:免费给创业者和年轻人当导师!这一招很像国内现今流行的所谓“互联网思维”:以免费的方式吸引用户,从以后的各项服务获取价值。对此,布兰森说:“要增进和年轻一代的感情,方法之一就是自愿做他们的导师。很多年轻人在第一次创业时会遭遇不公,所以我们在全球多地创立了布兰森创业中心,这些年轻创业者的想法独特,很有变革能力。”而且,与年轻一代增强情感联系本身就是最大的价值,他们最有可能是品牌的支持者和消费者!

(5) 超出业务去关注。任何一个业务或产品,在最初都是窄众的、聚焦的,不可能是生活的全貌。但营销的要求正与此相反,代言人必须有能力,在自己的业务与大千世界的各色人等之间创造联系,这往往就需要代言人本身是一个“有趣、有料、有种”的人。如果说“极具娱乐精神”成就了布兰森的“有趣”,写作让他“有料”,那热衷冒险,以及“解救人质”“保护鲨鱼"等超出业务范畴的人文情怀的举动,让他看起来非常"有种"! 这些强化了他的人格魅力,成就了他巨大的影响力。

总结来看,布兰森不仅是"品牌延伸必死"这个营销魔咒的终结者,他更是"品牌人格化"与"个人营销""内容营销"的先行实践者,是近于完美的品牌代言人的典型。

(资料来源:http://www.huxiu.com/article/28188/1.html.)

**问题:**

1. 维珍在大众面前展现出了怎样的品牌形象?
2. 布兰森是如何建立维珍品牌形象的?
3. 试论述品牌形象和企业形象之间的关系。
4. 试结合本案例内容论述企业(品牌)"人格化"对建立企业识别系统的作用。

### (二)麦当劳的CIS

麦当劳(McDonald's)公司是世界上最大的快餐集团。它在全球的成功得益于它的明晰的CIS战略。

1. 明确的MIS

麦当劳企业文化中深层的精神文化即企业理念很明确,即QSCV(Quality质量、Service服务、Cleanliness清洁、Value价值),即向顾客提供高质量的产品,快速、准确、友善的优良服务,清洁优雅的环境以及做到物有所值。

2. 严格的BIS

麦当劳的企业行动和企业理念具有一贯性。麦当劳公司有一套准则来保证员工行为规范:营业训练手册、品质导正手册、管理人员训练,即小到洗手消毒有程序,大到管理有手册,以保证QSCV的贯彻。麦当劳在BIS上的主要手段有:

(1) 外部行为识别。

① 广告。麦当劳在美国每年要花6亿美元的广告费,其中大部分用在电视广告上。

② 参加公益活动。这也是引起公众注意的好方法之一。麦当劳总公司要求连锁店主参加当地的公益活动——这样比较容易成为地方新闻。

③ "麦当劳叔叔"。麦当劳叔叔的前身是一个名叫波索的马戏团小丑,深受小朋友们的欢迎。后来,麦当劳决定自创小丑进行宣传。然后,第一个"麦当劳叔叔"诞生了。

④ 麦当劳餐厅乐园引人遐思。不只是卖汉堡,麦当劳希望多付出一些关怀,多传达一份信息,告诉公众麦当劳与众不同。

(2) 内部行为识别。

为了使企业理念"QSCV"能够在连锁店贯彻执行,保持企业稳定,每项工作都做到标准化、规范化,即"小到洗手有程序,大到管理有手册"。概括地说,麦当劳的行为规范包括如下几个方面:

① 麦当劳营运训练手册(Q&Tmanual)。手册极为详细地叙述了麦当劳的方针、政策,餐厅各项工作的运作程序、步骤和方法。

② 岗位工作检查表(SOC)。麦当劳公司把餐厅服务系统的工作分成20多个工作站。例如,煎肉、烘包、调理、品质管理、大堂等,每个工作站都有一套"SOC"。按照SOC的详尽

规定，员工进入麦当劳后将按照操作流程逐项实习，表现突出者晋升为训练员，然后由训练员负责训练新员工，训练员中表现好的可以晋升到管理组，也就是说从最基层的实践培养起，台阶式的逐级提升。

③ 袖珍品质参考手册(Pocket Guidc)。管理人员每人分了一本袖珍品质参考手册，手册中详尽地说明各种半成品的接货温度、贮存温度、保鲜期、成品制作温度、制作时间、原料配比、保存期等与产品品质有关的各种数据。

④ 管理发展手册(MDP)。公司对餐厅经理和员工的培训极为重视。所有的经理都从员工做起，经理必须高标准地掌握所有岗位操作并通过 SOC 考评。MDP 是麦当劳公司专门为餐厅经理设计的一套手册，一共四本。手册采用单元式结构，循序渐进。管理发展手册中介绍各种麦当劳管理方法，也布置大量作业。与管理发展手册相配合的还有一套经理训练课程，如基本营运课程、基本管理课程、中级营运课程、机器课程、高级营运课程。餐厅第一副经理在完成管理发展手册第三班学习后，将有机会被送到美国麦当劳总部的汉堡包大学学习高级营运课程。上一级经理将对下一级经理和员工实行一对一的训练。通过这样系统的训练，使麦当劳的经营理念和行为规范深深地渗透到麦当劳员工的行为之中。

3. 鲜明的 VIS

在麦当劳的视觉识别中，最优秀的是黄色标准色和 M 字形的企业标志。黄色让人联想到明亮，而且在任何气象状况或时间里黄色的辨认性都很高。M 形的弧形图案设计非常柔和，和店铺大门的形象搭配起来，令人产生走进店里的欲望。从图形上来说，M 形标志是很单纯的设计，无论大小均能再现，而且从很远的地方就能识别出来。标准字也设计得简明易读，无论你走到任何一个国家，只要一见到这个金黄色双拱门，就会马上联想到麦当劳公司，就知道附近一定有麦当劳门店。

(资料来源：http://blog.sina.com.cn/s/blog_572ec2a801009ac9.html.)

**问题：**

1. 麦当劳的 CIS 中各部分内容是如何发挥作用的？
2. 麦当劳 CIS 对我国企业进行 CIS 建设有哪些启示？

## 实践与操作

### 项目一　综合实训：模拟 CIS 策划

[**目的**]

了解企业 CIS 的现实状况，加深对企业导入 CIS 的认识；训练对企业进行 CIS 策划。

[**内容与要求**]

1. 由学生自愿组成小组，每组 5～8 个人，利用课余时间，调查一家企业，搜集相关内外部环境因素及公司主营业务相关信息，模拟 CIS 策划。

2. 通过小组讨论最终形成该企业 CIS 策划方案。

3. 每组根据讨论结果写出一份 800 字左右的 CIS 策划方案分析材料，需要包括该企业导入 CIS 的时机，MIS、BIS、VIS 分析等信息。

[**成果评定**]

1. 由组长和每个成员根据各成员在调研、讨论与撰文过程中的表现互相进行评估打分。

2. 由小组代表就讨论成果进行班级演讲,小组成绩由教师根据各组完成情况进行评估打分。

## 项目二

由学生自愿组成小组,每组 8～10 个人,选择一家普通企业,对其企业 CIS 现状进行分析,并提交改进的建议,形成研究报告。

# 任务10 企业文化比较

请扫描二维码
观看视频

## 知识目标

为了完成本任务，你需要的理论知识：

1. 日本民族文化和企业文化的特征
2. 美国民族文化和企业文化的特征
3. 欧盟民族文化和企业文化的特征
4. 中国民族文化和企业文化的特征
5. 东西方企业文化的差异

## 能力目标

通过完成本任务，你应该能够：

1. 识别与分析日本企业文化
2. 识别与分析美国企业文化
3. 识别与分析欧盟国家企业文化
4. 建设中国特色企业文化
5. 比较和借鉴东西方企业文化

## 项目任务

10.1 日本企业文化
10.2 美国企业文化
10.3 欧盟企业文化
10.4 中国企业文化
10.5 综合比较与借鉴

任务导入
相关链接
案例研究
增值阅读
任务小结
能力自测
案例分析
实践与操作

## 任务导入

### 趣味阅读

**跳 水**

在船上正谈生意的一群商人，恰逢途中船出故障，只能跳水逃命。船长命令大副通知大家赶快穿上救生衣，从甲板上跳下去。可是，不管大副怎样劝说也无济于事，谁也不愿跳下去。

船长经验丰富，深知不同国家地区的文化差异，对他们不同的文化个性了如指掌，于是他转过身来对一名英国商人说："跳水是一种体育运动。"英国商人听罢，纵身跳入水中，因为英国人一向喜爱体育运动。接着，他对法国商人说："跳水是一种时髦，你没看见英国人已经跳下去了吗？"法国人爱赶时髦，也随之跳入水中。

船长面对德国人，表情非常严肃："我是船长，现在你必须跳水，这是命令！"德国人一向遵守纪律，服从了船长的命令，也跳进水中。然后，船长走到一向具有逆反心理的意大利人面前大声地说:“乘坐别的船遇险可以跳水,但今天你乘坐的是我的船,我不允许你跳水!”对于意大利人来说,你越不让他跳,他越非跳不可,于是他也纵身跳入水中。

现在剩下的是一个美国人和一个中国人。船长对美国商人说:“我这只船已经办理了人寿保险,跳吧,你不会吃亏!”美国人一向非常现实,听罢也跳进水中。最后,船长转向中国商人说:“先生,你家里不是有位80多岁的老母亲吗?你不逃命对得住她老人家吗?”中国商人听罢也跳入水中。这样,船长依据不同民族人们所具有的鲜明文化特性,实现了自己的意图。

(资料来源:https://zhuanlan.zhihu.com/p/46969558)

这则故事告诉我们,文化差异是一种普遍现象,不同的民族文化对人们的思维方式和行为方式产生不同的影响。荷兰学者霍夫斯泰德通过对民族文化四维度指标调查数据的分析,证实了不同民族的文化确实存在很大的差异,而且这种根深蒂固的差异性不会轻易被改变。文化差异是由各国的历史传统以及不同的社会发展进程所产生的,表现在社会文化的各个方面。

民族文化是企业文化的摇篮,不同国家的企业文化在其形成过程中,深受不同内外部环境因素的影响,因此各具特色。本任务通过对日、美、欧盟和中国不同企业文化特点进行分析,比较企业文化的异同,以便借鉴其经验,吸取其精华,建设有中国特色的企业文化。

## 10.1 日本企业文化

日本岛国面积狭小,自然资源匮乏。“二战”后日本经济迅猛腾飞,在极短的时间内从战败的废墟中走出,奇迹般发展为世界一流的发达工业国家,跃身为仅次于美国的第二经济强国。它的许多产品强有力地打入了国际市场,成为美国最强劲的竞争对手;它的制造技术水平先进,位居世界前茅;它的管理模式风靡世界,影响日益深远。日本经济成功崛起的原因,除了经济全球化的发展为其创造了有利的经济、技术发展环境外,还有一个不可忽视的深层因素,那就是日本的企业文化。

### 10.1.1 日本民族文化的特征

日本民族文化和岛民心态的形成,既受地缘地理、自然环境影响,更是社会矛盾、历史发展使然。日本属于典型的东方文化传统的国家,历史上长期盛行单一的种植经济,这种劳作方式需要整个家庭及邻人的相互协作,因而倾向于发挥集体的智慧。加之日本是单一民族、单一文化的岛国,因而这种重视集体力量、发挥集体智慧的思想就更浓厚。公元1世纪,中国儒家文化传入日本,日本人接受了儒家文化中的等级观念、忠孝思想、宗法规念等,并把儒家文化的核心概念“仁”改造成“忠”和“诚”,逐渐形成了稳定性强的具有大和民族色彩的文化传统,它对日本人的生活方式,包括企业经营方式、管理方式等产生了深远的影响。日本文化的特征,概括起来有以下几个方面。

1. 民族昌盛的愿望强烈

从历史上看,日本的周边一直存在着一些强大的国家,加之日本是个岛国,国土面积狭小,这种地缘和地理特点使日本人认识到,只有发奋图强,才能振兴经济,赢得民族独立,并受到周边国家的尊重，这形成了日本人特有的民族自尊意识。在这种民族自尊意识驱使下，日本人产生一种强烈的愿望和感情，要赶上和超过发达国家。从弱小的过去到成为巨人的今天，日本人的这种愿望和感情一直经久不衰。弱小的国家如何在尽可能短的时间内赶上发达国家？除了有符合科学规律的发展战略、战术外，最重要的就是全体国民团结一致，发挥集体的智慧和力量。在日本，这种国民团结一致的精神到了近代尤为突出。在经济发展战略上，政府和企业密切协作，发挥各自的优势和力量；在企业管理上，倡导家族精神和团队精神。应该说，始终保持国民团结一致的民族精神是日本经济成功的关键。在这方面，日本人表现得比世界上的其他很多民族要优秀得多，他们对内有集体一致的感情，比如天皇制，从古至今一千年连续不断，就在于他们把天皇作为日本国家的象征、国民一致性的象征。对外则同心协力，表现出强烈的民族观念，如他们在与外国人谈判时，以团队应对，往往取得意想不到的胜利。

2. 和魂洋才的学习兼容

狭小的日本岛国，身处环太平洋断裂带，境内多处活火山威胁，台风海啸自然灾害频发，历史上长期孤立及现代工业对国外市场的依赖性，使日本人有着强烈的危机感。为了摆脱危机，日本人形成了惊人的广采博取的学习精神。德川时期日本著名的思想家佐久间象山提出了"东洋道德，西洋艺术"，即"和魂洋才"。"和魂"指大和民族的精神，而"洋才"便是指西洋的科技。这一思想体现出日本对外来文化的态度，既重视西方的科学技术，但同时又不忽视、放弃本国固有传统。日本近现代历史上的"两次飞跃"，都与这一文化吸收模式息息相关。正因为日本如饥似渴地不断学习、吸收、借鉴、运用外国先进技术、知识和经验，虽地处科学技术落后的亚洲，远离工业发达的西方，但它却成功地跻身工业发达国家的行列。日本文化在某种意义上也可以说是外来文化，他们秉承"综合即创造"的信条，在唐朝时学习中国，明清时学习荷兰，近代以后学习英、法，到了第二次世界大战以后又学习美国。日本人学习外来的东西，特别注重结合本国需要和本国特点进行加工改造。例如，在企业管理上，他们对中国儒学进行了大规模的吸收和成功嫁接，显示出日本人巧妙移植的改造技巧。最让世人惊羡的是日本人接受外来的文化时不失民族特性，甚至在接受西方生活方式时，也保持了西服与和服、西餐和日餐等双重生活方式。

3. 群体合作的家族意识

日本传统的家族制度，对群体合作意识的培养、民族强凝聚力的形成起着至关重要的影响作用。集团、群体对于日本人的生存和发展具有不同寻常的意义，它已渗透到社会生活的各个方面。日本民族这种特殊的家族精神，是一种家庭式温情和能力主义原则相结合的共同发展精神。"家"是日本文化的基质，社会只不过是"家"的放大体，也是一个纵式组织形式。人们爱家乡，爱母校，爱企业，爱民族。在企业内部，首先是维系家族式的等级和温情。等级的核心并不是家长式的独断，而是各级人员安于本分，各司其职。员工尊重经理，上司关怀下属。其次是员工在家庭式温情的基础上，所承受的责任往往超过公司的规定，他们的工作积极性被充分调动起来，愿意为他们心目中的"家庭"——公司的发展而竭尽全力。员工不仅上班时间拼命干，还往往自动放弃节假日休息去加班加点，他们勤奋工作的目的就是为家庭尽力，同时也为了避免不好好工作而受到社会道德的指责。

4. 效忠报恩的忠诚精神

日本文化的价值取向是“忠”,日本人的基本假设前提是每个男女都负有恩情债,即原债,有债就需报恩,报恩的主要形式是“忠”。因而,“忠”在日本被放到伦理道德准则的金字塔尖,是涵盖一切伦理标准的最高美德。从封建时代对领主的效忠,演变为近现代对国家、对企业的忠诚。员工忠诚于企业,企业忠诚于社会、国家,在日本社会被认为是天经地义的事情。日本人归属意识极强,他们对民族、家族、集团有一种强烈的认同感。进入日本公司的员工,有一种对公司感恩报恩、从一而终的感情。忠诚的标志就是献身工作,致力于对公司的贡献,而利润正是这种贡献的结果。日本文化的忠诚精神与中国文化的忠诚意识不同,中国的忠诚意识是建立在世俗的基础上,即“你对我好,我就对你好;你不对我好,我就对你不好”。日本文化的忠诚精神带有一种宗教色彩。

5. 以和为贵的亲和思想

深受中国儒家学说影响,日本形成了“以和为贵”的人生哲学和伦理观念。这里的“和”,就是和谐一致、相安而处、团结协作。日本人明白,要充分发挥集体的力量,就必须以和为贵,这养成了日本人珍视和谐一致、提倡自我约束、宽厚待人的精神风貌。而且在长期的合作中,日本人也形成了一套达到亲和一致的高超技巧。交往中不深究对立的观点,往往不用语言而靠心照不宣,通过几乎是直觉的相互理解来达到和谐。日本民族又称大和民族,和魂指日本的民族精神。日本企业家很好地利用了“和魂”精神,提倡从业人员忠于企业,鼓吹劳资一家、共存共荣。日本企业重视“和为贵”的思想,追求的“人和”“至善”“上下同欲者胜”等共同体意识皆源于此,如日立制造的“以和为贵”、松下公司的“和亲”、丰田汽车的“温情友爱”、三菱电机的“养和精神”。

**[相关链接 10-1]**

**日本经营哲学的“忠”和“和”**

日本的企业家把宗教思想融入自己的经营哲学中,“产业报国,以社会责任为已任,和睦相处,上下一致”等思想和神道“忠”的思想与儒教的“和”有着莫大的相似性。在大多数日本企业的经营哲学中,绝对不会将“赚取利润”这个任何企业都必须达到的目标放在首位,相反他们更多的是强调企业的责任,强调企业对社会、国家乃至全人类所负的责任。例如,松下电器公司就把“产业报国”放在第一位;丰田公司社训的第一条是“上下同心协力,以至诚从事业务的开拓,以产业的成果报效国家”;日本 TDK 的公司精神是“创造:为世界文化产业做贡献”。日本企业家们在谈论企业目标、经营哲学时,与其说是产业者在发表经营心得,还不如说是一位宗教得道者在传教布道,他们的谈话充满了哲学思想,“企业生存目的,企业如何生存”这些现代管理问题经过他们的注解都提升成整个社会和整个人类的发展、生存的哲学问题。有的企业直接将宗教问题导入企业的经营哲学中。例如,丰田汽车公司就明确提出“尊崇神佛,心存感激,为报恩感谢而生活”。正是这种“感激”“报恩”的思想,使企业员工的奉献精神发挥得淋漓尽致,生产已不单单是满足个人物质生活的需要,更重要的是它能给员工这种精神上的满足。由于日本宗教信仰上的多元体系和兼容性,日本员工对企业这种充满宗教色彩的思想也很容易接受，反映到具体某家企业的经营哲学，则各种各样，没有统一体现，但都以儒家的“和”、神道的“忠”为基础。宗教的影响，导致了企业的经营哲学都以伦理思想为基础，再加上各个企业家的观点到处开花结果，形成了仿佛宗教的各种流派，而企业好像是各种宗教，不过这只是局限在各个企业内部而已，我们把它称为“企业宗教现象”。

（资料来源：http://bbs.mbahome.com/viewthread.php? tid=87441.）

## 10.1.2 日本企业文化的特征

经济高速增长时的日本企业广受赞誉，终身雇佣制和集体主义成了国际企业的样板。当它经济陷入低迷时，日本企业又因为匮乏创新和反应迟钝而大受批判。然而迄今为止，在“世界500强”排行榜中，日本企业比比皆是。应该说，日本企业文化有其自身的特色，这既是日本企业称雄世界的原因，也是约束企业进步的桎梏。现如今，根植于厚重民族色彩中的日本企业文化，在传承中不断发展创新，已成为企业可持续发展的有力支撑。

1. 突出社会责任的企业理念

企业理念即企业的理想、哲学与信念，是企业战略发展的主导思想和核心灵魂，它对企业精神、经营哲学、企业道德的定位起着决定性的作用。日本企业把履行社会责任放在非常重要的位置，并在企业文化建设中积极倡导企业使命与社会责任相统一，成为日本企业文化的发展趋势和显著特征。日本企业在履行社会责任时突出强调五点：一是实现股东和雇员的利益，这是企业履行社会责任的最主要内容。二是为社会公众提供最好的商品和服务，这是企业履行社会责任的直接外在表现。三是在可能的条件下最大限度地促进所在地区和国家的社会繁荣。四是遵守法律法规，做到及时向社会公布企业信息，保证经营活动的公开和透明。五是把企业发展同造福人类、保护环境、建立循环型社会统一起来。

日本企业文化的价值目标具有追求经济效益和追求社会效益的双重趋向，这种价值趋向在企业文化中得到了明显的体现。例如，日本松下公司这样表述自己的企业文化和价值目标：既“讲究经济效益，重视生存意志”，又“遵守产业人的本分，鼓励进步和社会生活的改善，以致力于世界文明的进步”。实际上不仅是松下，丰田、索尼、本田以及富士通、佳能等日本知名企业都具有相似的经营理念：遵守国内外的法律及法规，通过公开、公正的企业活动争做值得国际社会信赖的企业市民。遵守各国、各地区的文化和风俗习惯，通过扎根于当地社会的企业活动为当地经济建设和社会发展做出贡献。正是由于长期以来一些杰出的企业家的积极倡导和实践，形成了日本企业自觉履行社会责任的文化传统，这一传统指引着日本企业的发展方向，使日本拥有一大批历经百年长盛不衰的企业，有力地促进了社会经济的发展，为日本跻身世界经济强国奠定了基础。

2. 传统家族主义的经营意识

日本农耕民族文化特征明显，具有长期的家族主义传统。日本社会是集团的社会，一个企业可以被看作一个集团，企业内部的科室、班组、事业部等也都是大小不一的集团；在企业外部，相互间有密切联系的企业结合成集团。所谓家族主义就是把家庭的伦理道德移植到集团中，而企业管理活动的目的和行为又都是为了保持集团的协调、维护集团的利益、发挥集团的力量。在家族主义影响下，集团被看成是社会的一个细胞，而人的个性几乎完全被集团所淹没,企业管理的对象不是单个的人,而是由人群组合而成的集团;无论个人的责任、权力还是利益统统都由集团来承担,如同家庭一样。这种传统沿袭至今,对企业管理活动影响很深,并渗透到各种制度、方法、习惯中,使企业员工结成"命运共同体"。企业成为具有浓厚伦理色彩的大家族。家族的族长有至高无上的权威,是企业的精神领袖,对企业员工保持着慈父般的形象;员工与企业之间保持着较深厚的"血缘关系",人们对企业坚守忠诚,信奉规矩,对企业有着很强的归属感,为了家族利益,不惜牺牲自我甚至一切。

企业领导和管理人员从各方面关心员工的福利以至家庭生活,员工也以企业为家,用高质量和高效率的工作来报答企业。许多日本企业家认为,企业不仅是获得利润的经济实体,还是满足企业成员广泛需求的场所。在雇工制度上,日本企业普遍实行终生雇佣制度,加强员工对企业的归属感;在分配和晋升制度上,日本企业大多数采取年工序列工资制,着眼于员工对企业的长期忠诚和贡献,以工龄的长短,确定薪金和工资晋升,促使员工对企业保持依赖感;在劳资关系上,按企业组织工会,把劳资关系改造为家族内部关系,劳资之间的冲突和交涉只限于企业内部,强调"家丑不可外扬";在生活福利上,尽力从员工的需要出发,为员工建立配套设施,以增强员工的安定感。由于日本企业的这些努力,员工逐渐形成了一种为企业尽力工作的自觉心理,对企业有着高度的忠诚,他们视企业为家,与企业同舟共济,荣辱与共。

3. 以人为中心的管理思想

终身雇佣制、年功序列制和企业工会是日本企业经营模式的三大支柱。这三大支柱都是紧紧围绕着人这个中心的,而且三者相互联系、密切配合,从不同侧面来调整企业的生产关系,缓和劳资矛盾。正是这些形成了命运共同体的格局,实现了劳资双方的和谐,推动着企业经营管理的改善和提高。日立公司原总经理吉山认为"问题不在组织,而在人",从而形成了日立"人比组织机构更重要"的组织风气。本田公司坚持"以人为中心"的经营思想,他们认为企业经营的一切根本在于人,注重把公司办成有人情味的集团,重视员工有无朝气和独创精神,公司的基本任务除了制造消费者喜爱的产品外,还要为员工提供一个能让他们发挥才干、安居乐业的场所。

日本企业非常重视教育、技术培训和文化事业,主张通过教育提高员工的素质和能力,从而为企业创造更多的财富。日本企业家认为,"人才开发的利益大得无穷","企业教育训练投资的投人产出系数最大,是最合算的投资","只有人才才是企业活力的源泉"。日本企业通过教育提高员工素质,不断发展和巩固企业文化,坚持"经营即教育"的思想,主张"企业的发展在于人才","只有培养优秀的员工,才能生产出优秀的产品"。松下电器公司自创办以来一直把教育作为经营理念的核心,松下幸之助提出了"造物之前先造人"的思想。丰田汽车公司的口号则是"既要造车也要造人"。丰田公司认为,培养优秀的人就是增加公司的资产,无论谁都应该在造就人上下功夫。为此,丰田公司从文化知识、技术技能、道德修养和思想感情等多方面对员工进行教育训练,从而奠定其世界著名公司的地位。

日本企业非常重视激励和沟通的作用。通常采取物质激励和精神激励相结合的方式,来调动和强化员工的积极性;通过建立全能的生活设施,组织多种社团组织,开展体育比赛及送结婚纪念品和生日蛋糕等,让员工感受到企业的温暖。尤其是日本企业开展的 QC 小组活动和合理化建议活动,这两项活动充分体现了对人的重视和员工对企业的高度责任感。据统计,近年来日本的 QC 小组已超过 100 万个,每年发布成果 100 多万项,创造价值几十亿美元。与此相联系的合理化建议活动盛行不衰。日本企业员工热衷于这项活动,主要并不是在于能从中得到多少物质奖励,而是想通过这类活动为团队贡献自己的力量,得到集体的承认和集体给予的荣誉。除此之外,日本企业家认为"工作的报酬就是工作","如鱼得水"的工作可以增加人的满足感,因此有了可以让企业内部员工自由选择和调换工作的轮岗制度。松下公司每年有5%的员工调换工作,索尼公司每年调动一次。为了让员工各得其所,人尽其才,公司鼓励员工"如果对工作不满意,你有权利寻找比较满意的工作,你为什么不找呢?"

4. 推崇集体主义的团队精神

日本企业的团队精神,源自家族主义传统、日本和文化、中国儒家思想的影响。团队精神的实质是讲合作、讲协作,注重集体的智慧和力量。日本非常推崇集体的效能,而不鼓励个人主义,过于流露野心的人会遭到排斥和批评。日本的集体主义主要表现在集体决策和团队协作两个方面。首先,每个员工都要参与决策。在决策中,上下级之间除进行正式沟通以外,还会进行各种非正式的沟通,自下而上集中多数人的智慧。实行集体决策,不仅能集思广益,保证决策的合理性和决策性,而且能强化员工的参与意识,统一员工的价值观,也便于决策的执行。这种决策方式保证各涉及部门及个人的高度一致,但缺点是决策过程十分缓慢。其次,崇尚团体活动和团队协作精神。日本企业花费很大精力去组织和提高团队的合作性,日本企业的团队精神使日本企业显示出强大的凝聚力,所以很多日本企业能够领先于世界。同时,日本企业的激励制度主要是着眼于团体,而不是个人。他们认为太突出个人,不利于集体的合作。在管理中,"和"最为宝贵,只有把团队激励与终身雇佣制结合,才能提高整体效率。相应的,人事管理也以整体效率为出发点,多采取论资排辈的做法,避免因完全量化方法的使用,在一般雇员中产生不安全感,降低集团士气。

日本企业文化在培养创新精神、鼓励年轻人才冒尖等方面则是明显的薄弱之处。20世纪90年代以来,日本企业进入了结构调整的艰难时期,相应地在管理上吸收美国能力主义的长处,更强调内部竞争和效率,在年功序列制和终身雇佣制上都有所松动,但日本企业文化的基本形态并未发生实质性的变化。相反,欧美企业则普遍借鉴日本模式,重视企业文化建设,"团队精神"等日本企业文化的长处成为欧美跨国企业核心价值观的一部分。

[**相关链接 10-2**]

### 日本经营论之"三种神器"

终身雇佣制、年功序列制,还有企业工会,被视作日本式管理的支柱和基石,被认为支撑了其他许多日本的管理模式,如长期经营志向、集体作业、底层决策、员工忠诚、持续质量改进和质量控制、言传意会知识的应用等。

在东西阵营对立时期,也是日本经济的高速增长期,企业运营需要解决的就是劳资关系问题。日本经济和日本经营模式之所以在世界上受到高度评价,并引出企业文化理论,主要就在于它有比较协调融洽的劳资关系。这种融洽的关系首先体现在企业的工会,即日本的工会比较温和,强调配合资方,不像美国产业的工会那样激烈对抗资方;与此相对应的是资方回报劳动阵营以终身雇佣和年功序列。企业的工会、终身雇佣、年功序列,是传统日本式经营的基础,正是在此基础上,才有集团行动、员工忠诚、质量控制小组等日本企业文化的种种表象,才有长远视角经营、底层决策、市场份额重于利润等特殊的治理结构。

相反,美国管理模式下的种种特征,如财务利润至上、员工流动频繁、高层决策和中下层执行、个人业绩主义、并购盛行、股东利益优先等,都是与美国对立的劳资关系相对应的。美国是移民国家,更是资本主义意识形态的旗手,所有这些都决定了它对资本主义的修正不可能像日本走得那么远,它的劳资关系不可能像日本那么协调。

(资料来源:https://baike.baidu.com/item/%E6%97%A5%E6%9C%AC%E5%BC%8F%E7%AE%A1%E7%90%86/6958801? fr=aladdin)

## 10.2 美国企业文化

美国是一个年轻的国家,历史并不悠久,文化根基很浅,没有僵化的传统。但它是一个移民国家,各国移民所带来的各国文化以个体的方式加入美国社会,经过优胜劣汰的选择和不同民族文化的相互融合,形成了具有鲜明特征的美利坚多元民族文化和民族性格。

### 10.2.1 美国民族文化的特征

各国移民单枪匹马举家迁徙到北美大陆后,有着在北美大陆站稳脚跟、求发展的强烈欲望,为此他们不得不同大自然以及阻碍他们发展的各种社会行为斗争,他们为寻找更好的工作、更大的发展机会而到处流动,正因为如此,美利坚的民族性格中充满着强烈的冒险和进取精神。他们崇拜的是生活中的强者,鄙视的是懦弱无能的胆小鬼。由于各国移民之间没有血缘关系的联系纽带,在同大自然、人类社会斗争的过程中缺乏可以依赖的群体,因而崇尚个人奋斗,并逐渐形成了个人主义的价值观和道德观。没有悠久历史文化束缚的美国,较早而彻底地进行了资产阶级民主革命,创造了尊重法制、承认平等的权力结构和鼓励竞争的政治体制。具体来说,美国的民族文化有以下特点。

1. 个人主义的价值观念

作为一个从原野里创造出来的国家,美国在资源丰富亟待开发的早期,机会虽多,可是蛮荒未辟,必须奖励个人独立创造的性格,凡是囿灭个性发展的各种因素都视作当时拓殖精神的阻碍,加以贬责。同时,在艰苦开拓的过程中,每个民族都必须发挥本民族的长处,尊重并吸收其他民族的优秀品质,坚信自我、尊重他人的文化取舍态度成为他们共同的准则。在这点上,各国移民找到了共同之处,这就是个人主义的价值体系。它深入民心,以各种形式得到充分发展,由此形成了美利坚民族的特殊性格:对自己深信不疑,对自己的命运深信不疑,把依靠自己作为哲学信条。个人主义最终变成了美国主义和美国文化的同义语。

2. 勇于开拓的冒险精神

美国人的格言是,不冒险就不会有大的成功,胆小鬼永远不会有大作为。从首批英国移民踏上北美大陆,到美利坚合众国成立这一个半世纪里,北美险恶的自然条件,培育了美国人顽强拼搏、艰苦奋斗的性格。北美丰富的资源等待着开发利用,培育了美国人开拓进取、敢于冒险的精神。从文化学的角度考察,北美在一定程度上曾经是一片文化真空,闯入这真空的，不是有组织的文化单位，而是一批对于传统制度已失去好感的亡命者。他们的头脑为叛逆精神所主宰，身上缺少传统思想的保守性，即便有，也没有发挥的土壤，因为险峻的环境迫使他们只能采取与传统不同的生活方式，这种冒险精神成了美国的传统。他们把冒险探求新大陆看作寻求生活的机遇。这种冒险精神一直渗透到美国人生活的各个方面。美国人相信天命，但不接受无所作为的宿命论，他们不会放弃应有的努力，反而更加勤奋地工作。他们认为个人的努力程度与未来利害攸关，努力总会带来好处，开拓总会有收获，停滞不前和偷懒是一种罪恶，比不道德还要坏。这种扎根在美国一代代开拓者心底的信念，改变着美国经济和社会的面貌。

3. 富于挑战的创新精神

美国人特别强调创新精神，他们认为机会到处都有，主要在于主动发现和利用。除法律外，美国人认为一切传统和先例都是创新的障碍，他们乐于向传统和先例挑战。由于没有悠久而灿烂的古老文明，所以美国人在接受新思想、新技术时很少先去考察这些东西是否符合某位专家、权威的理论，然后再引经据典加以注释和考证，以决定是否采用。美国人认为，虽无灿烂的过去，但由于有创新精神，因而他们拥有光明的未来。所以美国人勇于向传统和权威挑战，勇于向已有的一切挑战，“我与专家、权威、传统平等”，这是美国人的性格。在这种观念支配下的美国人，爱去干别人不曾干过的事情，正因为如此，美国人在华盛顿专利局登记的发明比全世界所有国家的发明加起来还要多，出现了像爱迪生这样的大发明家。

4. 自由平等的思想精神

美国是一个崇尚自由的国家。北美殖民地历史的一个重要的特征就是封建秩序从来没有在那里存在过，在美利坚民族的形成过程中，许多从欧洲大陆来的移民把资产阶级自由思想带到了美洲。美洲新大陆的自由空气以及大自然的艰苦环境陶冶了美利坚民族的性格：热爱自由、珍惜自由、崇尚自由。在美国，对人的自由，除法律可以明文规定加以限制，并由执法机关及其人员执行限制外，任何机关或个人不得非法剥夺或限制他人的自由。民主自由的环境为才能和幸运开辟了道路，因此出身对美国人不起任何作用。美国人重视自己的才能，因为在机会均等的条件下，人的才能决定富裕的程度。所以美国人一般不羡慕他人的财富，而喜欢赞美富翁的才能。

5. 实用主义的人生哲学

实用主义在美国不仅是职业哲学家的哲学，而且是美国人的生活哲学。美国文化的创造始于北美大陆的开发，要开发这片富庶的处女地，就必须打破一切条条框框，服从于实际问题的解决。在这种历史背景下，美利坚民族形成了实用主义的哲学观。他们坚信，“有用、有效、有利就是真理”。他们坚决避开抽象的和不充分的理由，避开那些假冒的绝对和起源之说，求助于具体和充分的东西，求助于事实、行动和力量。在实用主义哲学观影响下的美国人不喜欢正规的、抽象的、概念游戏的思辨哲学，不喜欢形而上学的哲学思考。在美国人眼里，有用就是真理，成功就是真理。他们立足于现实生活和经验，把确定信念当作出发点，把采取行动当作主要手段，把获得效果当作最高目的，一切为了效益和成功。

6. 物质主义的人性追求

美国文化是物质性的。他们认为生活舒适是理所当然的人生追求，并且怀着优越感看待那些生活水准不如他们的人。当美国人谈论一个人的价值时，主要指物质价值，而且除了这个通常标准外,他不管什么别的标准。由于基督新教价值观的影响,美利坚民族至今仍以赚钱多少作为评价一个人社会地位高低的重要依据,仍然以财富为荣。在美国社会里,人们向上进取的精神是炽烈的,许多人都在拼命工作,不惜付出自己的一切辛苦与智慧来谋求事业上的发展。通过个人奋斗取得成功,从低贱者变成大富翁几乎成了美国式的信条。在这种价值观念支配下的美国社会,企业家普遍受到尊敬,大学里的管理专业成为热门,人人都想办企业发家致富。

### 10.2.2　美国企业文化的特征

美国是现代管理理论的发源地。作为现代管理的先驱,美国企业的管理经验对世界有着广泛而深刻的影响,成为各国学习和效仿的对象。然而,美国的企业管理有其自身的文化背景,有着自己突出的个性,具有鲜明的时代特征。

1. 突出个人能力

由于历史传统的影响,美国文化带有明显的个人能力主义的特点,美国企业文化中也因此培植了尊重个人价值、崇尚个人自由、追求个性发展的精神。很显然,美国企业个人能力主义的文化与日本企业团队主义的文化是截然不同的。它不着眼于集体,而着眼于个人,鼓励个人奋斗,个人冒尖,把突出个人能力作为他们的基本管理哲学。美国企业尊重个人尊严和价值,承认个人的努力和成就。企业充分信任员工的工作能力,相信员工能处理好自己的工作,在具体工作中多采用目标管理法和弹性工作制,为员工创造宽松的工作环境。在激励机制上,美国公司会花大量的时间、人力和物力对员工进行知识和岗位能力的培训,提高员工的业务能力,并为员工搭建展示自己能力的平台。奖励往往针对个人而不是针对集体,员工成绩突出,公司就对员工个人给予奖励。

美国尊重个人价值还表现在个人英雄主义上。美国企业文化学者狄尔和肯尼迪指出,若价值是文化的灵魂,那么英雄就是这些价值的化身和组织机构力量的集中体现。美国文化崇尚英雄。在美国人心目中,能白手起家的人是社会上的英雄,美国的社会文化和社会心态要求个人在社会生活中充分表现自我。在美国著名企业中,塑造并涌现出了一批“英雄”企业家,他们共同的特点是通过个人奋斗,在事业上获取巨大的成功而被企业确认为英雄模范式的人物。亨利·福特和福特公司及黑色T形车,托马斯·爱迪生、杰克·韦尔奇和GE公司,老沃顿和遍及世界各国的沃尔玛连锁店,比尔·盖茨与微软帝国等,激发了一代代美国人,去追求成功,圆英雄梦。正是这种崇尚英雄主义的文化,在美国社会培育了企业家的创业精神。

由于美国文化强调个体、重视个体,加之美国企业管理者通常拥有管理方面的理论和实践经验,所以他们在决策中比较注意个人的意志,因此主观性比较强。这种个人决策制有其长处,即权力集中,责任明确,指挥灵敏,行动迅速,工作效率较高,也易于考核领导业绩。但相应地也有其不足之处,即受个人能力、知识、精力限制较大,如果监督机制不完备或不得力,容易产生个人专断。美国企业这种突出个人能力的文化传统,调动了个体的积极性,刺激了人们的竞争、创新和冒险精神,减少了人际摩擦和能量内耗。但也带来诸如雇员的合作意识、集体荣誉感较差,企业雇员的流动性较强,员工缺乏“从一而终”、献身企业的归属意识等问题。

2. 注重理性务实

理性主义的企业文化根植于美国民族传统，发端于泰罗的科学管理。理性主义企业文化追求明确、直接和效率，生产经营活动以是否符合实际、是否合乎逻辑为标准。具体表现为提倡科学和合理，重视组织机构和规章制度的作用。制度是美国企业的精髓，不论做什么事情，一定要先建立好制度及标准化的作业流程，一旦有问题，先考虑是否是制度有弊端，然后再考虑人为因素。对所有的业务都进行细致的分析，强调规模效益；尽量降低成本；主张简化组织结构，开除扰乱秩序的人；做任何事情都要进行控制，加强品质管制等。

实用主义哲学在美国文化中占有绝对的优势。这培育了美国人的务实精神，认为“有用就是真理”，注重实际效果，少有形式主义，上级与下级沟通直接，表达意见明确。韦尔奇在通用电气公司发起“三环战略”和削减工作量运动；丹纳公司总裁麦克弗森一上任就废止了厚达22.5英寸的公司政策和法规汇编，只用几百字的经营声明来替代，都是务实精神的体现。崇尚行动、快速行动，强调执行力，是美国企业务实精神的另一个重要体现。务实精神也导致美国企业喜欢用数量来评价事物，关心效益指标，为了获得最高效率和竞争优势，员工拼命工作，相互竞争。同时，美国的企业一般以工作业绩来评定员工，不太注重员工的学历和资历，所以在美国公司经常看到年轻的管理者，他们年纪轻轻却拥有骄人的业绩。此外，任何一项发明和建议能否被美国人接受，关键在于能否在现实中加以应用，能否在社会上产生效应，这种倾向也反映在企业文化之中。

3. 坚持质量第一

20世纪60年代，美国通用电气公司工程师费根堡姆提出了“全面质量管理”的概念，这是质量管理理论的一场革命。按照全面质量管理的观点，质量管理是全过程的管理，即包括市场调查、产品设计、产品制造、销售服务等全过程的质量控制，涉及企业每个部门、每个环节、每个岗位，企业中任何部门、环节、岗位出了问题，都会直接或间接地影响质量。因此，要想保证产品的质量，必须重视高层领导的质量决策，重视关乎质量的每一个因素，以系统和事前预防的思想为指导，把质量问题消除在萌芽之中。美国质量管理专家朱兰博士在《质量控制手册》一书中，又明确提出了“适用性”的概念，即产品质量就是产品的适应性。产品质量高，表明用户在使用中满足程度高；产品质量低，即用户在使用中满足程度低。由此可见，是否符合市场需要，对用户是否适用，是衡量质量的最终标志。这些理论和概念在实践中得到了比较好的应用，企业把质量视为生命。这种质量意识慢慢突破狭隘的民族范畴而成为世界性的质量观，这也正是美国在很多领域能够主宰全球市场，在世界名牌的大家族中占据大半江山的主要原因。麦当劳创立初期只不过是一种快餐，但到了美国人的手里，却把它推向极致，成为风靡世界的麦当劳帝国。他们严格质量管理，实行标准化，服务快捷、友善、可靠，环境舒适、优雅，“提供更有价值的高品质的物质给顾客”，员工接受标准化的培训，确保麦当劳不管开到哪里，都能做到“不走样”。正是由于他们严格质量管理，因此，它只用了几十年时间就把麦当劳快餐推向世界，造就了具有两万多家分店的世界快餐大众名牌。

4. 推崇顾客至上

坚持“顾客总是对的”，千方百计维护消费者利益。在美国，比较早地提出“顾客是上帝”“顾客总是对的”等经营口号。在他们看来，顾客是第一位的，利润是副产品，只有更好地服务顾客，利润才能源源不断；在为顾客服务的过程中，顾客总是对的，顾客的需要就是圣旨，因此永远不要与顾客争辩。IBM公司就是践行这种理念的楷模,他们以良好的顾客服务著称世界,流传着很多动人的故事。这个公司在亚特兰大的一位客户说:"我们的计算机出了毛病,电告IBM,数小时后救兵纷纷从天而降,公司共派来8位专家,至少有4位从欧洲飞来,一位来自加拿大,另一位来自拉丁美洲。"有一次召开经理会议,总裁老沃森先生在座,前排摆着8~10叠文件,分别标有"生产问题""设计问题"等。讨论了一阵以后,老沃森慢慢走到桌子面前,用手一扫,把文件弄得满地都是,然后说:"这里没有什么这类那类问题,问题只有一个,我们有些人没有充分地关心我们的顾客。"然后走出了房间,其他人都面面相觑。像这类的事件在IBM公司比比皆是。正是有了这种不变的理念,加上他们不懈的创新,公司在异常激烈的市场竞争中始终保持着优势地位。

5. 敢于探索创新

美国文化是移民文化,移民冒着风险从熟悉的环境来到陌生的地方,经常遇到新的事物,解决新的问题,他们需要打破常规,适应新的环境;他们要不断尝试,不断创新,从挫败中学习,从失败中总结,从成功中得到鼓励,从而形成了美国人的冒险精神和不断创新的精神。美国企业家总是在寻找新机会,探索新的管理方法。可以说,美国企业文化是"创新文化"。

正是这种强烈的求新、求变精神,使许多美国企业家脱颖而出,创造了许多"世界第一",这是美利坚创新文化长期熏陶的结果。例如,亨利·福特首创世界第一条大规模生产流水作业线;泰勒最早提出"科学管理"原理;德鲁克最先提出"目标管理制度";通用汽车公司的斯隆首开现代公司管理制的先河,创造了高度集中下的分权制。近年来西方世界企业文化热如大潮涌起,美国又走在这一潮流的最前面。可以说,不断地创新是美国许多成功的企业保持活力的源泉。在当前全球竞争空前激烈和不断变革的时代,这一精神尤为重要。创新就免不了要犯错误和失败。从对过去20世纪40年来的创业投资统计来看,其成功概率仅为20%,这就要求企业允许创新者有失败。国际数据集团总裁麦戈文说:"在美国,它鼓励你去尝试做一些事情,即使你失败了,也会因为试过而获得荣誉"。美国通用公司曾经有2 000万美元投资计划因不可预测的市场原因而导致失败,执行此次计划的人却得到了奖励,其经理的职务不降反升,人们大惑不解,通用公司的CEO韦尔奇道出了原因,那就是只要你的理由和方法是正确的,即使结果是失败,也值得奖励。

不断创新使美国人抢占了许多科学技术的制高点。美国一直对科学技术的发展比较重视,他们每年投入大量的人力和物力来开发新的技术并应用于企业的生产中,使其转化为生产力,并依靠其技术优势制定行业技术标准,从而获取高额利润。美国从20世纪50年代以来,在计算机领域的投入比较大,其投资额是美国在原子弹上投入的10倍,美国大量的投入和不断创新使其在计算机领域处于世界的前沿,造就了一批计算机领域的巨型公司,如IBM、戴尔、微软等。微软公司非常注重对科研的投入,仅在2000年微软公司投入的科研经费就高达50亿美元。

[**相关链接10-3**]

**Facebook独一无二的企业文化**

《华尔街日报》网络版发表分析文章称,对于很多公司来说,对年轻一代员工的管理是个令人头疼的问题，因为这些年轻人天马行空，不受约束。然而，Facebook 却采取“放纵”的策略，关注这一代的优势，忽略他们的劣势，弱化了上下级的区分。以下是文章摘要：

对于许多美国公司来说，千禧一代是“刺儿头”般的人群。但是到了 Facebook，他们就成了“香饽饽”。出生在 1980 年以后的千禧一代，常常无拘无束，并抱有一种幻想——工作应该是一件有趣的事情。Facebook 8 000 名员工中，他们占据了大多数。薪酬调研公司 PayScale 本月发布的研究报告显示，Facebook 员工的中值年龄为 28 岁。相比之下，谷歌为 30 岁，苹果为 31 岁。

1. 强调发现员工优势

Facebook 非但没有墨守成规，还接受了这群年轻人的特点，并为他们精心制定了管理方法。Facebook 告知经理，在对千禧一代进行业绩评估时有 80%应该专注于他们的优势。员工们不是要听命于谁，而是拥有“强烈的主人翁精神”。他们在选择、调整任务方面被赋予了不同寻常的自由，甚至超出了他们的专业领域。与平行的职业发展轨迹相比，任职管理层甚至都不算“晋升”。

2. 鼓励“以下犯上”

Facebook 甚至鼓励低级别员工质疑和批评经理。丹·福尔（Don Faul）在 2008 年从谷歌跳槽至 Facebook 在线运营团队担任负责人后不久，计划与员工在早上 8 点开会。结果，员工们对此抵制，这让福尔这位前海军陆战队特种部队指挥官十分恼火。“上任开始，我就如履薄冰，”福尔说。员工最后还是服从了福尔的决定，原因是他表示，为了让员工适应即将在爱尔兰投入运营的办事处，提前开会是有必要的。福尔表示，谷歌的管理结构更为森严，成为一名“经理”意味着拥有更大的权力。而在 Facebook，“职称毫无用处，”他说，“大家只看你的工作质量、信念的力量以及影响其他人的能力。”

Facebook 人力资源副总裁罗莉·格勒尔（Lori Goler）表示：“公司的关注点在于确保所有员工能够在一个包容和具有挑战性的环境里工作，使得他们可以在人生任何一个阶段出色工作。对于能够创造一个适合所有人的企业文化，我们感到自豪。”

3. 变换工作岗位

在 Facebook 供职意味着你可以经常变换工作岗位。今年 28 岁的帕蒂·安德伍德（Paddy Underwood）在 2011 年以律师的身份加盟 Facebook 隐私团队。两年后，安德伍德决定去开发产品，不再做律师。安德伍德将他的主管约到了会议室，并提出了变换工作的想法。两周后，安德伍德被任命为隐私和信任分部的产品经理。安德伍德非常喜欢他的新职务，他说：“需要我干再多的工作我也十分高兴。”

Facebook 的很多管理方法已经在其他地方尝试过，其高管也承认借鉴了顾问和管理专家的建议来创造他们自己的企业文化。但是，不管是 Facebook 的现员工还是前员工，他们都认为，即便是在硅谷，Facebook 的企业文化也是独一无二的。“这是《财富》500 强中首家由千禧一代创建的公司，”Facebook 前人力资源和产品经理莫里·格雷厄姆（Molly Graham）表示。

（资料来源：http://news.zol.com.cn/article/366894.html.）

# 10.3 欧盟企业文化

1993年11月,《欧洲联盟条约》(又称《马斯特里赫特条约》)生效,欧洲共同体演化为欧洲联盟(简称"欧盟"),成为世界上具有重要影响的区域一体化组织。初始成员国有6个,现拥有会员国27个,正式官方语言有24种。欧盟成立后,经济快速发展,经济实力已经超过美国居世界第一。欧盟是世界货物贸易和服务贸易最大进出口方,也是全球最不发达国家最大出口市场和最大援助者,多边贸易体系的倡导者和主要领导力量。随着欧洲一体化进程的开展,欧盟诸国彼此的商务惯例、企业文化都呈现出了前所未有的靠拢,然而由于历史原因,欧盟各国的文化氛围、社会价值观等差异,必然会造成欧盟企业文化的多样性。

## 10.3.1 欧盟国家文化的特征

欧洲有着悠久的文明发展史,欧盟国家具有深厚的文化底蕴。欧洲文化的来源是古希腊文化和基督教文化。古希腊给欧洲留下了科学与民主这一精神遗产,基督教给欧洲提供了理想人格的道德楷模。在古希腊和基督教文明的基础上,欧盟国家形成了共有的文化传统。

1. 追求民主自由

欧洲文化的精神来源于基督教。基督教结合了犹太教的许多内容和古希腊罗马哲学家的思想,给欧洲提供了理想人格的道德楷模。在基督教义中,信仰是其他一切的前提;上帝是仁慈的,他把仁爱的命令颁布到人间,让世人互爱。1517年,马丁·路德开始宗教改革,创立了新教。他提出了人的双重本性,一个心灵的本性和一个肉体的本性。肉体的本性是受束缚的,心灵的本性是自由的。这种自由不是来自政治上和肉体上的自由,不是为所欲为的自由,而是精神上的自由,它依靠基督的福音,凭借对上帝的信仰,是真正的自由。这种向往自由的精神扎根于欧洲人的内心深处,深深影响着欧洲人的文化思想。而要求民主则是欧洲社会历史发展进程的必然结果。作为现代科技文明的发源地,欧洲的生产力水平在18至19世纪已经超过其他地方,生产力的发展提高了普通市民的经济地位,唤起了他们内心深处民主意识的觉醒。18世纪,相继在欧洲爆发的资产阶级民主革命正是人们民主观念觉醒的表示。

2. 崇尚人文主义

从古希腊神话中那些像凡人一样充满喜怒哀乐、被高度理想化的诸神,到古罗马社会崇尚拥有优良品德、完美个性的模范公民;从路德新教宣扬"信徒皆祭司""人人均可应信而生",到文艺复兴绘画对完美人体的描绘、《神曲》《十日谈》等文学作品对普通市民生活的歌颂,作为中世纪后期平民阶层反抗王权与神权的精神武器,"人文主义"思想强调个体价值与人的尊严,主张平等自由,提倡个性解放,推崇古典时期的公民责任,注重把握与享受现实世俗生活,反对基督教"现世受苦赎罪,来世天国永生"的虚无理想,也正是因为人本主义思想击碎了王权专制与宗教思想禁锢,欧洲文化才走出了中世纪的黑暗,迎来了"科学与民主"的曙光。

3. 强调科学理性

强调逻辑推理与分析的理性主义在欧洲有着悠久的历史和坚实的基础。早在古希腊，人们就十分注重研究自然，穷理致知，他们抬高理性，崇尚智慧，强调观察，推崇演绎。“知识乃是美德”，是古希腊人的价值观念。亚里士多德把人的心灵划分为两部分：理性和非理性。理性又分为理论思考和实践演绎，理论思考是人所特有的，具有连续性，能给人带来愉悦；实践演绎在于培养人的德行，在社会中时刻注意考量自己的行为。亚里士多德认为生活的最高层次便是理性活动，到了文艺复兴乃至近代，理性主义态度和科学实验精神得到进一步发扬。新兴的资产阶级思想家把一切都拿到科学和理性面前来重新估价，宗教神学和经院哲学受到严厉的批判，“理性思辨，学以致用”成为欧洲人普遍崇尚的社会准则。

## 10.3.2　欧盟国家企业文化的特征

欧盟的诞生使欧洲的商品、劳务、人员、资本自由流通，使欧洲的经济增长速度快速提高，成为世界第一大经济实体，其中德国、法国、意大利为八大工业国成员。欧盟经济的迅速发展，从宏观上看得益于较高的科学技术和较好的环境条件，从微观企业的角度来看，和企业科学的管理和优良的文化传统有直接关系。欧盟国家企业兼备美国和日本企业文化的一些特征，但又呈现多元化发展的态势，有着各自文化主体的特色。

1. 德国企业文化的特征

德国是西方世界仅次于美国、日本的经济强国和工业大国，拥有戴姆勒-克莱斯勒、大众汽车、安联、德意志银行、意昂、麦德龙、宝马、西门子、蒂森克虏伯、慕尼黑再保险、博世、拜耳、汉莎等一批世界知名的大企业。在长期的发展过程中，德国企业文化形成了以理性管理为基础的浓厚特色。

(1) 硬性管理的制度文化。

日耳曼民族是欧洲最富有理性的民族，德国人处世稳重扎实，做事谨慎周密，德国实施依法治国、注重法制教育、强调法制管理。在此影响下，德国企业的运行机制基本上建立在理性基础上，严格的组织体系、完善的管理制度、认真的管理态度造就了德国企业的厚重实力和生产的高效率。同时，德国人长期形成的讲信用、严谨、追求完美的行为习惯，使企业从产品设计、生产销售到售后服务的各个环节，无不渗透着一种严谨细致的作风。德国企业内部的等级观念很强，且晋升机会较少，但只要员工长时间为企业服务，有足够的学历和阅历，就会获得晋升机会，特别是一般有学位的专业人才会优先得到晋升。其他人虽然得不到提升，但很少有怨言和消极不满，反而还会更加努力上进和勤奋工作。

(2) 民主管理的参与文化。

由于有坚实的法律保障，加上尊重人格、强调民主的价值观为指导，德国是西方国家中实行员工参与企业管理制度最好的一个国家，无论是戴姆勒-克莱斯勒、大众、西门子还是高依托夫、路特等中小企业，员工参与企业决策是一种普遍现象。德国《职工参与管理法》明确规定，大型企业要按对等原则由劳资双方共同组成监事会，然后再增加一位中立人士担任主席。当双方意见不一致时，设立调节委员进行调节，如还不能解决，则由监事会主席裁定。《企业法》中则规定，凡员工在五个人以上的企业都要成立员工委员会，由全体员工选举产生，主要任务是在工资、福利、安全等方面维护员工的利益，企业主在涉及员工工资福利等重大问题做出决定前必须征得该委员会同意。德国的员工参与企业管理的效果很明显:一是劳资双方关系融洽;二是劳动生产率大大提高;三是从员工中汲取许多改进企业经营管理方面的建议。

(3) 基于责任的质量文化。

德国企业对产品和服务质量的重视程度可以说是"世界之最",强烈的质量意识已成为德国企业文化的核心内容。汽车工业是德国质量管理的典型代表,几大汽车公司都有一整套健全的质量管理机构与体系,对质量管理的投入相当巨大。例如,大众公司强调"精益求精"的质量理念,各类质量管理人员就有1万多人。西门子公司则秉持"以新取胜,以质取胜"的理念,长期立于不败之地。德国企业普遍注重独创性研究开发,力求高度专业化、权威性和高品质,从而保证产品的质量和竞争力;同时,他们也普遍重视优秀的服务品质,以诚信服务客户,塑造企业和品牌形象。牢固的质量意识是基于德国企业和员工的强烈责任感,包括家庭责任、工作责任和社会责任。企业对员工主要强调工作责任,尤其是每个人对工作岗位或生产环节的责任。在大众汽车等公司,"责任"是企业的核心价值观。戴姆勒-克莱斯勒公司高度重视"责任"和质量,促使每名工人都在本职工作岗位上为成功卖掉每一辆汽车而尽自己的责任。与美国企业等相比,德国企业中的管理人员往往以身作则,因为责任感强而工作最累。

(4) 以人为本的和谐文化。

以人为本,实行人性化管理,是德国企业文化的另一大特点。具体表现在:一是德国企业普遍尊重员工。企业里,上级给下级布置任务通常是商量的方式,而不是命令的口吻。在大众公司,如果员工在某个岗位上工作不好,管理者通常首先会认为是工作岗位不适合,在征求本人意见后调换一个更能发挥其潜能的岗位。德国企业员工的离职率也比较低。二是注重务实的能力培训。德国是世界上进行职业培训教育最好的国家之一,德国企业具有完善的职业培训机制,造就了高素质的员工队伍。德国工业长期保持领先地位,与其培养和拥有大量的技师有密切关系。三是劳资关系、人际关系和谐融洽。德国工人的年工作时间在过去的30多年累计减少500个小时,与美国、日本相比是最短的,而工资却不断增加。多数德国企业十分注重人际关系,营造和谐、合作的氛围。四是重视企业兼并重组过程中的文化整合,如德国戴姆勒-奔驰公司与美国克莱斯勒公司合并后,成立了专门委员会,制订专门计划,进行文化整合,保持和谐的文化氛围。

德国在市场经济条件下长期形成的完备的法律体系,为企业建立诚信、遵守法律的企业文化奠定了基础。同时,宗教主张的博爱、平等、勤俭、节制等价值观念,在很大程度上也影响了德国企业文化的产生与发展。另外,德国企业文化明显区别于美国的以自由、个性、追求多样性、勇于冒险为特征的企业文化,也区别于日本企业强调团队精神在市场中取胜的企业文化。

2. 法国企业文化的特征

法国是一个充满浪漫情调和艺术气息的国度,同时也是世界第五、欧洲第二的经济大国。无论安盛、巴黎银行、家乐福、标致、苏伊士、米其林、圣戈班、雷诺、欧尚、布依格、赛诺菲-安万特、春天集团、法航等一批《财富》500强大企业,还是高档服装、旅游、化妆品、设计、文化等领域的中小企业,都在世界上有着广泛影响。历史悠久的法兰西文明和现代企业管理结合,造就了法国企业文化的特色。

(1) 远大的奋斗目标。

法国人的自信心和自豪感较强,为法国企业注入了比较高远的目标和很高的标准,成为法国很多企业员工的共同价值观。苏伊士集团一直致力于成为世界领先的基础设施私营企业,2021年在全球500强企业排名第38位。赛诺菲一安万特集团是世界领先的专业制药公司,集团拥有世界级的研发机构,20多个研究中心的11 000名科学家致力于研究和开发创新的治疗方案。

(2) 浪漫的人情味。

这是法国企业文化的另一个重要特色。世界头号轮胎巨人米其林公司的品牌标志是"轮胎人"必比登(Bibendum),生动地反映了这种人性化和人情味。在法国很多企业,既有严谨的思维、严格的制度、严格的质量标准,强调团结和依靠团队,又尊重员工的个性和差异,尊重个人和团队的独特性,努力营造平等的关系、宽松的氛围乃至艺术的情调、浪漫的气息。赛诺菲-安万特集团将"尊重"也列入企业价值观,意思是"必须尊重他人及其贡献","包括建立道德的商业惯例,遵循明确高度的商业准则",并认为"尊重的定义还包括善于与员工沟通、做决定前善于倾听和分析他人的意见"。相对美国、日本企业而言,法国企业比较注重过程中的投入程度,也更容易接受一些资金投入回收期较长的工作计划。无论制造业还是服务业,这种人情味都还体现在法国企业非常重视服务。例如,欧尚的服务四宝是"你好,谢谢,微笑,再见",而且以12条原则来作为保证为顾客提供满意服务的基础,其核心内容是:让每一位来欧尚的顾客满意而归;对顾客服务不仅仅是钱的问题,应该首先是一种必须学会的行为举止,"谁不会微笑,便不应该开店";顾客是评判所提供的服务质量的唯一的法宝,顾客的意见占第一位;不能让顾客来适应企业,而应该由企业适应顾客。

(3) 追求时尚与创新。

人们提起法国、巴黎,往往会与时尚和潮流联系起来,这是由于很多法国企业在服装、美容、设计以及制造、服务等领域内都是全球的行业领跑者,引领着未来的发展方向。例如,创办于1865年的巴黎春天集团(Pinault Printemps-Red-oute,PPR)是世界第三大奢侈品和零售业巨头,其特色在于领导时尚。春天集团旗下的Gucci集团的名字,已经成为"新摩登主义"的代名词。巴黎的高档时装,定期举办的潮流发布会,众多的流行品牌,也是这种企业文化特色的鲜明体现。巴黎还是世界文明的设计之都,云集了大量的设计和创意企业,不断推陈出新。树立品牌是法国企业引领时尚和创新的旗帜,专业化是它们实现创新的重要保证,观念创新和技术创新则是其关键。苏伊士集团坚持核心业务紧紧围绕与人类基本需求息息相关的领域,包括能源、水、废物处理和通信等,以形成自身的强大优势。赛诺菲-安万特全球增长的基础可归功于高效、创新的研发组织,集团的研发部门有1万多名科学家和科研人员,分布在世界各地的20多个研发中心,为寻求更新的治疗方案而努力工作,这造就了其在心血管疾病等七大治疗领域的领先地位。

伴随着欧盟一体化进程的发展,欧盟各国在贸易方式、技术等方面出现了越来越明显的趋同性,然而大量的调查研究表明,源于各国既定主流文化之上的企业文化仍存在不小的差异性。认识和深入理解这种企业文化的多样性将有助于跨国经营企业或合资企业战略的构建和调整,提高企业管理人员的跨文化管理能力。

[**相关链接 10-4**]

## 米其林的《绩效与责任宪章》

米其林公司创建于1889年的法国克莱蒙费朗。在100多年的时间中,米其林公司经历了持续不断的创新和发展,拥有世界五大洲的业务运营以及位于亚洲、欧洲和北美的研发中心,全球共有115 000位员工,在18个国家拥有69家制造工厂,年产1.8亿条轮胎、1 000万册地图和指南,并在全球超过170个国家中进行产品营销。

为了更好地达成集团的使命,米其林公司在2002年推出了“米其林绩效与责任宪章”,明确表明“五个尊重”就是米其林的核心价值观。具体包括尊重客户、尊重员工、尊重股东、尊重环境、尊重事实。“五个尊重”的贯彻落实不仅促进了公司使命的更好理解和实践,同时也有助于公司自身的可持续发展。

1. 尊重客户:“因为客户可以自由选择,他们才是真正能够决定一切的人。”

(1) 以高性能的产品为客户服务:米其林要通过产品的性能和服务的质量来为客户服务。不断地预测、跟踪客户的需求并以优质的产品和服务,为其提供满足其需求的、能完全适应不断变化的应用条件和生活方式的最佳解决方案。

(2) 通过米其林的态度为客户服务:重视向客户提供有关米其林产品和服务价值之精确技术和商务信息,既注重信息的技术方面和使用特点,同时也注重信息的商业意义。从广义讲,米其林的任务还包括通过特定的措施,建议客户正确地使用我们的产品,鼓励他们以谨慎负责的态度驾驶车辆,使道路行驶更加安全。

2. 尊重他人:“每个人都是独一无二、不可取代的。”

(1) 对员工:保持一个强大、开放和共享的公司文化,它是一个社会团结和进步的源泉;鼓励公司所有的员工履行职责,从而获得个人发展和自我实现;追求在员工关系、健康和安全方面的不断进步;鼓励员工通过提出正当的要求,不断改进,更好地履行其职责;鼓励团队合作的方式来工作;期望管理团队能本着一种信任的精神将权力下放,将每一项工作职责分派给最适合这项工作的人,为所有的人提供发挥主观能动性和采取行动的自由;为我们的员工提供晋升和奖励的条件,以及适当的、针对个人具体情况的培训。

(2) 对产业和商务合作伙伴:以公平的合同条件为基础,与产业和商务合作伙伴,尤其是供应商,建立诚实可靠的关系,并力求达到提高我们业务绩效与建立长期合作伙伴关系。

(3) 对政府部门:坚持不干涉所在国家政府部门活动的原则。但米其林有责任表达我们的观点,向公共政策制定者完全诚实地解释米其林的立场,以此确保米其林集团的发展。

(4) 对非政府组织:认可非政府组织在某些情形下形成公共舆论以及监督某些事务方面的作用和影响。米其林愿与这些组织建立积极的建设性关系,相互理解,共同前进。

(5) 对媒体:希望能够与媒体进行诚实的讨论,相互尊重,建设性地寻求相关的、客观的信息。同时，拒绝任何有违正直诚实基本原则的关系。

(6) 对我们在全世界经营场所所在地的当地社会：米其林决心以一个负责任和诚实的公司形象开展业务活动，尊重人、尊重法律。

3. 尊重股东："没有股东承担风险，就没有公司。"

(1) 财务绩效是我们对股东所承担的首要义务。提高我们的财务绩效是我们所有团队永恒的目标。足够的盈利水平是我们公司长期生存必不可少的根本条件。

(2) 股东是公司的所有者。股东和公司管理层之间有一种合作伙伴关系。

(3) 其他财务伙伴。我们的责任是在我们自己的风险决策过程中尊重对他们(如银行、基金组织和投资商等)的承诺。

4. 尊重环境："米其林公司必须促进以下这两个现在已经密不可分的要素的发展：移动性和尊重环境。"

(1) 我们的产品和服务为环境保护做出了贡献。我们有责任向我们的客户提供更加环保的产品和服务。我们持久不变的创新政策重点要集中在提高移动性的环保性能上。

(2) 将我们生产经营场地对环境的影响降到最低。力求在生产、管理和商务场地不断取得环保方面的进步，是米其林集团的一件大事。

(3) 我们对可持续移动性的贡献。迎接未来的移动性所面临的诸多挑战，如减少污染、改善安全和道路交通、逐步采用可再生能源、采用各种适当的交通方式。

5. 尊重事实："当事实与理论矛盾时，我们应该选择事实。"

为了应对我们面前的诸多挑战，我们一直认为必须根据对事实的清晰认知和公正的观察，来调整我们的态度。

(资料来源：http://www.michelin.com.cn/Home/About-Michelin/Michelin-Group/RRM.)

## 10.4　中国企业文化

作为东方文明的重要发端，中华文明对整个人类产生了深远的影响，成为人类文明宝库重要的组成部分。中国民族传统文化，有着悠久的历史和丰富的内涵。儒家思想是中国传统文化的主干，对中华民族的文化心理、风俗习惯、道德伦理、价值观、人生观影响极其深远。这种深刻的影响发展至今必然渗透中国现代企业的管理当中，并在企业文化中反映出来。正确地对其进行剖析、评价，对于建设有中国特色的优秀企业文化不仅有益，而且是必要的。

### 10.4.1　中国民族文化的特征

中华民族创造了光辉灿烂的文化，这种源远流长、博大精深的民族文化传统，深深地积淀在我们民族心理与民族性格之中。中国传统文化以儒家文化为核心，博采了道、佛、法、兵、墨等各家之言，最终形成了以儒家思想为中心，包容各家所言的多元传统文化，其思想精髓概括如下。

1. 以人为本的仁爱思想

中国传统文化中蕴含着深厚的人本思想。一是把人看成是天地万物的中心，深信价值之源内在于人心。孔子曰："人能弘道，非道弘人。"这与西方传统文化中以上帝和神为最高标准的神本文化截然有别。二是强调"爱人"思想。孔子把"仁"作为其学说的唯一原则和最高道德标准，而"仁"的内涵就是"爱人"，强调从无私的动机出发，舍己利人，舍己爱人。墨子也提出"爱人若爱其身"的思想，主张要像爱自己一样爱别人。三是人只要努力，皆可成才。孟子云"人皆可以为尧舜"。这种人本思想是现代企业以人为中心管理模式的文化基础，体现为"重视人、尊重人、相信人、培养人"的人本文化。

2. 爱国主义的中华精神

中国古代社会存在黑暗、蒙昧、剥削、专制的一面，因此，中华民族不断产生改变这一切的思想和理想，不断涌现出"为民请命""先天下之忧而忧，后天下之乐而乐"，力求"富天下、强天下、安天下"的民族英雄和仁人志士。数千年的历史演变形成一种追求自由、反对剥削、为国图强的爱国主义传统。尤其是在中华民族遇到危难之时，这种爱国主义又衍生出巨大的凝聚力、向心力和民族责任感。尽管历史上的爱国主义客观上存在一定的阶级局限性和时代局限性，但这种光荣传统不失为中华民族历史遗产中的瑰宝，不失为中华民族的灵魂，它激励着中国人世世代代为保卫祖国、变革图强、追求社会进步而献身，也成为现代企业的精神支柱。中华民族有安贫乐道、易于满足的消极面，也不乏向黑暗势力抗争、向命运挑战的性格精神。尤其是在近百年的中国近代史中，无数中华优秀儿女前仆后继，寻找救国强国之路，更鲜明地体现了这种精神。

3. 自强不息的奋斗精神

数千年来以农为主的中华民族，一直在这片土地上繁衍生息、辛勤劳作，形成了勤劳勇敢、淳朴务实的民族精神，也锤炼出吃苦耐劳、忍辱负重、自强不息的民族性格。在历史上，中国的农业、手工业曾领先于世界其他各国，科学技术的成就也十分显著，指南针、造纸术、火药、印刷术等对世界文化的发展做出过卓越贡献。还有数千万远离中国故土的海外侨胞，在海外创家立业、艰苦奋斗，谱写了世界和中华民族历史上光辉的篇章。这些都是中国人民吃苦耐劳、勤奋自强性格的真实写照。中国劳动人民视勤俭为美德，把浪费看成是不道德的；注重财富的积累，节约观念极强。现代企业生存发展需要这种吃苦耐劳、勤俭节约的美德财富，这种自强不息、奋斗不已的精神基石。

4. 求真务实的实践精神

在中国传统文化中，儒家、道家和法家的文化中都表现出了鲜明的求实精神，儒家的经世致用思想、道家的无为无不为观念、法家的奖励耕战做法等都体现了传统的务实精神。中国传统文化中的求实精神主要表现在：一是积极入世的人生态度，重视人生理想，也重视现实；二是朴实无华的民族性格，经商、治学都讲究脚踏实地和扎扎实实。当然，这种求实精神的形成也受封建统治推行愚民政策因素的影响，在封建统治下，广大农民在政治上被排斥，个人尊严受到压抑，只能把注意力集中到如何生存的实际上来。因此，传统文化中求实精神的内涵不可能与现代企业所要求的求实精神完全吻合，但它作为一种长期养成的文化传统，对企业文化的形成和发展是有正面影响的。

5. 团结协作的集体观念

在中国的传统文化中，家族团体主义是建立在等级制度基础之上的，在一个家族团体内，以家族利益为最高目标，追求家族利益的最大化，强调团体(整体)重于个人，个人无条件服从整体，强调家族内部以伦理关系为基础的和谐与稳定。这种文化固然有压抑个性、不利于创新和竞争的消极作用，但它作为一种持续了几千年的群体精神，对今天的现代化建设是具有积极意义的。企业是一个相对封闭的系统，可以视同一个"小家族"，去掉封建性，保留人与人之间的和谐关系，与市场经济和社会化大生产是不矛盾的。增强企业员工的"家族"观念，重视集体主义的力量，有助于在企业中培育忠诚的企业文化和团队精神，有利于企业整体目标和长远利益的实现。

6. 和谐发展的思想理念

有着五千年悠久历史的中国，不仅是礼仪之邦，更注重和谐社会的打造。早在春秋战国时期，以孔子为代表的儒家就提出了很多关于"以和为贵"的思想与主张。"礼之用，和为贵""己欲立而立人，己欲达而达人""己所不欲，勿施于人"等，其共同的核心思想即无论大小事都推己及人、以和谐的办法去做，那么人民就会幸福，社会就会安定，国家就会富强。进入现代社会，作为社会主义国家，把"民富国强""共同富裕""民主、平等、和平、幸福"作为社会主义的奋斗目标。胡锦涛同志给和谐社会赋予了新时代的意义，即"以人为本""立党为公，执政为民""科学发展观""建立和谐社会""八荣八耻"，进一步明确了建设和谐社会的价值体系。中国传统文化重视天人和谐的思想，在对待人与自然的关系的问题上，比较重视人与自然的和谐发展，把人生处世的理想目标确立为"天人和谐"，重视人与人、人与自然的平衡，追求管理的和谐与稳定。受这种观点影响，中国企业在经营中会运用适度的原则，以保证经营管理活动的准确性、合理性，有意识地避免企业经营中的极端思想。遵守自然规律，保护生态平衡，使人和自然成为一体。

7. 以义取利的价值原则

在中华民族文化传统中，受儒家思想的影响，很早就提出了"儒商"的理想人格追求：智慧与道德相交融，做人之道与经营之道相统一。在商业活动中坚持"守信与重义""修身与报国"和"君子爱财，取之有道"。到了近代乃至现代，中国商人一直深受这种文化传统的影响，讲究以义取利，合义取利，义利并举，不赚不义之财。

### 10.4.2 中国企业文化的特征

与西方国家相比，中国企业文化的形成和发展的历史是比较短暂的。从 1984 年美国的企业文化理论传到中国至今，中国企业文化建设经过将近 40 年的发展，已经形成"百花齐放"的局面。其中的佼佼者有青岛海尔、海信、四川长虹、江苏春兰、小天鹅、北京同仁堂、联想、深圳康佳、万科、中兴通讯、华为、平安保险、招商银行等。在中国，企业文化从不自觉到自觉的发展过程中，企业界开始认识到企业文化的重要性，一些企业也成功建立了独具个性的文化氛围，实现了企业文化与科学管理的结合。这种在民族传统文化、现代科学文明和市场经济伦理共同作用下产生的新企业文化，呈现出一些与日、美及欧洲各国不同的特点。

1. 爱国报国、服务社会

"以天下为己任，关心社会、奋发有为"是儒家思想的精华，是中华民族的优良传统，几千年来已经深植于人民心中。爱国主义是中华民族之魂,它激励着中国人民世世代代为保卫祖国、变革图强、追求社会进步而献身。在爱国主义精神驱使下,中国民族企业家们大都怀有“富国图强”“实业救国”和“服务社会”的思想理念。爱国成为中国企业的核心价值观。这种价值观决定了中国企业的民族情结,中国企业的发展始终同中华民族经济的振兴、中国现代化的实现紧密联系在一起。事实证明,这种思想理念既符合民族文化传统,又遵循了企业成长的规律,必将为企业的经营和发展带来极大的推动。四川长虹集团以“产业报国”的文化理念凝聚员工的智慧与力量,赢得了公众的支持和信赖,成为当今企业界成功企业文化的典范,就是有力的例证。还有联想集团提出的讲贡献、讲效益的价值观,同舟共济、协同作战的整体意识,求实进取、拼搏创业的公司精神;海尔集团形成的“以人为本、以德为本、以诚为本、君子之争、和气为本”等。这些无不蕴含着这一企业文化的精神。

2. 艰苦奋斗、勇创一流

中华民族是一个发愤图强、永不服输的民族,这一点在中国的企业文化中也有充分的体现。民族资本企业创业之初就受帝国主义和封建主义的双重压迫,生存环境十分恶劣,因此在寻求实业救国的创业道路上,一开始就形成了不怕困难、艰苦奋斗、勇争一流的精神。靠着这种精神,不少民族资本企业从小到大,发展壮大。艰苦奋斗、勇争一流的精神在新中国成立以后的社会主义企业里表现得尤为充分,成为中国很多企业战胜困难、取得成功的法宝。在工人阶级队伍中,开展了形式多样的“比、学、赶、帮、超”劳动竞赛,在企业中形成了争创一流,争为国家做贡献的良好风尚。至今,这种企业文化在众多企业中仍然得到继承。例如,辽宁朝阳重型机器厂鼓励员工争行业第一,争全国第一,倡导“唯旗是夺”的最佳精神;三一集团作为一家民营企业自从创业那一天起,就立志“创建一流企业,造就一流人才,做出一流贡献”。

3. 以人为本、和谐管理

中国企业文化的特点之一就是以人为本,将“物”的管理和“人”的管理有机结合起来,以“人”的管理为主。中国企业文化重视人的价值和人格,即“民为贵”;正确把握人性的本质,推己及人,“己欲立而立人”,关心人、理解人、重视人、依靠人、尊重人、凝聚人、培育人,最大限度地开发企业的人力资源。中国人有“家”和“情”的理念。“家”不仅指家庭之小家,还指企业之大家,所以,中国人自幼便接受“爱家”教育,企业老板自然以“家”之理念,引导员工树立集体主义价值观,在企业内外追求和谐统一,建立顺畅的人际关系。“情”则包含着尊重员工人格,促进心灵沟通,互相激励的含义。在中国,企业的领导风格基本上是协商型,领导不突出个人的地位和作用,注意同下属和员工之间建立相互信任的关系。企业实行的是集体决策,在决策方法上强调集体讨论,重视广泛听取和探讨下属人员的各种意见。全国模范企业青岛港的领导干部有一句座右铭:“职工的事再小也是大事,再难也要办好。”这种以人为本的思想赢得了全体职工的拥护,职工们向领导保证:“港里的事再小也是大事。”港口效益连续多年保持了增长的势头。

4. 注重伦理、讲究情义

我国的企业文化建设受儒家传统文化的影响较深,以儒家传统文化作为维护人与人之间的伦理规范,形成“重义轻利”“重人伦”和重价值理性的价值观念。人们在对企业经营绩效、企业决策及其行为的选择和评价方面,往往重伦理道德标准,轻经济效果;在调整人际关系方面，人与人之间能够保持“长幼有序、尊卑有别”的人际关系格局。中国企业员工情感性强，伦理性强，有用亲疏关系代替制度规范的倾向。

此外，中国企业文化还有讲究用人之道和锐意进取、开拓创新等优秀方面。与此同时，企业文化也存在一些缺陷：中国员工凡事讲面子，缺乏理性；喜欢求稳定，缺乏变革精神，政治性强，容易把政治准则与经济准则相混同。这些缺陷都有待于在未来企业文化的塑造中加以改善。

**[相关链接 10－5]**

### 全聚德的企业文化

中国全聚德(集团)股份有限公司(简称全聚德)是中华著名餐饮老字号企业。全聚德创建于 1864 年(清朝同治三年)，迄今已有 146 年的历史，百余年来以炉火纯青的挂炉烤鸭技艺，赢得了“中华第一吃”“天下第一楼”的美誉。

全聚德为适应由传统老字号到现代品牌公司集团化经营的转变，不断提升品牌价值，打造“中国第一餐饮，世界一流美食，国际知名品牌”的一流餐饮集团，在实践中以企业文化为统领，以文化管理推动全聚德品牌提升。

1. 明确企业核心价值观，构建新时期的企业文化

在对全聚德传统文化进行深入总结的基础上，全聚德将周恩来总理的精辟阐释——“全而无缺，聚而不散，仁德至上”确立为核心价值观，这既是对全聚德历史和现实的总结和提炼，更是对未来发展的期望和要求，在新的历史时期赋予了更加丰富的内涵。

全而无缺，指全心全意、精诚所至，全面周到无缺憾。

聚而不散，指内强素质，外塑形象，广纳人才，凝聚人心；调动积极因素，聚合社会资源；聚集八方食客，盛待四海宾朋，实现聚人、聚心、聚财、聚客、聚力、聚名的良性运转，形成海纳百川的强大凝聚力和向心力。

仁德至上，指仁者爱人，德者诚信；是全聚德人处理对内对外关系的基本准则，展示了全聚德集团向世人永远敞开的挚诚博大的爱心。

核心价值观是全聚德集团共同遵守的精神信条和价值准则，指导企业愿景、企业使命、企业目标、企业精神、企业作风和品牌理念、人才理念、经营方针以及管理方针的形成和巩固。

2. 明确企业目标原则，营造积极进取的文化氛围

企业愿景：“中国第一餐饮，世界一流美食，国际知名品牌”，展示了全聚德作为中国餐饮业的龙头企业，力争上游、追求极致的决心和信心。

企业使命：“弘扬中华饮食文化，奉献人类健康美食”，体现出全聚德人肩负的历史责任和社会责任，要以弘扬饮食文化为义不容辞的神圣职责，以提升大众生活质量，奉献人类健康特色美食作为对社会公众的郑重承诺。

企业目标：“构建和谐企业，创建学习型组织，打造餐饮联合舰队”，设定了企业未来的发展坐标，确定了企业长期发展的方向、奋斗目标和工作任务。

企业精神:"想事干事干成事,创业创新创一流",激发员工始终以创业的热情思谋发展,以创新的方式推动进步,以创一流的业绩成就辉煌事业,表达了企业崇尚干事文化,倡导创新精神的价值导向。

企业作风:发扬"脚踏实地,求真务实,知难而进,雷厉风行,团结协作,追求卓越",这是各品牌企业在长期的历史发展中自觉形成的行事风格和成事之道。

企业愿景、企业使命、企业目标、企业精神、企业作风构筑了全聚德企业追求卓越、勇挑重担、干事创新的文化氛围。

3. 明确具体工作方针,把握实现目标的过程方法

人才理念:"百年基业,以人为本,德才兼备,以德为先"。坚持以人为本的理念,以员工为本,以顾客为本,以股东为本。致力于培养一支思想坚定、作风过硬、业务精良、素质高超的人才队伍,以实现科技兴企,人才强企的战略构想。

经营方针:"发挥品牌优势,坚持诚信为本,贯彻精品战略,实现持续发展"。经营方针是企业决策、经营和服务活动所信奉的市场化准则,是实现企业经营目标的基本途径。

管理方针:"健康餐饮 精品美食;顾客至上 精诚服务;信息畅通 精确快速;遵守法规 精准执行;环保降耗 精简节约;科学管理 精益求精"。管理方针是企业实现科学管理的指导思想,是规范运营的最基本要求,以"六精"为主要内容,以 ISO 认证为手段,建立起规范化、标准化的现代企业管理体系。

品牌理念:全聚德各品牌间只有建立起相互兼容、相互配合,既有统一理念统帅,又不失各自文化特点的企业文化理念体系,才能营造出"车同轨、书同文、人同心"的浓厚氛围,创建全聚德集团的和谐统一。

人才理念、经营方针、管理方针、品牌理念构成了达到企业终极目标的途径和方法。

(资料来源:https://www.docin.com/p-2098449718.html.)

## 10.5 综合比较与借鉴

当今世界,经济全球化必然加速企业文化的国际化,不重视、不了解、不研究企业文化的国际化,必然影响企业的战略思维和价值评价,进而影响科技开发、市场开拓、人才策略、品牌塑造以及整个企业的现代化和国际化进程。进行东西方企业文化差异的比较,对于有效实施跨文化管理、建设中国特色的企业文化有积极的借鉴意义。

### 10.5.1 差异性分析

就文化背景来看,日本同中国一样,其企业文化属于东方文化的产物,美国和欧盟的企业文化可算是西方文化的产物。下面试以东、西方文化为背景,分析不同企业文化形成的原因及各自的特点。

1. 东方企业文化的特点

东方文化主要是指以中国为发源地,对东方人的思维、价值观、伦理道德及管理思想影

响最大、最广的传统文化。东方文化的基本价值观是:强调以人为本,以德为先;重视群体的合作精神,倡导个人对家庭、社会、国家的责任感;主张和谐,重视人和,注重协调人与人、人与物乃至人与自然之间的关系;主张从总体上去把握事物,强调用个人的直觉和内心的感情去认识世界;重义轻利。东方民族的这些文化特色反映在管理模式和管理行为上,便烙上了不同于西方的显著印记。

(1) 强调集权式管理。集权式管理的特点有三个:一是向心。在管理思想上,既讲集中、求统一,又有强烈的民族意识和眷恋国土乡邦的情怀,使管理维系在思想感情和心理因素的强大内心力的基础之上。二是求同。主张协同、合作,追求和谐境界。三是重人。强调以伦理关系为基础,以道德和教育为轴心,以“人”为中心进行管理,体现出与民族血缘和宗法关系非常紧密的社会特征。

(2) 强烈的社会责任感。强调企业的社会责任,包括企业对国家以及整个社会的责任,把企业经营活动与爱国、奉献社会以及解决社会问题联系在一起,对企业员工负有全面责任,强调社会经营的理念。

(3) 社会精神力量强大。重视运用社会精神的力量去形成共同的意识形态,促使人们服从企业的共同目标。

(4) 家庭感情氛围浓郁。倡导在组织内形成一种家庭氛围,员工之间沟通密切,十分重视感情和人际关系,流动率低,员工对企业有较强的依附心态。企业因此有相对稳定的员工队伍。

(5) 整体控制与协调。注重企业各部门之间、各项经营活动之间的内在联系,强调从整体上进行控制。重视协调各种关系和意见,因而倾向于集体决策和对工作的集体负责,并由此而产生相对平均的分配方式。

(6) 含糊与微妙的沟通。相对于西方企业管理的明确性,东方管理更为艺术地应用含糊和微妙性的沟通方式以淡化组织中的冲突,达到和谐一致。

2. 西方企业文化的特点

西方文化是指起源于古希腊罗马,以希腊精神和基督教精神为核心的文化。尽管西方企业文化在不同的历史发展阶段有其不同的表现形式,但就其本质而言,以个人为单位,崇尚“自我”以及开放的文化特征一直是贯彻始终的。它广泛地渗透到西方企业管理的各个层面,在组织、领导、决策、用人、经营等方面,形成典型的自我与理性的管理特色和管理风格。

(1) 制度化特征明显。整个企业构建在条文、规章、标准等一系列制度基础之上,并用以规范员工的行为;企业每个成员的权利和义务清晰,企业和员工是一种由合同、章程所规定的契约关系。

(2) 科学与理性。讲究效率,强调科学性。“量”的概念贯彻在从作业计划到成本核算等所有的管理过程中。理性观念使得管理者追求条理性,努力去发现最优方案,用最少的时间、最低的成本,获得最好的质量、最高的利润。理性的思维方式甚至使他们对于生产作业中每个动作都会用秒表进行分解,以省去每一个细小多余的动作。

(3) 强调明确性。讲求明确的目标与指标、明确的操作程序,一切都有标准可依。通过严密的工时定额、可操作的评价系统进行明确的控制。

(4) 情感淡化。将人与物视为同样的生产要素进行科学的配置和使用。淡漠人际关系,极力反对在工作单位中结成人与人之间的亲密关系,认为在工作中无须个人感情,人与人之间的亲密关系只能存在于家庭、教堂、俱乐部和邻里之间的狭小范围内。

(5) 个人能力至上。工作中表现为个人的决策过程及个人负责;对个性、个人尊严、个人价值高度尊重;企业是一个松散的结合体,人员高度流动。

(6) 创新性与进取性。强烈的进取精神使得西方企业在市场开拓、技术创新、产品改进等方面有一种无限的扩展欲和侵略性。

### 10.5.2 比较与借鉴

随着经济全球化进程的加速、科学技术的发展,企业经营冲破国界,跨文化管理问题越来越突出。同时,随着人类征服自然能力的增强和大自然报复次数的增多,如何协调人与自然的关系成为人类考虑的另一重大问题。在这种新的社会环境背景下,审视东、西方企业文化,应该说各有利弊,为适应环境的变化,两者之间越来越需要相互借鉴和相互融合。

1. 对待人类与自然关系的两种不同态度

西方个人主义的新教伦理对自然界采取一种进取、征服、使用的态度取向。这种伦理曾经是创造近代工业文明的一个重要原因。但是,现在越来越显示出其负面的严重后果,诸如自然生态系统的破坏、能源的枯竭等,致使人类的生存环境越来越差。因此,现代社会的发展需要一种新的人文主义,这种人文主义必须建立在人与自然和平相处的基础上,西方企业以前那种对自然的过度征服欲必须收敛。以儒家伦理为主要思想基础的东方企业文化正好与这一要求相一致。当代新儒学的代表人物杜维明指出,儒学是一种涵盖性极强的人文主义,它既不排斥人的神性,又不排斥人与自然的关系,更不排斥人与人之间的关系。它提倡天人合一、万物一体等,显然儒学中的这些内容蕴含着支撑现代社会继续发展的合理内核,对现代管理理论和哲学的构建有着重要的影响作用。工业文明是一个不可逾越的历史阶段,东方国家的企业在处理与自然环境的关系时,一方面,要善待自然,吸取西方工业化过程中的教训;另一方面,要学习西方更先进的技术,减少污染,提高能源利用效率,创造人与自然更为和谐的工业文明。

2. 对待个人与团队关系的两种价值取向

西方企业文化坚持个人本位价值观,认为每个人都以自我利益为动机,凭着理性趋利避害。尽管亚当·斯密等人提倡利己不害他,但在现实世界中,这是很难做到的。现在西方出现的很多社会问题与这种个人主义的哲学息息相关。比如,现代市场要求的企业家的人格形态与这种褊狭的人格是不同的,迫使他们不得不进行一些价值取向的调整。东方企业文化强调“家族”和团体意识(即团体本位价值观),强调以人为核心的各种群体关系。它所倡导的不是对个人而是对更大团体的责任感,集团利益、集体荣誉重于个人利益、个人荣誉;倡导人与人之间要和谐、合作,反对对抗性的竞争。西方文化强调的自我利益、抗衡关系、放任主义以及由此衍生的市场结构及管理职能的专业化等,尽管对近代资本主义的发端做出过奠基性贡献,但也导致了极端个人主义的弊端。所以,它们不得不提出向东方企业学习合作精神。当然,比较而言,东方企业团体主义的文化也有局限性,过于强调团体利益和团体价值,容易抹杀个人价值,泯灭个性和创新精神。在实践中也需要正确处理好二者的关系,在整体目标的指导下,为个体发展创造条件,使个体价值与团体价值相互依存、相互促进,形成良性循环。

3. 对待企业经营和管理的两种思维方式

西方企业文化中蕴含着较多的理性思想，强调直接、明确、实用、科学、效率，重视标准、制度的作用，表现出一种非常理性的思维方式。这种思维方式放大了人与物之间的关系，看淡了人与人之间的关系，增强了组织的创造性和管理效率。这种文化暴露出来的主要问题缺乏有效的人际沟通，组织像一架硬邦邦的机器，没有人情味。东方企业文化重礼仪，重人际关系，重人情和"面子"，到处充满着灵性化和人情化，具有明显的非理性特征。这种非理性思维方式，放大了人与人之间的关系，淡化了人与物之间的关系，企业管理就像家族经营，有浓厚的伦理关系色彩，讲究人和与亲情。这种文化在实践上也有其局限性，主要体现在：由于照顾人的情感，着眼于人际的微妙关系，造成面子效应，人为地把事情复杂化，不但降低了办事效率，使人际关系变得复杂、虚伪和表面化，还容易产生小团体主义，也影响个性发挥和创新精神的形成；同时，由于人治观念较强，法治观念淡薄，经营中缺乏法律意识和信用意识，在处理内部管理问题时，往往把个人感情、关系置于规章制度和规范之上，管理灵活有余，刚性不够，因而影响效率。这些问题都是东方企业文化难以避免的。因此，东方的企业需要正视自身文化的缺陷，善于吸收和借鉴西方企业文化中重理性的合理内核，创造软硬结合的有效管理模式。

### 10.5.3　结论与启示

企业文化根植于民族文化的沃土。在不同的社会政治、经济人文背景下，企业接受不同民族文化的熏陶，传承演绎着不同的思维方式、行为方式以及传统、习俗与习惯，因此会形成不同的企业风格和特色。尽管中、日、美、欧各国企业文化有不少差别，但是异中见同，抽象掉各国企业文化的具体表现形式，可以找到一些共同的价值观念和道德基准。这些符合社会化大生产及市场经济的共同属性是可以相互借鉴的，而一些特殊属性（如社会性、民族性）是不能或较难相互借鉴的。

1. 共同的价值观念

隶属不同文化背景的各国企业文化特色鲜明，但也有一些共同的价值观念。一是以人为本的管理理念。从日本的团队精神、美国的个人能力主义、欧洲的参与管理、中国的人和及亲和传统等企业文化可以发现，尽管表现形式不同，但价值基点都是强调以人为本，强调发挥人的积极性、主动性和创造精神。二是以客户为中心的质量原则。日、美、欧各国作为经济上的强国，在企业文化管理上都比较重视先进技术的采用，把产品质量视为企业的生命；中国企业也有严谨认真、重视质量的传统，改革开放以后质量文化不断提升。各国企业员工都把掌握熟练的技术和生产高质量的产品作为目标。与此相联系，各国企业都有比较强烈的市场观念和顾客意识，重视消费者的权益。美国企业把顾客视为"上帝"，在经营中一切以顾客为中心，把为顾客提供最优质服务看成是企业经营的"最高准则"。欧洲企业越来越着眼于世界市场，通过制造高质量的产品来巩固和发展自身在世界市场竞争中的地位。日本企业把为大众服务看成是"社会责任"，在经营中不遗余力地为消费者提供周到的服务。中国企业在市场经济激烈竞争的环境中，为顾客服务、让顾客满意的经营理念也逐渐成为多数企业的文化追求。

2. 共同的道德基准

中、日、美、欧各国企业文化所产生的文化土壤是有差异的,如新教伦理与儒教伦理就有很大不同。但是,这些文化土壤中有很多共同的文化基因,直接影响着企业文化的形成与发展。其中,最重要的就是感恩意识与敬畏意识。

感恩意识是指人们感激他人恩惠并寻求报答的内在心理要求,是人类最原始最淳朴,也是最正直的情感,它是任何文化公认的基本道德律。例如,基督教教导人们做仁爱之人,感恩上帝赋予自己的存在;伊斯兰教告诫人们要孝敬父母,感恩安拉所赐予的幸福生活;佛教提出要报父母恩、国土恩、三宝恩、众生恩这四重恩。儒家文化主张忠、孝、节、义,其伦理最高标准"仁""忠恕"与报恩思想一脉相承。显然,企业的生存和发展离不开各种环境因素的支持和帮助。现在倡导企业要有爱心,要对社会负责任,这种爱心与责任感就源于感恩。企业有了感恩之心,才能自觉地对顾客、对员工,以至于对环境、对社会、对未来负责,在自我利益与社会利益、眼前利益与长远利益的博弈中做出最佳选择。

敬畏意识是企业诚信文化思想的基础。世界上的三大宗教圈,包括儒家文明,都有很强的敬畏意识。基督教中有"摩西十诫",做了坏事要找神父忏悔。伊斯兰教戒律繁多,信徒违背安拉的禁令,要寻求安拉宽恕。佛教有"五戒十善",核心内容是"一心向善,诸事莫恶。"各种宗教,尤其是基督教的信仰者对宗教领袖、教义以及戒律的敬畏与市场经济伦理结合,对今天企业信用体系与文化的产生起到关键作用。儒家文化以仁为中心,讲内仁外礼,鼓励人们向善,虽然没有明确的戒律和惩罚条例,但儒家以诚信为修身立业、处世待人的根本,形成中国企业诚信文化的思想基础。

3. 极强的民族个性

民族文化传统是数百年甚至上千年来逐渐积淀而成的,具有相当的稳定性和合理性,民族文化传统是不容易改变的。具有民族文化特质的企业文化,也具有一定的稳定性和合理性。民族性是企业文化最根本的个性,有个性的文化是最有生命力的。尽管在经济与文化全球化的浪潮下,世界各国企业都在相互借鉴经验,但真正富有民族性的东西是不可照搬照抄的。中国企业要培育现代企业文化,必须以中国优秀的民族文化为根基,善于吸收民族文化中有关强调团体利益、讲和谐、重人情等思想精华,并与现代文明和市场经济伦理相结合,才能形成特色,具有适应性,从而为企业发展提供精神动力。

中国发展市场经济的历史和工业化的历程较短,发展社会化大生产的经验不足,多数企业未经历过长时期的残酷竞争的洗礼和工业化的历练,企业文化还不是很成熟,还有很多缺陷和不足。他山之石,可以攻玉。中国企业要想缩短与发达国家企业管理的距离,建设成熟的企业文化,应该学习和借鉴发达国家企业管理与文化的精华,如人本管理价值观、诚信道德观、以顾客为本的经营观、以能力和绩效为本的用人观以及重理性的思维方式和创新精神等。当然,文化的学习与借鉴不同于科学技术,任何简单片面的盲目移植都将因文化环境的变易而遭到失败。因此,必须坚持从实际出发,以我为主,博采众长,交流融合,才能收到较好的效果。

[案例研究10-1]

## 德国宝马的企业文化

1913年3月，卡尔·拉普、欧内斯特和马克斯·弗里茨三个人并购了雷浦引擎制造厂和由古斯塔沃托领导的飞机引擎制造厂，在德国慕尼黑创建了巴依尔公司。1917年更名为巴依尔发动机有限公司，在1918年8月正式命名为宝马汽车股份公司。宝马公司立足于全球市场，公司以市场为中心开展一切活动，宝马公司的企业文化充分体现了以市场为主导的特点。宝马公司的企业文化具体可概括为以下几个方面。

一、"生产紧随市场"的经营哲学

宝马公司的全球生产网络的构建遵从"生产紧随市场"的经营哲学。公司根据当地市场情况来建立生产网络，同时在生产管理方面紧随市场需求，采取柔性管理。宝马公司在生产方面，与员工相互合作的团队方式一样，在宝马公司内，各厂都在一个共同的生产体系内进行大量协作。同时，公司采取柔性管理方式，各厂都根据生产的不同车型对人员灵活调配，并以灵活的工作时间和灵活的物流管理而见长。因此，宝马公司的高度协调的生产网络不仅可以高效管理汽车生产中非常复杂的工艺流程，而且可以对某车型的需求变化迅速做出回应。

二、注重人的可持续发展的人事理念

宝马公司把员工的可持续发展视为企业成功的主要因素，同时，也视其为公司在世界范围内领先的重要保证，并把这一理念融入公司的经营哲学中。由于宝马公司着眼于未来的人事政策，使员工表现得以改善，在不缩减人力成本的同时，提高了公司效益。

三、社会角色定位

作为一个全球性的企业，其成功与否已经不能仅仅以盈利水平和销售数字来衡量。全球性企业必须切实承担起环境保护、员工福利和其他社会责任，只有这样才能保证持续取得商业上的成功。多年以来，宝马公司始终把可持续发展的原则贯彻到公司的经营活动中，对经济发展、生态保护和社会影响等方面予以同等重视。宝马公司的可持续发展策略的核心要素是为员工提供高标准的社会待遇、生产环保产品并在生产过程中保护环境，此外还包括道路交通管理等。

四、全球营销战略

汽车行业是全球性的行业，投身于这个行业的所有企业都要面临全球性的竞争环境，因而全球营销便成为必不可少和至关重要的经营活动。宝马公司取得今天的成就，离不开公司实行的以全球营销文化为基础的营销战略。全球营销战略就是所谓的"品牌全球化，营销地方化"的战略。这种战略的主要含义是：公司将整个世界看成其竞争场所，全球范围内使用统一的品牌，同时又照顾文化差异，在营销的策略上采用不同的方法，以便更加符合当地市场和消费者特点。宝马公司全球营销战略的特点为：营销理念注重"人"的因素；品牌全球化战略；体现各国文化差异的差异性营销策略。

宝马公司认为要在不同的国家成功进行销售，关键是一个沟通问题，即对于不同地区的文化习惯以及消费者的特点深入了解。由于文化的差异,宝马公司服务的侧重点有所不同,即对不同国家的客户有不同的服务特点:在德国,与客户保持视线接触表明服务态度好,但在美国视线接触如果超过5秒钟会让人觉得很不礼貌;日本人不习惯亲自将一辆顶级车开去保养厂,所以到府取车、交车是一项标准的服务,但德国人对成本比较在意,就不需要这种服务。

(资料来源:https://zhidao.baidu.com/question/656641807930517405.html)

从宝马公司的成功经营中,我们可以看到:

第一,一个跨国企业的国际化过程中最重要就是本土化。宝马公司在其营销地方化方面取得的成就是显著的。不同的国家和地区由于文化、经济、社会和法律环境的不同,对于产品的认知和偏好也不同。宝马公司很好地了解和分析了不同地区的差异,并且根据这种差异找到适合宝马的方法融入进去,并取得了成功。

第二,在生产经营方面,宝马公司的"生产紧随市场"的经营哲学为宝马对市场变化快速反应提供了条件。柔性管理保证了宝马公司的生产线能够在很短的时间里开始生产新的产品。全面质量管理保障了宝马汽车的高品质。此外,宝马公司在日常的经营中不忘宝马公司是社会的一员,非常注重环境保护和可持续发展问题,承担起自己的社会责任。

## 增值阅读

### 中国跨文化管理的模式

文化差异和文化冲突迫切需要加强跨文化管理。跨文化管理就是在合资企业经营过程中,对来自不同文化的管理冲突与摩擦所进行的沟通、调解、包容与融合。跨文化管理的中心任务是化解文化冲突,共建共享新的企业文化。改革开放后,中国引入的外资急剧增加,中外合资企业的跨文化管理问题日益突出,这就需要不断加强理论研究和实践探索,逐步总结出适合中国特色的跨文化管理模式。

1. 外资文化主导型

这种模式充分尊重和采纳国外投资方的管理模式与经验,把外方母公司文化移植到合资公司,作为合资公司文化的主脉。这种模式以整个公司崇尚效率为最高原则,强行灌输外方文化理念。推行这种模式经常出现的问题是,由于外方管理者不大理会本土文化及其影响,尊重本地员工的行为方式和感情不够,容易遭到中方管理者和员工的排斥和抵触。

2. 中资文化主导型

这种模式以中国投资方的管理模式与经验为基础,以中国企业文化作为合资企业的主导文化。这种模式注重人际关系,关注员工的社会福利,按员工的资历决定其升迁。推行这种模式,企业文化的适应性强,但往往不能较好地学习与吸收外方的先进文化与管理经验。

3. 中外文化合作型

这种模式对文化差异较大的投资双方均给予充分的尊重,以合作为原则,通过沟通,取长补短,寻找价值共同点。这种模式的管理,其主要手段就是沟通,运行过程中有时效率不高。

4. 中外文化融合创新型

即在充分挖掘中外双方企业文化优点的基础上，以契合文化为导向，结合合资企业的发展特点，创造其独特的企业文化。西安杨森的鹰雁精神就是一个很好的范例。强调个人能力的"鹰文化"与注重团队合作的"雁文化"是美国文化和中国文化的形象写照，二者融合凝练为"鹰雁精神"，既体现鹰的勇敢斗志品格，又体现雁的协力合作特性，使得西安杨森成为员工心目中神奇可爱的大家庭，凝聚了一大批优秀的人才，培养出一支特别能吃苦、能战斗的精英团队。

（资料来源：https://www.docin.com/p-1546319557.html）

## 任务小结

由于地缘、民族、社会心理的不同，经济社会发展水平特别是社会文化制度的差异，各国的企业文化呈现出千姿百态的个性特征。本章着眼于阐述日、美、欧盟和中国企业文化的分析比较。

（1）深受儒家文化影响的日本，具有大和民族色彩的文化传统，长期以来有着民族昌盛的强烈愿望、开放包容的学习精神、群体合作的家族意识、效忠报恩的忠诚精神、以和为贵的亲和思想。根植于厚重民族色彩中的日本企业文化，以人为中心，强调社会责任，推崇集体主义，尤其是家族主义传统利于发挥团队精神，但在培养创新精神、鼓励年轻人才冒尖等方面则略显薄弱。

（2）移民文化融合而成的美国民族文化特色鲜明，推崇个人主义，勇于开拓冒险，富于挑战创新，追求自由平等，奉行实用哲学，追求物质享受。基于这样的文化背景，美国企业的管理特别强调个人能力，注重理性务实，坚持质量第一，推崇顾客至上，敢于探索创新。

（3）源自古希腊文化和基督教文明的欧盟国家文化传统，呈现出追求民主自由、崇尚人文主义、强调科学理性等共性特征。欧盟国家企业文化兼备一些共性特征，但也有着各自文化主体的特色。德国企业文化以硬性制度管理为基础，有着民主管理的参与文化、基于责任的质量文化、以人为本的和谐文化特色。法国企业文化则充满浪漫人情味，有着远大的奋斗目标，追求时尚与创新。

（4）中华民族传统文化博大精深、源远流长，其以人为本的仁爱思想、爱国主义的中华精神、自强不息的奋斗精神、求真务实的实践精神、团结协作的集体观念、和谐发展的思想理念、以义取利的价值原则等思想精髓对中国特色企业文化的建设有着积极的借鉴意义。

（5）通过比较各国企业文化，发现东方企业文化的一些弊端，如在价值取向上趋于保守，缺乏创新与创造；重和谐稳定，缺乏进取性；重人情关系等非理性的管理，缺乏明确的、追求高效率的理性原则等，需要克服。各国优秀企业文化中符合市场经济的共同价值规律，如人本理念、市场意识、创新精神和社会责任感等，多是中国企业文化中较为薄弱的，值得借鉴。

## 能力自测

### 一、单项选择题

1. 荷兰学者(　　)的文化维度理论是分析不同国家文化差异的一个重要理论。

A. 霍夫斯泰德　　B. 库普曼斯

C. 理查德·帕斯卡　　D. 托马斯·彼得斯

2. (　　)是日本民族文化传统中涵盖一切伦理标准的最高美德。

A. 忠　　B. 和　　C. 仁　　D. 义

3. (　　)不是日本民族文化传统的特征。

A. 家族意识　　B. 忠诚精神　　C. 和魂洋才　　D. 个人主义

4. (　　)不是美国民族文化传统的特征。

A. 开拓创新　　B. 团队精神　　C. 物质主义　　D. 个人主义

5. (　　)不是欧盟国家民族文化传统的共性。

A. 民主自由　　B. 科学理性　　C. 家族意识　　D. 人文主义

6. (　　)不是中华民族文化传统的特征。

A. 个人主义　　B. 团结协作　　C. 和谐发展　　D. 自强不息

7. (　　)不是日本企业文化的特征。

A. 家族主义经营意识　　B. 突出社会责任

C. 团队和集体主义　　D. 个人能力主义

8. (　　)不是美国企业文化的特征。

A. 个人能力主义　　B. 质量第一

C. 团队和集体主义　　D. 顾客至上

9. (　　)不是德国企业文化的特征。

A. 硬性制度管理　　B. 自由浪漫主义

C. 民主参与管理　　D. 质量责任意识

10. (　　)不是法国企业文化的特征。

A. 远大的奋斗目标　　B. 追求时尚与创新

C. 浪漫的人情味　　D. 硬性制度管理

### 二、多项选择题

1. 荷兰学者霍夫斯泰德的跨文化理论模式提出文化差异可用(　　)文化维度来比较。

A. 权力距离　　B. 不确定性回避

C. 个人主义与集体主义　　D. 男性化和女性化

2. (　　)被视作日本式管理的支柱和基石。

A. 终身雇佣制　　B. 自由雇佣模式

C. 年功序列制　　D. 企业工会

3. (　　)是中国企业文化的特征。

A. 爱国报国　　B. 艰苦奋斗　　C. 和谐发展　　D. 讲究情义

4. (　　)是法国企业文化的特征。

A. 硬性制度管理　　B. 远大的奋斗目标

C. 浪漫的人情味　　D. 追求时尚与创新

5. (　　　)是美国民族文化传统的特征。

A. 个人能力主义　　B. 冒险、开拓、创新精神

C. 自由平等精神　　D. 物质主义、实用主义

6. (　　　)是欧盟国家民族文化传统的共性。

A. 追求民主自由　　B. 强调科学理性　　C. 崇尚人文主义　　D. 推行家族主义

7. (　　　)是中华民族文化传统的特征。

A. 爱国主义、仁义道德　　B. 团结协作、和谐发展

C. 个人主义、冒险主义　　D. 求真务实、自强不息

8. (　　　)是日本企业文化的特征。

A. 家族主义经营意识　　B. 突出社会责任

C. 集体主义、团队精神　　D. 以人为中心

9. (　　　)是美国企业文化的特征。

A. 突出个人能力　　B. 质量第一、顾客至上

C. 注重理性务实　　D. 敢于探索创新

10. (　　　)是德国企业文化的特征。

A. 硬性制度管理　　B. 以人为本

C. 民主参与管理　　D. 质量责任意识

## 三、判断题

1. 硬性制度管理是法国企业文化的特征。(　　)
2. 追求浪漫时尚是德国企业文化的特征。(　　)
3. 家族主义意识是美国企业文化的特征。(　　)
4. 集体主义和团队精神是日本企业文化的特征。(　　)
5. 硬性制度管理是中国企业文化的特征。(　　)
6. 终身雇佣制、年功序列制和企业工会是日本企业经营模式的三大支柱。(　　)
7. 日本企业实行集体决策，不仅决策高效，集思广益，且能强化员工的参与意识。(　　)
8. 家族主义是日本民族文化传统的特征。(　　)
9. 个人主义是美国民族文化传统的特征。(　　)
10. 冒险、开拓、创新精神是中国民族文化传统的特征。(　　)

## 四、简答题

1. 简述日本文化传统和企业文化的特征。
2. 简述美国文化传统和企业文化的特征。
3. 简述欧盟国家文化的共性。
4. 简述德国和法国企业文化的特征。
5. 简述中国传统文化对企业文化的影响。

## 案例分析

### (一)迪士尼跨国经营的成功与困境

1953年,迪士尼公司利用自己的优势,在加利福尼亚州建立了第一家迪士尼主题公园。该主题公园——迪士尼梦幻世界一开张即大获成功。随后,迪士尼公司又成功地在佛罗里达州建立了第二家迪士尼主题公园——沃尔特迪士尼世界。

一、跨国经营,出师告捷

迪士尼主题公园在美国的巨大成功,使公司管理层考虑将主题公园扩展到海外,并以此作为向世界传播美国文化的一种方式。1982年,迪士尼以特许经营方式与日本东方地产公司签署了在日本东京建立迪士尼主题公园的协议。这种出售特许经营权的方式非常简单,即迪士尼设计公园并提供管理经验,保证东京迪士尼主题公园与美国迪士尼主题公园所有方面都相似。作为回报,迪士尼获得10%的门票收入和5%的年利润收入,日本东方地产公司承担大约15亿美元的建设费用。

当时迪士尼考虑日本寒冷的冬天可能使迪士尼主题公园不能保证一年四季都能吸引到足够的游客。同时,很难保证迪士尼反映出的典型美国文化一定能得到日本人的认同与接受。因为美国和日本毕竟是具有不同文化的国家,美国人喜欢的东西可能并不是日本人喜欢的。为适应文化环境的变化,迪士尼为日本主题公园准备了特殊的动画电影和电视片,在设计东京主题公园时加上了等候区域,以便使日本游客在寒冷的冬天可以在这个区域等待游程。同时,主题公园的每份指南和街牌都用英文和日文两种文字显示。在建筑布局上,东京迪士尼公园进行了一些改动,如将主街命名为"世界市场",将"拓荒天地"更名为"西方乐土",按照日本流行的一些历史传说将爱丽斯仙境加以改造。由于这些变化,东京迪士尼主题公园成为日本人所接受的一个最有吸引力的游乐场,获得了巨大的成功。1987年,主题公园接待了100多万名日本儿童,日本投资方对主题公园的利润收入非常满意。从迪士尼管理层的角度来看,日本迪士尼的成功预示着迪士尼可以将美国的价值观、特征、行为方式、音乐、歌舞演出以复制的形式"出口"到国外,向外国人销售美国文化。

二、进军欧洲,障碍重重

在东京出乎意料的巨大成功,使迪士尼将目光投向了文化与之相近的欧洲大陆,开始考虑在欧洲建立一家同样的迪士尼主题公园。迪士尼管理层认为,欧洲的气候和日本的气候是相似的。经过长时间的决策,迪士尼最终选择了交通和地理条件都很优越的浪漫之都巴黎。1992年4月,投资总额7亿美元的欧洲迪士尼乐园建成并投入运营。然而,它在一开始就面临许多意想不到的问题,比如游客人数比预期少10%;每名游客的人均花费比在日本少一半;法国当地媒体对迪士尼的负面报道,使公司的公众形象不佳;持续不断地出现法国农民的抗议活动;一些工作人员抵制迪士尼的管理风格及服饰规范等。这些问题使欧洲迪士尼乐园经营入不敷出,身陷亏损泥潭达10年之久,直至2002年,在经过多方面的改革后才有了第一次盈利。

迪士尼在与美国文化有较大差异的日本获得巨大成功,却在文化上与其有更多相似性的欧洲遭遇滑铁卢,是引人深思的。

迪士尼海外经营首选日本是基于对日本市场文化背景的调研,他们发现日本虽是亚洲国家,具有东方文化传统,但日本人对美国文化却有相当的认同感。日本善于接受外来文化,尤其是当代西方文化。日本人极其欣赏美国文化,还源于该民族对强者的崇拜。美国曾在第二次世界大战中率盟国占领日本,战后又不遗余力帮助日本重建,使其经济迅速恢复成为世界经济大国。为此,日本人从心目中对美国产生了推崇感和认同感,进而认为美国文化也必然是先进的文化。而迪士尼所代表的正是典型的美国文化。美国有调查显示,日本人去迪士尼是因为内心的美国梦,多数日本人对迪士尼人物没有太多了解,乐园对于他们是个新奇的世界。因此,文化在当地的被接受与融合是乐园成功的最重要因素,迪士尼顺畅进入日本并大受欢迎应该说是一种必然。此外,20世纪80年代初日本经济腾飞,日本人开始有足够的额外收入来支配闲暇时间,迪士尼的开办刚好与日本消费者寻求新型娱乐的欲望需求相吻合。

与对日本文化背景的重视不同,迪士尼在欧洲却忽略了法国文化。同属西方国家的法国人对迪士尼文化(或者说美国文化)并没有像日本人那样认同。法国人一直以自己的法兰西文化为荣,他们有代表中世纪的巴黎圣母院、代表文艺复兴的罗浮宫、代表拿破仑时期的凯旋门以及现代的埃菲尔铁塔等。因此,他们看不起美国的短浅历史,认为其没有根底,不少人甚至排斥美国文化。

此外,在最初购买用于修建乐园的4 400英亩土地时,迪士尼忽略了法国人对祖辈生长的土地的留恋,认为买地还像在美国那样随便。由于媒体的大量报道,使迪士尼出现在法国公众面前的形象类似于“侵略者”,拉远了和当地居民的距离。再者,欧洲迪士尼开业之初的建筑设施和饮食安排等都照搬美国模式,如乐园内的美式餐馆早餐只提供羊角面包和咖啡。乐园在经营管理方面也与当地文化存在大量冲突,迪士尼要求员工都说英语,而法国人却认为自己的语言才是最美的。迪士尼按照自己一贯的企业文化禁止当地员工上班时穿牛仔裤和文身,还忽略了酒文化在法国的重要地位,坚持在乐园中禁止酒文化的流行。这些“米老鼠禁忌”惹恼了无拘无束的法国人,欧洲迪士尼被报界贴上了“美国文化指南”的标签,受到当地人的排挤。

再者,迪士尼为完成预定利润目标,在没有实地调研的情况下一味地走高价路线,门票、内部食品都定价过高,平均一间客房的费用相当于巴黎高级酒店的消费水平。岂不知,不同于美国人习惯直接订房,75%的欧洲人都与美国人直接订房的习惯不同,他们更愿意通过旅行社订房,这就使得迪士尼必须向旅行社支付大量回扣,因而增加了经营成本。同时,忽略法国有关劳动法规,又造成欧洲迪士尼的劳动力成本大大增加。在美国,由于迪士尼公园的季节性,管理人员采用星期工作制度及年度工作制度来安排员工,使人员分派和管理具有高度灵活性,在满足高峰期游客需求的同时也符合经济原则。然而,法国有关法律对此却缺乏灵活的规定。尽管迪士尼现在已经针对这些问题做了相关调整,但是由于一开始就不注重文化差异,还是使得欧洲迪士尼付出了连续十年亏损的沉重代价。

(资料来源:http://jpkc.ycit.cn/gjmy/content/jxkj/dxalj/13.html.)

**问题:**

1. 试分析迪士尼兵败巴黎的原因。
2. 通过迪士尼的发展经历,请对比美国、日本和法国文化的异同。
3. 如果要在北京或上海修建迪士尼乐园,你认为应该优先选择哪个城市?为什么?

### (二)日本“索尼”进军美国

Sony(日本索尼)公司从成立到现在已经有60多年的历史了。从其创始人井深大、盛田昭夫开始,Sony公司就逐渐建立并形成了自己的企业文化系统和管理系统。这种模式不仅仅是Sony有,日本其他公司(如丰田汽车、松下公司等)都有,这种模式已成为一个民族的习惯。也就是说,日本企业的文化普遍是:企业虽然对员工要求严厉,但是对员工的福利待遇等都是非常到位的,从公司文化和战略部署及公司的各种制度上,都在最大限度地保障员工的利益,这些综合起来,便形成了非常强大的企业凝聚力,员工普遍形成了"以企为家"的观念,群策群力,共同创造财富和价值,企业在一般情况下不会辞退员工,员工一般情况下也不会跳槽,非常稳定,所有的智力和体力都放在了企业的发展方面。因此,日本企业的发展,与其企业文化战略、员工稳定程度、企业凝聚力等各项综合因素是密不可分的。

当Sony公司发展到美国的时候(如Sony收购了美国最大的哥伦比亚电影公司等),也把在日本执行得很成功的企业文化和战略、管理方式等搬到美国使用,可执行了一两年,问题便很快凸现出来了。Sony公司的日本高管就搞不明白:公司为美国员工提供和日本员工一样优厚的待遇及福利,怎么员工的离职和跳槽事件依然持续不断地发生?难道是公司错了吗?在日本,对企业来讲,员工频繁离职是企业的耻辱,肯定是企业出了问题。Sony公司为此进行了大量调查研究,结果发现,这并不是自己公司的企业文化或战略本身有问题,也不是自己企业的管理和提供的待遇、福利有问题,而是美国人的习惯问题。美国员工习惯于在一个企业或一个岗位干上两三年就换工作或换企业,并且这种行为在美国文化中并没有任何对企业侮辱或否定的成分,也没有对员工耻辱或否定的成分,就是一种正常的社会现象,是一种习惯,就好比中国人习惯用筷子吃饭一样,没有为什么要用筷子的问题,也没有什么好讨论的。

在这种情况下,Sony只好调整自己的战略和制度(日本企业对员工的培训许多是以员工终生服务于企业为目标的),通过各种预防和改革方案,逐渐适应了美国文化,最终站在美国市场的,是一个美国版本的Sony,它具备美国化的战略、管理和习惯,对Sony在日本的企业文化和战略进行了本土化的扬弃,终获成功。

(资料来源:http://b2b.hxyjw.com/news/show/2412/.)

**问题:**

1. 请对比美国、日本文化的异同。
2. 如何进行企业文化移植?

## 实践与操作

### 项目一　欧盟企业文化案例收集与分析

[内容与要求]

1. 由学生自愿组成小组,每组5个人。
2. 每组利用各种方法收集企业文化方面的案例。

[成果评定]

1. 各组分别整理好所收集的案例并进行分析。
2. 课堂展示每组收集的案例以及分析的结果。

## 项目二　企业实地参观和访谈

［**内容与要求**］

1. 联系一家有中国特色文化的企业作为参观对象，可以以小组或班级为单位。
2. 每人准备一份企业文化访谈提纲。
3. 参观并访谈，用照片记录与企业文化有关的事物，找到相关人员进行访谈。

［**成果评定**］

1. 每位同学提交一张最具代表性的照片，根据照片内容阐述与企业文化的联系。
2. 整理访谈记录，总结该企业文化建设的特点。
3. 提交参观与访谈心得体会。

# 参考文献


[1] 刘娟,徐婷.企业文化的内部传播[J].企业科技与发展,2009(13):42.

[2] 刘光明.企业文化世界名著导读[M].北京:经济管理出版社,2009.

[3] 张岩松,等.企业文化案例教程[M].北京:清华大学出版社,北京交通大学出版社,2012.

[4] 曲伟.企业文化[M].北京:化学工业出版社,2012.

[5] 王成荣.企业文化管理[M].第3版.北京:中国人民大学出版社,2012.

[6] 祝宝江,蒋景东.企业文化[M].第三版.杭州:浙江大学出版社,2012.

[7] 李世杰,孙新波.企业文化理论与实务[M].北京:高等教育出版社,2012.

[8] 张德,潘文君.企业文化[M].第二版.北京:清华大学出版社,2013.

[9] 马永强.轻松落地企业文化[M].合肥:安徽人民出版社,2013.

[10] 宋抒宸,安琪煮.企业文化激活沟通[M].北京:电子工业出版社,2014.

[11] 叶坪鑫,等.企业文化建设实务[M].北京:中国人民大学出版社,2014.

[12] 陈洪安,等.微管理——你所不知道的管理世界[M].北京:清华大学出版社,2014.

[13] 迪凯,等.看不见的管理:企业文化管理才是核心竞争力[M].北京:电子工业出版社,2014.

[14] 谈伟峰,等.闻香识品牌[M].清华大学出版社,2014.

[15] [美]埃德加·沙因.组织文化与领导力[M].北京:中国人民大学出版社,2014.

[16] [英]罗伯特·C.艾伦.全球经济史[M].南京:译林出版社,2015.

[17] 刘东辉.弘扬企业文化,争做优秀员工[M].北京:企业管理出版社,2016.

[18] 陈春花.企业文化塑造[M].北京:机械工业出版社,2016.

[19] [美]埃德加·沙因.企业文化生存与变革指南[M].杭州:浙江人民出版社,2017.

[20] 李文明,等.英国杰出公司企业文化研究[M].北京:科学出版社,2017.

[21] 李繁,任黛藤.家族企业文化[M].北京:经济科学出版社,2017.

[22] 肖坦.论企业文化[M].北京:经济管理出版社,2017.

[23] 张莉.中美家族企业治理机制比较研究——基于文化价值观的视角[M].北京:经济管理出版社,2017.

[24] [美]卢克·多梅尔.叛逆精神:乔布斯与苹果企业文化[M].杭州:浙江人民出版社,2018.

[25] 杨大川. 管理就是用好你身边的人[M].北京:中国经济出版社,2018.

[26] 田奋飞.基于文化基因的企业演化研究[M].北京:中国人民大学出版社,2018.

[27]王关义.构建具有文化特色的现代出版企业制度研究[M]北京:中国财政经济出版社,2018.

[28] 时勘.组织文化对企业并购的影响机制研究[M]北京:北京师范大学出版社,2018.

[29] 胡海升.从企业文化走向企业文明[M]北京:群言出版社,2018.

[30] 孙陶然.有效管理的5大兵法——用文化管公司[M].北京:中国友谊出版社,2018.

[31] 韩新亮.多维视角下企业文化管理[M].郑州:河南水利出版社,2019.

[32] 苏心民.企业文化十讲[M].北京:中国电力出版社,2019.

[33] [美]John. P. Kotter.企业文化与绩效[M].北京:中信出版社,2019.

[34] 张德,吴剑平.企业文化与CI策划[M]北京:清华大学出版社,2020.

[35] [美]金·卡梅隆,罗伯特·奎因.组织文化诊断与变革[M].北京:中国人民大学出版社,2020.

[36] 王旭东.企业文化落地:路径、方法与标杆实践[M].北京:电子工业出版社,2020.

[37] 唐岛渔夫.华为生存密码[M].北京:中国致公出版社,2020.

[38] 石伟.企业文化[M].北京:中国人民大学出版社,2020.

[39] 田涛.理念制度人:华为组织与文化的底层逻辑[M].北京:中信出版社,2020.

[40] 特伦斯·迪尔.新企业文化[M].北京:中国人民大学出版社,2021.

[41] 苏万益,成光琳.现代企业文化与职业道德[M].北京:高等教育出版社,2021.

[42] 段磊,刘金笛.企业文化:建设与运营[M].北京:企业管理出版社,2021.

[43] [美]爱德华多·布朗.高效能领导的五个角色[M].北京:中信出版社,2022.

[44] 杨序国.刷新:企业文化塑造未来[M].北京:企业管理出版社,2022.

[45] 陈春花.从理念到行为习惯[M].北京:机械工业出版社,2022.

[46] 岳晨光.企业文化本源探究[M].北京:企业管理出版社,2023.

[47] 王祥伍,黄建江.企业文化的逻辑[M].北京:电子工业出版社,2023.

[48] 王吉鹏.企业文化建设[M].北京:中国人民大学出版社,2023.

[49] 张德.企业文化建设[M].北京:清华大学出版社,2023.